# DER NATIONAL GEOGRAPHIC TRAVELER

# STATE PARKS

## AMERIKAS „KLEINE NATIONALPARKS"

# DER NATIONAL GEOGRAPHIC TRAVELER

# STATE PARKS

## AMERIKAS „KLEINE NATIONALPARKS"

Die National Geographic Society wurde 1888 gegründet,
um »die geographischen Kenntnisse zu mehren und zu verbreiten«.
Seither unterstützt sie die wissenschaftliche Forschung
und informiert ihre mehr als neun Millionen Mitglieder in aller Welt.

Die National Geographic Society informiert durch Magazine, Bücher,
Fernsehprogramme, Videos, Landkarten, Atlanten und moderne Lehrmittel.
Außerdem vergibt sie Forschungsstipendien und organisiert den
Wettbewerb *National Geographic Bee* sowie Workshops für Lehrer.
Die Gesellschaft finanziert sich durch Mitgliedsbeiträge und
den Verkauf der Lehrmittel.

Die Mitglieder erhalten regelmäßig das offizielle Journal der Gesellschaft:
das NATIONAL GEOGRAPHIC-Magazin.
Falls Sie mehr über die National Geographic Society, ihre Lehrprogramme und
Publikationen wissen wollen: Nutzen Sie die Website unter
www.nationalgeographic.com.

Die Website von NATIONAL GEOGRAPHIC DEUTSCHLAND
können Sie unter
www.nationalgeographic.de
besuchen.

4

Fliegenfischen im Housatonic Meadows State Park, Connecticut

# INHALT

7

Kanu fahren im Stephen C. Foster State Park, Georgia

8

Niagara State Park, New York

DIE VEREINIGTEN STAATEN von Amerika besitzen über 5800 State Parks, und diese bedecken zusammen eine Fläche von rund 50 000 Quadratkilometern. Pro Jahr zählt man 750 Millionen Gäste, das sind dreimal so viele Besucher wie in den Nationalparks. In den State Parks stehen Naturschönheiten aller Art unter Schutz: Berge, Seen, Flüsse, Wüsten und Küstenlandschaften; hinzu kommen eine artenreiche Tierwelt und unzählige Pflanzen. Auch Zeugnisse der Erdgeschichte sind vorhanden – Spuren einstiger Gletscher und Überflutungen ebenso wie Relikte des Vulkanismus. Und trotzdem sind nur wenige dieser Parks außerhalb ihrer jeweiligen Region bekannt. Dieses Buch stellt 200 der urtümlichsten und schönsten Parks vor, außerdem solche von kultureller oder historischer Bedeutung.

Anfang der 1930er Jahre hatten weniger als die Hälfte der US-Bundesstaaten Flächen als Parks ausgewiesen. Das änderte sich in der Weltwirtschaftskrise: Präsident Franklin D. Roosevelt richtete das Civilian Conservation Corps ein, eine Art freiwilligen Arbeitsdienst für junge Männer. Zu den gemeinnützigen Arbeiten, die in diesem Zusammenhang verrichtet wurden, gehörte auch die Pflege öffentlicher Flächen, durchaus mit dem Ziel, neue Naherholungsräume zu schaffen. Überall im Land entstanden beinahe militärisch organisierte Lager; schon bei Sonnenaufgang schufteten die Männer in Steinbrüchen, hoben Drainagegräben aus, legten Wege an, kümmerten sich um die Wiederansiedlung des Wildes und bekämpften Waldbrände – und das alles für nur einen Dollar am Tag. Sie schufen spektakuläre Aussichtspunkte auf Bergen, forsteten kahlgeschlagene Flächen wieder auf und errichteten Lodges und *cabins* aus heimischen Baustoffen; viele davon sind heute noch in Gebrauch. Der Zweiten Weltkrieg beendete das CCC-Programm, doch bis dahin hatten immerhin neun Jahre lang mehr als drei Millionen junger Amerikaner die Grundlagen für das heutige Netz aus State Parks gelegt.

Unser Redaktionsteam hat die Auswahl der Parks getroffen und wurde bei seiner Arbeit von den Direktoren der einzelnen Parks unterstützt. Reiseführerautoren haben sich jeden einzelnen angesehen und die Hilfe der engagierten Park-Ranger gern in Anspruch genommen. Ney Landrum, ehemals Direktor der National Association of State Parks, hat das Projekt während der Bearbeitungszeit begleitet.

In diesen Band wurden viele kleine Tipps aufgenommen. Die Vorschläge stammen von den Parkangestellten vor Ort. Sie empfehlen zum Beispiel ideale Angelplätze oder den perfekten Ort, um einen Sonnenuntergang zu betrachten. Die meisten Parks sind ganzjährig geöffnet. Campingplätze gibt es praktisch überall. Wir haben die Anzahl der Zelt- und Wohnmobilplätze aufgeführt; wer weitere Details wissen möchte, ruft am besten direkt vor Ort an. Auf den meisten Campingplätzen kommt derjenige zum Zug, der als Erster eintrifft, aber Reservierungen sind in vielen Fällen ebenfalls möglich. Entsprechende Hinweise findet man oft auch auf der Website des jeweiligen Parks.

Alle Angaben wurden überprüft und waren bei Redaktionsschluss korrekt. Natürlich sind Änderungen nie auszuschließen, darum sollte man sich bei der konkreten Planung auch immer noch einmal telefonisch vergewissern.

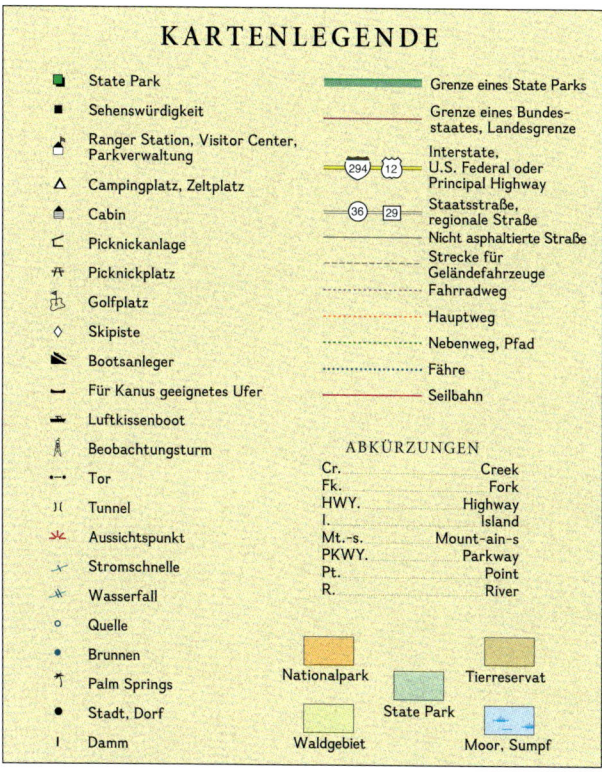

# KARTENLEGENDE

| | | | |
|---|---|---|---|
| State Park | | Grenze eines State Parks |
| Sehenswürdigkeit | | Grenze eines Bundesstaates, Landesgrenze |
| Ranger Station, Visitor Center, Parkverwaltung | | |
| | 294  12 | Interstate, U.S. Federal oder Principal Highway |
| Campingplatz, Zeltplatz | | |
| Cabin | 36  29 | Staatsstraße, regionale Straße |
| Picknickanlage | | Nicht asphaltierte Straße |
| Picknickplatz | | Strecke für Geländefahrzeuge |
| Golfplatz | | Fahrradweg |
| Skipiste | | Hauptweg |
| Bootsanleger | | Nebenweg, Pfad |
| Für Kanus geeignetes Ufer | | Fähre |
| Luftkissenboot | | Seilbahn |
| Beobachtungsturm | | |
| Tor | ABKÜRZUNGEN | |
| Tunnel | Cr. | Creek |
| Aussichtspunkt | Fk. | Fork |
| Stromschnelle | HWY. | Highway |
| Wasserfall | I. | Island |
| Quelle | Mt.-s. | Mount-ain-s |
| Brunnen | PKWY. | Parkway |
| Palm Springs | Pt. | Point |
| Stadt, Dorf | R. | River |
| Damm | | |

Nationalpark

State Park

Waldgebiet

Tierreservat

Moor, Sumpf

# NEUENGLAND

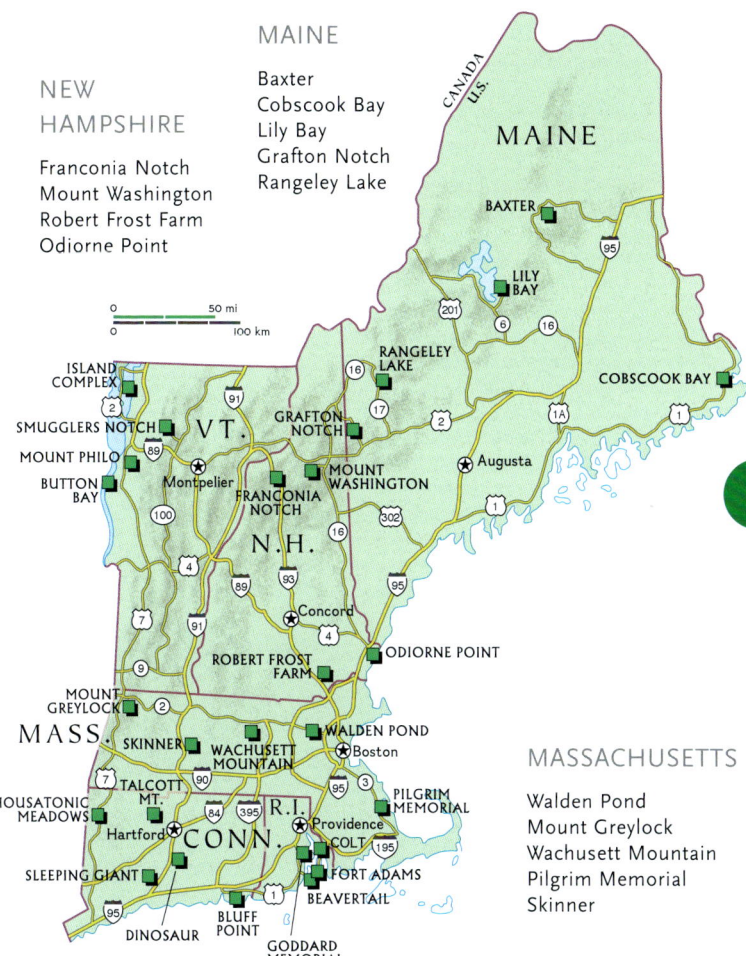

**NEW HAMPSHIRE**

Franconia Notch
Mount Washington
Robert Frost Farm
Odiorne Point

**MAINE**

Baxter
Cobscook Bay
Lily Bay
Grafton Notch
Rangeley Lake

**MASSACHUSETTS**

Walden Pond
Mount Greylock
Wachusett Mountain
Pilgrim Memorial
Skinner

**VERMONT**

Island Complex
Smugglers Notch
Button Bay
Mount Philo

**CONNECTICUT**

Housatonic Meadows
Talcott Mountain
Dinosaur
Sleeping Giant
Bluff Point

**RHODE ISLAND**

Fort Adams
Beavertail
Colt
Goddard Memorial

Franconia Notch State Park, New Hampshire

# Baxter

*18 Meilen (29 km) von Millinocket, an der Zufahrtsstraße zum Park*

■ 848,5 km² ■ Mitte Mai bis Mitte Oktober, Dezember bis März ■ Fahrzeuggebühr für Nichtanwohner ■ Haustiere, Wohnmobile und Motorräder verboten ■ Neuenglands größter State Park ■ Maines höchster Berg ■ Wildtierbeobachtung ■ Wandern, Bootfahren, Angeln (mit Angelschein)

Als im frühen 19. Jahrhundert Papierhersteller und Landerschließer begannen, sich der ausgedehnten Wälder Maines anzunehmen, vertrat Gouverneur Percival Baxter die Auffassung, dass ein Teil des Staates als Wildnisbereich ausgewiesen werden sollte. Mit seinem eigenen Geld fing er 1930 an, Grundstücke am Rand der North Woods aufzukaufen und sie dem Staat zu übertragen. Heute wird der Park von einer eigenen Behörde, der Baxter State Park Authority, verwaltet, die sich noch immer streng an Baxters Verfügungen hält. Er legte fest, dass die Erhaltung des ursprünglichen Charakters des Parks absolute Priorität habe und die Nutzung für Erholungszwecke erst an zweiter Stelle stehe.

Die Silhouette des Parks beherrscht der Katahdin, dessen höchster Punkt, Baxter Peak, seinen Namen zu Ehren des Gouverneurs trägt. »Der Mensch kommt zur Welt, um zu sterben. Seine Werke sind kurzlebig. Häuser stürzen ein, Monumente verfallen, der Reichtum verschwindet, doch Katahdin soll in all seiner Schönheit für immer der Berg der Menschen von Maine bleiben«, schrieb Baxter über den höchsten Gipfel des Staates Maine.

Sonnenuntergang über der Landschaft des Baxter State Park

Er war nicht der Erste, den der große, graue Berg beeindruckte, der sich so unvermittelt aus der bewaldeten Ebene erhebt. Sogar Amerikas früher Umweltschützer und Schriftsteller, Henry David Thoreau, reiste zu Fuß, mit dem Zug und dem Schiff, mit Kutsche und Pferd, um 1846 den Katahdin zu erreichen.

Der Baxter State Park lässt sich noch immer zu Fuß am besten erkunden. Kurze, ebene Wege folgen Flüssen oder führen zu Teichen, an denen sich Elche einfinden. Längere Wanderwege bringen Sie zu Wasserfällen und Seen; auf anstrengenden Wanderungen besteigen Sie die Gipfel der vielen Berge des Parks.

**Attraktionen und Aktivitäten**

Wenn Sie nur einen Tag für Baxter haben, bekommen Sie einen guten Eindruck von der wilden Region, indem Sie über die alte (Holz-) **Transportstraße** fahren – solche Straßen sind in Maine meist im ursprünglichen Zustand erhalten – und Pausen für kurze Spaziergänge und zur Tierbeobachtung einlegen. Mit etwas Vorausplanung können Sie den Aufenthalt verlängern und an einem der Campingplätze oder in einer der Hütten am Weg übernachten. Füllen Sie Ihren Tank und decken Sie sich mit Lebensmitteln und Wasser ein, ehe Sie aufbrechen, denn es gibt im Park weder Läden noch Tankstellen oder Trinkwasserquellen. Eine Karte des Parks erhalten Sie im **Visitor Center** am Südeingang von Baxter. Dort können Ihnen die Angestellten auch sagen, ob bestimmte beliebte Parkplätze besetzt sind. Falls ja, schlagen sie Ihnen Alternativen vor.

13

Gleich hinter dem Tor, wo Sie sich eintragen, erreichen Sie eine Weggabelung. Rechts liegt **Roaring Brook**, ein beliebter Ausgangspunkt für Wanderungen auf den Mount Katahdin. Auch wenn Sie nicht bis zum Gipfel hinaufwandern wollen, sollten Sie den steilen, 3,3 Meilen (5,3 km) langen Weg zum **Chimney Pond** nehmen, einer malerisch im Schatten des Baxter Peak gelegenen Wasserstelle der Elche.

Zurück an der Hauptstraße des Parks können Sie die Richtung zum Campingplatz Abol nehmen. Einen ersten Halt sollten Sie am **Abol Pond** einlegen, einem beliebten Futterplatz der Elche, mit einem kleinen Sandstrand und einem Picknickbereich. Etwa zwei Meilen (3,2 km) weiter die Straße hinauf finden Sie den Campingplatz im Wald. Von hier aus führt der steile, steinige 7,6 Meilen (12,2 km) lange **Abol Trail** den Südhang des Katahdin hinauf.

Nach weiteren 4,5 Meilen (7,2 km) die Straße hinauf biegen Sie links auf die Daicey Pond Road zum beliebten **Daicey Pond** ab. Ein Rundweg führt am Wasser entlang und bietet hervorragende Ausblicke auf den Katahdin.

Der nahe gelegene **Kidney Pond**, über einen Trail oder die Straße zu erreichen, lohnt einen Stopp. Die Hütten liegen hier zum Wasser, wo Seetaucher nisten und Elche zum Trinken vorbeikommen. Genießen Sie die ruhige Schönheit vom Kanu aus – bei Sonnenauf- oder -untergang oder in einer mondhellen Nacht.

Elchbulle im Russell Pond

Vom Kidney Pond führen mehrere Wege zu entlegenen kleinen Seen, darunter **Celia** und **Jackson**, an denen es Kanus zum gemächlichen Paddeln gibt. In beiden Seen

**PARK-TIPP:** *Halten Sie am Dwelley Pond nach Elchen und anderen Wildtieren Ausschau.*

tummeln sich Bachsaiblinge, die nur beim Fliegenfischen zu fangen sind. Ein beliebter, 25 Meilen (40,2 km) langer Trail windet sich vom Kidney Pond zum Gipfel des **Sentinel Mountain** mit seinen alles überragenden Panoramablicken. Vier Meilen (6,4 km) die Straße hinauf liegen die **Ledge Falls**, an denen Schwimmer vergnügt die glatten Felsen hinunterrutschen.

Fahren Sie vom Campingplatz Nesowadnehunk 5,7 Meilen (9,2 km) weit nach Norden, bis rechts der Wegweiser zum **Dwelley Pond Trail** zeigt. Von hier aus führt ein bequemer, 1,4 Meilen (2,2 km) langer Spaziergang zu dem kleinen See, ein bevorzugter Platz jener, die Elche beobachten möchten. An dieser ruhigen, wenig belebten Stelle stehen die Chancen gut, diese Tiere zu sehen oder wenigstens am Weg einen Blick auf einen Schwarzbären, einen Hirsch oder ein anderes für Maine typisches Tier zu werfen. Denken Sie daran, immer mindestens 50 Meter Abstand zu einem Elch zu halten und weder einem brünstigen Bullen zu nahe noch zwischen eine Elchkuh und ihr Junges zu kommen.

### Weitere Erlebnisse

15

Die meisten Besucher, die nur einen Tag in Baxter verbringen, kommen nur bis Nesowadnehunk, etwa 17 Meilen (27,3 km) tief im Park gelegen. Doch wenn Sie mehr Zeit haben und sich von der Masse der Besucher entfernen wollen, lohnt sich ein Trip zum einsamen Nordende des Parks. Von Nesowadnehunk sind es rund 17 Meilen bis zur Abzweigung zum **Upper** und **Lower South Branch Pond**, zwei kleinen Seen, die ringsum fast vollständig von Bergen umschlossen sind. Hier gibt es Plätze für Zelte und eine Hütte mit Schlafstellen, dazu einen Kanuverleih und vielfältige Wanderwege. Ein kurzer Weg führt zu den **South Branch Falls**, während der South Branch Mountain Trail (Black Cat) und die Traveler Mountains mühsamere Anstiege erfordern.

Der **Grand Lake Matagamon**, in dem acht Fischarten – darunter Lachse und Amerikanische Flussbarsche – leben, liegt ein paar Meilen die Straße hinauf. Um eine gute Panoramaaussicht auf den 1600 Hektar großen See genießen zu können, sollten Sie die 1,5 Meilen (2,2 km) auf den Gipfel des **Horse Mountain** steigen. Vom Nordtor des Parks führt die gepflasterte Straße nach Patten und zurück zur I-95.

### Camping und Lodge-Unterkunft

Baxter hat zehn Campingplätze, mit einer ganzen Reihe von Einrichtungen – von Zeltplätzen bis zu einfachen hölzernen Hütten. Reservierung ist notwendig, vor allem im Juli und August. Sehen Sie auf der Website des Parks nach oder informieren Sie sich telefonisch, wie eine Reservierung vorgenommen wird. Nur für einige Plätze gilt: *First come, first served.*

Baxter State Park, 64 Balsam Dr., Millinocket, ME 04462; 207-723-5140; www.baxterstateparkauthority.com

# Cobscook Bay

*5 Meilen (8 km) südlich von Dennysville, an der US 1*

■ 3,5 km² ■ Mitte Mai bis Mitte Oktober, Wege ganzjährig geöffnet
■ Tagesgebühr im Sommer ■ Wanderwege ■ Muschelsuchen

Der Cobscook Bay State Park zeigt, wie die Küste Maines aussah, bevor
es überall Outlet-Malls und Restaurants gab. Weit entfernt vom Trubel
im Südteil des Staates finden Sie hier ruhige, von Fichten überragte
Küstenorte. Ob Sie nur für ein Picknick Halt machen oder Ihr Zelt für
die Nacht aufschlagen – Cobscook ist in jedem Fall ein guter Ausgangspunkt für die weitere Erforschung des östlichen Maine.

**Attraktionen und Aktivitäten**

Vielleicht haben Sie Ihr Zelt an einer Stelle mit phantastischem Blick auf
die **Whiting Bay** aufgestellt und stellen nun fest, dass Sie vergessen haben,
ein Abendessen mitzunehmen. Kein Problem. Cobscook Bay ist der einzige State Park in Maine, in dem es einen Bereich gibt, wo Besucher nach
Muscheln graben dürfen. Bringen Sie einen großen Topf mit, und stellen
Sie sich darauf ein, schmutzig zu werden, wenn Sie (bei Ebbe) dieser in
Maine beliebten Beschäftigung nachgehen. Nachdem Sie Ihre aufge-
schürften Fingerknöchel verarztet haben, können Sie den rosafarbenen
Glanz der untergehenden Sonne über dem glitzernden Wasser betrachten, während Sie Ihre selbst gesuchten Sandklaffmuscheln verzehren.

Frühaufsteher sollten auf den **Cunningham Mountain** steigen, um
die Sonne über der abgeschiedenen
Whiting Bay, einem Teil der größeren
Cobscook Bay, aufgehen zu sehen. Von
der Broad Cove Road aus steigt der rund
300 Meter lange Weg über den Granit-
hügel an. Von diesem Aussichtspunkt
aus dürften Sie als einer der Ersten in
den »unteren« 48 Staaten der USA die
Sonne aufgehen sehen. Denken Sie an
eine Taschenlampe, wenn Sie im Halb-
dunkel vor Sonnenaufgang hinauf-
steigen, denn der Weg ist steinig. Dieser
Pfad schließt an einen Naturlehrpfad an,
der – durch die Wälder hindurch – dem
Westrand des Parks folgt.

**WECHSELNDE FLIESSRICH-
TUNG:** Die hier lebenden Maliseet-
und Passamaquoddy-Indianer nannten das Gebiet *Cobscook* – »Wasserfall« – wegen der unweit des Parks
gelegenen Fälle, die ihre Richtung
wechseln. Die Fließrichtung des
Wassers in der Bucht ändert sich alle
sechs Stunden, und bei Flut steht
das Wasser sieben Meter höher als
bei Ebbe. Am besten erkundet man
die Fälle einige Stunden vor der Flut,
wenn das hereinströmende Wasser
am bewegtesten ist.

Der eine Dreiviertelmeile (1,2 km)
lange **Anthony's Beach Trail** schlängelt
sich durch die Wälder und an der felsigen Küste entlang bis zu einer
großen Anlegestelle. Folgen Sie unbedingt den Wegmarkierungen, da
man sich hier leicht verirren kann.

Die zerklüftete Küste und die vielen Buchten bieten sich zu Kajak-
touren auf dem Meer an. Zahlreiche Inseln und kleine Buchten sind
leicht mit einem kleinen Motorboot oder einem Kanu zu erreichen. Auch
an manchen Stellen in der Mitte des Parks und in der Nordwestecke
können Sie ein Boot zu Wasser lassen.

17

Die Cobscook Bay

## Camping

Cobscook Bay bietet 106 Zelt- und Wohnmobilplätze, mit nahe gelegenen Duschmöglichkeiten. Vier abgelegene Plätze sind nur über einen kurzen Wanderweg zugänglich. Für rund ein Dutzend Plätze gilt: *First come, first served.* Auf einigen Plätzen gibt es hölzerne Unterstände. In der Saison ist die Reservierung unter 207-624-9950 oder 800-332-1501 (nur in Maine) oder über www.campwithme.com zu empfehlen. Campinggebühr.

## Sehenswürdigkeiten in der Nähe

Das malerische Fischerdorf **Lubec**, etwa zehn Meilen (16 km) von Cobscook Bay entfernt, ist die östlichste Gemeinde der USA. Folgen Sie den Wegweisern zum **Quoddy Head State Park**, dem östlichsten Punkt der Festland-USA, der von einem Leuchtturm *(jetzt geschlossen)* bewacht wird. Von Lubec aus führt die Franklin D. Roosevelt Memorial Bridge zur Campobello Island und zum **Roosevelt Campobello International Park** *(506-752-2922, Memorial Day [letzter Mo im Mai] bis Anfang Okt.)*, dem Ferienhaus der Familie des Präsidenten Franklin D. Roosevelt in New Brunswick, Kanada.

Cobscook Bay State Park, 40 S. Edmunds Rd., Edmunds Township, ME 04628; 207-726-4412; www.maine.gov/doc/parks

# Lily Bay

*9 Meilen (14,5 km) nördlich von Greenville, entlang der Ostküste des Moosehead Lake*

▪ 3,7 km² ▪ Mitte Mai bis Mitte Oktober, Wege ganzjährig geöffnet ▪ Tagesgebühr ▪ Neuenglands größter See ▪ Angeln (mit Angelschein), Bootfahren, Wildtierbeobachtung

Am Südende des naturbelassenen Gebiets namens North Woods bietet der **Moosehead Lake** ein Wildniserlebnis, gepaart mit verschiedenen Annehmlichkeiten. Innerhalb des Lily Bay State Park führt ein zwei Meilen (3,2 km) langer Weg am Seeufer entlang zu einem Badestrand und Bootsanlegestellen (nur für Camper).

Eine Möglichkeit, den größten See Neuenglands – 303 Quadratkilometer – zu betrachten, ist ein Flug mit einem Wasserflugzeug. Anbieter finden Sie in Greenville *(Moosehead Lake Chamber of Commerce, 207-695-2702)*, die für Sie auch einen Aufenthalt in einem der abgelegenen Camps am See organisieren. Ein bodenständigeres Abenteuer ist es, von einem Motorboot aus nach Forellen oder Lachsen zu angeln. Boote werden in der Nähe des Parks vermietet. In der Stadt können Sie auch eine Schifffahrt auf dem Dampfer ***Katahdin*** buchen *(Hafen, 207-695-2716, Juli–Aug. tägl., Mai–Juni und Sept. Sa–So, Fahrtkosten).*

Der **Mount Kineo** ragt mit seinen 244 Metern hoch über dem klaren Wasser des Sees auf. Genau genommen ist der Kineo eine Halbinsel, doch für Besucher ist er nur vom Wasser her zugänglich. Für die eine Meile (1,6 km) lange Fahrt können Sie ein Kanu mieten oder ein Wassertaxi *(Mount Kineo Golf Course, 207-534-9012, Fahrtkosten)* ab Rockwood am Westufer des Sees nehmen. Steile Wege führen zum Aussichtsturm und ein Uferweg verläuft um die ganze Felsformation.

## Camping

Lily Bay hat 90 einfache Zelt- und Wohnmobilplätze – Duschen sind vorhanden –, ohne Anschlüsse. In der Saison ist die Reservierung unter 207-624-9950 (Mo–Fr, 9–16 Uhr) oder 800-332-1501 (nur in Maine) oder über www.campwithme.com zu empfehlen. Campinggebühr.

Lily Bay State Park, 13 Myrle's Way, Greenville, ME 04441; 207-695-2700; www.maine.gov/doc/parks

# Grafton Notch

*8 Meilen (12,9 km) nördlich von Newry, an der Maine 26*

▪ 12,9 km² ▪ Mitte Mai bis Mitte Oktober, Wege ganzjährig geöffnet ▪ Tagesgebühr ▪ Camping verboten ▪ Wasserfälle ▪ Wandern

Der Bear River schnitt dieses enge Tal durch die Gebirge im äußersten Westen von Maine. Zur Zeit der Schneeschmelze tobt der Fluss durch die Schlucht und bildet mehrere Wasserfälle. Den größten Wasserfall formen die **Screw Auger Falls** am Südende des Parks. Im Lauf der Jahre hat das herabfallende Wasser runde Löcher aus den Felsen im Fluss herausgemeißelt. Im Norden führt ein 400 Meter langer Weg zur **Moose Cave**, wo das Wasser, das unter den hohen Granitplatten fließt, unheimlich gurgelt.

An anderen Stellen führen der Appalachian Trail und viele andere Wege an den Bergen entlang, die die Schlucht säumen. Spektakuläre Blicke ins Tal bieten der zwei Meilen (3,2 km) lange **Eyebrow Loop Trail** und der neu angelegte **Table Rock Trail**. Eine anstrengende Tagestour führt auf den Old Speck Mountain – von dort oben schweift der Blick bis zur Mahoosuc Range und den White Mountains.

Grafton Notch State Park, 1941 Bear River Rd., Newry, ME 04261; 207-824-2912; www.maine.gov/doc/parks

19

Screw Auger Falls

# Rangeley Lake

*Südufer des Rangeley Lake, zwischen der Maine 4 und der Maine 17, an der South Shore Road*

▪ 3,5 km² ▪ Mitte Mai bis September, Wege ganzjährig geöffnet
▪ Tagesgebühr ▪ Bootfahren, Schwimmen, Angeln (mit Angelschein)

Der Park, der sich in die Berge des westlichen Maine schmiegt, ist wegen seiner Forellen und Lachse bei Anglern besonders beliebt. Wenn Sie nachts aufmerksam lauschen, werden Sie den eindringlichen Ruf der Seetaucher hören. Und wenn Sie in der Dämmerung um den See fahren, ist es sehr gut möglich, dass Sie einen Elch sehen werden.

Ob von einem Boot oder vom Ufer aus – der Blick auf die umgebenden Berge lohnt in jedem Fall. Bootstouren und Bootsverleih werden in Rangeley *(Chamber of Commerce, 207-864-5364)* am Nordufer angeboten. Wege führen auf den nahen **Bald Mountain** und den **Saddleback Mountain**, die beide phantastische Panoramablicke bieten. Wintersportbegeisterte strömen in das **Skigebiet des Saddleback** *(207-864-5671)*.

### Camping

Der Park verfügt über 50 Zeltplätze; Duschen sind vorhanden. Reservierung unter 207-624-9950 oder 800-332-1501 (nur in Maine) oder über www.campwithme.com. Campinggebühr.

Rangeley Lake State Park, HC 32 Box 5000, Rangeley, ME 04970; 207-864-3858; www.maine.gov/doc/parks

# Franconia Notch

*I-93 zwischen Lincoln und Franconia*

▪ 26 km² ▪ Ganzjährig ▪ Überdachte Brücken ▪ Wasserfälle ▪ Seilbahn
▪ Wandern, Radfahren, Skilaufen, Schneemobilfahren, Angeln (mit
Angelschein)

In einem engen Tal der White Mountains bildeten Gletscher vor Tausenden von Jahren Franconia Notch. Die langsam vorwärtsgleitenden
Schnee- und Eismassen formten auch die berühmte Felsformation *Old
Man of the Mountain.* In der Nacht des 3. Mai 2003 gab das Symbol von
New Hampshire den stetig wirkenden Kräften der Natur nach und
stürzte in sich zusammen. Dieses steinerne Gesicht, dem Nathaniel
Hawthorne 1850 in einer Geschichte Unsterblichkeit verliehen hatte,
hatte seit Ende des 19. Jahrhunderts Besucher in den Park gelockt.

Als das Hotel 1923 abbrannte, scheiterten Bemühungen, es wiederaufzubauen, und das Holz des 2400 Hektar großen Hotelgrundstücks

Brücke über den Flume

stand zum Verkauf. 1928 wurde Franconia Notch zum State Park und
Naturschutzgebiet. Heute führt eine Schnellstraße (I-93) durch den langen, schmalen Park, an der Wanderwege und Naturschönheiten aufgereiht sind und die diese bewaldete Schlucht *(notch)* perfekt zur Geltung
bringt. Am schönsten ist ein Besuch im Herbst, wenn sich das bunte
Laub der Bäume von den grauen Granitwänden der Schlucht abhebt.
Allerdings kommen dann scharenweise Besucher, oft auch in Bussen.

## Attraktionen und Aktivitäten

Starten Sie am Südende der Schnellstraße bei **The Flume Gorge** *(Mitte Mai–Okt., Eintrittsgebühr)*. Im Jahr 1808 entdeckte die 93-jährige Aunt Jess Guernsey während einer Angeltour diesen engen, felsigen Canyon, durch den der schnelle Flume Brook fließt. Halten Sie zuerst am großen **Visitor Center**, wo eine Videopräsentation, Fotografien und andere Erinnerungsstücke die Geschichte der Schlucht erzählen.

Fahren Sie anschließend mit dem Shuttlebus oder wandern Sie auf dem gut gepflegten Weg bis zur Boulder Cabin, von der ein malerischer Wanderweg in die Flume Gorge führt. Gehen Sie auf den Bohlenwegen, die an den 30 Meter hohen Granitwänden befestigt sind, und klettern Sie schließlich die zahllosen Stufen aus der Schlucht heraus. Ein Stück weiter windet der Weg sich bergab durch die Wälder und überquert den Pemigewasset River an der Sentinel Pine Bridge. Sie wurde 1939 aus einer riesigen Kiefer gebaut, die ein Hurrikan von einer nahe gelegenen Klippe gestürzt hatte. Die überdachte Brücke gibt den Blick auf ein großes Steinbecken frei, das Gletscher zum Ende der Eiszeit schufen.

Der nächste Halt ist **The Basin**. Ein kurzer, gepflasterter Weg führt zu dem großen, runden Felsenbecken. Hier beobachtete der Naturforscher und Schriftsteller Henry David Thoreau das sanft herabrieselnde Wasser und erklärte: »Diese Grube ist vermutlich die bemerkenswerteste Sehenswürdigkeit Neuenglands.« Zu den verschiedenen Wanderwegen, die den nahe gelegenen **Lonesome Lake** und die umgebenden Berge erschließen, zählt der beliebte, sechs Meilen (9,6 km) lange Rundweg, der dem Cascade Trail und dem Cascade Brook Trail zu dem von Bäumen umstandenen See folgt.

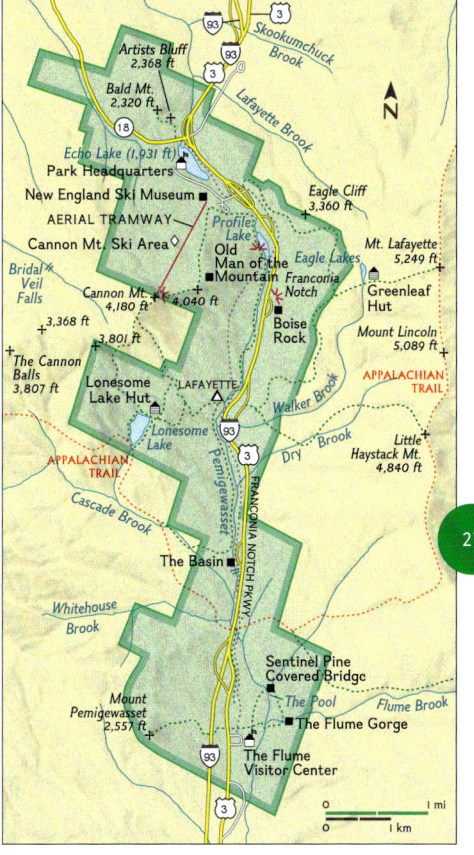

Einst hielten viele am Straßenrand an, um einen Blick auf den berühmten *Old Man* zu werfen. Heute halten Besucher an, um sich zu erinnern. Doch auch ohne das *Great Stone Face* ist der **Profile Lake** im Sommer noch immer ein so beliebter Platz, wie er es im 19. Jahrhundert war. Der See ist wegen seiner Bachsaiblinge bekannt und nur Fliegenfischer dürfen dort angeln. Mit Blick auf den See liegt hier ein Museum, das die Geschichte des *Old Man of the Mountain* erzählt.

Am Nordende des Parks liegt das **Skigebiet des Cannon Mountain** *(603-823-8800)*. Sommers wie winters bringt eine Seilbahn *(Gebühr)* Besucher auf den Berg; Wanderwege führen zum Aussichtsturm auf dem Gipfel. Es gibt mehr als insgesamt 25 Meilen (40 km) Pisten für Skiläufer und Snowboarder. Das Gebiet, in dem Nordamerikas erste Seilbahn entstand, steht seit 1938 Skiläufern offen. Am

**PARK-TIPP:** *Vom hohen Bogen der Governor Gallen Memorial Bridge aus haben Sie einen herrlichen Blick auf das Gebiet von Franconia und den Sugar Hill.*

Fuß des Berges zeigt das **New England Ski Museum** *(603-823-7177, letzter Mo im Mai [Memorial Day] bis 2. Mo im Okt. [Columbus Day] sowie Dez.–März)* Skier, die aus den 1890er Jahren stammen, den Skianorak von Minnie Dole (der Gründerin der National Ski Patrol) und vieles mehr.

Gegenüber dem Skigebiet führt ein steiler, steiniger Weg zum Gipfel des **Bald Mountain**, einem perfekten Ort, um den Sonnenuntergang über den White Mountains zu beobachten. Der Rundweg führt zur **Artists Bluff** mit Blick auf den Echo Lake, bevor er zum Parkplatz zurückkehrt.

Ein befestigter Spazierweg von neun Meilen (14,5 km) Länge zwischen The Flume Gorge und Cannon Mountain erweitert den Park ein wenig. Viele Radfahrer nehmen sich einen Tag Zeit, besuchen auf dem nach Norden führenden, leicht ansteigenden Weg die interessanten Punkte und sausen dann zurück nach Süden. Im Winter nutzen Schneemobilfahrer und Skilangläufer den Weg.

Wer ein Boot oder Kanu hat, kann das stille Wasser des **Profile Lake** oder des **Echo Lake** genießen. An beiden Seen kann geangelt werden, am Echo Lake gibt es auch einen Badebereich.

Von der Governor Gallen Memorial Bridge bietet sich eine ausgezeichnete Möglichkeit, das klassische Herbstlaub Neuenglands an einem frischen Herbsttag zu fotografieren.

## Camping

Der Park verfügt über 97 Zeltplätze (Mitte Mai bis Anfang Okt.) mit Duschmöglichkeiten (Gebühr). Im Winter stehen einfache Zeltplätze, ohne Wasser oder sonstige Einrichtungen, zur Verfügung. Haustiere sind verboten.

In der Saison ist Reservierung unter 603-271-3628 zu empfehlen. Campinggebühr. Der nahe gelegene Cannon Mountain RV Park bietet sieben ganzjährige Wohnmobilplätze; Reservierung unter 603-271-3628 empfehlenswert. Campinggebühr.

Franconia Notch State Park, Rte. 3, Franconia, NH 03580;
603-823-8800; www.nhstateparks.org

# Mount Washington

*Über die Mount Washington Auto Road, an der New Hampshire 16 in Gorham; oder mit der Mount Washington Cog Railway, abseits der US 302, bei Bretton Woods*

- 23,6 Hektar ▪ Mitte Mai bis Mitte Oktober ▪ Camping verboten
- Höchster Berg Neuenglands ▪ Wetterstation ▪ Historisches Hotel

Ammonoosuc River und Mount Washington

Das Wetter am 1917 Meter hohen Gipfel des Mount Washington gilt als das schlechteste der Welt. Winde von der Stärke eines Hurrikans (mehr als 120 km/h) fegen an mehr als hundert Tagen im Jahr über den Berg. Weshalb also sollte man diesen Berg besteigen? Einfache Antwort: wegen der Aussicht. An einem klaren Tag (weniger als 180 Tage im Jahr) können Sie 150 Kilometer weit bis Vermont, Massachusetts, Maine, Quebec und zum Atlantik sehen.

## Attraktionen und Aktivitäten

Den höchsten Berg Neuenglands zu besteigen macht die Hälfte des Spaßes aus. Welchen Weg Sie auch wählen, denken Sie daran, dass das Wetter sich rasch ändern kann und es auf dem Gipfel des Berges immer kühler ist als an seinem Fuß. Sie können die acht Meilen (12,9 km) lange **Mount Washington Auto Road** *(Maut)* hinauffahren, die 1861 als Straße für Pferdewagen eröffnet wurde. Im eigenen Auto fahren Sie dazu ab der New Hampshire 16 in Gorham über die steile, kurvenreiche Straße zum Gipfel, oder Sie nutzen die Fahrgelegenheit in einem Kleinbus *(Fahrtkosten)* mit einem Führer. Ein interessanteres Erlebnis bietet die **Mount Washington Cog Railway** *(603-278-5404 oder 800-922-8825, im Mai Sa–So, vom letzten Mo im Mai [Memorial Day] bis Okt. tägl., Fahrtkosten).* Die drei Meilen (4,8 km) lange Strecke, eine der steilsten der Welt, wurde erstmals 1869 befahren.

    Die erste dokumentierte Besteigung des Berges erfolgte 1642: durch Darby Field aus Exeter, New Hampshire. Heute führen mehrere Wanderwege, darunter der **Appalachian Trail,** die steilen Hänge hinauf. *(Nur erfahrene Wanderer sollten den Aufstieg wagen.)*

> **WESHALB IST DAS WETTER SO SCHLECHT?** Stellen Sie sich vor, wie in einem Bach das Wasser über einen Felsen strömt. Die gleiche Wirkung hat der Wind am Mount Washington. Der Berg ist die größte Gesteinsmasse der Region und liegt auch auf dem Weg von drei wichtigen Windströmungen. Diese turbulente Luft nimmt Geschwindigkeit auf, wenn sie aus dem Tal aufsteigt, wie aus ein Fluss durch eine Stromschnelle an Tempo gewinnt.

24

**PARK-TIPP:** *Die einzigartigen Bergblumen und alpinen Pflanzen des Mount Washington gedeihen am Alpine Garden Trail.*

Besuchen Sie auf dem Gipfel das **Museum** des Mount Washington Observatory *(603-356-8345, Mitte Mai bis Mitte Okt., Eintrittsgebühr),* das Exponate zur Geschichte der Natur und der Menschen am Berg zeigt. In der **Wetterstation** *(Führungen, Gebühr für Nichtmitglieder)* beobachtet das Personal das raue Wetter. Mitte des 19. Jahrhunderts konkurrierten zwei Hotels um die Gunst der Besucher.

    1908 zerstörte ein Feuer die *City Among the Clouds.* Nur das steinerne **Tip-Top House** *(je nach Wetter für Führungen geöffnet)* blieb verschont, es gilt als ältester Berggasthof der Welt.

### Sehenswürdigkeiten in der Nähe

Das berühmte Gebiet von **Bretton Woods** liegt am westlichen Fuß des Berges, an der US 302. Das malerische **Mount Washington Hotel** *(603-278-1000 oder 800-258-0330, geführte Besichtigungen)* eröffnete 1902 als Kurhotel im europäischen Stil und lockte in seiner großen Zeit ganze Züge voll reicher Besucher an. 1944 tagten hier Vertreter aus 44 Ländern, um das Abkommen von Bretton Woods zu unterzeichnen, ein Handels- und Finanzsystem nach dem Zweiten Weltkrieg, das die Grundlagen für die Weltbank und den Internationalen Währungsfonds schuf.

Mount Washington State Park, P.O. Box D, Gorham, NH 03581; 603-466-3347; www.nhstateparks.org

# Robert Frost Farm

*2 Meilen (3,2 km) südlich des Derry Circle, an der New Hampshire 28*

▪ 25,6 Hektar ▪ Öffnungszeiten telefonisch erfragen ▪ Benutzungsgebühr ▪ Camping verboten ▪ National Historic Landmark

Die Derry Farm im Herbst

Auf der Derry Farm versuchte sich der Dichter Robert Frost zu Beginn des 20. Jahrhunderts an der Geflügelaufzucht. Die Pflanzen, Tiere und die Landschaft, die ihn umgaben, inspirierten ihn, und seine Dichtkunst blühte – sie brachte ihm später große Anerkennung und vier Pulitzer-Preise ein.

1952 schrieb Frost in einem Brief: »Ich darf wohl sagen, dass im Kern all meines Schreibens die fünf freien Jahre auf der Farm bei Derry Village stehen … Das Einzige, was es dort reichlich gab, waren Zeit und Abgeschiedenheit.«

Die Familie verkaufte die Farm 1911. Sie ging durch viele Hände, ehe sie in den 1940er Jahren eine Autowerkstatt und ein Autofriedhof wurde. Der Staat kaufte das Land 1964 und begann, das typische Neuengland-Farmhaus – zweistöckig, weiß, mit Schindeln gedeckt – und das umgebende Land wieder in den Zustand zur Zeit Robert Frosts zu bringen. Das Haus wurde unter Anleitung der ältesten Tochter Frosts, Lesley Frost Ballantine, neu eingerichtet.

Sie können auf Frosts Spuren den Wegen der Farm, von denen er im Winter eigenhändig den Schnee schaufelte, und dem **Hyla Brook Trail der Natur und Dichtung** folgen. Sie werden vielen natürlichen und von Menschenhand geschaffenen Dingen begegnen, die in Frosts Gedichten auftauchen. In *Mending Wall* erinnert sich Frost beispielsweise daran, wie er mit seinem Nachbarn Napoleon Guay jedes Jahr im Frühling die Steine ersetzte, die aus der Mauer zwischen den beiden Grundstücken gefallen waren. Im Gedicht *Hyla Brook* beschreibt Frost den jahreszeitlich vorhandenen Bach, den er nach den dort lebenden, winzigen Laubfröschen (Gattung Hyla) benannte. Erfragen Sie vor Ort Informationen zu Vorträgen und Lesungen im Sommer.

Robert Frost Farm State Historic Site, P.O. Box 1075, Derry, NH 03038; 603-432-3091; www.nhstateparks.org

25

## Odiorne Point

*3 Meilen (4,8 km) südlich von Portsmouth, an der US 1A in Rye*

▪ 1,3 km² ▪ Ganzjährig ▪ Eintrittsgebühr Mai bis Ende Oktober täglich, ganzjährig am Wochenende ▪ Camping verboten ▪ Seacoast Science Center ▪ Überreste eines Armeeforts ▪ Wander- und Radwege

Sonnenaufgang über Odiorne Point

1623 landeten britische Siedler an dieser windigen Stelle und bauten einen kleinen Fischer- und Handelsort – die erste europäische Siedlung in New Hampshire. Sie nannten sie Pannaway Plantation. John Odiorne und seine Familie ließen sich 1660 in der Siedlung nieder, die zu jener Zeit bereits ein blühendes Farmzentrum für die nahe gelegene Stadt Portsmouth war. Zweihundert Jahre später war der Ort zu einem beliebten Seebad geworden. Zwischen schicken Hotels und Sommerhäusern lag das 1920 erbaute Wohnhaus der Familie Sugden, das heute das Seacoast Science Center des Parks beherbergt.

Bei Ausbruch des Zweiten Weltkriegs beschlagnahmte die US-Armee den Landstreifen, um die nahe gelegene Werft in Portsmouth zu schützen. Die Siedlung wurde zu Fort Dearborn, das steinerne Farmhaus der Sugdens zu Offizierswohnungen, und viele der Häuser am Strand wurden abgerissen. Nach dem Krieg verhinderte ein rechtliches Problem, dass die Familien auf ihr Land zurückkehrten. Die Armee erklärte das Land Ende der 1950er Jahre für überflüssig und verkaufte es

1961 dem Staat New Hampshire; so wurde es zum State Park. Noch bestehende Überreste des Forts, darunter Bunker und Maschinengewehrstellungen, sind in den Hügeln am Atlantik zu finden.

> **PARK-TIPP:** *Ein großartiger Platz zum Angeln ist die Mole am Ende von Frost Point, die Little Harbor schützt.*

### Attraktionen und Aktivitäten

Kinder jeden Alters werden ihren Spaß daran haben, in dem am Südende des Parks gelegenen **Seacoast Science Center** *(603-436-8043, Eintrittsgebühr)* Informationen über das Leben im Meer zu bekommen. Tägliche Programme unterrichten über Hummer und andere Meeresbewohner, außerdem über die Pflanzen und Tiere, die in den Sümpfen und Wäldern von Odiorne Point leben, dem größten unerschlossenen Streifen an New Hampshires 29 Kilometer langer Küste. Kids können in einem 4000-Liter-Tank Meerestiere umherschwimmen sehen und in einem Berührungsbecken zahlreiche Arten auch anfassen. Das Science Center wurde rund um das Sugden House erbaut, in dem die Familie bis 1942 lebte. Eine Ausstellung erläutert die Geschichte des Ortes: von den frühen Siedlern über die Funktion als Fort im Zweiten Weltkrieg bis hin zur heutigen bildungspädagogischen Aufgabe. Große Fenster eröffnen den Blick auf den Golf von Maine und den Hafen von Portsmouth.

Nachdem Sie sich im Science Center über die Landschaft und die Lebensräume informiert haben, können Sie im Freien das Original erkunden. Spazieren Sie die felsige Küste entlang und suchen Sie in den Gezeitentümpeln nach Seeigeln, Krebsen und anderen Tieren, die vorübergehend im flachen Wasser der Ebbe gefangen sind. Im Herzen des Parks bietet ein von Menschenhand angelegter kleiner See eine gute Gelegenheit, Vögel zu beobachten, und an der Küste wechseln sich die Felsen mit Kiesstränden und Süßwassersümpfen ab. Ein Salzwassersumpf liegt an der Nordgrenze des Parks.

27

**FRUCHTBARE KÜSTEN:** Kurz nachdem die ersten europäischen Siedler New Hampshires am Odiorne Point gelandet waren, ging 1630 eine andere Gruppe einige Kilometer nördlich, am Piscataqua River, an Land. Da die Ufer mit Erdbeerpflanzen bedeckt waren, nannten sie ihre Siedlung Strawbery Banke. Dank des reichlich vorhandenen Holzes wurde die Siedlung – 1653 in Portsmouth umbenannt – bald für den Schiffbau bekannt. Heute gehören zum Strawbery Banke Museum *(Marcy St., 603-433-1100, Ende April bis Anfang Nov., Eintrittsgebühr)* viele renovierte Gebäude aus der langen Geschichte der Stadt.

Ein befestigter Wander- und Radweg zieht sich der Länge nach durch den Park, während Staubpisten an den Bunkern, Gewehrstellungen und anderen Überbleibseln von Fort Dearborn vorbeiführen. Sie können auch die Reste eines Gartens aus der großen Zeit des Seebads erkennen.

Vom Nordeingang des Parks führt ein kurzer Weg zum **Frost Point**. Einer der frühen Siedler, George Frost, besaß ein Haus auf diesem Stück Land, das in die See ragt und phantastische Ausblicke über die gesamte Länge des Parks bietet.

Odiorne Point State Park, P.O. Box 606, Rye Beach, NH 03871; 603-436-7406; www.nhstateparks.org

# Island Complex

*7 Meilen (11,3 km) westlich von St. Albans, abseits der Vermont 36, mit der Fähre von Kamp Kill Kare*

■ 2,3 km² (Burton Island) ■ Mitte Mai bis Labor Day ■ Tagesgebühr ■ Autos verboten ■ Abgeschiedene Inseln ■ Wander- und Naturlehrpfade ■ Angeln (mit Angelschein)

Zu Vermonts Island Complex, einer Reihe malerischer Inseln im Lake Champlain, gehören drei ungewöhnliche State Parks. Die drei Inseln, die nur per Fähre oder Privatboot zugänglich sind, bieten unterschiedliche Zufluchtsstätten für Tages- und Übernachtungsgäste.

Burton ist die größte und besterschlossene Insel der Kette und hat die meisten Besucher. Wenn Sie mehr Einsamkeit wünschen, besuchen Sie die Knight Island oder die gänzlich unerschlossene Woods Island, die nur mit einem Privatboot zu erreichen ist.

Die drei Inseln wurden vom Beginn des 19. Jahrhunderts bis in die frühen 1960er Jahre, als der Staat das Land erwarb, landwirtschaftlich intensiv genutzt. Es gab Pläne, einen Damm zu bauen, doch sie wurden verworfen, und die Inseln blieben autofrei.

### Attraktionen und Aktivitäten

Wenn Sie campen möchten, ist die rund hundert Hektar große **Burton Island** eine gute Ausgangsbasis. Dort gibt es Trinkwasser, heiße Duschen, einen kleinen Laden und ein Restaurant, wo das Nötigste verkauft wird. Die Insel erreichen Sie mit der vom Staat betriebenen Fähre *Island*

Friedliche Knight Island, Lake Champlain

*Runner (Informationen bei der Parkverwaltung, Fahrtkosten)* ab Kamp Kill Kare, einem früheren Schülercamp am Ufer des Lake Champlain. Sie können auch Ihr eigenes Boot zu einem der mehr als hundert Anlegeplätze bringen – die während der Sommerwochenenden oft voll belegt sind. Und Sie können am Yachthafen ein Kanu, Kajak oder Ruderboot mieten und die bewaldeten, felsigen Buchten der Insel erforschen. Denken Sie daran, dass Sie ab der Ankunft auf Burton Island zu Fuß unterwegs sind, achten Sie also auf leichtes Gepäck.

**PARK-TIPP:** *Genießen Sie den weit reichenden Blick über die Adirondacks von der Südspitze Burton Islands aus.*

Abseits des lärmenden Treibens am Yachthafen ist die Insel meist ruhig und unerschlossen. Nur ein Stückchen entfernt, beherbergt ein kleines Holzhaus das **Nature Center**, wo ein Naturforscher vor Ort Programme durchführt. Im 19. Jahrhundert zogen Truthähne, Schafe und Milchkühe durch die ländliche Gegend. Die Farmarbeit erledigten Pferde und Pächter, meist Abenaki-Indianer. Das Nature Center zeigt verrostete Gerätschaften aus den Tagen des Ackerbaus. Ein kurzer **Naturlehrpfad** beginnt in der Nähe und führt durch aufgelassene Felder.

Um zur Südspitze der Insel zu gelangen, nehmen Sie den sehr leichten, 1,3 Meilen (2,1 km) langen Wanderweg dorthin, der von violett blühenden Himbeeren, Topinambur und Essigbäumen gesäumt ist. Jeder Hobby-Naturkundler hat seine Freude daran, hier Goldzeisige, Waldsänger, Fischadler beim Fressen und Kanadareiher zu beobachten. Vom Campingbereich gehen kurze Fußwege aus. Der 0,8 Meilen (1,3 km) lange **North Shore Trail** verläuft parallel zur Küste. Eine Broschüre beschreibt Pflanzen und Tiere längs des Weges. Über den **Eagle Bay Birding Trail** gelangen Sie zum Campingplatz zurück.

Auch die 74 Hektar große **Knight Island** wurde landwirtschaftlich intensiv genutzt, ehe sie in den 1980er Jahren zum privaten Campingplatz wurde. Bis auf vier Hektar an der Südspitze wurde sie 1990 vom Staat aufgekauft. Die Überfahrt mit der Fähre *(Fahrtkosten)* von und nach Knight Island muss auf Burton Island arrangiert werden, alternativ können Sie mit einem Privatboot fahren. Kräftige Paddler können die Insel auch mit dem Kanu oder Kajak vom North Hero State Park oder Knight Point State Park aus erreichen. Beide Parks liegen westlich der Insel und sind mit dem Auto über die US 2 zugänglich; in diesen Parks darf über Nacht geparkt werden. Ein Wanderweg führt rund um die Knight Island, vorbei an kleinen Seen und Felsvorsprüngen mit Blick auf den Lake Champlain und das nordwestliche Vermont.

## Weitere Erlebnisse

Wer die Menschen wirklich hinter sich lassen will, sollte zur 50 Hektar großen **Woods Island** fahren, eine kurze Motorboot- oder eine belebende Paddelfahrt von Burton Island entfernt. Es gab viele große Ideen für diese kleine Insel, die im 19. Jahrhundert ebenfalls als Farm verpachtet war. Eine verlassene, niemals fertiggestellte Landebahn verläuft in der Mitte der Insel – Relikt eines Investorentraumes, hier eine abgeschiedene Zuflucht zu bauen.

Heute erinnern nur noch die Fundamente eines Farmhauses und einige verwitterte Gerätschaften an die Vergangenheit. Ein Wanderweg

> **ANGELN FÜRS ABENDESSEN:**
> Wenn Sie auf einer der abgeschiedenen Inseln Vermonts einen Aufenthalt planen, sollten Sie auch einmal frischen, am offenen Feuer gegarten Fisch genießen. Der Lake Champlain bietet die größte Vielfalt an Süßwasserfischen im Nordosten. Ein Aufzuchtprogramm hat Lachse wieder im See heimisch werden lassen; in das kalte Wasser werden alljährlich Forellen und Lachse eingesetzt.

folgt der Küstenlinie um die gesamte Insel, während ein anderer über die Insel und die verlassene Landebahn verläuft.

### Camping

Burton Island: 17 Zeltplätze, vier einfache Plätze für Paddler und 26 hölzerne Unterstände, mit Duschmöglichkeiten. Für die Wochenenden im Juli und August ist Reservierung notwendig. Knight Island: sechs Unterstände und ein Zeltplatz, ohne Trinkwasser und mit sehr begrenzten Einrichtungen. Auf Burton Island muss eine Campinggenehmigung eingeholt werden. Während der Woche verkehren Boote nur nach Reservierung. Woods Island: fünf einfache Zeltplätze, ohne Trinkwasser oder andere Einrichtungen. Auf Burton Island muss eine Campinggenehmigung eingeholt werden.

Für alle Inseln ist Reservierung notwendig und bis zu elf Monate im Voraus möglich: unter 888-409-7579 oder über die Reservierungsinformation der Website. Campinggebühr.

Burton Island State Park, P.O. Box 123, St. Albans Bay, VT 05481; 802-524-6353; www.vtstateparks.com/html/burton.cfm

## Smugglers Notch

*Zwischen Stowe und Jeffersonville, abseits der Vermont 108*

■ 17,2 Hektar (State Park), 178,2 km² (Mount Mansfield State Forest) ■ Mitte Mai bis Mitte Oktober ■ Gebirgspass ■ Felsformationen ■ Wandern

Als riesiger Einschnitt zwischen dem Mount Mansfield und Sterling Peak verläuft Smugglers Notch zwischen den Städten Jeffersonville und Stowe von Norden nach Süden. Einige Geologen glauben, dass ein Gletscherschmelzfluss die Schlucht vor etwa 12 000 Jahren gegraben hat. In jüngerer Zeit wurde sie ein Weg für Schmuggler. Nachdem 1807 ein Embargo den Handel mit Großbritannien und Kanada verboten hatte, schmuggelten die Einwohner von Vermont Vieh und andere Waren durch die enge Passage zu ihren nördlichen Nachbarn. Später soll die Schlucht entflohenen Sklaven als Fluchtweg nach Kanada gedient haben. Während der Prohibition brachten die Einheimischen Whiskey über eine notdürftige Straße, die 1922 durch die Schlucht gebaut worden war.

Smugglers Notch ist der neueste alte Park in Vermont. 2003 wurde der in den 1930er Jahren vom CCC (Civilian Conservation Corps) angelegte Campingplatz Stein für Stein abgebaut und 800 Meter den Berg hinunterverlegt.

Der neue Platz, mit besserer Aussicht und weniger Lärm, liegt 800 Meter abseits der schmalen, zweispurigen Vermont 108 *(einzelne*

*Abschnitte im Winter gesperrt),* die sich durch die Schlucht windet und an etlichen interessanten Plätzen vorbeiführt.

## Attraktionen und Aktivitäten

Wenn Sie von Süden kommen, beginnen Sie Ihren Besuch in der malerischen Stadt **Stowe**, Vermonts ältestem Wintersportort. Nach kurzer Fahrt über die Vermont 108 kommen Sie zur **Mount Mansfield Toll Road** *(802-253-3000, Frühling bis erster Schneefall, Maut),* einer steilen Autostraße, die sich zum südlichen Gipfel – der »Nase« – des höchsten Berges von Vermont hinaufwindet. Von dort haben Sie einen phantas-

Blick entlang der Smugglers Notch

tischen Ausblick auf einen Großteil des Green Mountain State, das benachbarte New York, New Hampshire und Quebec. Sie können auch mit der **Stowe Mountain Resort Gondola** *(802-253-3000, Mitte Juni–Okt. und in der Skisaison, Fahrtkosten)* zum 1339 Meter hohen Gipfel mit seinem Gipfel-Restaurant fahren.

Wenn Sie auf der Vermont 108 wieder nach Norden fahren, kommen Sie am **State Ski Dormitory** vorbei, das in seinen Anfängen als Wohnheim 1834 den CCC-Arbeitern Betten und herzhafte Mahlzeiten bot. Ebendiese Arbeiter schufen den Weg, der zum Ausgangspunkt der heutigen Skipisten führt.

Halten Sie direkt südlich des Park-Informationskiosks bei **Big Spring**. Hier lag in den 1920er Jahren ein Restaurant, dessen Gäste aufgefordert wurden, eigenhändig ihre Forelle im Bassin zu fangen, damit

31

sie zum Essen gebraten wurde. Heute ist die Quelle wieder im Originalzustand und bietet kühles, frisches Trinkwasser.

Ein kleines Stück oberhalb des Info-Kiosks der Schlucht sehen Sie das **Old Smugglers Face** im Mount Mansfield State Forest. Auch andere bizarre Felsformationen – wie den *Elephant's Head* oder den *Hunter and His Dog* – sind hier zu erkennen.

> **KOPF HOCH:** Der Gipfel des Mount Mansfield wird oft als »Kinn« bezeichnet, denn es heißt, das Profil des Berges ähnele dem Umriss des Gesichts eines zurückgelehnten Menschen. Wenn Sie dem Berggrat folgen, werden Sie auch Stirn, Nase und Adamsapfel erkennen.

Allerdings sollten Sie auf dieser Bergstrecke nicht nur nach oben schauen, denn einige der interessantesten Dinge könnten sich unter Ihren Füßen befinden. Wegen der oft arktisähnlichen Bedingungen am Mount Mansfield gedeihen hier viele seltene Gebirgspflanzen, darunter das Fettkraut, eine winzige, gelbe fleischfressende Pflanze.

Einige Wanderwege führen von der Schlucht zum Mount Mansfield und zum Sterling Pond. Eine der beliebtesten Routen führt über ein 2,2 Meilen (3,5 km) langes Teilstück des **Long Trail** zum **Lake of the Clouds**.

Von der Schlucht aus führt die Vermont 108 aus den Bergen heraus und am beliebten Skigebiet **Smugglers Notch Resort** *(800-451-8752)* vorüber, bevor sie die kleine Stadt Jeffersonville erreicht.

**Camping**

Smugglers Notch bietet 20 Zeltplätze, von denen sechs auch Wohnmobile (keine Anschlüsse) aufnehmen können – Duschen vorhanden –, sowie 14 hölzerne Unterstände. In der Saison ist Reservierung unter 888-409-7579 zu empfehlen. Campinggebühr.

Smugglers Notch State Park, 6443 Mountain Rd., Stowe, VT 05672; 802-253-4014; www.vtstateparks.com/htm/smugglers.cfm

# Button Bay

*6 Meilen (9,6 km) nördlich von Vergennes, am Lake Champlain*

▪ 101 Hektar ▪ Mitte Mai bis Columbus Day ▪ Tagesgebühr
▪ Fossilien ▪ Nature Center ▪ Schwimmbad, Bootfahren, Angeln (mit Angelschein)

Vor fast 500 Millionen Jahren war Button Bay ein Teil des Kontinentalschelfs, untergetaucht in einem warmen, flachen Meer voller Leben. Und vor 12 000 Jahren war die Region von einem kalten Meer – dem sogenannten Champlain-Meer – bedeckt, einem Vorläufer des Lake Champlain. Eine Muschelart, die heute in Button Bay lebt, wurde auf eine Art zurückgeführt, die in jener Zeit hier existierte.

Zur Erforschung der Geologie folgen Sie dem Naturlehrpfad zum **Button Point**, wo Sie große versteinerte Meeresschnecken sehen können. Sie werden auch die knopfähnlichen Formationen erkennen, denen der Park seinen Namen verdankt und die entstanden, als sich im Champlain-

Meer Kalzium mit Lehm vermischte. Das Sammeln von Fossilien ist verboten, doch dafür können Sie das nahe gelegene **Nature Center** besuchen, in dem die geologische Geschichte der Bucht erläutert wird. Der Park bietet auch einen Bootsverleih und ein Schwimmbad.

### Camping

Der Park verfügt über 58 Zelt- oder Wohnmobilplätze und 13 Hütten; Duschen sind vorhanden. Während der Saison ist Reservierung unter 802-475-2377 oder 888-409-7579 empfehlenswert. Campinggebühr.

Button Bay State Park., Rd. 3, Box 4075, Vergennes, VT 05491; 802-475-2377; www.vtstateparks.com/htm/buttonbay.cfm

# Mount Philo

*2 Meilen (3,2 km) nördlich von North Ferrisburg, abseits der US 7*

▪ 67,2 Hektar ▪ Mitte Mai bis Mitte Oktober ▪ Tagesgebühr ▪ Berg-
und Seeblicke ▪ Wandern

Wie die Button Bay, so formte das einstige Champlain-Meer auch den bienenkorbförmigen Mount Philo. Vor mehreren Tausend Jahren umgaben kalte Gewässer den Berg, der als Insel herausragte. Wenn Sie genau hinsehen, werden Sie auf halber Höhe noch eine eingeschnittene Terrasse erkennen.

Eine schmale, einspurige Straße windet sich den 292 Meter hohen Berg hinauf, von dem der Blick über den Lake Champlain bis zu den Adirondacks schweift. Auch Wanderwege führen auf den Berg. Schwimmen und Bootfahren ermöglicht der Lake Champlain im nahe gelegenen **Button Bay State Park**.

### Camping

Der Park hat sieben Zelt- und Wohnmobilplätze und drei Hütten. In der Saison ist Reservierung unter 888-409-7579 zu empfehlen. Campinggebühr.

Blick vom Mount Philo auf Champlain Valley und Lake Champlain

Mount Philo State Park, Rd. 1, 5425 Mt. Philo Road, Charlotte, VT 05445; 802-425-2390; www.vtstateparks.com/htm/philo.cfm

# Walden Pond

*An der Massachusetts 126, in Concord*

■ 164,4 Hektar ■ Parkgebühr (Reservierung erforderlich) ■ Ganzjährig
■ Camping verboten ■ National Historic Landmark ■ Wandern, Bootfahren, Angeln (mit Angelschein)

Farbenprächtiges Herbstlaub am Walden Pond

Der amerikanische Schriftsteller Henry David Thoreau
begann 1845 am Walden
Pond sein zweijähriges Experiment des einfachen Lebens.
Er gab 28,12 Dollar aus (die
Hälfte davon für Vorräte)
und erbaute ein ordentliches
Holzhaus mit einem Zimmer
– auf einem Grundstück, das
ihm Ralph Waldo Emerson,
ein Freund aus seiner Zeit
am Harvard College, über-
lassen hatte.

Thoreau verbrachte sei-
ne Zeit in den Walden Woods
mit Lesen, dem Studium der
Natur und Gartenarbeit.
Basierend auf den Erfahrun-
gen einer Reise mit seinem
verstorbenen Bruder im Jahr
1839 entwarf er sein erstes
Buch *A Week on the Concord
and Merrimack Rivers*. Er
verfasste auch eine erste
genau Studie über den von
der Eiszeit geschaffenen
kleinen See, auf dem er manchmal im Boot saß und dabei Flöte spielte.

Im September 1847 beendete Thoreau sein Experiment und kehrte
ins Haus seiner Familie zurück, wo er seine Studien fortsetzte, weiterhin
schrieb und Vorträge in ganz Neuengland hielt. *Walden oder Leben in
den Wäldern* – das Buch, in dem er sein Leben am See beschreibt – erschien 1854. Thoreau starb 1862 mit 44 Jahren an Tuberkulose.

## Attraktionen und Aktivitäten

Während er herkam, um das Leben zu entdecken, unternehmen
Tausende von Besuchern die kurze Reise von Boston, um etwas von der
Aura eines der ersten amerikanischen Naturschützer zu erspüren. Ob
Sie Thoreau-Fan sind oder nicht, es ist schwer, nicht von der beschau-
lichen Atmosphäre des Parks gefangen zu sein – doch seien Sie gewarnt:
Sie müssen die Beschaulichkeit teilen. Für einen ruhigeren Besuch sollten
Sie im Spätherbst, Winter oder zeitig im Frühjahr kommen – oder sehr
früh am Morgen. (*Um die friedliche Natur des Ortes aufrechtzuerhalten,*

*ist die Besucherzahl beschränkt; reservieren Sie telefonisch.)* Zu diesen Zeiten können Sie auf einem Stein sitzen und das Wasser um Ihre Füße spielen lassen, wie es wohl auch Thoreau vor 150 Jahren getan hat. Der See ist bei Familien beliebt, die ein Picknick am Ufer mit Blick auf den Sonnenuntergang über den hohen, geraden Kiefern genießen.

> **RUHESTÄTTE DER SCHRIFTSTELLER:** Unweit des Walden Pond, in der Stadt Concord, fanden auf dem Sleepy Hollow Cemetery *(Mass. 62)* viele der bekanntesten Schriftsteller Amerikas ihre letzte Ruhestatt. Neben Henry David Thoreau und seiner Familie wurden auch Ralph Waldo Emerson, Louisa May Alcott und Nathaniel Hawthorne im *Author's Ridge* des Friedhofs beigesetzt.

Beginnen Sie Ihre Tour durch den Park mit einem Spaziergang um den See und folgen Sie auf der anderen Seite den Wegweisern zu der Stelle, an der Thoreaus – nun lange verschwundenes – Haus stand. Vor einem halben Jahrhundert fand ein Amateurarchäologe Überreste der Feuerstelle, die dem Schriftsteller Wärme und Gesellschaft bot. Ein Bruchstein und eine Tafel markieren die Stelle eines von Amerikas meistbesuchten Plätzen, an denen eine Berühmtheit gelebt hat.

> **PARK-TIPP:** *Ein ausgezeichneter Ort der Besinnlichkeit ist Emerson's Cliff, der höchste Punkt des Parks.*

Eine Nachbildung von Thoreaus winzigem Haus befindet sich in der Nähe des Parkplatzes an der Massachusetts 126 beim See. Bei einem Blick durch die Fenster erkennen Sie, was für ein gemütliches kleines Heim man sich 1845 für 28 Dollar erschaffen konnte. In der Nähe bietet ein kleiner Laden Bücher und andere Erinnerungen an den Schriftsteller.

Eine andere Perspektive ergibt sich, wenn Sie auf dem See paddeln oder dort angeln. Zu Thoreaus Zeiten gab es dort nicht viele Fische, doch heute werden Forellen eingesetzt.

Mit 83 Meter Höhe ist Emerson's Cliff, das an einem vom Esker Trail abzweigenden Weg liegt, eine hübsche Zuflucht für Besucher. Die nahe gelegene Heywood's Meadow bietet vielen Arten einen feuchten Lebensraum.

Im Winter sind die Wege, die durch Wälder und Wiesen führen, bei Skilangläufern beliebt, während Schlittschuhläufer über den gefrorenen See gleiten.

Walden Pond State Res., Rte. 126, Concord, MA 01742; 978-369-3254; www.mass.gov/dcr

Nachbildung der Hütte Thoreaus, Walden Pond

# Mount Greylock

*Zugänglich über die Massachusetts 2 in North Adams oder die US 7 in Lanesborough*

■ 50,6 km² ■ Ganzjährig ■ größere Straßenbauarbeiten von 2007 bis 2009 geplant, Information beim Park ■ Wandern, Skilaufen

Blick vom Fuß des Mount Greylock auf den Potter Mountain

»Es war ein Land, wie wir es in unseren Träumen sehen, mit all den Herrlichkeiten des Paradieses«, erklärte Henry David Thoreau, als er 1844 den Gipfel des Mount Greylock erreichte. Der 1064 Meter hohe Berg, der höchste in Massachusetts, regte auch Ralph Waldo Emerson und Herman Melville zu ehrfürchtigen Äußerungen an. Manche glauben, dass der schneebedeckte, runde Berg die Inspiration für Melvilles berühmten weißen Wal in *Moby Dick* war.

### Attraktionen und Aktivitäten

Heutige Besucher erreichen den Gipfel des Mount Greylock leichter als Thoreau und seine Kollegen. 1906 wurde die Fahrstraße fertiggestellt, die von Süden her auf den Berg führt. Die meisten Besucher beginnen ihre Tour noch immer am Südeingang des Parks am **Visitor Center**.

Vom Visitor Center aus führt die Straße auf den Berg, an **Rounds Rock** vorbei, wo ein kurzer Weg durch ein Heidelbeerfeld zu einem Aussichtspunkt mit Blick bis Connecticut und New York führt. Die Straße zieht sich weiter durch dichten Wald zum Gipfel, den ein riesiger Granitturm krönt. Das **War Memorial** entstand 1932, um an all jene Bewohner des Staates zu erinnern, die im Ersten Weltkrieg gedient hatten. Ein Dutzend Lichter – gemeinsam der stärkste Leuchtturm von Massachusetts –

ehren die gefallenen Helden. Das »ewige Licht« erlosch im Zweiten Weltkrieg, um nicht feindliche Flugzeuge anzulocken. Heute leuchtet es wieder, ausgenommen während des Vogel-zugs. Auf dem Turm eröffnet eine Aus-sichtsplattform *(Mitte Mai bis Mitte Okt.)* den Blick auf fünf Staaten. Manche Menschen glauben, der Name des Berges rühre daher, dass er oft in graue Wolken eingeschlossen *(locked)* ist.

**PARK-TIPP:** *Wer einen dramatischen Sonnenauf- oder -untergang sehen möchte, geht zum Stony Ledge.*

Der CCC (Civilian Conservation Corps) vollendete 1937 den Bau der rustikalen steinernen **Bascom Lodge** auf dem Gipfel. Mit dem steinernen Kamin, den handbehauenen Fichtenbalken und der großen Veranda ist die Lodge im Sommer eine beliebte Anlaufstelle für Essens- und Übernachtungsgäste.

Vom Gipfel schlängelt sich die Autostraße an der steileren Nord-seite – an dem großen Becken von **The Hopper** vorbei – bis zur Stadt North Adams.

### Weitere Erlebnisse

Vom Stony Ledge aus kann man nicht nur phantastische Sonnenauf- und -untergänge beobachten, sondern auch nach Norden bis nach Ver-mont blicken. Nehmen Sie sich einen Moment Zeit, um The Hopper zu entdecken, ein geologisch einzigartiges Tal, das an drei Seiten von steilen, mit alten Rotfichten bestandenen Hängen umgeben ist.

Mount Greylock besitzt insgesamt 70 Meilen (112,6 km) lange Wege zum Wandern, Mountainbiken, Schneemobilfahren und Skilang-laufen, darunter 11,5 Meilen (18,5 km) des **Appalachian National Scenic Trail**. Ab dem Visitor Center führt der leichte, zwei Meilen (3,2 km) lange **Bradley Farm Interpretive Trail** über eine nicht mehr genutzte Weide. Bei Wanderern und Skiläufern ist der relativ flache, 1,5 Meilen (2,4 km) lange **CCC Dynamite Trail** beliebt, der den Saddleball Mountain umrundet und an dem Dynamitkisten, die in den 1930er Jahren von den Arbeitern des CCC weg-geworfen wurden, zu sehen sind. Den anstrengenden, 3,7 Meilen (5,9 km) lan-gen **Bellows Pipe Trail** nahm Thoreau 1844 auf seinem Weg zum Gipfel.

### Camping und Lodge-Unterkunft

*Von 2007 bis 2009 nur begrenzt verfügbar.* Mount Greylock besitzt 15 einfache Zeltplätze (April bis Mitte Nov.) und sieben Gruppencamps; Reservierung unter 877-422-6762. Campinggebühr. Die Bascom Lodge (Mitte Mai bis Mitte Okt.) bietet 36 Gästen Unterkunft; Reservierung unter 413-743-1591.

**SCHNELLER ABSTIEG:** Mount Greylock war in den 1930er und 1940er Jahren ein Paradies für Al-pinskiläufer, als der CCC eine steile Piste an der Ostflanke des Berges an-legte. Skiläufer kamen aus Boston und New York, um sich am schwieri-gen Thunderbolt Trail zu versuchen. 1948 legte der Norweger Per Klipp-gen die 1,6 Meilen (2,6 km) lange Strecke in der Rekordzeit von zwei Minuten und neun Sekunden zurück. Heute nutzen meist Wanderer den Thunderbolt Trail.

Mount Greylock State Reservation, P.O. Box 138, Rockwell Rd., Lanesborough, MA 01237; 413-499-4262; www.mass.gov/dcr

# Wachusett Mountain

*Zwischen Princeton und Westminster, abseits der Massachusetts 140*

■ 8,9 km² ■ Ganzjährig, Straßen von Ende Oktober bis Memorial Day gesperrt ■ Camping verboten ■ Panoramablicke ■ Wandern, Skilaufen

Bevor Mitte des 17. Jahrhunderts die ersten weißen Siedler kamen, lebte der Stamm der Nipmuck »am großen Berg«, was in ihrer Muttersprache Algonkin wie *wachusett* klingt. 1675 brach der King Philip's War zwischen den europäischen Siedlern und den Indianern Neuenglands aus, die den

Berg als Ausgangspunkt für einen Angriff auf die nahe gelegene Stadt Lancaster nahmen. Kurz nach dem Ende des Krieges ging ein Großteil des Landes, einschließlich des Wachusett Mountain, in den Besitz der Kolonie Massachusetts über.

Während des 19. Jahrhunderts lockte die phantastische Aussicht Besucher auf den Gipfel des Berges, darunter Henry David Thoreau, der 1843 von Concord aus hier heraufwanderte. Um die Wende zum 20. Jahrhundert, als der Staat das Land zur allgemeinen Nutzung erwarb, bekrönten Hotels den Gipfel. Wachusett wurde 1900 zum zweiten Naturschutzgebiet in Massachusetts.

Heute windet sich eine befestigte Straße auf den 611 Meter hohen Gipfel, der heute weitaus weniger erschlossen ist als vor hundert Jahren.

Princeton schmiegt sich an den Fuß des Wachusett Mountain

Über fast 20 Meilen (32 km) hinweg durchziehen Wanderwege die Wälder am Berg. Der steile, eine Meile (1,6 km) lange **Mountain House Trail** führt zu den Resten eines der ältesten Hotels am Gipfel. Der einfache **Dickens Trail** verbindet den Park mit dem benachbarten Wachusett Meadows Wildlife Sanctuary.

Am Nordhang des Berges bietet die **Wachusett Mountain Ski Area** *(978-464-2300)* 20 Pisten, von denen 16 für nächtliche Abfahrten beleuchtet sind.

Wachusett Mountain State Reservation, P.O. Box 248, Princeton, MA 01541; 978-464-2987; www.mass.gov/dcr

38

# Pilgrim Memorial

*Water Street, abseits der US 44, in Plymouth*

■ 3,6 Hektar ■ Ganzjährig ■ Camping verboten ■ Plymouth Rock

1620 gingen englische Siedler – die Pilgerväter – im Hafen von Plymouth an Land und gründeten eine kleine Kolonie – auf der Suche nach religiöser und politischer Freiheit. Der große Fels, auf dem sie das Land betreten haben sollen, ruht am Ufer unter einer Art Baldachin, der 1921 vom Architekturbüro McKim, Mead & White entworfen wurde. Die *Mayflower II*, ein im Maßstab 1:1 gehaltener Nachbau des Schiffes, das die Siedler nach Amerika brachte, ankert in der Nähe.

    **Plimoth Plantation** *(Plimoth Plantation Hwy., südl. von Plymouth, 508-746-1622, April–Nov., Eintrittsgebühr)* – ein Nachbau der Siedlung der Pilgerväter, der dem Bild von 1627 entspricht – liegt auf einem Hügel am Meer. Die in Kleidung der Zeit gewandeten Bewohner erzählen Geschichten, die Sie in die frühen Tage zurückversetzen.

    Auf der anderen Seite der Water Street, gegenüber dem Plymouth Rock, steht auf dem Cole's Hill eine Bronzestatue von Massasoit, dem Häuptling der Wampanoag, die zur Zeit der Ankunft der Pilgerväter das Gebiet besiedelten. In der Nähe finden Sie einen Marmorsarkophag: Darin ruhen die sterblichen Überreste einer Reihe von Siedlern, die im ersten Winter starben und ursprünglich am Hügel beigesetzt wurden.

**39**

Pilgrim Memorial State Park, P.O. Box 66, S. Carver, MA 02366; 508-866-2580; www.mass.gov/dcr/parks/southeast/plgm.htm

# Skinner

*Abseits der Massachusetts 47, in Hadley*

■ 1,6 km$^2$ ■ Ganzjährig, Straßen von Mitte November bis Mitte April gesperrt ■ Eintrittsgebühr von Mai bis Oktober ■ Camping verboten ■ Historischer Gasthof

Seit dem 19. Jahrhundert lockte die Aussicht ins Tal des Connecticut River Valley Besucher zum **Mount Holyoke**. In den 1890er Jahren kaufte Joseph Allen Skinner das Summit House und warb um Essensgäste und Tänzer. Als ein gewaltiger Hurrikan 1938 Teile des Hotels zerstörte, vermachte Skinner dem Staat den Gasthof und 150 Hektar Land auf dem Gipfel des Berges. Das Gebäude erhielt wieder das Aussehen des 19. Jahrhunderts und kann besichtigt werden. Besucher können auf den 287 Meter hohen Gipfel fahren *(Mitte April bis Mitte Nov.)* oder wandern.

    Skinner liegt innerhalb des 1600 Hektar großen **Holyoke Range State Park** *(413-586-0350)*, der sich entlang der gesamten Bergkette erstreckt und insgesamt 45 Meilen (72,4 km) lange Wander- und Reitwege sowie Langlaufloipen bietet.

Skinner State Park, P.O. Box 91, Hadley, MA 01035; 413-586-0350; www.mass.gov/dcr

# Fort Adams

*3 Meilen (4,8 km) südlich des Zentrums von Newport, am Ocean Drive*

- 42 Hektar ▪ Ganzjährig ▪ Camping verboten ▪ Historisches Fort
- Segelschiffmuseum ▪ Segelzentrum

Nachdem im Krieg von 1812 die Hauptstadt des Landes niedergebrannt worden war, beschloss das Militär, dass die Einfahrt zur Narragansett Bay und zum Hafen von Newport geschützt werden müsse. Der Bau eines nach John Adams, dem zweiten US-Präsidenten, benannten Forts

Fort Adams aus der Vogelperspektive

begann 1824 unter der Leitung von Lieutenant Colonel Joseph Totten, dem führenden Militärarchitekten seiner Zeit. Es dauerte 33 Jahre, die riesige Befestigungsanlage zu bauen, in der 2400 Soldaten und fast 500 Kanonen Platz finden sollten.

Eine feindliche Macht hätte im 19. Jahrhundert das Fort vermutlich auch über Tunnel am Fundament der Mauern einnehmen können. Um einem solchen Angriff zuvorkommen zu können, baute man ein Netz unterirdischer Tunnel von fast 800 Meter Länge unter den Mauern.

**Attraktionen und Aktivitäten**

Im Sommer können Sie die beeindruckenden Gebäude besichtigen, die einen großartigen Blick auf die Bucht und die schicke Stadt Newport bieten.

Newport, lange Zeit ein Tummelplatz der Reichen und ein Mekka für Segler, ist für seine ausgezeichneten Segelmöglichkeiten bekannt. Im Schatten des Forts präsentiert das **Museum of Yachting** *(401-847-1018, Mitte Mai–Okt., Eintrittsgebühr)* alle Arten von renovierten Yachten und

Erinnerungsstücken, die den Segelsport feiern. Jedes Jahr veranstaltet das Museum mehrere Regatten. Die größte unter ihnen ist die **Classic Yacht Regatta**, zu der sich am Wochenende des Labor Day *(erster Mo im Sept.)* mehr als hundert altehrwürdige Yachten versammeln.

Wenn Sie mit dem eigenen Boot aufs Wasser möchten, gehen Sie zum Sailing Center des State Park. **Sail Newport** *(401-846-1983, letzter Mo im Mai [Memorial Day] bis zweiter Mo im Okt. [Columbus Day])*, eine gemeinnützige Einrichtung der Gemeinde, verleiht Segelboote und Surfboards und bietet Unterricht an. Eine weitere Gemeindeinstitution, **Shake-A-Leg** *(401-849-8898)*, bietet Segelunterricht und Boote speziell für Behinderte.

Auf einem Hügel oberhalb des Parks liegen die früheren Offizierswohnungen, die US-Präsident Dwight Eisenhower zu seinem Sommersitz erkor. Das zweistöckige Schindelhaus von 1873 steht heute für Konferenzen und Hochzeiten zur Verfügung. Jedes Jahr im August empfängt der großflächige Rasen die Teilnehmer des **Newport Jazz Festival** *(401-847-3700)*.

> **PARK-TIPP:** *Versäumen Sie nicht die beliebten Touren (Gebühr) in die »Lausch-Tunnel« unter der Befestigung.*

### Sehenswürdigkeiten in der Nähe

Das Fort liegt am stark befahrenen **Ocean Drive**, an dem einige der luxuriösesten Anwesen des Landes liegen. Nachdem Sie den Park verlassen haben, fahren Sie nach rechts. Die **Hammersmith Farm** *(privat)* – das Haus, in dem die verstorbene Jacqueline Kennedy Onassis als Kind den Sommer verbrachte – liegt direkt am Park. Auf der früheren Farm fand 1953 der Hochzeitsempfang von Jacqueline und John Kennedy statt, später wurde das Anwesen zum sommerlichen Weißen Haus. Die Fahrt führt anschließend am **Castle Hill Lighthouse** und am **Brenton Point State Park** *(401-847-2400)* vorbei, einem beliebten Platz, um bei großartigem Blick auf den Atlantik Drachen steigen zu lassen. Folgen Sie der Schleife des Ocean Drive zurück Richtung Newport, um die bekanntesten Herrenhäuser – *cottages* – zu sehen, darunter **The Breakers** *(401-847-1000, Öffnungszeiten telefonisch erfragen, Eintrittsgebühr)*, das prächtige Anwesen von Cornelius Vanderbilt aus dem Jahre 1895.

**ANANASHAFEN:** Wenn Sie sich in Newport umsehen, werden Sie mit Sicherheit an vielen Gebäuden Ananasmotive und -flaggen entdecken. Die tropische Frucht wurde im 18. Jahrhundert zum Symbol für die Großzügigkeit der Stadt. Kapitäne, die Melasse und Zucker zur Rumherstellung von den Westindischen Inseln brachten, hatten auch Ananas dabei. Ein Kapitän legte eine Ananas vor seine Tür als Zeichen, dass er von seiner Reise zurück war und nun Besucher empfing.

Um die herrlichen Häuser von außen zu betrachten, spazieren Sie den sieben Meilen (11,3 km) langen **Cliff Walk** (von Newport Beach bis Bailey's Beach) entlang, der zwischen den überaus gepflegten Grundstücken der Anwesen und der lautstarken Brandung liegt.

Fort Adams State Park, Harrison Ave., Newport, RI 02840; 401-847-2400 or 401-841-0707; www.riparks.com/fortadams.htm

41

## Beavertail

*4 Meilen (6,4 km) südlich von Newport Bridge, an der Südspitze von Conanicut Island*

▪ 61,2 Hektar ▪ Ganzjährig ▪ Camping verboten ▪ Leuchtturmmuseum ▪ Panoramablicke ▪ Radfahren, Angeln (mit Angelschein für Süßwasser)

Dieser Felsen, der in die Narragansett Bay hineinragt, war bei Seeleuten berüchtigt. Mehr als 30 Schiffe wurden hier zerstört oder liefen auf Grund, weshalb der Platz auch *Shipwreck Rock* (»Schiffbruch-Felsen«) heißt. 1749 wurde auf dem Felsen ein Leuchtturm errichtet. Doch trotz seines Lichts gerieten hier immer wieder Schiffe in Seenot. Wenn Sie sich bei den Steinen östlich des Leuchtturms genau umsehen, finden Sie einige der Granitblöcke, die an Bord der *H. F. Payton* befördert wurden, als das Schiff 1859 sank. Die mit Blumenmustern verzierten Blöcke lagen im flachen Wasser, bis 1938 ein Hurrikan sie an Land warf. Der schwere Wirbelsturm legte auch die Fundamente des ursprünglichen Leuchtturms frei, den die Briten 1779 niedergebrannt hatten. Die Fundamente sind noch immer auf der anderen Straßenseite vom heutigen Leuchtturm, der über der Brandung wacht, aus zu erkennen. Der neue Leuchtturm entstand 1856 und ist heute voll automatisiert.

 Ein **Leuchtturmmuseum** *(401-423-3270, Mitte Juni bis erster Mo im Sept. [Labor Day])* im Haus des Hilfsleuchtturmwärters erinnert an die tückischen frühen Tage von Beavertail und von anderen Leuchttürmen in Rhode Island. Es erläutert auch die technischen Veränderungen, die dazu beitrugen, das Meer für Schiffe sicherer zu machen.

Beavertail State Park, c/o Goddard Memorial S.P., 1905 Ives Rd., Warwick, RI 02818; 401-423-9941 (April–Oct.) or 401-884-2010; www.riparks.com/beaverta1.htm

## Colt

*An der Hope Street in Bristol, abseits der Rhode Island 114*

▪ 1,9 km² ▪ Ganzjährig ▪ Camping verboten ▪ Historische Farm ▪ Freilichtkapelle und Ziergärten ▪ Rad- und Reitwege

Der Eingang zur Colt Farm führt zwischen Bronzestatuen von Jersey-Bullen auf marmornen Podesten hindurch – ein passender Zugang zu einer Farm, auf der sich alles um Rinder drehte. Samuel Colt, Neffe des gleichnamigen Revolver-Erfinders, kaufte an der Wende zum 20. Jahrhundert alte Farmen in Bristol auf, um ein Anwesen an der Narragansett Bay zu schaffen. Herzstück der Farm war eine beheizte, steinerne Scheune mit Gummi- und Korkboden, in der Colts preisgekrönte Herde von Jersey-Rindern untergebracht war. Ein Champion-Bulle war Colts Liebling, bis er einen Farmarbeiter tötete und erschossen werden musste. Er wurde hinter der Scheune, die noch heute steht, begraben.

 Colt war der Meinung, dass die Öffentlichkeit sein Anwesen, einschließlich des prachtvollen Wohnhauses und der zwei Gästehäuser, genießen sollte – auch schon zu seinen Lebzeiten. Also ließ er *Private Property, Samuel P. Colt, Public Welcome* auf die Marmortore schreiben.

Die naturkundlichen Programme im Sommer konzentrieren sich auf die Geschichte der Farm und ihre diversen Pflanzen und Tiere. Ein drei Meilen (4,8 km) langer Radweg führt rund um die Farm, und der 14,5 Meilen (23,3 km) lange **East Bay Bike Path** durchquert den Park.

Colt State Park, Hope St., Bristol, RI 02809; 401-253-7482; www.riparks.com/colt.htm

# Goddard Memorial

*An der Ives Road in Warwick, abseits der US 1*

■ 2 km² ■ Ganzjährig ■ Camping verboten ■ Rad- und Reitwege
■ Strand ■ Performing Arts Center ■ Golf, Bootfahren

Diese frühere Baum-Farm, einst als »schönstes Beispiel des privaten Forstwesens in Amerika« bezeichnet, bietet heute weite Rasenflächen, Felder und Waldbereiche mit Bäumen aus aller Welt. 1874 begann Henry Russell, Eicheln in die Sanddünen an der Greenwich Bay zu stecken. Nach Russells Tod erwarb sein Cousin Colonel Robert Goddard das Land und setzte die Pflanzung fort. Goddard baute ein Haus auf dem Grundstück an der Bucht. Die unteren Stockwerke des Hauses beherbergten den ersten Insektenzoo des Landes. Obwohl *The Oaks*, wie das Haus genannt wurde, 1975 bei einem Brand zerstört wurde, stehen noch einige Nebengebäude.

43

Im Stall ist heute ein Reitcenter untergebracht, und am Badestrand wurde 1987 ein Badehaus wiederaufgebaut. Ein Gebäude, das ein Karussell aufnehmen sollte, dient als Performing Arts Center (»Zentrum der darstellenden Künste«).

Heute winden sich insgesamt 18 Meilen (29 km) lange Rad- und Reitwege durch die dichten Wälder; der Informationskiosk bietet Karten an.

God Memorial State Park, 1095 Ives Rd., Warwick, RI 02818; 401-884-2010; www.ri parks.com/goddard.htm

Der Colt State Park an der Narragansett Bay

# Housatonic Meadows

*1 Meile (1,6 km) nördlich der Connecticut 4, an der US 7, Sharon*

▪ 1,8 km² ▪ Ganzjährig ▪ Fliegenfischen (mit Angelschein) ▪ Wandern, Kanufahren

In der hügeligen Nordwestecke des Staates schmiegt sich der Housatonic Meadows State Park in die Windungen des Housatonic River. Umgeben von den Hügeln des Housatonic State Forest, erstreckt sich der Park am Nordende eines Abschnitts der US 7, der als besonders aussichtsreich gekennzeichnet ist.

Der CCC (Civilian Conservation Corps) erschloss den Park während der Weltwirtschaftskrise als Freizeitpark. Als Herzstück der Anlage bietet der Housatonic River Gelegenheit für viele Aktivitäten am Wasser. Am Ufer gewährt der Mischwald Campern und Anglern Schatten und Abgeschiedenheit und das rasch fließende Wasser lockt Kanufahrer an, während die Hügel des Parks und des benachbarten State Forest Wanderer einladen.

### Attraktionen und Aktivitäten

Wenn Sie sich fürs Fliegenfischen begeistern, ist Housatonic Meadows genau Ihr Park – gehen Sie direkt zum Wasser. Der **Housatonic River** ist flach, kalt und schnell, ideal für die Forellen, die in den Strudeln am steinübersäten Flussgrund stehen. Fliegenfischer folgen an dem Flussabschnitt des Parks der Vorgabe *catch and release* (»fangen und freilassen«). Wenn der Park nach dem Winter wieder erwacht, waten die Fliegenfischer ins Wasser und werfen elegant in langen Bogen ihre Leinen ins Wasser. Und genau in dem Moment, wenn der Bogen der Leine beginnt, in sich zusammenzufallen, lässt sich die Fliege mühelos auf dem Wasser nieder – eine unwiderstehliche Verlockung für die Forelle, die nach vorüberfliegenden Insekten Ausschau hält.

Nicht nur begeisterte Fliegenfischer zieht es an die Gewässer im Tal. Das sanfte Dahinfließen des Housatonic, das von strudelnden Stromschnellen mit Namen wie **Pencil Sharpener** unterbrochen wird, lockt Kanu- und Kajakfahrer unterschiedlichen Könnens an. Die Strecke von West Cornwall (fünf Meilen – 8 km – nördlich des Parks) bis zum Südteil des Parks – als »Abschnitt der überdachten Brücken« bekannt – bietet Wellen und Felsen der Klasse II bis III.

Am Westrand der US 7 gehen die Wiesen des Parks in die bewaldeten Anhöhen über, die das Housatonic Valley begrenzen. Für all jene, die

ÜBERDACHTE BRÜCKEN: Drei traditionelle einspurige, überdachte Brücken an der US 7 verdeutlichen den »Yankee-Charakter« der Städte bei Housatonic Meadows. Nördlich des Parks überspannt die Brücke bei West Cornwall den Housatonic River durchgehend seit 1864. Im Kent Falls State Park *(860-927-3238)* überqueren Sie die zweite Brücke bei einem kurzen Spaziergang zu einer Reihe von Wasserfällen. Südlich des vornehmen Ortes Kent überspannt bei Bulls Bridge die dritte überdachte Brücke den Housatonic, mit Parkplätzen am Fluss und kurzen Wanderwegen. Während der Schneeschmelze im Frühling locken die wilden Wasser unter der Brücke einige der besten Kajakfahrer Neuenglands an.

trockene Füße behalten möchten, beginnt der 2,5 Meilen (4 km) lange **Pine Knob Loop Trail** etwa 800 Meter südlich der Straße zum Camping-platz. Nach der Durchquerung des **Hatch Brook** folgen Sie dem Weg im Uhrzeigersinn, der steil zwischen Kiefern ansteigt. Das dichte Unterholz und das Geräusch des fließenden Wassers scheinen alle anderen Ge-räusche auszuschalten, während Sie dem höchsten Punkt des Wegs zu-streben: dem **Pine Knob Summit** (341 Meter).

Atmen Sie an dem felsigen Aussichtsplatz tief durch und genießen Sie den weiten Ausblick. Über 800 Meter folgt der Weg dem Appalachian Trail, ehe Sie **Pine Knob** und ein weiteres Flusstal erreichen und schließ-lich Richtung Ausgangspunkt wieder hinabsteigen. Anfangs müssen Sie über einige Felsen klettern, doch dann wird der Weg einfacher und folgt dem Lauf eines Bachs, der eine mehrere Hundert Meter lange Rinne durch die Wiesen in Richtung Fluss ausgewaschen hat.

### Camping

Der Park hat 102 Zelt- und Wohnmobilplätze (Mitte April–Dez.); Duschen sind vorhanden. In der Saison ist Reservierung unter 877-668-2267 empfehlenswert. Campinggebühr.

Housatonic Meadows State Park, 159 Macedonia Brook Rd., Kent, CT 06757; 860-927-3238; www.ct.gov/dep

Taglilien am Housatonic

# Talcott Mountain

*1,5 Meilen (2,4 km) östlich der Connecticut 10, an der Connecticut 185, bei Simsbury*

■ 2,2 km² ■ Ganzjährig ■ Camping verboten ■ Heublein Tower ■ Wandern

Blick vom Talcott Mountain auf Ackerland und Wald

Im nördlichen Connecticut schlängelt sich der Farmington River auf dem Weg des geringsten Widerstands südwärts durch die Tabakfelder und wohlhabenden Städte um Hartford. Die Wiesen im östlichen Überschwemmungsbereich des Flusses weichen bald Schutthalden unterhalb des grünlich schwarzen Basaltfelsens des Talcott Mountain, der steil auf fast 300 Meter ansteigt. Ein im Gebiet von Farmington vertrautes Bauwerk unterbricht den bewaldeten Grat des Berges: der Heublein Tower.

1914 baute der Lebensmittel- und Getränkeimporteur Gilbert Heublein ein Sommerhaus auf dem Talcott Mountain. Keine zehn Meter vom Eingang des Hauses entfernt, bietet sich der Blick aufs Tal aus der Vogelperspektive. Das Haus mit seinem 50 Meter hohen Turm ähnelt einem bayerischen Schloss und bietet eine unvergleichliche Aussicht über fünf Staaten – über eine geschätzte Fläche von mehr als 3000 Quadratkilometern. 1965 wurden das Gebäude und die umgebenden 223 Hektar Land zum Talcott Mountain State Park.

### Attraktionen und Aktivitäten

Parken Sie an der Zufahrtsstraße oder auf der Connecticut 185 am Penwood State Park und gehen Sie zum gut gekennzeichneten Beginn des **Tower Trail**. Über den 1,25 Meilen (2 km) langen Weg gelangen Sie zum steinernen Patio des Heublein Tower – wie schon Heubleins Gäste im frühen 20. Jahrhundert. Nach einem steilen Anstieg wird der Weg ebener und folgt dem Grat des Berges. Zahlreiche Felsvorsprünge geben den Blick auf den Fluss frei – im Herbst eine Sinfonie aus Rot- und Orangetönen. Die verkrüppelten, knorrigen Bäume zeugen von dem starken Wind, der gegen die Felsen bläst und die Drachenflieger trägt, die Richtung Westen dahinschweben.

Wenn Sie sich dem Turm nähern, taucht zu Ihrer Linken eine Fels-nase auf. Der mit Flechten bedeckte, feuchte Fels erlaubt eine genaue Betrachtung der Basaltklippen des Berges. Am **Heublein Tower** können Sie picknicken oder einfach nur Ihre Beine ausruhen. Steigen Sie an-schließend auf den Turm hinauf und ge-nießen Sie den Panoramablick. An einem klaren Tag können Sie Hartford (Connecticut) und Springfield (Massachusetts) sehen, doch der Lärm bleibt weit entfernt. Halten Sie Ausschau nach Truthahngeiern, Falken und den *Weißkopfseeadlern*, die hier im Winter gelegentlich auftauchen. Den Turm und das Haus *(Informationen zu Besichtigun-gen telefonisch im Park erfragen)* brachte eine Renovierung in den Zustand von 1925; sie präsentieren das Mobiliar der Familie Heublein.

**KING PHILIP:** Die Felsen des Talcott Mountain bergen den Unterschlupf eines anderen früheren Bewohners. Eine Höhle in der Klippe nördlich des Heublein Tower ist als *King Philip's Cave* bekannt. Die Legende erzählt, dass King Philip – Häuptling der Wampanoag-Indianer und Anführer des Algonkin-Aufstandes – von dieser Höhle aus beobachtete, wie am 26. März 1676 Simsbury niederbrannte. Der King Philip's War (1675/76) kam die Kolonien des südlichen England teuer zu stehen: 2500 Siedler wurden getötet, 13 Siedlungen vollständig zer-stört und die weitere Ausbreitung Neuenglands für fast ein Jahrhundert verhindert. Der Krieg war auch für die Algonkin verheerend und zerstörte die nationale Identität der amerikani-schen Ureinwohner der Region.

47

## Weitere Erlebnisse

Wenn Sie ein wenig Zeit haben und Sie ein steinigerer, weniger genutzter Weg nicht stört, halten Sie nach den blauen Markierungen Ausschau, die den Tower Trail genau nördlich des Turms kreuzen. Als Teil eines großen Wegenetzes, das sich durch den gesamten Staat zieht, führt der **Metacomet Trail** an der Ost-grenze des Parks entlang. Dort bestehen bessere Chancen, Weißwedelhirsche, wilde Truthähne, Kaninchen und andere Tiere zu sehen, als auf dem häufiger begangenen Tower Trail. Achten Sie auf das laute, langsame Pochen des scheuen Helmspechts. Die für einen Specht große Art lebt sehr zurückgezogen, daher sollten Sie sich sorgfältig umsehen, wenn Sie einen bei der Arbeit hören. Der Weg kreuzt die Connecticut 185 und setzt sich im benachbarten **Penwood State Park** *(860-242-1158)* fort. Neben dem Metacomet Trail führen fünf weitere Wanderwege durch diesen 307 Hektar großen Park, darunter ein eine Meile (1,6 km) langer Naturlehrpfad.

Talcott Mountain State Park, c/o Penwood State Park, Gunn Mill Rd., Bloomfield, CT 06002; 860-242-1158; www.ct.gov/dep

# Dinosaur

*5 Meilen (8 km) südlich von Hartford, in Rocky Hill*

■ 24 Hektar ■ Ganzjährig ■ Camping verboten ■ Nordamerikas größte Dinosaurier-Spur ■ Abgießen von Fußabdrücken ■ Naturlehrpfade

1966 legte ein Bulldozer unter dem Boden des Connecticut-Tals das Bett eines alten Sees frei. Die Ausgrabungen brachten mindestens 2000 Saurierspuren aus der Zeit des frühen Jura vor etwa 200 Millionen Jahren ans Tageslicht. Die meisten dieser Spuren wurden wieder zugedeckt, um der Erosion vorzubeugen, doch die geodätische Kuppel im Exhibit Center (Ausstellungszentrum) schützt rund 500 Spuren. Die ersten Exponate des Parks werden bereits am Parkplatz präsentiert. Eine 28 Meter lange Zeitlinie auf dem Gehsteig führt zum Ausstellungszentrum und zeigt die geologische und paläontologische Geschichte unseres Planeten. (Der Mensch taucht erst auf den letzten Zentimetern auf.)

Im **Exhibit Center** *(geschl. Mo, Eintrittsgebühr)* führt ein breiter Plankenweg die Besucher rund um einen Teil des Gebäudes, in dem der Fels mit den Dinosaurierspuren freiliegt. Schautafeln und interaktive Exponate entlang dem Weg erklären die geologischen Ereignisse, die zur Bildung des Sees führten, und die Folge der Ereignisse, die die Erhaltung der Spuren ermöglichten. Weitere Tafeln erläutern, wie man anhand der Fußspuren auf das Wanderverhalten der Dinosaurier schließen kann. Die sieben Meter lange Rekonstruktion eines Dilophosaurus und anderer Lebewesen jener Zeit sind in einem Diorama zusammengestellt.

Wenn Sie im **Abgussbereich außerhalb des Gebäudes** *(Mai–Okt.)* Abgüsse von Spuren machen möchten, bringen Sie zehn Pfund Gips, eine Vierteltasse Pflanzenöl, ein Mischgefäß und Lappen mit; Anweisungen liegen hier bereit. Die **Naturlehrpfade** durchqueren Moore, Wälder und Wiesen. Halten Sie im Herbst nach den Ginkgobäumen Ausschau. Als hätten sie Angst vor einem blätterfressenden Apatosaurus, werfen sie all ihre Blätter an einem einzigen Tag ab.

Dinosaur State Park, 400 West St., Rocky Hill, CT 06067; 860-529-8423; www.dinosaurstatepark.org

# Sleeping Giant

*Östlich der Connecticut 10, an der Mount Carmel Avenue, in Hamden*

■ 6,1 km² ■ Ganzjährig ■ Parkgebühr (Memorial Day bis Oktober an den Wochenenden) ■ Camping verboten ■ Wandern, Skilanglauf

Man fühlt sich an *Gullivers Reisen* erinnert, denn eine Hügelkette nördlich von New Haven zeigt deutlich die Figur eines Menschen, der auf dem Rücken liegt. Die Sleeping Giant Park Association hat seit 1924 dafür gekämpft, den Riesen vor Steinbrüchen und Landerschließern zu bewahren, indem sie dem Park Land schenkte. Mit mehr als 30 Meilen (48,3 km) Wegen ist der Park ein bewaldeter Zufluchtsort für Städter. Der beliebte, 1,8 Meilen (2,9 km) lange **Tower Path** klettert am Arm des

Riesen hoch und unter seinem aus-
ladenden Kinn hindurch, ehe er die
Länge des Torsos überquert und
schließlich zu einem in den 1930er
Jahren erbauten Steinturm auf der
linken Hüfte führt.

Der 1,5 Meilen (2,4 km) lange
**Naturlehrpfad**, zu dem es am Beginn
des Weges eine Broschüre gibt,
zweigt vom Tower Trail ab. Im Winter öffnet der Park mehrere Wege für
Skiangläufer und Schneeschuhwanderer. Der **Mill River**, ein guter Platz
zum Angeln, zieht sich durch einen
Kiefernwald und einen Picknickbereich östlich des ruhenden Riesen.

Sleeping Giant State Park, Mt.
Carmel Ave., Hamden, CT 06518;
203-789-7498; www.ct.gov/dep

Die Hüfte des Sleeping Giant

49

# Bluff Point

*Depot Road in Groton, 800 Meter südlich der US 1*

- 3,3 km² ▪ Ganzjährig ▪ Camping verboten ▪ Vogelbeobachtung
- Wandern ▪ Feuchtgebiete und Strand

Bluff Point schützt eine 2,4 Kilometer lange Halbinsel, eine der letzten
unerschlossenen Parzellen an der Küste Connecticuts. Da Bluff Point
1975 zum Küstenschutzgebiet erklärt wurde, ist der Park nur zu Fuß, zu
Pferd oder mit nicht motorisierten Fahrzeugen zugänglich. Ein drei
Meilen (4,8 km) langer **Rundweg** ermöglicht Spaziergänge an Steinmauern entlang, durch bewaldete Bereiche und an Feuchtgebieten vorbei bis zum Felsvorsprung von **Bluff Point**. Hier schlägt die Brandung
zwölf Meter in der Tiefe heftig an die Felsen, die am Long Island Sound
liegen. Im Westen erkennen Sie die höchste Stelle von Bushy Point, einer
kleinen Insel direkt vor der Halbinsel.

Vogelbeobachter, die Küstenvögel sehen möchten, kommen in
Scharen zum Bluff Point. Fischadler nisten am **Poquonnock River** an der
Westseite des Parks. Sie teilen ihren Lebensraum mit kleineren gefieder-
ten Freunden, darunter Seetaucher und Büffelkopfenten.

Auf dem Rückweg zu Ihrem Auto führt Sie der östliche Teil des
Weges an den Steinfundamenten des Hauses von Gouverneur Winthrop
vorbei, das Anfang des 18. Jahrhunderts für den ersten Gouverneur des
Staates gebaut wurde; die Fundamente finden Sie auf einer kleinen
Anhöhe zwischen Steinmauern und einem verwilderten Obstgarten.

Bluff Point State Park, c/o Fort Trumbull S.P., 90 Walbach St., New
London, CT 06320; 860-444-7591; www.ct.gov/dep

# MITTELATLANTISCHE STAATEN

0     100 mi
0     200 km

CANADA
U.S.

N.Y.

Lake Ontario

NIAGARA

Hudson River

LETCHWORTH

TAUGHANNOCK FALLS

Albany

PRESQUE ISLE

Lake Erie

ALLEGANY

Allegheny River

RICKETTS GLEN

HIGH POINT

RINGWOOD

CONNETQUOT

COOK FOREST

PA.

New York

Pittsburgh

Harrisburg

Trenton

N.J.

WHITE CLAY CREEK

ALLAIRE

ISLAND BEACH

Philadelphia

OHIOPYLE

FORT DELAWARE

GARDEN STATE PKWY.

SWALLOW FALLS

PATAPSCO VALLEY

GUNPOWDER FALLS

BLACKWATER FALLS

CANAAN VALLEY

Dover

DEL.

Ohio

MD.

CAPE HENLOPEN

W. VA.

Washington, D.C.

TRAP POND

Charleston

WATOGA

ASSATEAGUE

DOUTHAT

WESTMORELAND

PIPESTEM

VA.

Richmond

BLUE RIDGE PKWY.

FIRST LANDING

FALSE CAPE

GRAYSON HIGHLANDS

51

## PENNSYLVANIA

Ohiopyle
Presque Isle
Cook Forest
Ricketts Glen

## WEST VIRGINIA

Pipestem Resort
Blackwater Falls
Canaan Valley Resort
Watoga

## NEW YORK

Niagara
Taughannock Falls
Letchworth
Allegany
Connetquot

## MARYLAND

Assateague
Gunpowder Falls
Patapsco Valley
Swallow Falls

## NEW JERSEY

Island Beach
High Point
Ringwood
Allaire

## DELAWARE

Cape Henlopen
Trap Pond
Fort Delaware
White Clay Creek

## VIRGINIA

Grayson Highlands
Douthat
False Cape
First Landing
Westmoreland

Rhododendronsträucher im Grayson Highlands State Park, Virginia

# Niagara

*20 Meilen (32 km) nördlich von Buffalo, am Robert Moses Parkway*

- 55 Hektar Landflächen, 118 Hektar Wasserflächen ▪ Ganzjährig
- Eintrittsgebühr für Prospect Point ▪ Eintrittsgebühr für Goat Island
(Memorial Day bis Labor Day) ▪ Camping verboten

Ausflugsboot *Maid of the Mist* unterhalb der Horseshoe Falls

Nur wenige Parks in den USA vereinen so viele Attraktionen auf einem so kleinen Areal. Im Mittelpunkt stehen zweifellos das enorme Tosen und die Rasanz, mit denen der Niagara River vom Lake Erie zum Lake Ontario hinunterdonnert.

Den Auftakt zu diesem Spektakel bildet Goat Island, die den Fluss teilt und wo dessen Wasser dann mit einem Durchfluss von 2,8 Millionen Liter pro Sekunde über die Horseshoe, Bridal Veil und American Falls mehr als 53 Meter tief hinabstürzen. Auf der 800 Meter langen und halb so breiten, bewaldeten Insel folgen Wege und Brücken den Stromschnellen zu Inselchen und den drei Wasserfällen. Der westliche Teil des Flusses gehört zu Kanada, der östliche mit dem Prospect Park am Ostufer liegt in den USA und wird einfach *American Side* genannt.

Vor mehr als einem Jahrhundert besaßen private Unternehmer das Gelände. Für einen Blick auf die Wasserfälle – mitunter nur durch ein Zaunloch – kassierten sie Geld. Dank der mehr als 15-jährigen

**PARK-TIPP:** *Erleben Sie – fern der Massen – auf einem Spaziergang durch die Wälder auf Goat Island Niagaras einzigartige Vielfalt der Natur.*

53

**HELDEN DER WASSERFÄLLE:**
Der Teufelskerl Sam Patch war 1829 der erste Mensch, der den Sprung von einer Plattform unterhalb von Goat Island in die Wassermassen am Fuß der Wasserfälle überlebte (zweimal!). 1859 und 1860 seilte sich »Blondin« Gravelet in den Wasserfällen ab. 1901 sauste Anni Taylor in einem Fass die Horseshoe Falls hinab und überlebte – etliche Nachahmer bezahlten die »Fassfahrt« mit dem Tod. Trotz aller Verbote versuchte immer wieder jemand dieses Kunststück. Steve Trotter überlebte 1985 die Abfahrt im Fass und wiederholte die Nummer 1995 erfolgreich mit seiner Freundin Lori Martin.

Bemühungen des Malers Frederick Church und des Landschaftsarchitekten Frederic Law Olmsted, den Anführern der Bewegung *Free Niagara*, erwarb der Staat 1885 das Land. Bei der Gestaltung des Niagara-Areals ließ Olmsted seine ganze Liebe zu Bäumen und Wasser einfließen.

## Attraktionen und Aktivitäten

Gute Chancen, Besuchermassen zu entgehen, bestehen bei der Anreise vor 8.30 Uhr oder nach 17 Uhr. Parkplätze gibt es am Visitor Center im **Prospect Park** oder auf Goat Island (Zufahrt über die Rapids Bridge). Die Niagara Scenic Trolleys (Sightseeingbusse, *Extragebühr*) transportieren die Parkbesucher.

Auf **Goat Island** lohnt es sich, ihr nordwestliches Ende anzusteuern und dem baumbestandenen Weg entlang den Stromschnellen zu folgen, um über eine Brücke auf der winzigen **Luna Island** zu landen. Von dort aus fällt der Blick westwärts auf die hinabrauschenden **Bridal Veil Falls**, während ostwärts die **American Falls** schäumen und die Boote der *Maid-of-the-Mist*-**Touren** durch die Gischt tuckern. Der Trip **Cave of the Winds** (Extragebühr) bringt die Besucher mit einer 53-Meter-Liftfahrt in die Schlucht und zu den Bridal Veil Falls, wo sie auf dem **Hurricane Deck** Wasserfallatmosphäre hautnah erleben – sprich: Sie werden nass. Der gegen den Uhrzeigersinn verlaufende Rundweg auf Goat Island führt zum **Terrapin Point** am Rand von Kanadas **Horseshoe Falls**.

Weitere informative Attraktionen sind das **Visitor Center** und das **Discovery Center**, der **Observation Tower** (*Extragebühr*) oder die Bootsfahrt mit einer der *Maid of the Mist* (*Fahrtkosten*).

Niagara Falls State Park, P.O. Box 1132, Niagara Falls, NY 14303; 716-278-1796; www.nysparks.com/parks

An den Bridal Veil Falls

# Taughannock Falls

*8 Meilen (12,8 km) nördlich von Ithaca, an der New York 89*

▪ 3,2 km² ▪ Ganzjährig ▪ Parkgebühr ▪ Höchster einzelner senkrecht herabfließender Wasserfall östlich der Rocky Mountains ▪ Rim Trail, Gorge Trail ▪ Sommerkonzerte ▪ Schwimmen, Bootfahren, Angeln (mit Angelschein), Skilanglauf

Die Taughannock Falls im Herbst

Die 122 Meter tiefe und fast ebenso breite Schlucht schlängelt sich durch das Waldplateau westlich des Cayuga Lake. Um diese Landschaft ranken sich Legenden über Indianermassaker und Todessprünge von Liebenden. Am Kopf der Schlucht rauscht der Taughannock Creek in einem silbernen Wasserband 65,5 Meter in die Tiefe (mehr Fallhöhe als die Niagarafälle).

Eine Legende erzählt, der Wasserfall sei nach einem Delaware-Häuptling benannt, der mit 200 Kriegern in der Schlucht ausharrte, bis Cayugas sie in die Enge trieben und alle Mann töteten. Der Wasserfall weist auch eine lebhafte geologische Vergangenheit auf. Im Verlauf der vergangenen Jahrmillion meißelten Gletscher die Senken der Finger Lakes und der Wasserläufe, die über Sandsteinplatten den Steilufern der Seen zustreben. Die schroffen Abhänge zeigen eine dicke Basisschicht aus Schiefergestein. Da die Erosion diesem Schiefer schneller zusetzte als dem Sandstein, entstanden der Wasserfall und die Schlucht, die sich noch immer vertieft.

Vor dem Amerikanischen Bürgerkrieg (Sezessionskrieg) siedelten sich Mühlen am Taughannock Creek an. In den 1870er Jahren, als Dampfschiffe und eine Eisenbahn Besucher herbeibrachten, entwickelte sich der Wasserfall zur Touristenattraktion. Viktorianische Hotels schossen aus dem Boden. Nachdem die Hotels gescheitert waren, erwarb der Staat 1925 das Land und deklarierte es zum State Park.

### Attraktionen und Aktivitäten

Der erste Halt ist der Parkplatz gleich jenseits der New York 89. Dort gibt es eine Broschüre mit einer Karte, die den einzigen mit dem Auto befahrbaren Weg zum **Falls Overlook** (Aussichtspunkt am Wasserfall) weist.

Eine noch spektakulärere Aussicht auf den Wasserfall eröffnet der markierte **Gorge Trail**, ein 1,5 Meilen (2,4 km) langer Wanderweg zum Fuß des Wasserfalls. Der Pfad beginnt am Parkplatz vorn an der Schlucht und verläuft westwärts am Creek entlang. Auf dieser Strecke scheint der Himmel zu schrumpfen, während die Felswände immer höher hinaufragen und die Schlucht sich mit einer Mischung von Hemlocktannen, Ahornbäumen, Birken und Robinien füllt. Das Rauschen des Baches übertönt den Wasserfall, bis Sie die Bäume hinter sich lassen, um eine Brücke zu überqueren. Dunstschleier verbreitend, prasselt nun der Wasserfall lautstark herab. Hier, am Ende des Weges, rundet sich die Schlucht zu einem natürlichen Amphitheater, in dem das Wasser über eine runzlige Kante schießt und in ein Becken hinabkracht.

Unternehmungslustige mit Zeit und guter Kondition nehmen den **Rim Trail** in Angriff *(im Winter gesperrt)*, der sich über 2,6 Meilen (4,2 km) rund um die Schlucht windet. Der steile Anstieg auf holprigem Boden erfordert geeignetes Schuhwerk und ausreichenden Wasservorrat. Zum Ausruhen, Sonnenbaden und Schwimmen lockt der **Cayuga Lake**.

### Camping und Lodge-Unterkunft

Der Park hat 76 Zelt- und Wohnmobilplätze – Duschen vorhanden – sowie 16 *Cabins*. Ende März bis Mitte Oktober. In der Saison ist Reservierung unter 800-456-2267 zu empfehlen. Campinggebühr.

Taughannock Falls State Park, P.O. Box 1055, Trumansburg, NY 14886; 607-387-6739; www.nysparks.com/parks

55

**TAUGHANNOCK-MONSTER:**
1879 entdeckten Arbeiter unter der Auffahrt zum Taughannock House Resort einen »Steinzeitmenschen« – 726 Pfund schwer, 2,10 Meter groß, Schulterbreite 45 Zentimeter. Das »Fossil« zog unzählige Schaulustige an. Für einen Blick auf den als »Taughannock-Riesen« bezeichneten Fund musste jeder 25 Cent bezahlen. Es stellte sich jedoch heraus, dass der Hotelbesitzer den Riesen aus Ochsenblut, Zucker, Eisenspänen, Sand, Eiern, Schwefel, Salz und Phosphor selbst gebacken hatte.

# Letchworth

*40 Meilen (64,4 km) südlich von Rochester, abseits der I-390, nahe dem Mount Morris*

- 58,1 km² ▪ Ganzjährig ▪ Eintrittsgebühr (Memorial Day bis Oktober; im April, Mai, Nov. und Ende Dez. bis Feb. nur am Wochenende)
- Grand Canyon of the East ▪ Museum ▪ Historisches Gasthaus
- Wildwassertouren ▪ Heißluftballonfahrten ▪ Wandern, Schwimmen, Reiten, Skilanglauf ▪ Jagen, Angeln (mit Jagd- bzw. Angelschein)

An sonnigen Spätnachmittagen lässt sich von Aussichtspunkten der Genesee-River-Schlucht am Big Bend der Einbruch der Dämmerung beobachten: Der Schatten kriecht über die Westwand und den Fluss, um dann 183 Meter hoch an der Ostwand hinaufzusteigen. Im Herbst taucht das rote, gelbe und orangefarbene Laub von Ahorn, Eiche und Buche die Landschaft in ein wechselndes Farbenspiel. Wohl kein anderer Canyon-Park im Osten des Landes ist so flächendeckend für den Autoverkehr erschlossen wie dieser. Auf dem Höhepunkt der Herbstfärbung strömen daher am Wochenende Besucherscharen herbei. Aber in der Woche gehören die Schatten, Bäume und Wasserfälle Ihnen fast ganz allein.

Immer noch »meißelnd«, fließt der Genesee River rasant, mitunter angeschwollen, durch die in Millionen Jahren entstandene, 27 Kilometer lange und 153 Meter tiefe Schlucht, die *Grand Canyon of the East* genannt wird und im Herzen des Letchworth State Park liegt. 1797 wurde gemäß dem *Treaty of Big Tree* (ein Vertrag) die Reservation der Seneca-Indianer gegründet: Sie umfasste Gebiete, die heute Teil des Parks sind.

Oktoberpanorama vom Aussichtspunkt Inspiration Point

1859 erwarb William Pryor Letchworth, Naturliebhaber und Bewunderer der Indianer, die 400-Hektar-Parzelle, die zum Kernstück des langen, schmalen, von der Schlucht geprägten Parks wurde. Er bezog dort ein Haus, das er renovierte und erweiterte. 1907 spendete er seinen Besitz für den Park.

> **PARK-TIPP:** *Um hautnah Natur zu erleben und Tiere zu beobachten, wandern Sie auf dem Trail 2 vom Council Grounds zur High Bridge.*

## Attraktionen und Aktivitäten

Wer den Park von einer seiner spektakulärsten Seiten erleben möchte, steuert ihn von Norden her an (nehmen Sie am Eingang ein Karte mit) und fährt zum **Mount Morris Dam Overlook** (Aussichtspunkt). Von hier aus fällt der Blick auf die nach Süden abschwenkende Schlucht. Der steile, hohe Staudamm wirkt etwas deplatziert angesichts der trockenen Schlucht – außer bei Tauwetter oder Frühlingshochwasser. An der südwärts führenden Park Road liegen mehrere Aussichtspunkte wie **Hogs Back**, an dem das Flussbett in Hufeisenform verläuft. Einen atemberaubenden Ausblick auf den **Big Bend** bieten die **Aussichtspunkte Great Bend** und **Archery Field**. An ruhigen (besucherarmen) Abenden tauchen manchmal Hirsche in den Feldern am Parkeingang Castile auf. Das **William Pryor Letchworth Museum** *(Mitte Mai–Okt., Spende erwünscht)* beherbergt die Letchworth-Sammlung, die Gegenstände von Indianern und Pionieren enthält. Im gegenüberliegenden ehemaligen Haus von Letchworth serviert das Glen Iris Inn heute gutes Essen. Auf einem nahen Hügel steht das **Seneca Council House**, das älteste seiner Art östlich des Mississippi.

> **DIE WEISSE FRAU VOM GENESEE RIVER:** Zur Welt kam Mary Jemison 1743 auf der Überfahrt nach Pennsylvania, wo sich ihre Eltern niederließen. Während des Franzosen- und Indianerkrieges töteten Delawares 1758 Marys Familie und entführten das Mädchen. Seneca-Indianer adoptierten Mary, die schließlich beschloss, bei ihnen zu bleiben. Als 1797 gemäß dem *Treaty of Big Tree* die Seneca-Reservation gegründet wurde, erhielt Mary 7200 Hektar Land in dem Teil der Schlucht, der *Gardeau* heißt und auf dem heute der Letchworth State Park liegt. Ihr Grab befindet sich in der Nähe des Gasthauses.

In der steilen Schlucht der **Middle Falls Area** liegt in der Nähe des Flusses ein Parkplatz. Eine 800-Meter-Strecke des **Gorge Trail** verbindet hier die **Middle Falls** (Fallhöhe 33 Meter) und die **Upper Falls**, die neben den Streben einer Eisenbahnbrücke 21 Meter in die Tiefe rauschen.

## Camping und Lodge-Unterkunft

Der Park hat 270 Zelt- und Wohnmobilplätze (Mitte Mai bis Mitte Okt.) – Duschen vorhanden – sowie 82 *Cabins* (teilweise ganzjährig nutzbar). In der Saison ist Reservierung unter 800-456-2267 zu empfehlen. Campinggebühr. Das Glen Iris Inn bietet 15 Zimmer und ein Restaurant; 585-493-2622.

Letchworth State Park, Castile, NY 14427; 585-493-3600; www.nysparks.com/parks

57

# Allegany

*7 Meilen (11,3 km) südlich von Salamanca, abseits der I-86*

- 265,5 km² ▪ Ganz-
jährig ▪ Eintrittsgebühr
- 670-Meter-Gipfel
- Wandern, Bootfahren,
Radfahren, Reiten,
Skilanglauf, Schnee-
mobilfahren

Der Park mit seinen
tiefen Tälern, dichten
Wäldern und von
Gewässern umgebenen
Bergen ist bei Campern
und *Leaf Peepers*
(»Laubguckern«) sehr
beliebt. Besonders

Thunder Rocks

attraktiv zeigt er sich im Winter, wenn Schneeböen durch die Talkessel
fegen und frischen Pulverschnee für die Ski- und Motorschlittenfahrer
zurücklassen – alpine Romantik pur.

Der 1921 entstandene Park grenzt an die Reservation der Seneca.
Deren Kampf gegen den Bau des Kinzua-
Staudamms auf ihrem Land dokumentiert
das **Seneca-Iroquois National Museum**
*(794-814 Broad St., 716-945-1738, Feb.–Dez.,
Eintrittsgebühr)* in Salamanca.

**PARK-TIPP:** *Lauschen Sie
nach einem starken Regen
dem Rauschen des Wassers
an den Bridal Falls.*

Den besten Ausblick auf den Park ge-
währt der **Stone Tower** auf der Summit Cabin Area in der Nähe des
Nordeingangs. Hier können Sie auch zu einer Autofahrt über 25 Meilen
(40 km) starten. Die im Uhrzeigersinn verlaufende Tour führt südwärts
über die Park Route 2 zu Felsbrocken von der Größe eines Hauses: den
**Thunder Rocks.** Weiter geht es über Erdöl- und Gasfelder entlang der
Staatsgrenze, am **Science Lake** vorbei bis zum **Old Quaker Store
Museum**, das sich der Geschichte des Parks widmet. Auf dem Rückweg
gen Norden liegt der **Stony Brook Overlook** (ideal für »Herbstgucker«)
und das **Big Basin** mit seinen 220 Jahre alten Hemlocktannen.

Wenn Sie Zeit und Muße haben, können Sie im **Quaker Lake**
schwimmen, am **Red House Lake** ein Boot mieten oder über den **Bear
Caves Trail** (Rundweg über 1,5 Meilen – 2,4 km) wandern.

## Camping und Lodge-Unterkunft

Allegany bietet 423 Zelt- und Wohnmobilplätze – Duschen vorhanden –,
zehn voll ausgestattete Ferienhäuser sowie 364 *Cabins* (teilweise ganzjährig nutzbar). In der Saison ist Reservierung unter 800-456-2267 zu
empfehlen. Campinggebühr.

Allegany State Park, 2373 ASP Rte. 1, Suite 3, Salamanca, NY 14779;
716-354-9121; www.nysparks.com/parks

# Connetquot

*An der New York 27 (Sunrise Highway), nahe Oakdale*

- 14 km² ▪ Ganzjährig ▪ Eintrittsgebühr ▪ Zutritt nur mit spezieller Erlaubnis ▪ Haustiere verboten ▪ Camping verboten ▪ Nicoll Gristmill und Snedecor Tavern ▪ Forellenzucht ▪ Wandern, Fliegenfischen (mit Angelschein)

Als Oase mit Flussauen, mäandernden Forellenbächen und kargem Kiefernwald mitten auf Long Island bewahrt der Connetquot State Park F. Scott Fitzgeralds »alte Insel«, die einst den holländischen Seeleuten wie »ein frischer grüner Busen der Neuen Welt« erschien. Der Park bildet eine Zuflucht für Hochwild, Falken, Eulen, Rotkehl-Hüttensänger, Andenbaumläufer und Zaunkönige; Angler teilen die Fischgründe mit Fischadlern und Kanadareihern.

In dem Gebiet, in dem auch die Nicoll Gristmill und die Snedecor Tavern stehen, wird seit jeher die schöne, reiche Natur am **Connetquot River** hoch geschätzt. Um in diesem Flussabschnitt die Ausbreitung von Wildgeflügel, Fischen und anderen Tieren zu unterstützen, gründeten 1866 einige honorige Männer den Sportmen's Club. Seit 1973 führt der State Park dessen Tradition fort.

Am Mühlteich liegen die **Nicoll Gristmill**, eine Getreidemühle aus 18. Jahrhundert, und die um 1820 erbaute **Snedecor Tavern**, das Clubhaus des Sportmen's Club. Die Gebäude *(Besichtigung nach Vereinbarung, 631-581-1072)* beherbergen Ausstellungen zu den Themen Müllerei, Jagd und Angeln, außerdem ausgestopfte Tiere. Auf dem bequemen, zwei Meilen (3,2 km) langen **Yellow Trail** gelangen Sie durch den Wald zur Forellenzucht. Von hier aus führt eine Brücke zum **Red Trail**, der am Fluss und Teich entlang zum Ausgangspunkt zurückführt *(Auskunft über Naturführungen unter 631-581-1072)*. Auf beiden Wegen sind Erdbeerbäume und Orchideen in ihrem natürlichen Biotop zu sehen.

Nur über 60-Jährige und Menschen mit Behinderung dürfen auf das Gelände fahren, alle anderen müssen laufen. Wanderer brauchen eine im Voraus angeforderte Erlaubnis (gilt ein Jahr). Auch Angelplätze und Boote müssen reserviert werden.

Connetquot River State Park Preserve, P.O. Box 505, Oakdale, NY 11769; 631-581-1005; www.nysparks.com/parks

59

Angeln im Connetquot River

# Ohiopyle

*15 Meilen (24 km) westlich von Uniontown, an der Pennsylvania 381*

▪ 77,2 km² ▪ Ganzjährig ▪ Wildwasserschlucht ▪ Ferncliff Natural Area ▪ Wildwasserrafting ▪ Wandern, Radfahren ▪ Jagen, Angel (mit Jagd- bzw. Angelschein) ▪ Schneemobilfahren, Reiten, Skilanglauf

Der Youghiogheny River

*Ohiopehhile* heißt in der Sprache der Ureinwohner »weißes, schäumendes Wasser«. Vermutlich verdanken der Park und das Dorf, das er umschließt, diesem Begriff ihren Namen. Hier, am Einfallstor zu den schroffen Laurel Mountains, hat der Youghiogheny River eine 518 Meter tiefe Schlucht gegraben. Im Park erheben sich an beiden Ufern des Yough (Kurzform, sprich: *Jock*) hohe Hänge mit dichten Eichen- und Ahornwäldern, die über mehr als 23 Kilometer die Schlucht begleiten. Die Attraktion des Parks sind die sechs Meter hohen Ohiopyle Falls. Ihre Gischtschwaden rauschen im Herzen des Parks und Dorfes – dort, wo der Fluss der Schlucht eine Hufeisenform verliehen hat. Hoch oben auf der von dieser Flussschleife gebildeten Halbinsel liegt die Ferncliff Natural Area,

**PARK-TIPP:** *Am Bahnhof beginnt ein Radweg, der tolle Ausblicke auf den Yough bietet.*

eine *National Natural Landmark* (nationales Naturdenkmal) mit malerischen Ausblicken und Naturlehrpfaden. Jährlich strömen mehr als 100 000 Wildwasserfahrer herbei und machen den Yough zu einem der besucherstärksten Freizeitgewässer des Landes.

Das erst in den 1960er Jahren zum State Park deklarierte Gelände ist seit Langem bekannt. Hier lagen die Jagdgründe der Delaware, Shawnee und Irokesen. 1754, vor dem Franzosen- und Indianerkrieg, kam George Washington hierher, um einen Wasserweg zu den Forks of the Ohio auszukundschaften – am Wasserfall kehrte er um. Im 19. Jahrhundert folgte die Baltimore & Ohio Railroad Washingtons Weg durch die Schlucht, um Pittsburgh und den Westen zu erreichen.

### Attraktionen und Aktivitäten

Im **Visitor Center** *(April–Nov.)* im Bahnhof am Nordende von Ohiopyle Village erhalten Sie Karten sowie Broschüren über den Park und die örtlichen Attraktionen, außerdem Informationen über Ausrüster von Rafting- und Mountainbiketouren.

Zeitknappe Besucher fahren direkt zu den **Ohiopyle Falls**. Der Wasserfall ist zwar nicht besonders hoch, erstreckt sich aber über die gesamte Flussbreite und erzeugt Dunstschleier, Regenbogen und ein gespenstisches Grollen. Von der Rampe unterhalb des Wasserfalls werden die Boote mit ihrer in Rettungswesten gehüllten Besatzung stromabwärts in den Lower Yough geschoben. Wenn Sie die erste Stromschnellenstrecke sehen möchten, folgen Sie dem **Meadow Run Trail** bis zum **Entrance Rapids**.

Wer abwechslungsreiche Ausblicke über die Schlucht genießen möchte, fährt nordwärts über die Brücke und die Pennsylvania 381 zur **Ferncliff Natural Area**. Kurze, bequeme Naturlehrpfade verlaufen am Rand der Ferncliff-Halbinsel und bieten Blicke aus der Vogelperspektive auf die Ohiopyle Falls, die Schlucht und auf Paddler, die sich durch sechs Stromschnellen kämpfen. Im Juni blühen an den Wegen Rhododendren, Berglorbeer und Rebhuhnbeeren *(Mitchella repens)*.

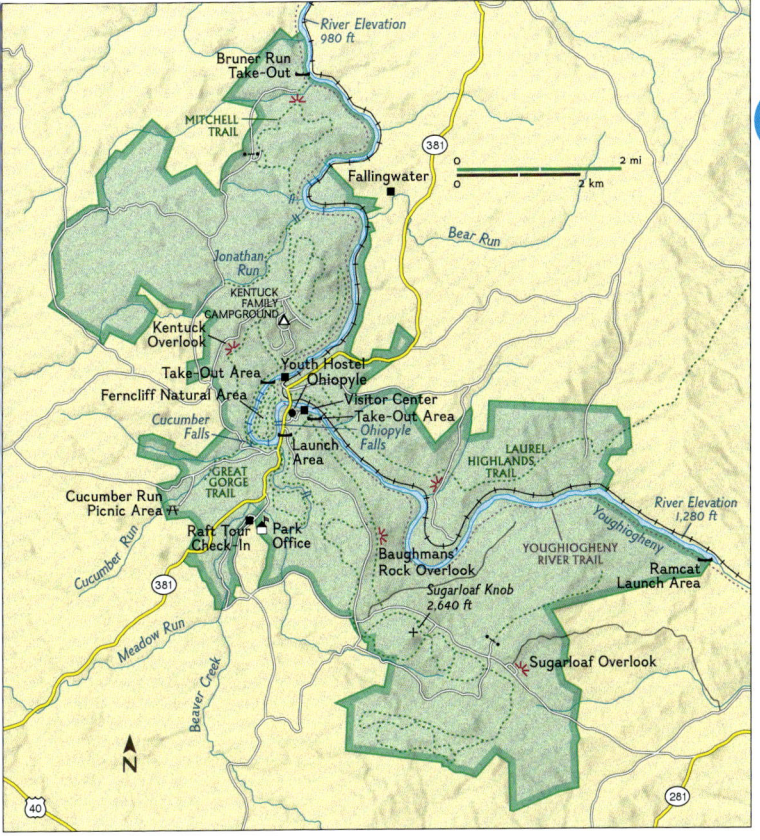

Südlich des Dorfes oben am **Cucumber Run** platzt die Klamm im April und Mai vor lauter Wildblumenteppichen förmlich aus den Nähten. Im Juni gesellt sich die Blütenpracht der Rhododendren hinzu. Ein 800-Meter-Spaziergang auf dem **Great Gorge Trail** bringt Sie zu den **Cucumber Falls**. Zur Krönung des Tages können Sie auf den Kentucky Knob wandern oder fahren.

### Weitere Erlebnisse

Die Wege im Park ergeben zusammen 85 Meilen (136,8 km) – ein Paradies für Tageswanderer. Der **Sugarloaf Trail** und **Baughman Trail** (beide etwa 3,5 Meilen – 5,6 km – lang, Anstiegshöhe 274 m) führen von der Schlucht durch Wälder zur Snowmobile & Mountain Bike Area nahe dem **Sugarloaf Knob**. Erfahrene Rucksackwanderer können sich auf den 70 Meilen (112,6 km) langen **Laurel Highlands Trail** wagen, der am Dorf beginnt und nordwärts verläuft.

Zum Wandern oder Radfahren eignet sich der beliebte **Youghiogheny River Trail**. Durch den gesamten Park folgt er, parallel zum Fluss, einer stillgelegten Eisenbahntrasse. Diese 28 Meilen (45 km) mit dem Mountainbike zu fahren ist die beste Art, die Kraft dieses Ortes zu verinnerlichen *(Mountainbike-Verleih in Ohiopyle Village)*.

Ausgezeichnetes Wildwasser der Klasse I und II bietet der **Middle Yough**, neun Meilen (14,5 km) stromabwärts vom Dorf entfernt. Die Stromschnellen der in Dorfnähe gelegenen, 7,5 Meilen (12 km) langen Strecke des **Lower Yough** zählen zu den Klassen III und IV (schwierig, sehr schwierig). Sie sind eine Herausforderung für ambitionierte Fahrer von Rafts (Wildwasserschlauchbooten) und Wildwasserkajaks. Wegen des Andrangs ist von April bis Oktober eine Starterlaubnis nötig – Vorausbuchung (888-727-2757) ist an Wochenenden und Feiertagen zwingend, in anderen Spitzenzeiten zu empfehlen. Außerdem sollten Sie die Wildwasserbroschüre mit lokalen Details und Sicherheitsbestimmungen anfordern.

*Wichtig: Der Lower Yough birgt Gefahren! Wer nicht die Dienste einer der vier autorisierten Rafting-Ausrüster in Anspruch nimmt, braucht neben entsprechender Wildwassererfahrung eine angemessene Ausrüstung und muss diesen Flussabschnitt gut kennen.*

### Camping und Lodge-Unterkunft

Der Park hat 212 Zelt- oder Wohnmobilplätze (März bis zur Schonzeit im Spätherbst) – Duschen vorhanden –, vier Campinghütten und drei Gruppenzelte. Reservierung unter 888-727-2757. Campinggebühr.

Ohiopyle State Park, P.O. Box 105, Ohiopyle, PA 15470; 724-329-8591; www.dcnr.state.pa.us/stateparks/parks/ohiopyle.aspx

**FALLINGWATER:** Der Architekt Frank Lloyd Wright bettete 1936 sein Meisterwerk in die Dramaturgie der Waldschluchten und Wasserfälle der Laurel Highlands ein. Das Amerikanische Institut für Architekten (AIA) verlieh Fallingwater die AIA-Auszeichnung »bestes Bauwerk«. Naturstein, Beton und Glas kennzeichnen das über den Bear Run Waterfalls stehende Haus. Freitragende Balkone stellen die Verbindung zum bewaldeten Berghang her *(Pa. 381, 2 Meilen – 3,2 km – nördl. von Ohiopyle, 724-329-8501, April bis Mitte Nov. Di–So, Eintrittsgebühr).*

# Presque Isle

*4 Meilen (6,4 km) westlich von Erie, an der Pennsylvania 832*

■ 13 km² ■ Ganzjährig ■ Camping verboten ■ Unberührte Uferlandschaft ■ Vogelbeobachtung ■ Bootstouren ■ Eisfischen, Eislauf, Snowkiting, Skilanglauf, Wandern, Bootfahren ■ Jagen, Angeln (mit Jagd- bzw. Angelschein)

Die etwa zwölf Kilometer lange, sandige Landzunge ragt am Südufer des Lake Erie aus den Wellen. Ob am Strand oder in den Sumpfgebieten – Parkbesucher werden auf allen Wegen vom Rauschen der Brandung und einer kühlen Brise begleitet, während Scharen lautstarker Vögel über ihnen kreisen. Die Entstehung der Presque Isle geht auf die Sedimentablagerungen einer vor 13 000 bis 14 000 Jahren entstandenen Gletschermoräne zurück. Wind und Wellen verliehen der Halbinsel ihre Form. So hat sich ein Lebensraum für zahllose Tierarten entfaltet, z. B. für Grünreiher, Weißkopfseeadler und Schnäpperwaldsänger.

Nach einer Legende der Erie-Indianer, die als Erste am Südufer siedelten, bildet die Presque Isle die Silhouette des linken Arms des Großen Geistes, der weit in den See hineinreicht, um die Anwohner vor einem Sturm zu schützen.

In den 1720er Jahren gaben französische Forschungsreisende der Halbinsel den Namen *Presque Isle* (»fast eine Insel«). Während des Krieges von 1812 diente die Misery Bay der Flotte von Commodore Oliver Perry als Hauptquartier. Seine Brigg, die *Niagara*, ankert am **Erie Maritime Museum** *(814-452-2744, Eintrittsgebühr)*, das gegenüber dem Park auf der anderen Seite der Presque Isle Bay liegt, nahe Dobbins Landing in Erie. In den 1920er Jahren wurde die Halbinsel zum State Park erklärt.

**63**

### Attraktionen und Aktivitäten

Da Campen nicht erlaubt ist, pilgern Tagesausflügler immer wieder aufs Neue in den Presque Isle State Park. Ihr erster Gang sollte dem **Tom Ridge Environmental Center (TREC)** gelten, das auf dem Hügel vor dem Eingang liegt. Hier können Sie sich mit Parkbroschüren versorgen, interaktive Ausstellungen genießen, Videos anschauen, Vorträge anhören oder sich für geführte Wanderungen anmelden.

Pappeln am Lake Erie

SIEGREICH: Am 10. September 1813 besiegte Commodore Perry mit seiner aus neun Schiffen bestehenden Flotte bei Sandusky (Ohio) die Briten. Die Schlacht – ein Wendepunkt in der britischen Herrschaft über die Seenregion – kostete Perry 123 Mann. Als er sein Flaggschiff, die *Lawrence*, verlor, stieg er auf die *Brigg Niagara* um, hisste die Kriegsflagge und kämpfte weiter. Anschließend schickte er General William Henry Harrison die berühmt gewordene Nachricht: »*We have met the enemy and they are ours.*«

Die Attraktion bei warmem Wetter ist die Tour mit dem Pontonboot *(Juni–Aug.)*. Das Boot (mit Führer) startet an der Anlegestelle Grave Yard Pond und kreuzt 45 Minuten durch die großen, fjordartigen Buchten der Halbinsel. Dabei kommen Kanadareiher, Zierschildkröten, Bisamratten und Rotwild ins Blickfeld.

Die Auswahl der Wanderwege reicht vom 13 Meilen (21 km) langen **Karl Boyes Multi-Purpose Trail** bis zum 1,25 Meilen (2 km) kurzen **Sidewalk Trail**. Letzterer beginnt nahe der Pontonboot-Anlegestelle und führt über die Halbinsel zum 22,5 Meter hohen **Leuchtturm**. Wer die Pontonboottour mit dem Sidewalk Trail kombiniert, sieht die unterschiedlichsten Ökosysteme – vom Sumpf über Klimaxwald (Schlusswald) bis hin zu Sandstrand.

Im Verlauf des **Dead Pond Trail** weicht der Kiefernwald abrupt einem weitläufigen, offenen Grasland, durch das sich ein sandiger Pfad zieht. Im Herbst nehmen die Gräser spektakuläre Farben an. Zwar verraten Fußspuren und Kot, dass sich in diesem Habitat Kojoten aufhalten, doch kaum ein Mensch bekommt diese listigen Tiere zu Gesicht. Vom Startpunkt des Dead Pond Trail liegt das Grasland etwa eine Meile (1,6 km) entfernt, die kürzere Route führt über den B-Trail, der auf den Dead Pond Trail stößt (das Grasland liegt linker Hand).

Im Nordosten des Parks bieten der **Sunset Point** und der **Budny Beach** Ausblicke, die Sie sich auf jeden Fall gönnen sollten. Von hier aus führt der 1,5 Meilen (2,4 km) lange **Gull Point Trail** zu einer Aussichtsplattform, von der sich das nur beschränkt zugängliche Naturschutzgebiet Gull Point überblicken lässt. Vogelbeobachter können hier große Ansammlungen von Strand- und Wasservögeln sehen – insbesondere wandernde Arten wie die Brautente und den Pfeifschwan.

Elf Strände verführen zum Picknicken und Schwimmen *(Letzteres nur vom letzten Mo im Mai [Memorial Day] bis zum ersten Mo im Sept. [Labor Day] erlaubt)*. Außerdem lockt der **Yachthafen Presque Isle** mit 493 Liegeplätzen, auch ein Bootsverleih ist vorhanden (Motorboot, Pontonboot, Kajak, Kanu; 814-838-3938, *Memorial Day bis Labor Day*). Information über Touren mit dem Aussichtsdampfer erhalten Sie unter 800-988-5780.

**PARK-TIPP:** *Entdecken Sie im Herbst die überraschenden Farben des Graslandes am Dead Pond Trail.*

Als Abschluss des Parkbesuchs bietet sich die Fahrt mit der Fähre über die Presque Isle Bay an, Abfahrt Anlegestelle Waterworks *(Memorial Day bis Labor Day, Fahrplan im TREC oder im Park anrufen, Fahrtkosten)*. Noch ein Tipp: Es gibt einen Fahrradverleih.

Presque Isle State Park, 301 Peninsula Dr., Ste. 1, Erie, PA 16505; 814-833-7424; www.dcnr.state.pa.us/stateparks/parks/presqueisle.aspx

# Cook Forest

*12 Meilen (19,3 km) nördlich der I-80/Brookville, an der Pennsylvania 36*

▪ 34,4 km² ▪ Ganzjährig ▪ Sawmill Craft Center and Theater ▪ Kanu-fahren, Tubing (Reifenschlauch als Floß oder Rodel), Wandern, Schwimmen, Skilanglauf ▪ Angeln, Jagen (mit Angel- bzw. Jagdschein)

Wenn Sie die 61 Meter hohen Bäume auf den sanften Hängen sehen, werden Sie nicht nur die Faszination des Cook Forest begreifen, sondern auch verstehen, weshalb er den Spitznamen »Schwarzwald von Pennsylvania« trägt. Dieser Bundesstaat erwarb seinen ersten State Park, um ein nationales Naturdenkmal zu bewahren.

Der Park liegt südlich des Allegheny National Forest, wo - Verwerfungen der Erdkruste Täler und abgerundete, bis zu 488 Meter hohe Hügel geschaffen haben. Das Tal, das den Park im Osten begrenzt, hat der flache Clarion River gegraben. Der Fluss besaß einst eine große Bedeutung für den Holztransport nach Pittsburgh.

In den 1800er Jahren bewirkte der steigende Holzbedarf, dass sich Pennsylvania zum größten Holzproduzenten der Union entwickelte. Der Boom hielt bis ins

Forest Cathedral

20. Jahrhundert an. In den nördlichen Hochländern gab es jetzt aber kaum noch altbestehenden Wald. Um die Waldreste zu erhalten, begannen Naturschützer um 1910, sich für den Erwerb des Besitzes der Holzgesellschaft A. Cook einzusetzen, denn »kaum eine Landschaft im Osten ist so eindrucksvoll wie dieses herrliche Gebiet mit seinen riesigen Weymouthskiefern und Hemlocktannen«.

### Attraktionen und Aktivitäten

Der Cook Forest gehört zu den Orten, die eine tiefe Ehrfurcht vor der Natur hervorrufen. Im **Log Cabin Inn Environmental Learning Center** *(letzter Mo im Mai [Memorial Day] bis erster Mo im Sept. [Labor Day])* bekommen Sie eine Wegkarte für den Park. Von hier aus bringt Sie ein bequemer Spaziergang in das Herz dieses offiziell zur **National Natural Landmark** (nationalen Naturdenkmal) erhobenen (ur)altbestehenden Waldes. Dorthin führt der von Kiefernadeln bedeckte **Longfellow Trail** (einfache Strecke 1,2 Meilen – 1,9 km).

> **PARK-TIPP:** *Ein Muss – der Longfellow Trail, der zur Forest Cathedral, dem Herzstück des nationalen Naturdenkmals, führt.*

Riesige Hemlocktannen und Weymouthskiefern begleiten diesen sanft ansteigenden Pfad bis zu einer Lichtung, die als **Forest Cathedral** (»Waldkathedrale«) Berühmtheit erlangte. Unter diesem Baldachin aus Kanadischen Hemlocktannen (auch Kanadische Schierlingstanne genannt) und Weymouthskiefern, die seit mehr als 300 Jahren hier stehen, sind nur die Lieder des Windes und der Vögel zu hören.

Etwa 800 Meter vom Learning Center entfernt, verkaufen Kunsthandwerker im **Sawmill Center and Theatre** ihre Kreationen und bieten alle erdenklichen Workshops an, vom Vogelschnitzen bis zum Quilten.

Versäumen Sie nicht die Wälder am **Forest Drive**, der nordöstlich verläuft und in die Coleman Run Road mündet, die zum **Clarion River** führt. Der Fluss erhielt seinen Namen 1817 von Landvermessern, die meinten, »der Fluss klingt wie eine Kriegsfanfare« (oder eine schrille Trompete). Wenn Sie entlang dem langsam dahinfließenden Fluss südwärts fahren, landen Sie nach fünf Meilen (8 km) an der Parkverwaltung und der Cooksburg Bridge. Picknickfans, Angler und Kanusportler lieben diese Ecke des Parks *(Auskunft über den Kanuverleih in Cooksburg gibt die Parkverwaltung).*

Auf 488 Meter Höhe – dem höchsten Punkt des Parks – steht der **Cook Forest Fire Tower**, von dessen Plattform sich tolle Fotos des Clarion River Valley schießen lassen. Hier am **Seneca Point** hat die Erosion meterhohes Sedimentgestein freigelegt.

### Camping und Lodge-Unterkunft

Das Ridge Camp verfügt über 217 Zelt- und Wohnmobilplätze (im Winter begrenzte Anzahl) – Duschen vorhanden – sowie 24 rustikale *Cabins* (Mitte April bis Mitte Dez.). Reservierung unter 888-727-2757. Campinggebühr.

Cook Forest State Park,
P.O. Box 120, Cooksburg,
PA 16217; 814-744-8407;
www.cookforest.com

**HOLZFÄLLERSCHICKSAL:** Vor gut hundert Jahren, als die Holzgesellschaft A. Cook Sons über das Clarion Valley herrschte, hallten das Seufzen der Sägen und Tausender Holzarbeiter in den Wäldern wider. Die Männer (meist arbeitslose Kriegsveteranen) lebten im Holzfällercamp. Dort begann der Tag morgens um fünf und endete abends um neun. Jeder schuftete täglich elf Stunden an sechs Tagen der Woche. Bei freier Kost und Logis verdiente ein Mann 1,50 Dollar pro Tag – solange ihn nicht eine umstürzende Tanne das Leben kostete.

# Ricketts Glen

*30 Meilen (48,3 km) nördlich von Bloomsburg, an der Pennsylvania 487*

■ 52,8 km² ■ Ganz-
jährig ■ Bergschluch-
ten ■ Wasserfälle
■ Baumriesen ■ See
■ Angeln (mit Angel-
schein), Bootfahren,
Schwimmen, Wan-
dern, Skilanglauf

Der Ricketts Glen
State Park, ein ge-
heimes Juwel unter
den Parks Penn-
sylvanias, ist vom
Süden her sofort zu
erkennen. Sein Steil-
hang nimmt einen

Treppe an den Harrison Wright Falls

Teil der Allegheny-Front ein und überragt die umliegenden Berge bis zu
rund 370 Meter. Hier liegen der **Lake Jean** und die **Glens Natural Area**,
wo Wasserfälle und Baumriesen Urwaldatmosphäre erzeugen.

67

In der Parkverwaltung erhalten Sie eine Karte. Zu den wunderschönen **Adams Falls** an der Südseite des Parks fahren Sie über die
Pennsylvania 487 und Pennsylvania 118; die Wasserfälle befinden sich in
der Nähe des Parkplatzes. Um die ganze Schönheit der Schlucht zu entdecken, muss Ihre Kondition allerdings für eine steile Klettertour reichen,
da der gut drei Meilen (4,8 km) lange Pfad dem 300 Meter tief hinabrauschenden **Kitchen Creek** folgt.

Die Route verläuft über den **Falls Trail** (Start südlich der Parkverwaltung) durch die **Ganoga Glen** – mit Baumriesen und Wasserkaskaden – zu den **Ganoga Falls** (mit 29 Metern die höchsten Fälle des
Parks). Am Waters Meet vereinigen sich die Seitenarme des Creek und
ergießen sich in die **Ricketts Glen**. Dort stehen mehrere 500 Jahre alte
Bäume mit einem Stammdurchmesser von 1,20 Meter.

Ruhigeres Wasser bietet der Lake Jean, an dem Bootsfahrten und
Schwimmen locken; ein Kanu- und Ruderbootsverleih ist vorhanden
*(letzter Mo im Mai [Memorial Day] bis Mitte Sept.)*. Sie können auch Ihr
eigenes Boot mitbringen, informieren Sie sich aber vorher in der Parkverwaltung.

## Camping und Lodge-Unterkunft

Der Park bietet 120 Zelt- und Wohnmobilplätze – Duschen vorhanden
– und zehn *Cabins*; Hütten und Zeltplätze teilweise ganzjährig nutzbar.
Gruppenzelte sind verfügbar, müssen aber unbedingt unter 888-727-
2757 reserviert werden. Campinggebühr.

Ricketts Glen State Park, 695 State Route 487, Benton, PA 17814;
570-477-5675; www.dcnr.state.pa.us/stateparks/parks/rickettsglen.aspx

# Island Beach

*An der New Jersey 35, im Seaside Park*

- 12,1 km² ▪ Ganzjährig ▪ Eintrittsgebühr ▪ Camping verboten
- Barrier Island ▪ Brandungsangeln ▪ Vogelbeobachtung
- Schwimmen, Kanu- und Kajakfahren

Goldrute und Dünengräser

Dieses unter Naturschutz stehende Fleckchen Erde vor der Küste New Jerseys versetzt in jene Zeit, bevor Menschen die Welt beherrschten. Der Island Beach State Park hütet die letzten nennenswerten Reste eines Barrier-Island-Ökosystems, das einst über mehr als 240 Kilometer entlang der Küste des Staates existierte. Nur diese Oase blieb – inmitten einer massiven Küstenbebauung – intakt. Über rund 15 Kilometer erstreckt sich der Park zwischen dem Atlantik und der Barnegat Bay.

Während der Sommerhitze kommen die Badegäste in Scharen, doch ihnen stehen nur etwa 1,6 Kilometer Strand zur Verfügung. Der restliche Park gehört der Flora und Fauna, Brandungsanglern, Strandwanderern und den Vogelbeobachtern, die hier große Zugvogel-Populationen und die größte Fischadlerkolonie des Staates vorfinden.

Über Jahrhunderte hinweg trotzte Island Beach der Menschenhand. 1609 umschiffte Henry Hudson die Insel nur und trug in sein Logbuch »gewaltige Untiefen« ein. Der First Earl of Sterling, dem der britische König 1735 Island Beach (neben anderem Gelände) überließ, hielt sich fern. Während des 19. Jahrhunderts teilten einige illegale Siedler den Landstreifen mit dem U.S. Life Saving Service. 1926 erwarb Andrew Carnegies Partner, Henry C. Phipps, die Insel, um sie in einen exklusiven Ferienort zu verwandeln. Drei Musterhäuser schaffte er, dann zerstörte die Weltwirtschaftskrise seinen Traum. 1953 erwarb

FLIEGENDER LACKMUSTEST: Fischadler stehen in Mündungsgebieten wie der Barnegat Bay an der Spitze der Nahrungskette. Ihre Präsenz zeugt von einer intakten Umwelt. Mit Umweltgiften kontaminierte Fische verringerten jedoch massiv die Fortpflanzungsrate dieser Vögel. Vor dem DDT-Verbot bestand die Fischadlerpopulation von Island Beach nur noch aus fünf Brutpaaren. Inzwischen brüten auf den Sedge Islands wieder 30 Paare.

der Bundesstaat den Besitz und eröffnete 1959 den Park. Heute dient das Ocean House in der Northern Natural Area dem Gouverneur von New Jersey als Sommerresidenz.

### Attraktionen und Aktivitäten

Etwa eine Meile vom Parkeingang entfernt liegt das **Aeolium Nature Center** *(732-793-1698)*. Hier finden Sie nicht nur eine Karte, sondern können auch stapelweise Broschüren über Flora, Fauna und Geologie des Parks sowie über die speziellen Programme studieren. Im Juli und August sowie an Wochenenden im Frühjahr oder Herbst informiert das Center über geführte Vogelbeobachtungs- und Meerestouren. Die Führer sind Naturforscher, wie auch bei den dreistündigen Kanutouren *(letzter Mo im Mai [Memorial Day] bis erster Mo im Sept. [Labor Day] Di, Do und So)* rund um die Sedge Islands.

69

Wenn Sie nicht an solch einer Kanutour teilnehmen können, fahren Sie zur Südspitze des Parks und gehen Sie über den kurzen **Bird Blind Trail** durch Gagelsträucher bis zur Beobachtungshütte. Vielleicht tauchen unterwegs kecke Rotfüchse auf. Auf jeden Fall können Sie hier das Brutgeschäft und die Beutejagd der Fischadler am besten beobachten. Anfang September, wenn die Goldruten blühen, treffen Schwärme von Monarchfaltern ein, um sich über den Festschmaus herzumachen.

Eine spektakuläre Strandwanderung über 1,5 Meilen (2,4 km) beginnt südlich des Parkplatzes der Southern Natural Area. Auf weichem, weißem Sand geht es bis zur **Barnegat Inlet**, wo auf der gegenüberliegenden Insel das 54 Meter hohe **Barnegat Lighthouse** (Leuchtturm) aufragt und vor den gefährlichen Untiefen warnt. Hier tummeln sich im Winter Kegelrobben und Seehunde. Während der Heringslaichzeit im Mai kommen Delphine, um sich Nahrung zu holen.

Brandungsangler genießen die unberührten Strände in der Northern Natural Area: Hier beißen die Fische gewissermaßen vor der Haustür des Gouverneurs an.

Island Beach State Park, P.O. Box 37, Seaside Park, NJ 08752; 732-793-0506; www.njparksandforests.org/parks/island.html

# High Point

*An der New Jersey 23, in Sussex*

▪ 60,8 km² ▪ Ganzjährig ▪ Eintrittsgebühr (Memorial Day bis Labor Day) ▪ Veteranendenkmal ▪ Appalachian Trail ▪ Vogelbeobachtung ▪ Wandern, Schwimmen, Angeln (mit Angelschein), Bootfahren (nur unmotorisiert), Skilanglauf

Auf dem Weg zum High Point

Als Kronjuwel des Naherholungsgebietes Delaware Water Gap liegt der High Point State Park in New Jerseys nordwestlicher Ecke auf der höchsten Erhebung (550 m) des Bundesstaates. *Leaf Peepers* (»Laubgucker«), Wanderer, Skilangläufer, Zugvögel und Bären zieht es hierher. Bei klarem Wetter ist das 67 Meter hohe High Point Monument aus 60 bis 80 Kilometer Entfernung zu sehen. Es thront über dem Wald auf der Kittatinny Ridge. Von der Aussichtsplattform reicht der Blick unendlich weit – bis zu den steilen Catskill Mountains im Norden und zum Pocono Plateau im Westen. Der Südblick jedoch raubt manchen Leuten schier den Atem. Dort fließt der Delaware River durch ein weites, mehr als 65 Kilometer langes Tal, an dessen beiden Seiten sich über Hunderte von Quadratkilometern ein intakter Hartholzwald ausdehnt.

Seine erste bedenkliche Berührung mit Menschen erlebte der High Point durch das High Point Inn, das 1890 am Ufer des Lake Marcia seine Pforten öffnete. Doch als das Resort 1909 pleiteging, erwarb Colonel Anthony Kuser die Hypothek und nutzte das Anwesen als Sommerresidenz, bis er es in den 1920er Jahren in staatliche Hände gab.

### Attraktionen und Aktivitäten

Jedes Jahr im Oktober pilgern Menschenmengen zum High Point, um die Herbstfarben von Ahorn, Eichen und Sassafras zu erleben. Was die Besucher auch in den Park locken mag – es lohnt sich immer, im **Büro der Parkverwaltung** (Südseite der New Jersey 23) aktuelle Karten und detaillierte Wegbeschreibungen zu holen. Von dort aus geht es nordwärts über den **Scenic Drive** zum **High Point Monument** mit seiner atemberaubenden Aussicht. Das New Jerseys Kriegshelden gewidmete Denkmal wurde in den 1930er Jahren errichtet und in jüngster Zeit restauriert.

Wenn Sie mehr Zeit in der Natur verbringen möchten, gehen Sie am Ende der Cedar Swamp Road auf den 2,5 Meilen (4 km) langen **Cedar Swamp Trail**. Der leichte Rundweg führt Sie durch morastige Überreste eines zwölf Hektar großen Gletschersees, wo auch die seltene Weiße Scheinzypresse wächst *(über Details informiert die Wegbeschreibung)*. Bänke laden dazu ein, dem Gesang der verschiedenen Waldsänger-Arten, die im Frühjahr zum Brüten herkommen, zu lauschen. Halten Sie die Augen offen: Rotwild, Stachelschweine und Schwarzbären können auf dem Weg auftauchen.

Für Tagesausflüge ist der 4,5 Meilen (7,2 km) lange **Iris Trail** bestens geeignet. Rucksacktouristen nutzen gern den **Appalachian Trail**, der südwärts 42 Meilen (67,8 km) weit dem Water Gap folgt. In nördlicher Richtung führt er durch Schluchten mit Hemlocktannen in alte Agrarlandschaften, die Fernsicht auf das High Point Monument bieten. Im Winter sorgen Beschneiungsanlagen, Skiverleih und gewartete Loipen (insgesamt rund 16 Kilometer) für gute Bedingungen zum Skilanglaufen und Schneeschuhwandern. Zum Entspannen lockt das Kaminfeuer in der neuen Lodge am Lake Marcia, der im Sommer ein beliebter Badeplatz ist.

**PARK-TIPP: *Genießen Sie dort, wo der kurze, aber steile Blue Dot Trail am Hügelkamm endet, den unvergleichlichen Sonnenuntergang und Ausblick.***

### Camping und Lodge-Unterkunft

Der Park hat 50 Zeltplätze (April–Okt.), ohne Duschen. Von Mitte Mai bis Mitte Oktober stehen zwei Gruppenzelte, zwei Familienhütten und eine Gruppenhütte zur Verfügung. Reservierung unter 973-875-4800 elf Monate im Voraus möglich. Campinggebühr.

High Point State Park, 1480 N.J. 23, Sussex, NJ 07461; 973-875-4800; www.njparksandforests.org/parks/highpoint.html

71

# Ringwood

*Abseits der County Road 511, in Ringwood*

- 25,1 km² • Ganzjährig • Fahrzeuggebühr (Memorial Day bis Labor Day)
- Camping verboten • Botanischer Garten • Historisches Landhaus
- Wandern, Bootfahren • Jagen, Angeln (mit Jagd- bzw. Angelschein)

Ringwood Manor im Winter

Während die Besucher auf der kurvenreichen Straße Skylands Manor mit seinen Steintürmen und gotischen Fenstern ansteuern, scheint sich vor ihnen die Welt von Emily Brontës Roman *Sturmhöhe* zu eröffnen. Die dicht bewaldete, schroffe, windige Gegend in den Ramapo Mountains erinnert an das englische Yorkshire, die Heimat der Schriftstellerin. Wie der Handlungsort des Romans wird der Ringwood State Park vom Nebeneinander zweier Landgüter bestimmt – getrennt durch Wildnis und sozialen Status. Aus einer Fusion der beiden Ländereien entwickelte sich ab 1936 allmählich dieser ungewöhnliche Park. Er umfasst auch die 38,4 Hektar der **New Jersey State Botanical Gardens** und den 29,6 Hektar großen **Shepherd Lake** *(Bootsverleih vor Ort)*.

**Ringwood Manor** verkörpert so ziemlich alles, was sich an natürlicher und materieller Pracht für Geld kaufen lässt. Von der Sloatsburg Road aus ist das Landhaus am Hang oberhalb vom Sally's Pond zu sehen. In dem 51-Zimmer-Haus, das mehrere Baustile in sich vereinigt, wohnten über 200 Jahre lang Amerikas mächtigste Stahlmagnaten. Heute steht der Bau unter Denkmalschutz. 21 mit *Americana* (typisch amerikanisch) eingerichtete Räume sind restauriert und können besichtigt werden *(Mi–So, Eintrittsgebühr)*. Das umliegende Gelände eignet sich für ein Picknick nach Gutsherrenart.

Nachdem Sie in Ringwoods Geschichte eingetaucht sind, geht es ostwärts durch den Wald und über die Morris Road zum **Skylands Manor** *(erster So im Monat, Eintrittsgebühr)*. Die schlossartige jakobinische 44-Zimmer-Villa – der Wohntraum eines Börsenmaklers der 1920er Jahre – prangt inmitten der botanischen Gärten; eine Karte und Broschüren erhalten Sie in der Parkverwaltung. Ende Mai stehen hier Magnolien, Holzapfelbäume, Flieder und Tulpen in voller Blüte.

> **PARK-TIPP:** *Sehen Sie sich auf dem Ringwood-Ramapo Trail, der zum Shepherd Lake führt, den schönen Wasserfall an, vor allem im Frühling und Frühsommer.*

Ringwood State Park, 1304 Sloatsburg Rd., Ringwood, NJ 07456; 973-962-7031; www.njparksandforests.org/parks/ringwood.html

# Allaire

*4 Meilen (6,4 km) westlich von Spring Lake, an der County Road 524*

- 12,4 km$^2$ • Ganzjährig • Parkgebühr (Memorial Day bis Labor Day an den Wochenenden) • Eisenarbeiterdorf aus dem 19. Jahrhundert
- Schmalspurbahn • Wandern, Kanufahren • Jagen, Angeln (mit Jagd- bzw. Angelschein)

Einen Ausflug in die Vergangenheit garantiert dieser Park inmitten eines Waldes am schmalen Manasquan River. Am Nordufer des Flusses liegt ein altes Eisenarbeiterdorf, in dem vor mehr als 150 Jahren Sumpfeisenerz geschmolzen wurde. Heute erweckt das Dorf mit Schreinerei, Schmiede, Gemischtwarenladen, Bäckerei, Kirche und Wohnhäusern den Eindruck, als hätten es die Bewohner gerade erst verlassen.

Die Anfänge von **Allaire Village** gehen auf eine Eisenhütte des frühen 19. Jahrhunderts zurück. Im Verlauf des zweiten Viertels der 1800er Jahre erweiterte James P. Allaire, der damalige Besitzer, den Betrieb, wodurch eine Gemeinde mit 400 Mitgliedern entstand. Als die Eisenhütte 1846 schloss, ging es auch mit dem Dorf bergab. Während der 1940er Jahre nahm der Staat die Parkgründung und die Restaurierung des historischen Dorfes in Angriff. In den 1960er Jahren wurden Liebhaber von Dampfeisenbahnen in dem Park aktiv – das Ergebnis ist die **Pine Creek Railroad**, ein Schmalspurbahn mit der Spurweite von 914 Millimeter (3 Fuß).

Im Frühjahr und Herbst an den Wochenenden und im Sommer von Mittwoch bis Sonntag erwecken Menschen in historischen Kostümen Allaire Village zum Leben *(Eintrittsgebühr an allen Wochenenden).* Die Saison, in der die Pine Creek Railroad ihre Passagiere auf der 1,2-Kilometer-Strecke zweimal rundum kutschiert, dauert etwas länger *(April–Okt. am Wochenende, Juli & Aug. tägl., Fahrtkosten).* Naturliebhaber können den Park beim Paddeln auf dem Fluss oder beim Wandern genießen.

Waschtag in Allaire Village

## Camping

Es gibt 45 Zelt- und Wohnmobilplätze – Duschen vorhanden, kein Stromanschluss –, vier Jurten und sechs Hütten. Reservierung bei der Parkverwaltung unter 732-938-2371. Campinggebühr.

Allaire State Park, 4265 Atlantic Ave., Farmingdale, NJ 07727; 732-938-2371; www.njparksandforests.org/parks/allaire.html

# Cape Henlopen

*1 Meile (1,6 km) östlich von Lewes, abseits der Delaware 9*

▪ Über 24 km² ▪ Ganzjährig ▪ Eintrittsgebühr ▪ Feuerstellen am Strand verboten ▪ Unberührte maritime Landschaft ▪ Artenreiche Tierwelt ▪ Dünentouren ▪ Vogelbeobachtung ▪ Wandern, Radfahren ▪ Brandungsangeln, Jagen (mit Jagdschein)

Schilfrohr bei Sonnenuntergang

In der Form eines Daumens ragt Cape Henlopen in den Atlantik und trennt ihn von der Delaware Bay. Um 1544 entdeckten die Spanier diese auffällige Landspitze. Ein Jahrhundert später gründeten die Niederländer ein kleines Fort auf dieser wilden, windumtosten Halbinsel. Im Zweiten Weltkrieg bezog das amerikanische Militär hier Posten. Eine dauerhafte Besiedlung erfolgte nie, daher sieht Cape Henlopen – seit 1964 State Park – heute fast noch so aus wie vor Jahrhunderten.

Schnell wechselnde Landschaften aus langen Sandstränden, Dünen, Kiefern-, Eichen- und Zedernwäldern kennzeichnen das Kap. Es existiert zwar seit Jahrtausenden, doch Wind und Wellen meißeln und nagen beharrlich an seiner Form. So verlagert sich seine Meeresküste langsam westwärts, während seine Spitze jährlich 15 Zentimeter weiter nach Norden rückt. Trotz dieser Veränderungen beherbergt die Halbinsel nach wie vor eine artenreiche Fauna. Hier leben beispielsweise Ameisen-

wespen, Stachelleguane *(Sceloporus undulatus)*, Wolfspinnen, Kaninchen und Wühlmäuse. Tagsüber lassen sich diese Tiere kaum blicken, aber ihre Spuren sind am frühen Morgen im Sand zu erkennen. Hinzu kommt eine phantastische, artenreiche Vogelwelt. Da das Kap an der atlantischen Vogelzugroute liegt, fliegen es jährlich Hunderte von Vogelarten an, darunter Sanderlinge, Steinwälzer, Pelikane, Eiderenten, sogar Weißkopf-seeadler und Fischadler – um nur einige zu nennen.

Saisonal wartet die vielfältige Kap-Tierwelt mit zwei besonders faszinierenden Spezies auf. Im Frühjahr schlängeln sich Pfeilschwanzkrebse (eine seit 300 000 Jahren unveränderte Art) durch den Sand der Bucht und graben flache Mulden, in die sie winzige, erbsengrüne Eier ablegen. Kurz darauf fallen halb verhungerte Küstenvögel über den Sand her. Irgendwie schaffen sie es, auf ihrem Zug genau zur richtigen Zeit anzu-kommen. Die Vögel verschlingen einen Teil der Eier und verdoppeln innerhalb von zwei Wochen ihr Körpergewicht. Noch monatelang be-decken helmartige Krabben nach der Flut den Strand – es sieht aus wie nach einer Schlacht.

Zwischen Mitte April und Mitte August gehen Gelbfuß-Regen-pfeifer in den Dünen ihrem Brutgeschäft nach. Der kleine, sandfarbene Küstenvogel zählt zu den bedrohten Tierarten, Parkaufseher schützen daher die Nistplätze (Zutritt zu den Dünen und zum Cape Henlopen Point in der Nistzeit eingeschränkt).

Während der Fahrt zum Park auf der von Hochhäusern umgebenen Delaware 9 bezweifeln viele, jemals in einem einsamen, isolierten Gefilde zu landen. Doch kurz vor dem Kassenhäuschen gabelt sich die Straße. Rechts liegen die Campingplätze, Wanderwege und der Observation Tower. Geradeaus geht es zum Nature Center und zu weiteren Wander-wegen – und vor Ihnen liegt eine der wunderschönsten gottverlassenen Gegenden der Welt.

### Attraktionen und Aktivitäten

Das **Seaside Nature Center** *(302-645-6852)* quillt über vor Aquarien mit örtlichen Spezies. Hier finden Sie auch informative Broschüren und Wegbeschreibungen und erhalten Auskünfte über Führungen usw. (inklusive Anmeldemöglichkeit).

Kurze Spazierwege vermitteln einen guten Einblick in die wich-tigsten Habitate: Strand, Kiefernwald, Dünen. In der Nähe des Nature

75

Am Strand vom Cape Henlopen

Center beginnt der 0,7 Meilen (1,1 km) lange **Seaside Nature Trail**. Er verläuft durch niedrige Dünen mit Markierungen, die in der Wegbeschreibung *(im Center erhältlich)* erläutert werden, landet am Breakwater Harbor, folgt ein Stück weit der Bucht und schwenkt schließlich in den Wald ein, um zurückzuführen.

Sie können sich nun auch zur Kletterpartie auf den **Observation Tower** aufmachen, der auf einem alten Militärbunker steht und eine außergewöhnliche Aussicht bietet: ein Mosaik aus unterschiedlichen Kiefern, Marschland mit Prielen und Kieferngehölz, dem endlosen, blauen Atlantik und wellenförmigen Sanddünen.

Gleich unten an der Straße startet der **Walking Dune Hiking Trail**, der Sie mit Wanderdünen bekannt macht. Einst wanderten die Dünen jährlich fast 18 Meter, doch der Bewuchs hat das Tempo verlangsamt. Die »Zwergkiefern« auf den sandigen Hügeln sind möglicherweise in Wirklichkeit die obersten Äste von neun Meter hohen Bäumen.

Ein anderer Panoramablick erwartet Sie am Ende der südlichen Park Road *(mit dem Auto erreichbar)*: der **Herring Point Overlook** mit einer beeindruckenden Aussicht auf die anprallende Brandung des Atlantiks. Einige Schritte weiter verführt der Strand zum Sonnenbaden, Picknicken oder Schwimmen.

**KRIEGSGESCHICHTEN:** Der Ausblick vom 25 Meter hohen Observation Tower vermittelt die strategische Bedeutung des Kaps im Hinblick auf den Schiffsverkehr vor der Atlantikküste. Deshalb errichtete die Armee hier in den frühen 1900er Jahren das Fort Miles Military Reserve. Im Zweiten Weltkrieg bezogen Soldaten Posten, um Feindbewegungen vor der Küste auszumachen. Dennoch versenkten deutsche U-Boote über 400 alliierte Schiffe. Als eine der letzten Kriegshandlungen kapitulierte hier fünf Tage vor Kriegsende das deutsche U-Boot U-858.

### Weitere Erlebnisse

Gute Kondition brauchen Sie, wenn Sie den 1,8 Meilen (3 km) langen **Beach Loop Trail** *(als Nistschutzgebiet März–Sept. geschl.)* erwandern möchten. Er beginnt am Parkplatz von The Point und folgt den Konturen des Kaps bis zu seinem östlichsten Punkt. Seien Sie vorgewarnt: Es ist eine reine – ermüdende, anstrengende – Sandstrecke! Die Route führt unterwegs zu einem Leuchtturm mit Blick auf den stillen **Breakwater Harbor** und an Dünen entlang, die im Sommer von nistenden Vögeln wie Gelbfuß-Regenpfeifer, Schwarzmantel-Scherenschnabel, Flussseeschwalben und Amerikanischen Zwergseeschwalben bevölkert sind. Schwärme von Küstenvögeln und der eine oder andere Braune Pelikan sind hier die einzigen sichtbaren lebenden Geschöpfe. Auf dem Rückweg rollt die Brandung auf einen breiten, mit Muscheln übersäten Strand.

### Camping

Es gibt 159 Zelt- und Wohnmobilplätze (März–Nov.) inmitten kiefernbedeckter Dünen. Informationen unter 302-645-2103, Reservierung unter 877-987-2757. Campinggebühr.

Cape Henlopen State Park, 42 Cape Henlopen Dr., Lewes, DE 19958; 302-645-8983; www.destateparks.com/chsp/chsp.htm

# Trap Pond

*5 Meilen (8 km) östlich von Laurel, über die Delaware 24 und East Trap Pond Road*

▪ 13,4 km² ▪ Ganzjährig ▪ Eintrittsgebühr Mai bis Oktober ▪ Nature Center ▪ Wandern, Radfahren, Kanufahren, Angeln (mit Angelschein)

Zwischen den Mais- und Sojafeldern der Eastern Shore erhebt sich ein Wald aus Sumpfzypressen. Ihr bemoostes Geäst und ihre Brettwurzeln erinnern an die Bayous (sumpfigen Flussarme) im tiefen Süden. Als Überrest eines uralten Sumpflandes, das einst die atlantische Küstenebene weithin bedeckte, bildet dieses Relikt vergangener Zeiten das Herz des Parks.

Ende des 18. Jahrhunderts entdeckten Kolonisten, dass sich das fäulnisresistente Sumpfzypressenholz bestens für Boote, Pfosten und Schindeln eignet. Den Trap Pond hoben sie aus, um ihre Mühlen zu betreiben. Infolgedessen stürzten die hohen, grazilen Bäume reihenweise um. Durch die zunehmend breiteren Schneisen im Blätterdach trocknete die Sonne den Torfuntergrund aus und der gesamte Sumpf wurde feueranfällig. In den 1930er Jahren tobte ein Brand acht Monate lang.

Der Trap Pond am Morgen

Eine geheimnisvolle Aura umgibt die Zypressen am Trap Pond. Im Winter drängen sich Schwärme von Kanadagänsen und Pfeifschwänen am Gewässerrand, während die Bäume im Eis eingeschlossen sind – ein sehenswerter Anblick.

### Attraktionen und Aktivitäten

Das **Bald Cypress Nature Center** *(302-875-5163)* am Haupteingang des Parks bietet naturhistorische Informationen, Broschüren und gibt Ihnen Programmauskünfte. Zum Campingplatz fahren Sie mit dem Auto über die Trap Pond Road (außerhalb des Parks) und biegen in die nächste Querstraße (Goosenest Road) rechts ein – nach etwa hundert Metern taucht der Campingplatz auf.

Auf die andere Seite des Trap Pond führt der **Cypress Point Trail**, die faszinierendste Route des Parks. Der nur eine Meile (1,6 km) lange Weg folgt dem Ufer, wo sich die Sumpfzypressen (englisch *bald cypress*) in ihrer ganzen Pracht präsentieren. An einer Stelle führt ein Knüppeldamm über das teefarbene Wasser. Hier können Sie die Kniewurzeln dieser sommergrünen Konifere gut studieren – diese sogenannten Atemknie ragen wie Periskope aus dem stehenden Gewässer. Östliche Zierschildkröten und Tropfenschildkröten sonnen sich auf knorrigem Holz, auch Ochsen- und Laubfrösche sind zu sehen. *Rana virgatipes*, umgangssprachlich der »Zimmermannsfrosch«, wird auch »Torffrosch« genannt, weil er in den Torfmoosbiotopen der Zypressensümpfe lebt. Vogelbeobachter treffen auf eine Vielfalt von Arten, darunter Singvögel wie Zitronenwaldsänger, Meisen und Swainson-Waldsänger, die in Nordamerika kaum jemand kennt, weil sie versteckt in dicht bewachsenen Sümpfen leben.

> **PARK-TIPP:** *Vertiefen Sie sich auf der Terrapin Branch Bridge, abseits des Loblolly Bicycle Trail, in die Aussicht auf den Zypressensumpf, in seine Stimmen und Gerüche.*

Der neue, befestigte **Loblolly Bicycle Trail** führt Sie 4,6 Meilen (7,8 km) lang durch das Wald- und Sumpfgebiet des Parks. Dieser Weg eignet sich bestens für Wanderer und Radfahrer *(Fahrradverleih im Park)*, aber auch für Rollstuhlfahrer und Leute mit Kinderwagen. Die Wanderung gibt Ihnen eine gute Einführung in die Welt der Zypressensümpfe. Nichts spricht gegen eine Kanutour durch ein Labyrinth von Brett- und Kniewurzeln *(im Sommer vom Park konzessionierter Kanuverleih)*.

> **AMPHIBIENCHOR:** Wenn sich im Frühjahr die Nacht über den Sumpf senkt, unterbricht ein Näseln die Stille. Andere Laute gesellen sich hinzu: knarrende Triller, basstiefes Grunzen und Töne, die wie ein Zupfen am Gummiband klingen. Es sind die Paarungsrufe der Frösche und Kröten. Jede Art hat eigene Rufe, mit denen die Männchen in der Dunkelheit Weibchen anlocken können.

Beliebt ist der Weg, der südöstlich des Trap Pond am **James Branch River** entlang zum Records Pond führt. Tief im Inneren des Sumpfes fließt der Fluss träge an herrlichen Zypressen vorbei, darunter ist ein 500 Jahre altes Riesenexemplar. Zur Erholung werfen Angler ihre Köder aus und hoffen, dass *Crappies* und *Bluegills* (Weiße und Blaue Sonnenbarsche) anbeißen. Von Weihrauch-Kiefern beschattete Picknicktische stehen verstreut am Flussufer. Außerdem gibt es noch mehrere Wanderwege.

Ein andere Möglichkeit, den Zypressensumpf zu erleben, ist eine Tour mit dem Pontonboot *(Gebühr, Fahrplan im Bald Cypress Nature Center erhältlich)*, bei der Sie in aller Ruhe Schildkröten, Watvögel, Biber, Schlangen und Fischadler beobachten können.

## Camping

Der Park bietet 142 Zelt- und Wohnmobilplätze (März–Nov.), Duschen sind vorhanden. Reservierung unter 877-987-2757. Campinggebühr.

Trap Pond State Park, 33587 Bald Cypress Ln., Laurel, DE 19956; 302-875-5153; www.destateparks.com/tpsp/tpsp.htm

# Fort Delaware

*Mit der Fähre, Abfahrt am Ende der Clinton Street in Delaware City*

▪ 114 Hektar ▪ Mitte Juni bis Labor Day Mi–Sa, Ende April bis Mitte Juni & Sept. nur am Wochenende ▪ Reiherkolonien

Eine zehnminütige Fährfahrt *(Fahrtkosten)* bringt Sie zur **Pea Patch Island**. Dort prangt **Fort Delaware**, komplett mit Festungsgraben und Zugbrücke. Errichtet wurde es zwischen 1848 und 1868, um am Delaware River den Übergang nach Philadelphia zu verteidigen. In beiden Weltkriegen waren hier Soldaten stationiert, doch die bekannteste Rolle spielte die Bastion im Amerikanischen Bürgerkrieg als Gefangenenlager für die Soldaten der Konföderierten. Das Fort spiegelt heute seine Geschichte während dieses Krieges wider: Darsteller marschieren in zeitgenössischer Kleidung, führen Waffen vor und erzählen von der längst vergangenen Zeit, als 16 000 Menschen die Insel überfüllten *(in der Saison tägl.).*

Kuhreiher

Der **Prison Camp Trail** umrundet den Norden der Insel; seine Markierungen werden in der Wegbroschüre erklärt *(im Geschenkshop erhältlich).* Eine Aussichtsplattform bietet den Blick auf die größte Reiherkolonie nördlich von Florida – über 5000 Reiher brüten hier.

Fort Delaware State Park, P.O. Box 170, Delaware City, DE 19706; 302-834-7941; www.visitthefort.com

# White Clay Creek

*2 Meilen (3,2 km) nordwestlich von Newark, an der Delaware 896*

▪ 14,6 km$^2$ ▪ Ganzjährig ▪ Eintrittsgebühr (Mai–Okt.) ▪ Camping (einfach) nur für Jugendgruppen ▪ Wandern, Radfahren, Angeln

Drei Parkeingänge gewähren Einlass in »Delawares Piemont« mit seinen insgesamt 35 Meilen (56,3 km) langen Wegen durch dichte Wälder und grüne, landwirtschaftlich genutzte Täler. Der Eingang an der Hopkins Road führt zum **Nature Center** und zwei Meilen (3,2 km) langen **Preserve Trail Loop**, der einem steinigen Bach folgt. Am zwei Meilen langen **Possum Hill Trail** (abseits der Smith Mill Road), der hügeliges Agrarland durchquert, steht das verwitterte Mason-Dixon Line Monument. Der Twin **Valley Trail** verläuft über 3,2 Meilen (5 km) durch Hartholzwälder und Täler, die durch ihre einzigartige Pflanzenwelt faszinieren.

White Clay Creek State Park & Preserve, 425 Wedgewood Rd., Rte. 896, Newark, DE 19711; 302-368-6900; www.destateparks.com/wccsp

Wildpferde auf Assateague Island

# Assateague

*8 Meilen (12,9 km) südlich von Ocean City, über die US 50 und Maryland 611*

■ 4 km² ■ April bis November (für Tagesbesuche ganzjährig) ■ Eintrittsgebühr (Memorial Day bis Labor Day) ■ Haustiere verboten ■ Nature Center ■ Wildpferde ■ Vogelbeobachtung ■ Schwimmen, Bootfahren, Angeln

Assateague Island, eine vom Meer geschaffene und beherrschte Barrier Island aus goldenem Sand, erstreckt sich über 53 Kilometer vor der Ostküste von Maryland und Virginia. Ihre Naturstrände und von Vögeln bevölkerten Marschen bezeugen ihre unberührte Natur und bilden zugleich einen krassen Kontrast zu den Neonlichtern des nahe gelegenen Städtchens Ocean City.

Wie Tausende andere Barrier Islands und Landzungen schützt Assateague Island die Atlantikküste vor den Gewalten des Ozeans. Demzufolge unterliegt dieser sandige, verwundbare Landstreifen ständigen Veränderungen. Er wächst und schrumpft, je nachdem wo das Meer den Sand wegspült oder hinträgt. Viele Geologen meinen, die Barrier Islands seien in der letzten Eiszeit entstanden.

Immer wieder versuchten Menschen, die Insel zu nutzen, angefangen von den ersten Kolonisten bis hin zu modernen Unternehmern, die Straßen und Gebäude für ein Strandresort bauten. Der schwere Sturm im März 1962 fegte jedoch die letzte Hoffnung auf eine Wohnraumgewinnung hinweg. So blieb die Natur der Insel sich selbst überlassen, auch wenn in den meisten Sommern der Ozean ruhig und der Sand am Strand warm ist. 1964 begründete Maryland den State Park, heute sein besucherstärkster, der zusammen mit zwei weiteren Schutzgebieten die

Insel bewahrt: Assateague Island National Seashore (umgibt den State Park) und Chincoteague National Wildlife Refuge (umfasst den Süden der Insel).

### Attraktionen und Aktivitäten

Spitzenattraktion ist der drei Kilometer lange Strand. Jeden Sommer zieht er Tausende von Menschen an, zum Baden, Sonnen, Muschelsammeln und Picknicken. Aquarien mit heimischen Spezies und Informationen über das vielfältige Parkprogramm finden Sie im **Nature Center**.

An den nördlichen, ruhigeren Strandabschnitten zeigt sich das jahrtausendealte Gesicht der Eastern Seaboard: Wogende Wellen rollen auf den leeren Strand, hoher Glatthafer raschelt im salzigen Wind, ein Dickicht aus Kiefern und Gagelsträuchern säumt den Inselrücken.

*PARK-TIPP: Verpassen Sie nicht den Sonnenaufgang – eines der Highlights des Parks.*

Weiter nördlich liegt die Assateague Island National Seashore – von allen Segnungen des 20 Jahrhunderts verschont. Hier entfaltet sich die Tierwelt mit aller Kraft. Frühmorgens beweisen Spuren im Sand die Anwesenheit von Rotfüchsen, Hakennattern und Wolfspinnen, doch zu Gesicht bekommt kaum jemand diese nachtaktiven Tiere. Umso spektakulärer sind die legendenumwobenen Wildpferde. Eine Legende erzählt, die Vorfahren dieser kleinen Geschöpfe seien nach dem Untergang einer spanischen Galeone zur Insel geschwommen.

Und dann die Vögel! Gezählt hat man über 200 Arten, die auf der atlantischen Vogelzugroute hier Station machen, darunter Sturmmöwen, mehrere Reiherarten, Wanderfalken und Weißkopfseeadler. Aus aller Welt reisen Vogelbeobachter an, um die Show zu sehen: Aus dem Flug heraus tauchen Seeschwalben pfeilschnell ins Wasser, um Fische zu fangen. Möwen werfen Muscheln auf eine Asphaltstraße, um ihre Beute aufzubrechen. Scharen von Strandläufern gehen mit ihren langen, strohhalmdünnen Beinchen einen Flirt mit den Wellen ein. Von Besuchern abgeschirmt, brüten die Gelbfuß-Regenpfeifer in den Dünen.

**Weitere Erlebnisse**

Auf einer Kanutour durch die **Sinepuxent** und **Chincoteague Bay** gleiten die Paddler an goldenem Marschland voller Watvögel vorbei – viele Reiher, auch mal ein Brauner Pelikan. Frühmorgens äsen Weißwedel- und Sikahirsche nahe am Wasser, auch Bisamratten tauchen auf. An den Buchten betreibt der National Park Service vier Kanu-Campingplätze.

Einen Einblick in die Ökosysteme der Insel – Düne, Wald und Marsch – gibt Ihnen die rund drei Meilen (5 km) lange Fahrt südwärts zum erschlossenen Bereich der **Assateague Island National Seashore** *(410-641-1441, Fahrzeuggebühr)*. Dort finden Sie Zeltplätze, hervorragende kurze Wanderwege sowie einen barrierefreien Wander- und Radweg, der den Campingplatz mit der National Seashore verbindet. Der **Life of Dunes Trail** führt durch die Dünen und lehrt, wie sich die Pflanzen an die rauen, unbeständigen Standortbedingungen – mit Temperaturen über 50 Grad Celsius – angepasst haben. So sind die Blätter des Weißfilzigen Greiskraut (Silberblatt), einer graugrünen Pflanze mit gelben Blüten, dicht mit Filzhärchen besetzt, die als Verdunstungsschutz dienen. Auf dem **Life of the Marsh Trail** haben Sie gute Chancen zu sehen, wie sich die Wildpferde den Bauch mit salzigen Marschgräsern vollschlagen *(Füttern und Streicheln der Pferde verboten)*. Der **Life of the Forest Trail** führt Sie zu einem maritimen Wald, in dem *Sciurus niger cinereus* lebt, eine bedrohte Unterart der Fuchshörnchen mit fuchsähnlichen Ohren und doppelt so groß wie die verwandten Grauhörnchen.

Das faszinierende **Chincoteague National Wildlife Refuge** *(757-336-6122, Fahrzeuggebühr, Camping verboten)* liegt 50 Meilen (80 km) entfernt – verlassen Sie zunächst die Insel über die Virginia 175 und fahren Sie über die Chincoteague wieder auf die Insel zurück. Das Naturschutzgebiet (seit 1943) bildet mit seinen 14 Süßwasserseen ein Vogelparadies. Im Winter versammeln sich hier Tausende von Großen Schneegänsen – ein atemberaubendes Naturspektakel. Der **Wildlife Loop** *(für Autos bis 15 Uhr gesperrt)* bringt Wanderer und Radfahrer nahe an das Vogelleben heran.

**Camping**

Es gibt 350 Zelt- und Wohnmobilplätze (April–Okt.); Duschen sind vorhanden. Reservierung – im Sommer unbedingt zu empfehlen – unter 888-432-2267 oder über die Website des Parks. Campinggebühr.

Assateague State Park, 7307 Stephen Decatur Hwy., Berlin, MD 21811; 410-641-2120; www.dnr.state.md.us /publiclands

**STURMFOLGEN:** Frühe Forscher berichteten, Assateague Island sei rund hundert Kilometer lang. Seither haben schwere Stürme an den Schwachpunkten der Insel *Inlets* (Buchten, Durchflüsse) gerissen. Beim jüngsten Durchbruch von 1933 trennte der Storm die heutige Assateague Island von der Fenwick Island, auf der Ocean City liegt. Die Natur hätte das Loch vielleicht schon wieder gestopft, wenn die Menschen keine Wellenbrecher gebaut hätten.

# Gunpowder Falls

*Drei Gebiete in Baltimore County und Harford County*

■ 72,9 km² ■ Ganzjährig ■ Malerische Flusstäler ■ Wandern, Radfahren, Schwimmen, Bootfahren

Überraschend nahe bei Baltimore gelegen, umfasst dieser State Park die Uferlandschaften eines wunderschönen Flusses und seiner beiden Nebenflüsse. Die Gewässer fließen durch Wiesen und bewaldete, sanfte Hügel. Es gibt Felsen und einen Süßwassersumpf, aber keine *Falls* – eine Bezeichnung aus der Kolonialzeit, als schnell fließende Flüsse, die in einen Tidefluss münden, als dessen Falls betrachtet wurden. Die Big und Little Gunpowder Falls münden in den Tidefluss Gunpowder River. Marylands größter State Park (in den 1950er Jahren eröffnet) verteilt sich auf drei Erholungsgebiete; eine Übersichtskarte erhalten Sie im Visitor Center in Kingsville.

Boot auf dem Fluss Big Gunpowder Falls

Die **Hammerman Area** an der Chesapeake Bay lockt mit Picknicktischen und Badestrand *(letzter Mo im Mai [Memorial Day] bis erster Mo im Sept. [Labor Day], Eintrittsgebühr)*; einen Motorbootverleih finden Sie im Yachthafen Dundee Creek (Gebühr). Paddler können den mit Rohrkolben und Wildem Reis überwucherten Sumpf an der Flussmündung erkunden – ein Vogelparadies und besonders spannend, wenn Rotwild, Waschbären und Bisamratten frühmorgens am Flussufer »frühstücken«.

**PARK-TIPP:** *Mieten Sie das »bestgehütete Geheimnis« – Mill Pond Cottage, einen gemütlichen Bungalow in der Hereford Area.*

35 Meilen (56,3 km) stromaufwärts liegt die **Hereford Area** mit insgesamt hundert Meilen (161 km) Wanderwegen. Ein 1,5 Meilen (2,4 km) langer, steiniger Abschnitt des **Gunpowder Falls South Trail** *(abseits der Mount Carmel Rd.)* folgt dem rasant fließenden **Big Gunpowder Falls**, den eine große Forellenpopulation bevölkert.

## Camping

Der Park hat 22 einfache Zeltplätze – ohne Duschen – an der Chesapeake Bay von Hart-Miller Island (Memorial Day bis Labor Day), nur mit eigenem Boot erreichbar. *First come, first served.* Campinggebühr.

Gunpowder Falls State Park, P.O. Box 480, Kingsville, MD 21087; 410-592-2897; www.dnr.state.md.us/publiclands

83

# Patapsco Valley

*Fünf verschiedene Gebiete; Anfahrten telefonisch im Park erfragen*

■ 68,8 km² ■ Benutzungsgebühr
■ Malerische Flusstäler ■ Wandern, Radfahren, Kanufahren, Jagen, Angeln (mit Jagd- bzw. Angelschein)

Der Patapsco River windet sich über 50 Kilometer von seiner Quelle bis zum Baltimore Harbor. Anfang des 20. Jahrhunderts schlugen Waldarbeiter das Gebiet kahl,

Brücke über den Patapsco River in der Hollofield Area

und in den 1970er Jahren verwandelten Abwässer und Industrieabfälle den Fluss in eine Kloake. Dank der Clean Water Legislation (Wassergesetze) schwimmen wieder Fische im Fluss, singen Vögel in den Baumkronen und streifen Kojoten durch die Wälder.

> **PARK-TIPP:** *An heißen Tagen eignen sich die Cascade Falls am Cascade Falls Trail (2,2 Meilen – 3,5 km) für eine Abkühlung.*

Der State Park (in den 1980er Jahren eröffnet) umfasst fünf Gebiete (und zwei Naturareale): **Hollofield**, **Pickall** und **Hilton** sind die Picknick- und Campingdomänen. **Avalon-Orange Grove**, **Glen Artney** und **Mckeldin Area** zeichnen sich durch Wander- und Radwege aus. Infos erhalten Sie in der **Parkverwaltung** an der US 40 nahe Ellicott City.

In der Avalon Area verläuft der 1,6 Meilen (2,6 km) lange **Grist Mill Recreational Trail** als befestigter Wander- und Radweg in den Talauen. Auf dieser Route liegen die Ruinen der **Orange Grove Flour Mill** (1856) und die markante **Swinging Bridge**, eine Stahlkabel-Hängebrücke. Über den bewaldeten Höhenrücken führt über 2,1 Meilen (3,4 km) der **Valley View Trail** – mit Blick in die Tiefe auf den silbern glänzenden Fluss. Zwanzig Meilen (32 km) flussaufwärts bietet die Mckeldin Area weitere Wander- und Radrouten. Der beliebte **Switchback Trail** schmiegt sich 4,8 Meilen (7,7 km) weit zwischen dichten Wäldern und dem Patapsco.

## Camping

Hollofield: 73 Zelt- und Wohnmobilplätze (Ende April bis Ende Okt.); Hilton: 6 Hütten und 13 Zeltplätze (Ende März–Okt.); überall mit Duschen. Hilton und Mckeldin: Plätze für Gruppenzelte. Reservierung unter 888-432-2267 oder über die Website des Parks. Campinggebühr.

Patapsco Valley State Park, 8020 Baltimore National Pike, Ellicott City, MD 21043; 410-461-5005; www.dnr.state.md.us/publiclands

# Swallow Falls

*9 Meilen (14,4 km) nordwestlich von Oakland, abseits der US 219*

■ 103 Hektar ■ Ganzjährig ■ Eintrittsgebühr ■ Haustiere erlaubt (Labor Day bis Memorial Day) ■ Camping ■ Wandern ■ Picknickplatz

Der Youghiogheny River prescht durch den Swallow Falls State Park. Er stürzt er über zwei Wasserfälle und fließt durch einen tiefen, felsigen Canyon, bevor er seine stürmische Reise über das Appalachian Plateau fortsetzt. Die Muddy Creek Falls (Marylands höchste Fälle) rauschen im Muddy Creek herab, einem Nebenfluss des Youghiogheny. Doch nicht diese spektakuläre Szenerie führte zur Gründung des Parks, sondern der herrliche Hain aus uralten Hemlocktannen und Weymouthskiefern am Flussufer. Sein Erhalt ist der Weitsicht eines Mannes namens Henry Rug zu verdanken. Ihm gehörten um die Wende zum 20. Jahrhundert der 16 Hektar große Hain und der umliegende Wald. 1906 schenkte er das Areal dem Bundesstaat Maryland, der dann mithilfe des CCC (Civilian Conservation Corps) seinen kleinsten State Park schuf.

Leute kommen von nah und fern, um auf dem **Canyon Trail** 1,25 Meilen (2 km) weit die Schlucht zu erkunden. Vom Hauptparkplatz führt der Weg zwischen majestätischen Hemlocktannen zu den (ausgeschilderten) **Muddy Creek Falls**, die aus 16 Meter Höhe über einen breiten Felsvorsprung in einen grünen Teich brausen. Eine hölzerne Treppe bringt die Besucher hinunter zu einem schmalen, von Felsen beschatteten Weg, der in Windungen dem tosenden Fluss bis zu den beiden Stufen der **Swallow Falls** folgt. Oben wie unten ruhen an den Flanken der Wasserfälle große, abgeflachte Felsbrocken, auf denen sich im Sommer die Sonnenanbeter räkeln.

Hartgesottene Wanderer begeben sich auf den 5,5 Meilen (8,8 km) langen, weiß markierten Wanderweg, der sich durch Wälder bis zum **Herrington Manor State Park** *(301-334-9180)* schlängelt. Ein kleiner See mit Bootsverleih und Badestrand sorgt für Entspannung.

## Camping

Es gibt 65 Zelt- und Wohnmobilplätze (Mitte April bis Mitte Dez.); Duschen vorhanden. Im Sommer ist Reservierung unter 888-432-2267 oder über die Website des Parks zu empfehlen. Campinggebühr.

Swallow Falls State Park, 222 Herrington Ln., Oakland, MD 21550; 301-334-9180; www.dnr.state.md.us/publiclands

Der Youghiogheny River

# Grayson Highlands

*Zwischen Damascus und Independence, an der US 58*

▪ 19,5 km² ▪ Ganzjährig ▪ Eintrittsgebühr ▪ Alpine Landschaft ▪ Zugang zum Appalachian Trail und Mount Rogers NRA ▪ Reitercamp ▪ Wandern, Angeln (mit Angelschein), Mountainbiking, Skilanglauf

Hoch in den Appalachen im Süden Virginias krönt der Grayson Highlands State Park den stolzen Haw Orchard Mountain. Inmitten einer der spektakulärsten Berglandschaften wird er von den beiden höchsten Bergen des Bundesstaates flankiert: Mount Rogers (1746 Meter) und Whitetop Mountain (1682 Meter). Der Park bildet das nördlichste Refugium der Amerikanischen Rotfichte und der Prachttanne – Relikte der Eiszeit, die nur in großen, feuchten Höhen gedeihen. Forellenbäche plätschern vor den Berghängen, Wildpferde grasen auf blumenübersäten Wiesen. Im Juni und Juli schmücken violette und weiße Rhododendron-

blüten das Unterholz. Trotz angenehm kühler Sommertemperaturen, *Horse Camping* (Camping für Ross und Reiter) und vieler Wanderwege kommen erstaunlicherweise jährlich nur 160 000 Besucher an diesen malerischen Ort.

Lange vor der Gründung des Parks besiedelten zähe Pioniere schottisch-irischer Abstammung die Region. Mit Bezeichnungen wie *Massie Gap* und *Wilburn Ridge* hinterließen sie ihre Namen im Park. Ihr Erbe wird jedes Jahr Ende September

Jones Homestead

beim Grayson Highlands Fall Festival mit Bluegrass-Livemusik und selbst gemachtem Sirup groß gefeiert.

### Attraktionen und Aktivitäten

Ab der Contact Station in 1127 Meter Höhe erklimmt die Grayson Highland Lane den Haw Orchard Mountain – mit einem Rundum-Bergblick ohnegleichen. Auf halber Strecke führt Sie ein kurzer Spaziergang zum **Buzzard Rock Overlook** mit einer herrlichen Aussicht auf Felder, die sich zwischen endlosen Reihen hoch aufragender, mit Bäumen bedeckter Bergkämme schmiegen. Mit zunehmender Höhe tritt der Hartholzwald in den Vordergrund, es wird einige Grade kühler als an der Contact

Station, und die Wolken scheinen zum Greifen nah zu sein. Das **Virgil J. Cox Visitor Center** *(letzter Mo im Mai [Memorial Day] bis erster Mo im Sept. [Labor Day])* in 1401 Meter Höhe erinnert mit Ausstellungen über das Leben der Pioniere an das reiche Erbe der Region. Zu den Exponaten zählen Handwerkzeug, Schnapsbrenner-Utensilien und Musikinstrumente. Es gibt auch eine naturhistorische Ausstellung. Im angeschlossenen **Mountain Crafts Shop** *(Ende Mai–Sept.)* verkaufen ansässige Kunsthandwerker ihre Arbeiten, wie Quilts, Musikinstrumente oder Glaskunst.

> **PARK-TIPP:** *600 Meter den Twin Pinnacles Trail hinunter finden Sie jene Gelbbirke, die auf einem Felsen wächst und »Zauberbaum« genannt wird, weil sie Stoff für viele Volkssagen lieferte.*

Der **Twin Pinnacles Trail** beginnt hinter dem Visitor Center und führt über 1,6 Meilen *(2,6 km)* zwischen Ebereschen, Gelbbirken und Weißdornsträuchern (deren Früchte die Namengeber des Berges sind: *haw* = Hagebutte) entlang. Er landet am Little Pinnacle, einer vulkanischen Felsnase mit Rundum-Bergblick, auch auf den majestätischen Mount Rogers. Nach weiteren 800 Metern auf dem Big Pinnacle reicht der Blick bis in die Massie Gap hinunter.

Ein Stück weiter bergabwärts führt vom Picknickplatz der **Rock House Ridge Trail** zwei Meilen *(3,2 km)* weit zum **Jones Homestead**, einer restaurierten Farm, komplett mit Blockhaus aus Eichenholz, Brunnen, Zuckerrohrmühle (zum Mahlen von Sorghum) und einem alten Friedhof, den eine bröckelige Natursteinmauer umgibt.

## Weitere Erlebnisse

Der Grayson Highlands State Park, der an die **Mount Rogers National Recreation Area** *(276-783-5196)* grenzt, bietet die kürzeste Wanderroute zum Gipfel des **Mount Rogers**: 4,3 Meilen *(6,9 km)* weit von der Massie Gap über den Rhododendron Gap Trail und Appalachian Trail. Die Wanderung führt Ihnen die Schönheit der Region perfekt vor Augen: Berge, so weit das Auge reicht, grasbedeckte Waldlichtungen, Blaubeerdickichte (Reifezeit August) und Meere von Catawba-Rhododendron, die im Juni sensationell blühen. Wenn Sie Glück haben, treffen Sie auf Wildponys. Der Gipfel bietet keinen Ausblick.

## Camping

Der Park bietet 73 Zelt- und Wohnmobilplätze – Duschen vorhanden – und ein Reitercamp mit 23 Plätzen und Pferdestall (März–Nov.). Reservierung unter 800-933-7275 oder über www.reserveamerica.com. Campinggebühr.

Grayson Highlands State Park, 829 Grayson Highland Ln., Mouth of Wilson, VA 24363; 276-579-7092; www.dcr.virginia.gov/state_parks

> **BERGGLATZEN:** Beim Rundblick über die Berge der südlichen Appalachen fallen felsige, baumlose Stellen inmitten der bewaldeten Berghänge auf. Die einen behaupten, diese »Glatzen« seien die Folge von Brandrodungen, die Indianer für Jagdzwecke ausführten, andere führen sie auf Abholzungen des 19. Jahrhunderts zurück. Für Wanderer sind sie im Frühjahr eine Augenweide: ein Rhododendronmeer voller pinkfarbener Blüten.

87

# Douthat

*7 Meilen (11,3 km) nördlich von Clifton Forge, an der Virginia 629*

▪ 18,4 km² ▪ Fahrzeuggebühr ▪ Spektakuläre Berglandschaft ▪
Wandern, Angeln (mit Angelschein), Bootfahren, Schwimmen

Weißwedelhirsch

Je tiefer die Fahrt in die Allegheny Mountains führt, umso mehr gewaltige Höhenzüge tauchen auf. Versteckt in der grandiosen Einsamkeit dieser erhabenen Berglandschaft liegt der Douthat State Park, wo bewaldete, windgepeitschte Gipfel einen indigofarbenen See umringen. Schwarzbären, Weißwedelhirsche, Truthähne und Schwarzkehl-Nachtschwalben haben hier ihr Reich. Für Kurzbesuche eignet sich der Park weniger, denn es dauert mindestens ein Wochenende, um das 43 Meilen (69,2 km) umfassende Wegenetz ein wenig zu erkunden, an dem mit Forellen gefüllten See zu angeln oder auch nur den extrem sternenklaren Nachthimmel zu betrachten.

Benannt ist der Park nach Robert Douthat, dem 1795 das Land zugewiesen wurde. Eröffnet wurde der Park 1936 als einer von Virginias ersten sechs State Parks (seit 1986 im *National Register of Historic Places*). Er bildet auch ein Denkmal für den CCC (Civilian Conservation Corps), der die meisten Hütten, das Restaurant und zwei Lodges errichtet hat.

### Attraktionen und Aktivitäten

Von der Clifton Forge windet sich die Virginia 629 unter einem Baldachin aus Eichen und Hickorybäumen am klaren Wilson Creek entlang. Oberhalb der Parkauffahrt liegt das **Büro der Parkverwaltung**, in dem Sie sich anmelden und Karten, Broschüren sowie Informationen über das Parkprogramm erhalten.

Im Park gibt es insgesamt mehr als 40 Meilen (64,3 km) Waldwanderwege aller Schwierigkeitsgrade. Für eine leichte Wanderung eignet sich der 1,3 Meilen (2 km) lange Blue Suck Falls Trail hervorragend. Er führt an einem der ephemeren Teiche des Parks vorbei – zu dem Pfad neben dem zerklüfteten **Blue Suck Run** hinauf. Auf dieser Strecke wachsen viele Gehölzarten, die für die Appalachen typisch sind: Hartriegel, Färbereiche (Schwarzeiche), Amerikanische Weißeiche, Weymouthskiefer, Sassafras, Amerikanische Kastanie, Hemlocktanne und der Tulpenbaum, den im Frühjahr gelbgrüne, tulpenförmige Blüten schmücken.

**PARK-TIPP:** *Klettern Sie zum Tuscarora Overlook hoch und genießen Sie von der kleinen Hütte, die der CCC in den 1930er Jahren erbaut hat, die atemberaubende Aussicht.*

Das Unterholz bilden hier – wie überall im Park – Berglorbeer und Rhododendron, die beide im Frühjahr den Wald mit rosafarbenen und weißen Blüten zieren.

Der 0,8 Meilen (1,3 km) lange, leichte **Heron Run Trail** beginnt am Campingplatz Lakeside und folgt dem Ufer des Douthat Lake, in dem sich die hohen Berggipfel und die Ahornbäume, die sich am See drängen, widerspiegeln. Am Anfang des Weges stehen herrliche, dunkelgrüne Hemlocktannen. Wenn Sie sich leise fortbewegen, bekommen Sie vielleicht einen Biber zu Gesicht. Der enge Weg schlängelt sich bis zum Damm, von dem aus Sie entweder zurückgehen oder auf dem **YCC Trail** rund um den See weiterlaufen können.

Eine andere Perspektive auf den Park bietet der 5,9 Meilen (9 km) lange Rundweg, der am Douthat Lakeview Restaurant beginnt (*mit Auto erreichbar*) – und eine gute Kondition erfordert. Die Route setzt sich aus dem **Buck Hollow**, **Mountain Top** und **Mountain Side Trail** zusammen. Diese zerklüftete, hügelige Strecke windet sich durch einen bezaubernden Talkessel bis zum Gipfel des Beards Mountain hinauf, wo der Fernblick besticht: zerzauste Höhenzüge, so weit das Auge reicht. Auf der anderen Seite des Berges fällt der Blick auf den Douthat Lake, der sich wie ein glitzerndes Juwel dicht an den Fuß des Berges schmiegt. Die vielen baumbewachsenen Nischen zeigen sich im Herbst in flammenden Farben.

Zum Entspannen warten am **Douthat Lake** eine kleine Bucht mit Sandstrand und einem Amphitheater mit wöchentlichem Programm (*letzter Mo im Mai [Memorial Day] bis erster Mo im Sept. [Labor Day]*) sowie ein Bootsverleih.

### Camping und Lodge-Unterkunft

Auf drei Gebiete verteilt gibt es 74 Zelt- und Wohnmobilplätze – Duschen vorhanden –, 30 *Cabins*, die Creasey Lodge und Douthat Lodge (März– Nov.). Reservierung unter 800-933-7275 oder über www.reserveamerica.com. Campinggebühr.

Douthat State Park, 14239 Douthat State Park Rd., Millsboro, VA 24460; 540-862-8100; www.dcr.virginia.gov/state_parks

**HERBSTFARBEN:** Der Herbst kündigt sich Ende September im Douthat State Park mit Farbtupfern an – einige Ahorn- und Eichenblätter flackern rot oder golden auf. Dann aber explodiert die Laubfärbung und verwandelt den Park in ein fulminantes Mosaik: Hartriegel wird knallrot, Sassafras hüllt sich in Orange, Pappel und Birke leuchten gelb. Die Eichenblätter zeigen Gelb, Orange und Bronze. Und der Zuckerahorn, Highlight des Waldes, erglüht in intensivem Rot, Orange und Gelb.

# False Cape

*5 Meilen (8 km) südlich von Sandbridge, südöstlich von Virginia Beach. Zugang mit Fahrzeug verboten*

▪ 17,5 km² ▪ Ganzjährig ▪ Eintrittsgebühr für das Back Bay NWR ▪ Autos verboten ▪ Haustiere verboten ▪ Wunderschöne Landzunge (Barrier Peninsula) ▪ Wandern, Radfahren, Schwimmen, Angeln (mit Angelschein)

Der False Cape State Park– urwüchsig, windgepeitscht, von wilder Schönheit – ist nur mittels einer Wander- oder Radtour über fünf Meilen (8 km) zu erreichen. Diese Isolation gehört zu seinen Tugenden. Er liegt auf einer langen Landzunge, die sich als Barriere zwischen Atlantik und die Back Bay schiebt. Seine Landschaft aus Strand, Dünen, Marschland und maritimem Wald ist so ursprünglich wie vor Jahrhunderten.

An der Spitze der Attraktionen steht die üppige Tierwelt: Rotfüchse, Weißwedelhirsche, Wildschweine, Wildpferde, Waschbären, Biberratten und Hunderte von Unechten Karettschildkröten (die einzige Meeres-

schildkröte, die Virginia zur Eiablage aufsucht). Vogelbeobachter finden ihr Paradies, wo – an der atlantischen Vogelzugroute gelegen – jedes Jahr über 300 Vogelarten Halt machen, darunter Reiher, Schwalben, Enten und Trompeterschwäne.

Bekannt wurde das False Cape zuerst als Schiffsfriedhof. An der flachen Kapküste liefen viele Schiffe auf Grund, weil die Seefahrer die massive Landzunge mit dem weiter nördlich gelegenen Cape Henry verwechselten – daher der Name *False Cape* (»falsches Kap«). Überlebende solch eines Schiffbruchs erbauten 1895 aus Zypressenholzabfällen das Fischerdorf Wash Woods, das florierte, bis es in den 1950er Jahren im Sand versank.

Vom Wind gekräuselte Dünen

*Wichtig: Im Park gibt es weder Trinkwasser noch etwas zu essen. Nehmen Sie daher mindestens fünf Liter Wasser pro Person und Tag mit.* Der einzige Zugang zum Park führt über das Back Bay National Wildlife Refuge *(757-721-2412, Eintrittsgebühr, Nov.–März Wege gesperrt).*

Autos dürfen nur bis zur Back Bay Visitor Contact Station fahren (Parkplatz). Von hier aus geht es nur zu Fuß oder per Rad weiter *(Auskunft über die Möglichkeit, den Park per Kanu über die Back Bay anzusteuern, erteilt der Park)*.

## Attraktionen und Aktivitäten

Das herrliche Schutzgebiet Back Bay NWR – überwiegend Marschland mit üppiger Vogelwelt – führt wunderbar in das Leben auf einer Barrier Split (Landzunge) ein. Folgen Sie den Markierungen auf der Deichstraße – Sie sind im Park gelandet, wenn der maritime Wald aus Virginia-Eichen (Lebenseichen), Stechpalmen und Weihrauch-Kiefern auftaucht. Westlich, Richtung Back Bay, erstreckt sich Marschland, und im Osten wogen goldfarbene Dünen wie gekräuselte Wellen bis zum endlos wirkenden Atlantikstrand. Weiter geradeaus auf dieser einzigen Straße des Parks, die mitten hindurch verläuft, liegt die **Contact Station**, die Karten und Informationsmaterial bietet, etwa zum 2,4 Meilen (3,9 km) langen **Barbour Hill Interpretive Trail**. Dieser Naturlehrpfad macht als Rundweg mit den Charakteristika des Habitats bekannt, wie Weihrauch-Kiefer, Wanderdünen und Dickichte voller Tierleben.

> **DIE UNECHTE KARETTSCHILD-KRÖTE:** Die meisten Tiere dieser gefährdeten Art legen ihre Eier an Floridas Stränden ab. Doch einige kommen weiter nördlich bis zum False Cape, wo zwischen Mai und Oktober ein Ritual abläuft: In der Dunkelheit krabbelt das Weibchen auf den Strand, gräbt eine Mulde, legt rund 110 ledrige Eier hinein und kehrt ins Meer zurück. Nach 50 bis 70 Tagen flitzen die Jungen durch den Sand. Wenn Sie dann das nächste Mal in der Nähe der Azoren, im salt, wieder »auftauchen«, sind sie rund zehn Zentimeter groß. Die Tiere kehren zur Eiablage an ihren Geburtsort zurück – auf ein Neues.

Wenn Sie genug vom Lernen haben, nehmen Sie den **Barbour Hill Beach Trail** (0,7 Meilen – 1,1 km) zum Atlantikstrand – wunderschön, einsam, von Muscheln übersät. Eine andere Möglichkeit ist, die 2,4 Meilen (3,9 km) lange Straße bis zur **False Cape Landing** zu erwandern und die schöne Aussicht auf die **Back Bay** zu genießen. Von hier aus führt östlich der Straße der knapp kilometerlange **False Cape Landing Trail** zum Atlantik. Etwa zwei Meilen (3,2 km) weiter die Straße hinunter gelangen Sie nach **Wash Woods** – mit einem Educational Center *(nur nach Vereinbarung)* und einem Gewirr an kurzen Wegen. Der 800 Meter lange **Cemetery Trail** bringt Sie zu den Überresten der ehemaligen Siedlung: ein Kirchturm und schattiger Friedhof mit verwitterten Grabsteinen.

Von hier aus können Sie über den **Wash Woods Interpretive Trail** den Strand ansteuern oder auf dem Wanderern vorbehaltenen **Dudley Island Trail** drei Meilen (4,8 km) tiefer in die Einöde eindringen.

## Camping

Es gibt zwölf einfachste Zeltplätze – ohne Duschen. Die Reservierung unter 800-933-7279 ist zu empfehlen. Campinggebühr.

False Cape State Park, 4001 Sandpiper Rd., Virginia Beach, VA 23456; 757-426-7128; www.dcr.virginia.gov/state_parks

# First Landing

*US 60 am Cape Henry, in Virginia Beach*

Zypressensumpf

- 11,7 km² ▪ Ganzjährig ▪ Fahr-zeuggebühr ▪ Zypressensumpf
- Vielfältige Ökosysteme
- Wandern, Radfahren, Bootfahren

In diesem kleinen, zwischen Hoch-häusern eingeklemmten Park über-rascht allein schon sein Strand. Ebenso erstaunlich ist das Medley aus nördlichen und südlichen Öko-systemen, darunter Marschland mit Salz-Schlickgras, bewaldete Dünen und ein Zypressensumpf.

Mangels fruchtbarer Böden wurde die Landspitze erst jüngst besiedelt. Als John Smith hier lan-dete – der Parkname gedenkt seiner Landung – fuhr er den James River hoch, um Jamestown, Amerikas erste feste englische Siedlung, zu gründen. 1936 entstand auf weit über tausend Hektar dieses unbe-rührten Landes Virginias erster und heute beliebtester State Park.

Im Süden der US 60, wo der **Bald Cypress Trail** als Bohlenweg über tanninfarbenes Wasser führt, stehen Sumpfzypressen mit bauchigen Stämmen, die über und über mit Louisianamoos behängt sind. Hier leben Helmspechte und die gefährdeten Langhals-Schmuckschildkröten, deren Hals länger als ihr Panzer ist. Zwischen Olivenbäumen und Blau-beersträuchern können Sie Ihre Wanderung auf dem 3,1 Meilen (5 km) langen **Osmanthus Trail** fortsetzen. Der mit fünf Meilen (8 km) längere, weniger überfüllte Long Creek Trail führt Sie durch Salzmarschen voller Vögel – die Domäne der Fisch- und Graureiher. Der **Cape Henry Hiker-Biker Trail** durchquert den Park sechs Meilen (9,7 km) lang bis zu den **Narrows** (*mit Auto über die 64th St. zu erreichen*) und ihrem schmalen Strand (*Bootsanlegestelle, Schwimmen ver-boten*). Abkühlung finden Sie an der Bucht. Der **Osprey Trail** folgt über 1,2 Meilen (2 km) dem Ufer der Broad Bay, wo sich einst der Pirat Blackbeard vor seinen Häschern ver-steckt haben soll.

> **PARK-TIPP:** *Erkunden Sie am Cape Henry Trail den Nachbau eines Indianerdorfes mit fünf Lang-häusern und einer Schwitzhütte.*

## Camping und Lodge-Unterkunft

Es gibt 222 Zelt- und Wohnmobilplätze – Duschen und Stromanschluss vorhanden (*März–Dez.*) – sowie 20 voll eingerichtete *Cabins* (*ganzjährig*).

92

Reservierung unter 800-933-7275 oder über www.reserveamerica.com.
Campinggebühr.

First Landing State Park and Natural Area, 2500 Shore Dr., Virginia
Beach, VA 23451; 757-412-2300; www.dcr.virginia.gov/state_parks

# Westmoreland

*40 Meilen (64,4 km) östlich von Fredericksburg, abseits der Virginia 3*

- 5,3 km² ▪ Ganzjährig ▪ Eintrittsgebühr ▪ Klippen mit Fossilien
- Wandern, Schwimmen, Bootfahren, Vogelbeobachtung

Am Potomac River an Virginias Northern Neck bilden Westmorelands
mehrfarbige Horsehead Cliffs mehr als eine malerische Kulisse für die
Besucher, die zum Baden, Bootfahren, Angeln oder Sonnen kommen.
Hier verbergen sich Fossilien von Meerestieren, die sich 15 Millionen
Jahre zurückdatieren lassen. Die über Jahrmillionen vom Sand und Gestein geschützten Relikte kommen nun durch die Erosion zum Vor-
schein. Was davon auf den steinigen Strand gefallen ist, darf gesammelt
und behalten werden.

Oberhalb der Klippen bedeckt der schöne Wald des Parks die Höhenrücken. In einem Sumpfgebiet voller Rohrkolben quaken Frösche.
In diesem von sechs Wanderwegen durchzogenen, baumreichen Gefilde
leben mehr als hundert Vogelarten, darunter Truthähne, Fischadler und
Weißkopfseeadler.

Eine Einführung in diese Welt bietet das **Visitor Center** *(letzter Mo
im Mai [Memorial Day] bis erster Mo im Sept. [Labor Day])* im Zentrum
des Parks. Ihre Aufmerksamkeit verdienen hier die Fossilien, damit Sie
wissen, was sich finden lässt. Von hier aus bringt Sie ein kurzer Weg zum
beliebtesten Platz des Parks: dem Strand. Der leichte, 600 Meter lange
**Beach Trail** führt zu einem steinigen Gelände am Potomac. Hier picknicken Familien, planschen Kinder – und jeder hält Ausschau nach den
begehrten Fossilien *(Sammeln am Strand ist zwischen Klippen und
Marsch erlaubt, Schürfen in den Klippen ist verboten und gefährlich)*. In
der Nähe liegt der befestigte **Rock Springs Trail**, ein 800 Meter langer,
barrierefreier Spazier- und Radweg.

800 Meter östlich des Visitor Center verläuft der **Big Meadows
Nature Trail** durch Wald- und Marschlandschaft. Auf halber Strecke
(500 m) gewährt ein Vorsprung Ausblick auf Fluss und Klippen. Auf der
Route liegt auch der **Yellow Swamp**, den die Rohrkolben im Frühjahr
völlig verdecken. Der Weg endet am **Turkey Neck Trail**.

## Camping

Der Park bietet 138 Zelt- und Wohnmobilplätze – Duschen und
Stromanschluss vorhanden –, 27 *Cabins* und sechs Camperhütten.
Reservierung unter 800-933-7275. Campinggebühr.

Westmoreland State Park, 1650 State Park Rd., Montross, VA 22520;
804-493-8821; www.dcr.virginia.gov/state_parks

# Pipestem Resort

*12 Meilen (19,3 km) südlich von Hinton, an der West Virginia 20*

▪ 16,3 km² ▪ Ganzjährig ▪ Bluestone River Gorge ▪ Berglandschaft
▪ Nature Center ▪ Pferdeverleih, Reitwege ▪ Wandern, Tennis,
Schwimmen, Golf, Bootfahren, Mountainbiking

Dieser State Park ist Naturoase und Resort zugleich. Er bietet abgeschiedene Wanderwege, einen glasklaren Fluss und ein reiches Tierleben. Was kann schöner sein, als von einem Plateau hoch über der Bluestone River Gorge auf die in alle Richtungen strebenden Bergkämme zu schauen und zu beobachten, wie die Stimmung mit der Tageszeit wechselt? An

Frühjahrspracht an einem Berghang im Pipestem Resort State Park

der Park Road knabbern Weißwedelhirsche an den Büschen, Truthähne durchstöbern das Unterholz, und manchmal kreist ein Steinadler am blauen Himmel – eine herrliche Idylle.

Vor langer Zeit kamen die Algonkin, Shawnee und Irokesen im Sommer zum Fischen und Jagen in dieses entlegene Gebiet der Appalachen. Sie nutzten wahrscheinlich als Erste die hohlen, verholzten Stängel des *pipestem bush* (Mädesüß), um daraus Pfeifen anzufertigen; die europäischen Siedler übernahmen dieses Verfahren. Als um die Wende zum 20. Jahrhundert der Kohlenstaub der nahe gelegenen Industrien den Bluestone River schwarz färbte, ging die Schönheit der Region verloren – inzwischen ist sie wiederhergestellt. 1970 öffnete der Park seine Pforten für die Öffentlichkeit.

### Attraktionen und Aktivitäten

Selbst eine ganze Woche reicht nicht, um alle Aktivitäten und Einrichtungen dieses Parks auszukosten. Wenn Sie nur wenig Zeit haben, eignet sich der 500-Meter-Spaziergang zum **Pipestem Knob Tower** besonders gut – mit einem Panoramablick auf den Bluestone Lake, verstreut liegende Farmen und sattgrüne Berge und Täler. Schöne Eindrücke von der spektakulären Berglandschaft vermittelt auch die Fahrt über die drei Meilen (4,8 km) lange Park Road, die das Plateau teilt und den Park in seiner ganzen Länge durchquert.

An der Straße finden sich **Pferdeställe**, inklusive Pferdeverleih *(letzter Mo im Mai [Memorial Day] bis erster Mo im Sept. [Labor Day] Mo geschl., Gebühr)*. Bei einem mehrtägigen Aufenthalt können Sie einen Nachtritt in den Bluestone Canyon ins Auge fassen. Gekocht wird unter Sternenhimmel, Schlafplatz ist eine Koje in einer rustikalen Blockhütte von 1910. In der Nähe der Ställe liegt das **Nature Center**, das naturhistorische und auf die Tierwelt bezogene Ausstellungen zeigt. Es informiert auch über die Aktivitäten des Parks, etwa Salamanderjagd, Führungen zu Themen wie Insekten oder im Winter Bäume zu bestimmen.

Das **Canyon Rim Center** nahe der Parkverwaltung beherbergt den **Mountain Artisans Shop** *(Labor Day bis Memorial Day Mo–Do geschl.)*, vollgestopft mit regionalem Kunsthandwerk. Das Center dient zugleich als Bergstation einer **Luftseilbahn** *(April–Okt., Fahrtkosten)*. Die Bahn taucht in den 365 Meter hohen Bluestone Canyon ein und schwebt hinunter bis zur **Mountain Creek Lodge** *(April–Okt.)*, ein romantisches Refugium mit elegantem Restaurant. Die Tour lohnt sich allein schon wegen der Aussicht. Unten folgt ein Abschnitt des **River Trail** dem Fluss und erreicht nach zwei Meilen (3,2 km) Pilots Knob, wo der Blick weit über die malerische Landschaft reicht.

Vom Rim Center führt der **Canyon Rim Trail** über eine Dreiviertelmeile (1,2 km) zum 152 Meter höher gelegenen Heritage Point, einer gewaltigen Felszunge, die in die Schlucht ragt – der Ausblick auf die unverfälschte Bergland-

**NEW RIVER:** Der von Hinton nordwestlich nach Fayetteville fließende New River Gorge National River hat einige der besten Wildwasserstrecken im Osten der USA – kein Geheimnis für passionierte Rafter, die von Mitte März bis Oktober ihre Rafts durch die Fluten steuern. Weniger bekannt sind die Aktivitäten an Land: Mountainbiking, Felsklettern (1400 Einstiege), 25 Wanderwege, auf denen sich Wasserfälle, geologische Formationen, alte Kohle- und Eisenbahnstädte erkunden lassen. Das Canyon Rim Visitor Center (304-574-2115) in Lansing bietet die besten Ausblicke der Schlucht und informiert in Ausstellungen über deren Vergangenheit. Auch Auskünfte über Wildwassertouren sind hier zu bekommen.

schaft ist sehr eindrucksvoll. Den steinigen Weg begleiten Schatten spendende Gehölze: Sassafras, Hartriegel, Ahorn und Eiche.

An der Park Road, kurz vor der McKeever Lodge, klettert ein kurzer, steiler Pfad zum **Long Branch Lake**. Das ruhige, in Wälder eingebettete Gewässer ist mit Forellen angefüllt. Sowohl Angler als auch Kanu- und Tretbootfahrer kommen gern hierher *(Bootsverleih am Hafen, in der Nähe des Long Branch Lake Dam)*.

Am Ende der Park Road steht die siebenstöckige **McKeever Lodge** am Rand des Canyon. Nicht nur die umwerfende Aussicht, sondern auch ihre extravagante Ausstattung zeichnen sie aus. Zumindest eine Tasse Kaffee sollten Sie sich in dem Panoramarestaurant gönnen.

### Weitere Erlebnisse

Zähe Wanderer bewältigen den vier Meilen (6,4 km) langen **River Trail**, eine alte Straße, die nahe der McKeever Lodge beginnt und sich zum Fuß der Bluestone Gorge windet. Ein dichter Baldachin aus Tulpenbäumen, Eichen, Robinien, Hemlocktannen und Rhododendren beschattet den Weg. Die Tour führt Sie an einer längst verfallenen Farm vorbei und verspricht Blicke auf Kaninchen und Weißwedelhirsche. Bei 161 im Park gesichteten Vogelarten erwartet Vogelbeobachter eine reiche Vogelwelt, wie Pfeifschwäne, Bonapartemöwen *(Laurus philadelphia)*, Nordamerikanische Pfeifenten, Kiebitzregenpfeifer und 24 Laubsängerarten. Der Spaßfaktor kommt am Fuß des Canyon, wo Sie den kalten Fluss durchwaten müssen *(fragen Sie vorher im Park nach, ob Hochwasser herrscht!)*. Anschließend geht es stromabwärts bis zur Mountain Creek Lodge, wo die Luftseilbahn die Wanderer wieder zum Canyonrand hievt.

Eine andere – zwar beliebte, aber schwierige – Wanderroute umfasst einen zerklüfteten, unberührten Abschnitt der **Bluestone Gorge** (als Bluestone National Scenic River geschützt). Die sieben Meilen (11,3 km) lange Route verläuft durch den 840 Hektar großen **Bluestone State Park** *(304-466-2805)*. Dort umgeben nebelumhüllte Berge den mit Booten gesprenkelten Bluestone Lake und Sie können Kanadareiher und Eisvögel, die warme Wasserläufe lieben, sehen (im Sommer führen mitunter Parkranger Gruppen durch diese idyllische Wildnis). Der Bluestone State Park ist auch mit dem Auto über die West Virginia 20 zu erreichen, so dass Sie auf kurzen Wegen die Schönheit des Sees genießen können: von Bächen durchzogene Wälder, wo Scharen wilder Truthähne, Weißwedelhirsche und Waldmurmeltiere sowie der scheue Rotluchs leben. Der beliebte **Boundary Trail** führt Sie auf gemächlichen zwei Meilen (3,2 km) zu einer Höhle im Wald.

### Camping und Lodge-Unterkunft

Es gibt 82 Zelt- und Wohnmobilplätze – Duschen vorhanden – und 26 voll eingerichtete *Cabins*. Campinggebühr. McKeever Lodge mit 113 Zimmern; rustikale Mountain Creek Lodge mit 30 Zimmern (nur im Sommer; mit der Seilbahn erreichbar). Reservierung unter 304-466-1800 oder 800-225-5982.

Pipestem Resort State Park, P.O. Box 150, Pipestem, WV 25979; 304-466-1800 or 800-225-5982; www.pipestemresort.com

# Blackwater Falls

*Abseits der West Virginia 32, in der Nähe von Davis*

▪ 9,9 km² ▪ Ganzjährig ▪ Blackwater River Canyon ▪ Wandern,
Skilanglauf, Angeln (mit Angelschein), Reiten, Mountainbiking

Blackwater Falls

In diesem Park durchschneidet eine der spektakulärsten Schluchten östlich des Mississippi die Potomac Highlands. Gegraben wurde der 800
Meter breite und 13 Kilometer lange Canyon von dem tanninfarbenen
Blackwater River, dessen fünfstöckige Wasserfälle zu Recht berühmt
sind. Die Besucher gelangen so nah an das herabrauschende Wasser,
dass sie seinen kühlen, dunstigen Atem auf dem Gesicht spüren. Vom
Kamm des Canyon reicht der Blick unendlich weit.

Der State Park, als sogenannter Resort Park anerkannt, verfügt über
eine herrlich gelegene Lodge aus Holz und Stein mit traumhafter Aus-

sicht auf den Canyon. Das höchst aktive Nordic Center bietet Langlauf-loipen, die insgesamt 20 Meilen (32 km) umfassen. Außerdem kommen in West Virginias dunklen, sternklaren Nächten Sterngucker bestimmt auf ihre Kosten.

## Attraktionen und Aktivitäten

Spitzenattraktion des Parks sind die **Blackwater Falls**. Mehrere relativ kurze Wege bringen Sie in die Schlucht *(Wegkarten im Informations-zentrum der Lodge erhältlich)*. Der 400 Meter lange, befestigte **Gentle Trail** ist der be-quemste und daher beliebteste Pfad. Er beginnt kurz vor der Lodge an der Black-water Falls Road und endet oberhalb der Wasserfälle auf einer Aussichtsplattform.

**PARK-TIPP:** *West Virginias meist-fotografierte Aussicht – Lindy Point Overlook – liegt am Ende eines 800-Meter-Weges.*

Mehr Anstrengung erfordert die Treppe am Trading-Post-Parkplatz, die über mehr als 200 Stufen zum tosenden Wasser hinunterführt. Die Plattform am Fuß der Kaskaden vermittelt die Kraft und Schönheit der Blackwater Falls besonders gut. Die Hemlocktannen und Fichten, die weithin an den Ufern des Flusses wachsen, verleihen – in Verbindung mit naturbedingten Auswaschungen – dem Fluss seine charakteristische rotbraune Farbe. Den Canyonsaum begrünen auch die Rhododendren rund ums Jahr.

Zwei andere Wege liegen gleich westlich der Lodge an der Black-water Falls Road. Der eine Meile lange (1,6 km) **Balanced Rock Trail** landet auf einem gewaltigen Sandsteinbrocken. Es hat den Anschein, als säße er ziemlich wackelig auf dem darunterliegenden kleineren Felsen. Links von dem Felsbrocken lädt der – im Sommer besonders reizvolle – **Rhododendron Trail** zu einem schnellen Rundgang ein. Der in der Nähe verlaufende **Elakala Trail** führt Sie abwärts bis zu einer Fußgängerbrücke über die **Upper Elakala Falls**. Wenn Sie nicht auf demselben Weg zu-rückkehren möchten, können Sie sich stattdessen durch ein Steinmeer voller riesiger Felsbrocken und ebenso imposanter Hemlocktannen schlängeln. Wanderer, die größere Herausforderungen suchen, gehen hinter den Pferdeställen auf den **Blackwater/Canaan Trail** (Hinweg 8 Meilen – 13 km). Er zieht sich Richtung Süden durch die Berglandschaft bis in den Canaan Valley Resort State Park hinein.

Der **Pendleton Lake** im Nordwesten des Parks bietet Ihnen eine kühlende Alternative zum Bergwandern und ist im Sommer ideal zum Bootfahren. Im Winter garantiert der Park Dauerschnee und grün gesäumte Wege – was Skilangläufer in Scharen anzieht. Rodelbahn und Schlepplift *(Gebühr)* sorgen für weitere Wintersportfreuden.

## Camping und Lodge-Unterkunft

Es gibt 65 Zelt- und Wohnmobilplätze (Mai–Okt.); mit Duschen. Cam-pinggebühr. Die Blackwater Lodge bietet 54 Zimmer und 26 *Cabins*. Reservierung ist lange im Voraus zu empfehlen: unter 304-259-5216 oder 800-225-5982 oder über die Website des Parks.

Blackwater Falls State Park, P.O. Drawer 490, Davis, WV 26260; 304-259-5216 or 800-225-5982; www.blackwaterfalls.com

Ländliche Baumallee in Herbstfärbung

# Canaan Valley Resort

*10 Meilen (16,1 km) südlich von Davis, abseits der West Virginia 32*

■ 24,4 km² ■ Ganzjährig ■ Von hohen Bergen umringtes Tal ■ Vielfältiges Programm ■ Skifahren, Eislaufen, Wandern, Schwimmen, Golf

Fellhändler, die im 18. Jahrhundert die Schönheit des Canaan Valley zum ersten Mal zu Gesicht bekamen, dachten, sie seien in Kanaan gelandet, dem »Land, darin Milch und Honig fließen«. Die später kommenden Jäger teilten diese Meinung nicht. Bären, Pumas, undurchdringliche Wildnis und gefährliche Klippen verschlangen im wahrsten Sinn des Wortes Menschen. Auch heutige Besucher fühlen sich ein wenig wie Forschungsreisende, wenn sie sich über die engen, kurvenreichen Bergstraßen quälen, um diese abgelegene Ecke im Zentrum West Virginias zu erreichen. Wer durchhält, landet in einem Freizeitparadies, dessen Herz der Canaan Valley Resort State Park bildet.

**PARK-TIPP:** *Spaß für Groß und Klein bietet der familienfreundliche Summer Tube Park mit fünf Loipen und einer 300-Meter-Abfahrt.*

Im Winter beherrschen die Skifahrer das Terrain, während der Sommer mit einem breiten Spektrum an Aktivitäten aufwartet. Das Tal liegt eingebettet zwischen hohen Gipfeln der Allegheny Mountains. Es ist das größte und höchste Plateau (975 Meter) östlich der Rockies. Hier verfangen sich die Sturmwinde und sammeln sich Schneemassen an, was Skilaufen bis in den April garantiert. Das Skigebiet des Parks verfügt über 34 Abfahrten und schier endlose Langlaufloipen. Während des restlichen Jahres stehen Mountainbiking, Wandern, Golfen und Kanufahrten auf dem Blackwater River im Mittelpunkt.

Der Charme des Canaan Valley liegt in seiner Wildnis, in der Tiere die Menschen an Zahl weit übertreffen. Die dichten Rotfichtenbestände,

BRAUTSCHAU: Im Canaan Valley balzt die Kanadaschnepfe (die vorwiegend in den kanadischen Mooren vorkommt). Von März bis in den Juni hinein finden in der Morgen- und Abenddämmerung oder nachts ihre Balzflüge statt: Das Männchen fliegt hoch in die Luft, um im Sturzflug zum Boden zurückzukehren. Seine Flügelschläge erzeugen ein Brummen, das noch Hunderte Meter entfernt zu hören ist. Diesen »Braut-Sichtungsflug« unternimmt der Vogel bis zu achtmal, ehe er mit dem Weibchen seiner Wahl zur Sache geht.

die einst das Tal ausfüllten, gehören der Vergangenheit an – dafür sorgten die Holzfäller in den 1920er Jahren. An ihre Stelle sind Wiesen, Balsamtannensümpfe, Moore und Teiche getreten, die von unzähligen Tierarten bevölkert werden, darunter Dunkelenten, Grünreiher, Nerze, Waschbären und Skunks. Buchen, Birken und Ahornbäume bedecken die umliegenden Bergkämme – die Domäne von Weißwedelhirschen, Schneeschuhhasen, Kojoten und Schwarzbären.

## Attraktionen und Aktivitäten

Einen guten, leichten Einstieg in die Erforschung des Tals ermöglicht der **Deer Run Trail**. Er beginnt nahe der Lodge *(Wegkarte an der Rezeption erhältlich)* und zieht sich über 1,5 Meilen (2,4 km) zwischen dicht wachsenden Hemlocktannen, Rhododendren und Berglorbeersträuchern entlang. Hier können Sie nach Weißwedelhirschen, Roten Eichhörnchen (im Volksmund *fairy diddles*), Indianergoldhähnchen, Einsiedlerdrosseln, Vireos und Laubsängern Ausschau halten. Am Ende des Weges liegen das **Nature Center** und **Ski Touring Center**. Über den **Abe Run Trail** und **Mill Run Trail** gelangen Sie zur Lodge zurück. Ebenso leicht ist der eine Meile (1,6 km) lange **Blackwater River Trail** *(Beginn am Golfplatz-Parkplatz, Wegkarte im Nature Center erhältlich)*. Er folgt dem langsam fließenden Blackwater River und führt an den schönsten Grobzähnigen Zitterpappeln des Parks vorbei.

Für robuste Wanderer und Skilangläufer eignet sich der **Bald Knob Trail** (zum Wegbeginn gelangen Sie, indem Sie am unteren Parkplatz des Skigebiets die Straße überqueren und den Schotterweg hinauf bis zum kleinen Parkplatz laufen). Der steile, 1,25 Meilen (2 km) lange Weg klettert durch einen Hartholzwald zum 1313 Meter hohen Bald Knob – mit atemberaubendem Blick über das gesamte Canaan Valley.

Der – vor allem bei Langläufern – beliebte **Canaan/Blackwater Trail** (Hinweg 8 Meilen – 13 km) führt über den Canaan Mountain zum Blackwater Falls State Park. Aber geben Sie acht: Es geht durch sehr schwieriges Gelände. Sie sollten unterwegs beim Nature Center haltmachen, um sich zusätzliche Informationen zu besorgen. Am Ende des Tages winkt die Lodge mit loderndem Kaminfeuer, herzhaftem Essen, Whirlpool und häufig mit Live-Unterhaltungsprogramm.

## Camping und Lodge-Unterkunft

Der Park hat 34 Zelt- und Wohnmobilplätze; Duschen vorhanden. Campinggebühr. Die Canaan Valley Lodge bietet 250 Zimmer und 23 *Cabins*. Reservierung unter 304-866-4121 oder 800-622-4121 oder über die Website des Parks.

Canaan Valley Resort State Park, HC 70, Box 330, Davis, WV 26260; 304-866-4121 oder 800-622-4121; www.canaanresort.com

# Watoga

*17 Meilen (27,3 km) südl. von Marlinton, 3 Meilen (4,8 km) östl. der US 219*

■ 40,9 km² ■ Ganzjährig ■ Wandern, Angeln (mit Angelschein), Skifahren

Watoga, der größte State Park West Virginias, erstreckt sich über die Appalachian Highlands nahe der Grenze zu Virginia. Den Park hat der CCC (Civilian Conservation Corps) 1934 eingerichtet. Die damals erbauten, malerischen Hütten aus Naturstein und Kastanienholz stehen noch heute. Ein kleines Museum würdigt die Leistungen des CCC. Den Namen inspirierte das Erscheinungsbild des flachen **Greenbrier River**, der sich entlang der Westgrenze des Parks windet: Die Cherokee nannten ihn *Watauga* (»Fluss aus Inseln«). Versteckt in einem Hartholzwald liegt der 4,4 Hektar große **Watoga Lake** – ein klassisches West-Virginia-Paradies. Die meisten Einrichtungen des Parks liegen in seiner nördlichen Hälfte, der südliche Teil ist naturbelassen.

**PARK-TIPP:** *Regelmäßige »Sommergäste« des Park sind Schwarzbären, Weißwedelhirsche, Flussotter, Truthähne, Kragenhühner, Biber, Grau- und Rotfüchse und nachts mitunter auch der Rotluchs.*

In dem rustikalen Bau der Parkverwaltung finden Sie Informationsmaterial und am **T. M. Cheek Overlook** eine weite Aussicht auf den Park. Für Wanderer und Baumliebhaber bietet das **Brooks Memorial Arboretum** mehrere Wanderwege durch Wälder mit Birken, Hemlocktannen, Buchen, Ahorn- und Tulpenbäumen. Eine sechs Meilen (9,7 km) lange Radtour auf dem **Ann Bailey Trail** führt Sie zu einem Aussichtsturm mit Blick auf das Greenbrier Valley. Unterwegs können Sie die unverkennbaren Rufe des Kragenhuhns hören. Ebenso empfehlenswert ist Rudern auf dem Watoga Lake, Angeln am **Laurel Run** oder ein kurzer Abendspaziergang auf dem **Greenbrier River Trail**, der insgesamt 77 Meilen (124 km) lang ist und den Trassen der ehemaligen C & O Railroad folgt.

**101**

### Camping und Lodge-Unterkunft

Der Park bietet 100 Zelt- und Wohnmobilplätze (Mitte April–Nov.) – Duschen vorhanden – und 34 *Cabins* (10 ganzjährig nutzbar). Reservierung unter 304-799-4087 oder 800-225-5982. Campinggebühr.

Watoga State Park, HC 82, Box 252, Marlinton, WV 24954; 304-799-4087; www.watoga.com

Flammenazalee *(Rhododendron calendulaceum)*

# DER SÜDOSTEN

## TENNESSEE

Fall Creek Falls
Roan Mountain
Pickett
Reelfoot Lake

## KENTUCKY

Cumberland Falls
Natural Bridge
Carter Caves
John James Audubon

## NORTH CAROLINA

Hanging Rock
Stone Mountain
Hammocks Beach
Fort Macon

## MISSISSIPPI

Tishomingo
Winterville Mounds
Natchez
Percy Quin

## ALABAMA

DeSoto
Cheaha
Joe Wheeler
Gulf

## GEORGIA

Stephen C. Foster
Tallulah Gorge
Fort Mountain
Cloudland Canyon
Providence Canyon

## FLORIDA

John Pennekamp
  Coral Reef
Myakka River
Wekiwa Springs
Paynes Prairie
St. Joseph Peninsula

## SOUTH CAROLINA

Mountain Bridge
Devils Fork
Huntington Beach
Hunting Island

Sonnenaufgang über dem John Pennekamp Coral Reef State Park in Florida

# Hanging Rock

*4 Meilen (6,4 km) nordwestlich von Danbury, an der Moore's Spring Road (North Carolina 1001)*

▪ 28,4 km² ▪ Ganzjährig ▪ Felsabhänge ▪ Wasserfälle ▪ Wandern, Klettern ▪ Bootfahren, Angeln (mit Angelschein), Schwimmen ▪ Nationaldenkmal

Blick vom Hanging Rock

Schroffe Felsen und Berghänge charakterisieren diese Parklandschaft in den Sauratown Mountains. Nach den Saura-Indianern benannt, erhebt sich dieser Bergzug etwa 20 Meilen (32 km) östlich der Blue Ridge, daher auch ihr Spitzname *mountains away from the mountains* (»Berge fern der Berge«). Hanging Rock, Moore's Wall, Wolf Rock und andere Felsformationen liegen auf einer Quarzitschicht auf, die sich 460 Meter über das Umland erhebt und über der sich auf fast zwei Meilen (3,2 km) Breite die mehr als 120 Meter hohen Felsen türmen.

Die Mineralbäder zogen nach dem Sezessionskrieg viele Besucher an, doch in den 1930er Jahren verloren sie an Popularität. 1936 widmete eine Bürgerinitiative das Land der Einrichtung eines Nationalparks und der CCC (Civilian Conservation Corps) legte Zufahrtsstraßen und Wanderwege an, baute ein steinernes Badehaus und füllte am fünf Hektar großen Stausee des Cascade Creek einen Sandstrand auf.

## Attraktionen und Aktivitäten

Fahren Sie zum **Visitor Center** und holen Sie sich eine Wanderkarte. Der 0,7 Meilen (1,1 km) lange **Chestnut Oak Nature Trail** am Seeufer bietet eine schnelle Einführung in die heimischen Eichen- und Kiefernwälder. Mehr als 300 Pflanzenarten gedeihen im Park.

Für die Wasserfälle parken Sie am ersten Parkplatz und gehen 500 Meter weit zu den **Upper Cascades**; danach kehren Sie auf demselben Weg zurück und folgen dem **Indian Creek Trail** zu den **Hidden Falls** und **Window Falls** (0,6 Meilen – 1 km – vom Parkplatz entfernt). Der Weg führt abwärts, über große Steine durch den Fluss und schließlich drei Meilen (4,8 km) weit durch Rhododendren-Unterholz zum Dan River. Zurück geht's auf demselben Weg, oder Sie lassen sich auf der Schotterstraße am Ende des Weges abholen.

Um den eigentlichen Hanging Rock zu sehen, folgen Sie dem **Hanging Rock Trail**, einem 2,4 Meilen (3,9 km) langen, hin und zurück führenden Weg, der Sie zum Gipfel der 61 Meter hohen Felswand bringt, nach der der Park benannt ist. Genießen Sie die Aussicht über das gesamte Umland: Im Westen sehen Sie Moore's Knob, an klaren Tagen

> **PARK-TIPP:** *Lassen Sie sich die spektakulären Lower Cascades nicht entgehen. Sie können bis zum Tosbecken gehen und die Füße ins Wasser baumeln lassen.*

ist Winston-Salem im Südosten zu erkennen. Wenn Sie Zeit haben, erwandern Sie den mühsameren, 4,2 Meilen (6,8 km) langen **Moore's Wall Loop Trail**, der dicht an Moore's Knob, Balanced Rock und Indian Face vorbeiführt und wunderschöne Ausblicke von einem neun Meter hohen **Aussichtsturm** bietet. Felskletterer tummeln sich sowohl an der Moore's Wall wie an der **Cook's Wall**.

**Hanging Lake** bietet einen Kiosk, ein Badehaus aus Holzbalken und Stein und einen Uferstrand mit Sprungturm. Im Sommer können Sie am ausgewiesenen Badestrand entspannen oder nach Barschen und Brassen angeln; Sie können auch ein Ruderboot oder Kanu mieten und vom Wasser aus die schönen Ausblicke auf den Wald und Moore's Knob genießen. Regelmäßig werden zudem naturkundliche Führungen zur Geologie, Fauna und Flora der Gegend angeboten. Zu den Waldbewohnern zählen Weißwedelhirsche, Graufüchse und Ost-Kreischeulen. Wilde Truthähne sind das ganze Jahr über zu sehen, und gelegentlich hört man den Schrei des Wanderfalken.

**GESTEINSSCHICHTEN:** Auf den Wanderwegen entlang den nackten Felswänden erkennen Sie die erdgeschichtliche Entwicklung. Sand und Schlamm eines Binnenmeeres wurden zu Sandstein und Tongestein verdichtet und schließlich durch enormen Druck und Hitze in Quarzit- und Glimmerschiefer verwandelt. Übereinander gelegt wie ein Papierstoß, bogen und verwarfen sich die farblich und stofflich verschiedenen Schichten. Der Druck war so groß, dass sie hier und da brachen.

## Camping und Lodge-Unterkunft

Der Park bietet 73 Zelt- und Wohnmobilplätze; Duschen sind vorhanden. *First come, first served.* Acht Gruppenplätze bieten einfache Unterkunft; Reservierung erforderlich. Campinggebühr. Zudem gibt es zehn *Cabins*. Reservierung über das Verwaltungsbüro des Parks unter 336-593-8480.

Hanging Rock State Park, P.O. Box 278, Danbury, NC 27016; 336-593-8480; www.ncsparks.net/haro

105

# Stone Mountain

*7 Meilen (11,3 km) südwestlich von Roaring Gap*

- 57,1 km² ▪ Ganzjährig
- 183 Meter hoher
Granitdom ▪ Wandern
- Wasserfälle ▪ Fels-
klettern, Forellenangeln
(mit Angelschein)
- Historische Gebäude

Vor mehr als 300 Millionen Jahren warf geschmolzene Lava unter der Erdoberfläche eine riesige Blase auf und erhärtete sich zu einer 65 Quadratkilometer großen Felsmasse in der heutigen Bergregion von North Carolina. Als Teil dieser Masse erhebt sich der Stone Mountain 183 Meter hoch über das Land. Seine nackte, runde Kuppel wird erst im Park sichtbar. Erosion in Form von Wasserrinnsalen gräbt weiterhin tiefe Schrunden in die Felsoberfläche, und Pfützen hinterlassen Schlaglöcher auf der Kuppe. Dichter Wald aus Eichen, Ahorn, Hickory und Fichten umgibt den Stone Mountain und bietet vielen Tieren Schutz, während ein Netzwerk von Bergbächen weite Täler ausgräbt und sich auch einmal in Wasserkaskaden ergießt.

Die ersten weißen Siedler bestritten ihr Leben mit Landwirtschaft und Holzfällerei. Ein Riss mitten durch einen Felsbrocken soll durch das Erdbeben am Kreuzigungstag Christi hervorgerufen worden sein. Die Einheimischen drängten in den 1960er Jahren darauf, diese außergewöhnliche Landschaft als State Park einzurichten, und so gab die Carolina Granite Corporation, der das Land zum großen Teil gehörte,

Felskletterer in der Wand des Stone Mountain

1,7 Quadratkilometer einschließlich den Stone Mountain ab und versprach, noch mehr Land an den Staat zu veräußern. 1969 kam es so zur Gründung des Stone Mountain State Park, der sechs Jahre später zum Naturdenkmal erhoben wurde.

### Attraktionen und Aktivitäten

Auch wenn es klein ist, so bietet das **Visitor Center** doch Lehrreiches über Pioniere und Naturgeschichte. Unter anderem sind ein 1865er Vorderlader, ein Webstuhl von 1870, ein Versandhaus-Banjo aus den 1930er Jahren mit Kalbslederbespannung und eine kupferne Destille aus der Zeit der Prohibition zu sehen. Die Terrasse bietet einen guten Blick auf den Berg. Nehmen Sie eine Wanderkarte mit und fahren Sie zwei Meilen (3,2 km) zum Parkplatz. Dort lässt sich vom 800 Meter langen Wanderweg aus die Südwestflanke des Stone Mountain bewundern.

Nehmen Sie sich Zeit für den **Stone Mountain Trail**, einen der schönsten Wege der südlichen Berge. Der 4,5 Meilen (7,2 km) lange Rundweg beginnt mit dem Furcht einflößenden Warnschild: »Vorsicht Steinschlag! Steile Abhänge und Felswände. Verletzungs- oder Todesgefahr. Wege niemals verlassen!« Folgen Sie dem steilen Weg durch den Wald hinauf auf gewaltige Granitsteinplatten. Nach weniger als einer Meile (1,6 km) sind Sie oben und können die Aussicht genießen. Der Rundweg führt weiter zu den **Stone Mountain Falls**, einer 60 Meter tiefen Wasserkaskade; mehrere Stufen und Knüppeldämme bieten hier Aussichtsplattformen. Gehen Sie am Fuß der Kaskade entlang durch Kiefernwälder und Hochgraswiesen, auf denen oft Wild äst. Hier können Sie den Weg zu den Felsen **Cedar Rock** (1 Meile – 1,6 km) oder **Wolf Rock** (1,5 Meilen – 2,4 km) einschlagen.

In den ausgewiesenen Abschnitten des Bullhead Creek und Rich Mountain Creek kann man sich im Fliegenfischen üben. Eine begrenzte Anzahl von Anglern darf sich hier gemäß der Regel *catch and release* (»fangen und freilassen«) betätigen *(Angelgebühr)*. In anderen Bergbächen kann der Fang mitgenommen werden. Wenn Sie das Areal über die Schotterstraße wieder verlassen, kommen Sie an der Garden Creek Baptist Church von 1898 vorbei, einer der ältesten Kirchen in Wilkes County.

### Camping

Der Park bietet 88 Zelt- und Wohnmobilplätze; Duschen sind vorhanden. Außerdem gibt es sechs Plätze zum freien Zelten. *First come, first served.* Es sind auch vier einfache Zeltplätze für Gruppen vorhanden; Reservierung über die Parkverwaltung. Campinggebühr.

Stone Mountain State Park, 3042 Frank Pkwy., Roaring Gap, NC 28668; 336-957-8185; www.ncsparks.net/stmo

**KÄFER-LADY:** Im nahe gelegenen Mountain Park begann Betty Lou Wallace schon in der vierten Klasse damit, Insekten zu sammeln. Bald gewann sie Preise auf wissenschaftlichen Ausstellungen. In den 1950er Jahren sammelte sie an die 9000 Exemplare von Schmetterlingen, Motten und anderen Insekten. Viele ihrer Stücke hatte sie selbst vom Ei zur Larve und zum Falter gezüchtet. Ein Teil ihrer Sammlung ist im Stone Mountain State Park Visitor Center zu sehen. Die hübschen Kästchen wurden von ihrem Vater, dem Kunstschreiner I. O. Wallace, gefertigt.

# Hammocks Beach

*4 Meilen (6,4 km) südlich von Swansboro, über die North Carolina 1511 und Personenfähre*

■ 91 Hektar ■ Ganzjährig ■ Fährengebühr ■ Haustiere auf der Fähre nicht erlaubt ■ Barrier Island ■ Kanufahren ■ Schwimmen, Angeln

Der Hammocks Beach auf der unberührten Insel Bear Island bietet Natur pur – Flussmündungen, Salzmarschen, Dünen und weiße Sandstrände. An dem 3,5 Meilen (5,6 km) langen Streifen legen Unechte Karettschildkröten ihre Eier ab, in den Prielen stelzen Reiher, und im Wasser springen Große Tümmler. Ursprünglich aufgrund seiner nackten Felsen *Bare Island* genannt, barg die Insel im 18. Jahrhundert Piraten und wurde später von den Konföderierten genutzt. Im Zweiten Weltkrieg patrouillierte hier der Küstenschutz zum Schutz vor U-Booten. Eine afroamerikanische Lehrerorganisation gründete 1961 den ersten *Blacks-Only*-Park. Nach der Bürgerrechtsbewegung wurde der Park 1964 dem allgemeinen Publikum zugänglich gemacht.

In 25 Minuten bringt die Fähre Sie gegen Gebühr auf die Insel *(letzter Mo im Mai [Memorial Day] bis erster Mo im Sept. [Labor Day] täglich, Mai und Sept. Mi–So, April und Okt. Fr–So),* oder Sie nehmen ein Wassertaxi. Vom Landeplatz sind es 15 Minuten Fußweg zum **Strand**. Nehmen Sie gutes Schuhwerk, Kopfbedeckung, Insektenspray und ausreichend Sonnenschutzmittel mit.

## Camping

Der Park bietet 17 Plätze zum freien Zelten: 14 Plätze für je sechs Personen, drei Plätze für je zwölf Personen. *First come, first served.* Campinggebühr.

Hammocks Beach State Park, 1572 Hammocks Beach Rd., Swansboro, NC 28584; 910-326-4881; www.ncsparks.net/habe

Sanddünen auf Bear Island

# Fort Macon

*4 Meilen (6,4 km) östlich von Atlantic Beach, an der North Carolina 58*

▪ 1,7 km² ▪ Ganzjährig ▪ Camping verboten ▪ Fort aus der Zeit des Bürgerkrieges ▪ Schwimmen im Meer, Angeln

An der östlichen Spitze von Bogue Banks, wo der Atlantik auf den Bogue-Sund trifft, ließ Lieutenant William Eliason 1826 bis 1834 die riesige Bastei **Fort Macon** zur Verteidigung der Beaufort-Bucht errichten. Frühere Festungen an derselben Stelle gehen bis 1756 zurück. Das neue Fort wurde nach einem Senator von North Carolina benannt. Am 25. April 1862 bombardierten Truppen aus dem Norden elf Stunden lang diese von den Konföderierten gehaltene Stellung mit ihren Kanonen. Die Konstruktion aus den 1820er Jahren konnte jedoch der Technologie der 1860er Jahre nicht standhalten.

109

Fort Macon

Nach dem Krieg diente Fort Macon etwa zehn Jahre lang als Militär- und Zivilgefängnis und wurde im Spanisch-Amerikanischen Krieg wieder bemannt. Danach stand es zwei Jahrzehnte leer, bis es der Staat North Carolina 1924 für einen Dollar erstand und als Park nutzte. Im Zweiten Weltkrieg hielten Truppen der Küstenartillerie das alte Fort. Seit 1946 ist es als meistbesuchter State Park zum größten Touristenmagnet North Carolinas geworden.

**Geführte Touren** *(Mitte April bis Mitte Okt.)* durch das fünfeckige Fort mit seinen Kasematten, Pulvermagazinen und Schießständen erläutern die Militärgeschichte.

Ein netter Strand weist einen Badebereich aus und bietet Umkleidekabinen und einen Kiosk *(letzter Mo im Mai [Memorial Day] bis erster Mo im Sept. [Labor Day])*. Es gibt auch Picknickplätze und Grillplätze, und wenn Sie Angelgerät mitbringen, fangen Sie vielleicht Flundern, Blaubarsche oder Spots (Punkt-Umberfische).

Fort Macon State Park, P.O. Box 127, Atlantic Beach, NC 28512; 252-726-3775; www.ncsparks.net/foma

# Mountain Bridge

*Jones Gap Station: 25 Meilen (40,2 km) nordwestlich von Greenville.*
*Caesars Head Station: 30 Meilen (48,3 km) nordwestlich von Greenville*

- 45 km² ▪ Ganzjährig
- Bergblick ▪ Wasserfall
- Wandern, Angeln (mit Angelschein)

Im bergigen Nordwesten von South Carolina liegen die beiden durch Wege verbundenen Naturschutzgebiete Caesars Head und Jones Gap. Sie wurden 1996 zur Mountain Bridge Wilderness Area zusammengefasst. Hier fällt die Blue Ridge abrupt 600 Meter zum Piedmont von South Carolina ab und bildet einen Steilhang mit wunderbaren Ausblicken auf die südlichen Ausläufer. Das tiefer gelegene Jones Gap umfasst das Middle Saluda River Valley, in dem mehr als 600 Pflanzenarten gedeihen, während Caesars Head – benannt nach einem Felsen, der dem Profil des römischen

Felsspitze an der Caesars Head Station

Feldherren ähneln soll – sich über das Hochland erstreckt.

Einer der ersten Siedler, der Landwirt und Händler Colonel Benjamin Hagood, kaufte kurz vor dem Sezessionskrieg 200 Hektar Land. Hagood trieb sein Vieh im Frühjahr auf den Berg und lebte dort bis zum Herbst in einer Blockhütte. Ein anderer Pionier, Solomon Jones, soll in den 1840er Jahren ohne Vermessungsinstrumente eine Straße in das Gebiet verlegt haben, allein mithilfe seines Gespürs für Kurven und Steigungen. Die mautpflichtige Straße führte von River Falls über Caesars Head bis nach Cedar Mountain in North Carolina. Heute ist es die schönste Wanderstraße von Jones Gap nach Caesars Head.

Zwischen den 1860er und den frühen 1900er Jahren wurde die Straße von den Gästen des Kurhotels in Caesars Head frequentiert. Ein Journalist schrieb 1895: »Der Weg hinauf ist mühsam und könnte verbessert werden, aber es war sicher kein Kinderspiel, eine Straße durch diese Schluchten und entlang diesen Felsabhängen zu bauen.« Trotzdem werde man »reichlich belohnt durch die frische Luft und weiten Ausblicke.« Sogar aus China kamen Menschen, um diese zu genießen. 1954 brannte das Hotel ab, und die alte Tanzhalle gehört nun einem

Privatclub. Das Land war Privateigentum, bis der Bundesstaat es Ende der 1970er Jahren aufkaufte.

## Attraktionen und Aktivitäten

Sowohl Jones Gap Station als auch Caesars Head Station liegen abseits des Touristenrummels. Die meisten Menschen fahren nur kurz durch – oder sie bleiben für einen echten Wanderurlaub. Wenn Sie an schroffen Felswänden emporblicken wollen, gehen Sie zum Jones Gap, wenn Sie von oben herabblicken wollen, dann fahren Sie die kurvige Straße nach Caesars Head.

## Jones Gap Station

Von der Registrierstelle für Wanderer führt eine Fußbrücke über den Middle Saluda in ein weites Picknickareal und zu den Fischbecken der Old Cleveland Fish Hatchery, die hier von 1931 bis 1963 betrieben wurde. Die Regenbogen-, Bach- und Seeforellen in den Becken zeigen Ihnen, was man in den Bergbächen vorfinden könnte. Und nun blicken Sie nach oben: Die nur zum Teil bewaldeten Berge erheben sich dramatisch 450 Meter über den Talboden. Ganz vorn türmt sich Cleveland Cliff auf, ein riesiges steinernes Bollwerk.

Am **Learning Center** (Bildungszentrum), einem Block- und Steinhaus anstelle des früheren Wohnhauses des Fischereiaufsehers, können

111

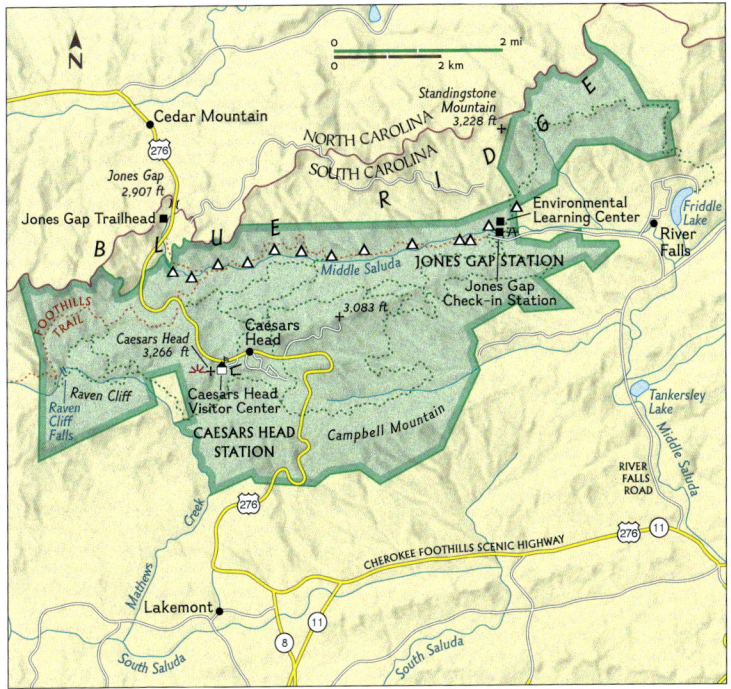

Sie die naturkundlichen Ausstellungen am Kiosk neben dem ersten Fischbecken studieren. Rucksackwanderer können sich hier über Lagerplätze am Weg informieren. Der **Hospital Rock Trail** geht im Zickzack den Standingstone Mountain hinauf und führt östlich von Friddle Lake, 4,4 Meilen (7,1 km) je Richtung, dann weitere zwei Meilen (3,2 km) zurück auf der Straße. Die 1,2 Meilen (1,9 km) zum Hospital Rock, einem neun Meter tiefen Unterschlupf, der einst von den Konföderierten als Lager für Medizinvorräte verwendet wurde, sind schwierig zu gehen. Näher an den Hospital Rock heran kommen Sie auf dem **Rim of the Gap Trail** und von dort zum **Pinnacle Pass Trail**, einem Rundweg von sechs Meilen (9,7 km).

SAUBERE NATUR: In den letzten Jahren hat die Campingaktivität im Park zugenommen. Umso wichtiger ist es, keine Spuren zu hinterlassen. Um die Natur rein zu halten, erlaubt Mountain Bridge das Campen nur an ausgewiesenen Plätzen und ohne Feuer. Fäkalien sollten – möglichst vom Wasser entfernt – vergraben, Toilettenpapier verbrannt werden. Sammeln Sie jeden Abfall auf, den Sie finden, und nehmen Sie ihn mit.

### Caesars Head Station

Wenn Sie von Süden aus herfahren, erscheint plötzlich der Parkplatz von Caesars Head zur Linken. Es gibt nur eine Zufahrt, bevor die Straße auf der anderen Seite wieder abwärts führt, fahren Sie also langsam. Das **Visitor Center** hat einen Souvenirladen und zeigt interessante Fotografien aus den Zeiten des Kurhotels. Von hier aus ist es nur ein kurzer Spaziergang zum Aussichtspunkt über dem **Caesars Head** in einer Höhe von 996 Metern. Das Panorama umfasst den Table Rock im Südwesten, den Stausee Table Rock und weite Blicke über sanfte Hügel bis in die Prärie hinaus. Habichte und Raben gleiten durch die Lüfte.

Eine Holztreppe führt hinunter durch einen Felsspalt, den man **Devil's Kitchen** nennt. Von diesem Aussichtspunkt blicken Sie auf das Profil von Caesars Head. Falls Sie es nicht erkennen können – machen Sie sich nichts daraus. Das Kinn fiel vor 50 Jahren ab, und außerdem sagt man auch, der Berg sei nach einem Jagdhund benannt, der hier abstürzte.

Wenn Sie nur für eine einzige Wanderung Zeit haben, fahren Sie eine Meile (1,6 km) nach Norden und parken Sie am Beginn des Wanderwegs **Raven Cliff Falls**, einem mittelschweren, zwei Meilen (3,2 km) langen Weg (je Richtung). Der Weg führt zu einer Wasserfallkaskade, die insgesamt 128 Meter tief in ein enges Tal abstürzt. Zu den Wildblumen am Weg zählen Akeleien, Orchideen und Aronstabgewächse namens *jack-in-the-pulpit*.

### Camping

Es gibt nur sehr einfache Campingmöglichkeiten am Wegrand. Reservierung unter 866-345-7275 oder über www.southcarolina.parks. reserveamerica.com. Campinggebühr.

Mountain Bridge Wilderness Area, 8155 Geer Hwy., Cleveland, SC 29635; 864-836-6115; www.southcarolinaparks.com

# Devils Fork

*4 Meilen (6,4 km) nordöstlich von Salem, abseits der South Carolina 11*

▪ 2,6 km² ▪ Ganzjährig ▪ Schwimmen im See, Angeln (mit Angelschein), Wandern ▪ Eintrittsgebühr

Devils Fork, einer von mehreren Parks
entlang dem Cherokee Foothills Scenic
Highway (South Carolina 11), erstreckt
sich am Ufer des Lake Jocassee, einem
30,6 Quadratkilometer großen Stausee,
der 1973 von der Duke Power Company
zur Stromerzeugung geschaffen wurde.
Der Park streift die Blue Ridge Mountains, was den See noch reizvoller macht.
1991 gegründet und nach einem Fluss
in der Gegend benannt, grenzt der Park
an das 134 Quadratkilometer große
Naturschutzgebiet **Jocassee Gorge**.

Im Verwaltungsgebäude des Parks
erhalten Sie Informationen und eine
Wanderkarte. Nehmen Sie von dort aus
den 1,5 Meilen (2,4 km) langen **Oconee
Bell Nature Trail** durch den Mischwald.
Der Weg ist nach einer weißen Wild-
blume benannt, die hier im März blüht
– zu 95 Prozent ihres gesamten Vor-
kommens. Vom Picknickplatz aus geht
der moderate, 3,5 Meilen (5,6 km) lange

Lake Jocassee

**Bear Cove Trail** durch Berglorbeer- und Rhododendrendickicht bis zu
einem Aussichtspunkt auf den See und die Berge. Wilde Truthähne
und Weißwedelhirsche werden hier oft gesehen, ebenso wie Blutwurz,
Amerikanische Zahnlilie und andere Wildblumen. Zu den Vogelarten
zählt der vor Kurzem wieder eingeführte Wanderfalke, und Rotaugen-
vireos und Scharlachtangaren erfüllen die Wälder mit ihrem Gesang.

Die Hauptattraktion des Parks, **Lake Jocassee**, bietet 75 Meilen
(120 km) Uferstrand und tiefes, klares Wasser – genau das Richtige, um
Boot zu fahren oder nach See- und Regenbogenforellen und Schwarz-
barschen zu angeln. Im See wurden fünf Angelrekorde gebrochen, einmal für eine Seeforelle von fast 17 Pfund. Es gibt fünf Wasserfälle, die
nur mit dem Boot zu erreichen sind.

### Camping und Lodge-Unterkunft

Es gibt 84 Zelt- und Wohnmobilplätze – Duschen sind vorhanden –
sowie 20 Villen. Während der Saison ist Reservierung unter 866-345-
7275 oder über www.southcarolinaparks.reserveamerica.com zu empfehlen. Campinggebühr.

Devils Fork State Park, 161 Holcombe Circle, Salem, SC 29676;
864-944-2639; www.southcarolinaparks.com

113

# Huntington Beach

*3 Meilen (4,8 km) südlich von Murrells Inlet, an der US 17*

▪ 10,1 km² ▪ Ganzjährig ▪ Tagesgebühr ▪ Strand ▪ Knüppeldamm über das Sumpfgebiet ▪ Naturlehrpfad ▪ Historisches Gebäude

Vom Wind gekräuselter Dünensand am Huntington Beach

Huntington Beach, einer der besterhaltenen Strände am beliebten Grand Strand, bietet drei Meilen (4,8 km) Sandstrand und warme Wellen. Ausgedehnte Dünen und Salzmarschen geben zahlreichen Pflanzen und Tieren an diesem Küstenstreifen Lebensraum. 1930 erstanden die Bildhauerin Anna Hyatt Huntington und ihr Mann, der Eisenbahnerbe Archer Milton Huntington, ein großes Stück Land, das einst zu vier Reisplantagen gehörte. Damals wurde es als Jagd- und Angelrevier benutzt. Die Huntingtons wollten die heimische Fauna und Flora studieren und schützen, sich aber auch ein Winterquartier mit Studio am Strand errichten.

Bis 1947 kamen die Huntingtons regelmäßig hierher. 1955, nach dem Tod von Mr. Huntington, verlegte Mrs. Huntington ihr Studio nach Brookgreen Gardens und sandte den Großteil ihrer Möbel nach New York, wo sie 1973 ihre letzten Tage verbrachte. 1960 verpachteten die Treuhänder von Brookgreen zehn Quadratkilometer des Landes an den Bundesstaat South Carolina.

**PARK-TIPP:** *Folgen Sie dem Kerrigan Trail vom Visitor Center zum Mullet Pond mit seinem Beobachtungsposten – hervorragend, um Wildvögel und Alligatoren zu sehen.*

114

**Attraktionen und Aktivitäten**

Die Parkstraße beginnt im dichten Wald und führt zu einer schönen Chaussee. Zur Rechten liegt eine **Süßwasserlagune**, in der sich Wasserhühner, Sumpfhühner, Tauchervögel und Enten tummeln. Rohrkolben, Entengrütze und weitere Pflanzenarten säumen das Wasser. Parken Sie am Straßenrand hinter der Chaussee und halten Sie nach Alligatoren im Wasser Ausschau. Zur Linken können Sie in den **Salzwassermarschen** mit ihren hohen Riedgräsern Schmuckreiher, Kanadareiher und andere Stelzvögel beobachten.

Wenn Sie in die Straße rechts abbiegen, erreichen Sie nach einer kurzen Fahrt den Hauptparkplatz. Im Verwaltungsgebäude des Parks gibt es Einkaufsmöglichkeiten und am Strand Umkleidekabinen in einem zweistöckigen Pavillon. Das tief liegende, graue Gebäude im Süden mag düster erscheinen, aber es ist **Atalaya**, das Winterquartier der Huntingtons. In den mageren frühen 1930er Jahren heuerte Huntington Arbeiter aus der Region an und ließ Atalaya und Brookgreen Gardens erbauen. Das Herrenhaus mit seinen 30 Zimmern ist in Form eines Quadrats um einen Innenhof gebaut, der mit Sabal- und Dattelpalmen bepflanzt wurde.

SKULPTUR AM MEER: Dem Park direkt gegenüber liegt Brookgreen Gardens (US 17, 843-235-6000, Eintrittsgebühr). Archer Milton und Anna Hyatt Huntington begannen die Sammlung in den 1930er Jahren. Heute stehen über 500 Skulpturen amerikanischer Künstler in diesem Landschaftsgarten mit seinen Azaleen, Hartriegelbüschen und moosbewachsenen Lebenseichen. Die Pferdeskulpturen am Eingang schuf Mrs. Huntington selbst.

Nach dem Besuch von Atalaya können Sie zum **Strand** gehen. Je weiter Sie nach Norden oder Süden wandern, desto einsamer wird der Strand.

Wenn Sie nach der Chaussee links abbiegen, kommen Sie zum Education Center und zum **Knüppeldamm**, über den man nach 150 Metern zu einem überdachten Beobachtungsstand für Wildtiere gelangt. Auf der anderen Straßenseite führt der 1,5 Meilen (2,4 km) lange **Sandpiper Pond Nature Trail** in den Wald am Watt.

Folgen Sie der hundert Jahre alten, stillgelegten Straße durch den Wald aus Lebenseichen und Weihrauch-Kiefern zum Sumpfgebiet des Sandpiper Pond. Die verschiedenen Ökosysteme des Parks erschließen sich bei einer Fahrt auf der Parkstraße, die, am Strandzugang vorbei, noch 1,2 Meilen (1,9 km) weit zum Pier am Nordende führt. Hier gibt es einen Picknickplatz, und vom Pier aus lässt sich gut nach Flundern, Gepunkteten Barschen und Umberfischen angeln oder den Wasservögeln zusehen.

**Camping**

Der Park bietet 133 Zelt- und Wohnmobilplätze; Duschen sind vorhanden. Reservierung ist unter 866-345-7275 oder über www.south carolinaparks.reserveamerica.com möglich. Campinggebühr.

Huntington Beach State Park, Murrells Inlet, SC 29576; 843-237-4440; www.southcarolinaparks.com

115

# Hunting Island

*16 Meilen (9,6 km) östlich von Beaufort, an der US 21*

▪ 20,2 km² ▪ Ganzjährig ▪ Strand ▪ Historischer Leuchtturm ▪ Nature Center ▪ Naturlehrpfade ▪ Angeln

Die vorgelagerte subtropische Insel breitet ihre vier Meilen (6,4 km) unberührten Sandstrandes am Atlantik aus, während sich auf ihrer Westseite Muscheln und Winkerkrabben ins Watt eingraben und Reiher (neben 175 weiteren Vogelarten im Park) im hohen Schlickgras stolzieren. Die Plantagenbesitzer der Umgebung gaben der Insel ihren Namen, als sie seit dem frühen 18. Jahrhundert hierherkamen, um Wild zu jagen. Erst in den 1930er Jahren, als die Insel ein öffentlicher Park wurde, wurde die Jagd eingestellt – Wild gibt es noch immer reichlich.

Der CCC (Civilian Conservation Corps) begann 1938 mit dem Bau des zwei Meilen (3,2 km) langen Knüppeldamms über das Watt

zwischen Insel und Festland. Moskitos, Forstfeuer und ein Hurrikan erschwerten die Arbeiten. Im Zweiten Weltkrieg besetzte die Küstenwache die Insel, nach dem Krieg wurde der Park wieder für die Öffentlichkeit zugänglich. 1950 wurden Stromkabel verlegt und nach Rassen getrennte Umkleidekabinen errichtet; 1966 wurde die Rassentrennung im gesamten Park aufgehoben.

Der Damm hielt, doch ansonsten wurden fast alle Gebäude des CCC durch Hurrikans und Erosion zerstört. Die Sanddünen ziehen von Norden nach Süden und fast fünf Meter Land gehen jedes Jahr verloren. Untiefen im St.-Helena-Sund im Norden schlucken viel von dem Sand, der normalerweise nach Hunting Island fließen würde. Um den Kräften

Palmen bei Sonnenaufgang über Hunting Island

*Besuchen Sie die Lagune, wo Sie Pelikane auf Baumstümpfen sitzen sehen oder einen ruhigen Angelplatz finden können.*

von Wind und Wellen entgegenzuwirken, wurden seit 1968 schon über drei Millionen Kubikmeter Sand vom Festland hier aufgeschüttet, doch die Natur macht kurzen Prozess mit solchen Maßnahmen. An manchen Stellen schreitet die Erosion so schnell voran, dass man Baumstümpfe aus dem Wasser ragen sieht, wo früher einmal Wälder standen. Der historische Leuchtturm von 1875 steht heute mitten in der Brandung. Der vorherige Leuchtturm war im Sezessionskrieg zerstört worden.

### Attraktionen und Aktivitäten

Am Parkeingang beginnt ein dichter Wald aus Lebenseichen, Sumpfkiefern und Zwergpalmen. Der Plankenweg über den Süßwasserteich zum **Visitor Center** ist ein guter Platz, um nach Alligatoren Ausschau zu halten. Im Visitor Center gibt es Darstellungen zur Geschichte, dem Strand als Lebensraum und dem Leuchtturm zu sehen. Fahren Sie zum **Hunting Island Lighthouse** (Eintrittsgebühr), dem 41 Meter hohen Leuchtturm, der bis 1933 genutzt wurde. Von seiner Spitze eröffnet sich ein schöner Rundblick über Strand, Meer und Wattenlandschaft.

Ein kurzer Spaziergang bringt Sie zum Strand, auf dem Sie wegen der Sandkletten Schuhe tragen sollten. Ein Picknickplatz, Toiletten und ein Strandkiosk befinden sich in der Nähe des Badebereichs.

Von der Park Road führt ein **Naturlehrpfad** im Rundgang sechs Meilen (9,7 km) durch den Sumpfwald. Falls es notwendig wird, sollten Sie den Alligatoren unbedingt aus dem Weg gehen – die Tiere sind unberechenbar. Der Pfad führt an der Lagune entlang, die einst eine Süßwassermarsch war, jetzt aber mit der Fripp Inlet verbunden ist. Auf der anderen Seite der Fernstraße gelangen Sie auf dem kurzen **Moor-Knüppeldamm** zum schönsten Teil der Insel, wo Sie den Anblick goldener Gräser und langbeiniger Vögel im Sonnenuntergang genießen können.

Zum Angeln nach Meeresfischen fahren Sie den Sea Island Parkway zum südlichen Ende der Insel, wo ein Pier 340 Meter weit in den Meeresarm hinausragt. Das **Hunting Island Nature Center** am Fuß des Piers bietet interessante Einblicke in das Leben vieler Tiere dieser Insel.

### Camping und Lodge-Unterkunft

Der Park bietet 200 Zelt- und Wohnmobilplätze; Duschen sind vorhanden. Campinggebühr. Dazu gibt es 14 möblierte *Cabins*, die unter 866-345-7275 reserviert werden können.

Hunting Island State Park, 2555 Sea Island Pkwy., Hunting Island, SC 29920; 843-838-2011; www.southcarolinaparks.com

117

**GEZEITENWECHSEL:** Das friedliche Carolina-Wattenmeer mit seinem fruchtbaren Schlamm und Schlickgras ändert seinen Charakter je nach Tageszeit – oder besser gesagt: nach den Gezeiten. Bei Ebbe wuseln Winkerkrebse aus ihren Löchern, während Reiher und Waschbären sich im flachen Wasser eine schnelle Mahlzeit holen. Wenn die Flut vom Ozean einströmt, wirkt das Watt still und glatt wie ein Spiegel, doch unter der ebenen Oberfläche strömen mikroskopische Nährstoffe, Krabben, Krebse und sogar Tümmler herbei.

# Stephen C. Foster

*18 Meilen (12,9 km) nordöstlich von Fargo, an der Georgia 177*

- 32 Hektar ▪ Ganzjährig ▪ Eintrittsgebühr ▪ Touren durch den Sumpf
- Naturlehrpfad ▪ Bootfahren, Angeln (mit Angelschein)

Sumpfzypressen

Hohe Sumpfzypressen voll Louisianamoos spiegeln sich im klaren Moorwasser des alten Sumpflandes, in dem sich Alligatoren, Wassermokassinottern, Bären und Fischotter tummeln. Ein Schlangenhalsvogel bricht mit einem aufgespießten Fisch aus dem Wasser und fliegt zum nächsten Ast … dann ist alles wieder still. Der Park verdankt seinen Namen einem angesehenen amerikanischen Liedermacher aus dem 19. Jahrhundert und erstreckt sich über Jones Island, das mitten im 1602 Quadratkilometer großen **Okefenokee National Wildlife Refuge** (912-496-3331) liegt.

**PARK-TIPP:** *Im Herbst bekommen Sie vielleicht Schwarzbären zu sehen, die sich an Eicheln und Palmbeeren mästen.*

Okefenokee ist eigentlich mehr Wasserscheide als Sumpf – ein flaches Becken und früheres Binnenmeer, aus dessen Überresten sich heute hier im Westen der Suwannee River, im Osten der St. Marys River speist. Der Suwannee fließt in den Golf von Mexiko, der St. Marys in den Atlantik. Das ursprüngliche Wasserbecken sammelte im Lauf der Jahrtausende genügend abgestorbene Pflanzen an, um mehrere meterdicke Torfschichten anzuhäufen. Wo die Torfschichten dünner sind, vibriert der Boden, wenn man darübergeht, daher der indianische Name Okefenokee (»Land der bebenden Erde«).

Das Sumpfland gehörte einst der Hebard Cypress Company, die damals sechs Meter hohe Pfeiler in den Grund rammte und 35 Meilen (56,3 km) Eisenbahnschienen durch das Gebiet verlegte. Von 1908 bis

1927 holzte man Sumpfzypressen ab und gründete mit 2000 Angestellten eine blühende Gemeinde. 1937 wurde das Naturschutzgebiet,
das heute 90 Prozent des 1813 Quadratkilometer großen Sumpfgebiets
umfasst, gegründet. Der State Park wurde 1954 auf Jones Island –
mitten im Naturschutzgebiet – geschaffen.

## Attraktionen und Aktivitäten

Im Frühling und
Sommer sollte man
sich die 90-minütige
**Bootstour** *(Fahrtkosten)*
nicht entgehen lassen.
Melden Sie sich gleich
nach ihrer Ankunft im
Verwaltungsbüro des
Parks an. Auf der
Fahrt mitten durch die
Wasserlilien sehen Sie
Alligatoren, Reiher,
Wasserschildkröten
und Zypressen-
bestände. Das Tannin
der vermodernden
Vegetation verleiht
dem Wasser seine
bräunliche Färbung.

Besuchen Sie
auch das **Museum**
und das angrenzende
**Interpretive Center**. Es
zeigt die einheimische
Flora und Fauna.

Von hier aus kön-
nen Sie dem eine
Meile (1,6 km) langen
**Trembling Earth
Nature Trail** hinter
dem Verwaltungs-
gebäude folgen. Ein
erhöhter **Knüppeldamm** führt Sie 762
Meter weit in den Sumpf, an moosbewachsenen Zypressen, Süßwasser-
tümpeln und Feuchtgebieten vorbei.
Sie werden wahrscheinlich Alligatoren
und Reiher oder auch Rotwild und
Kanadakraniche zu sehen bekommen.
Insgesamt leben 234 Vogelarten und
etwa 12 000 Alligatoren im Naturschutzgebiet. Bänke und Schrifttafeln

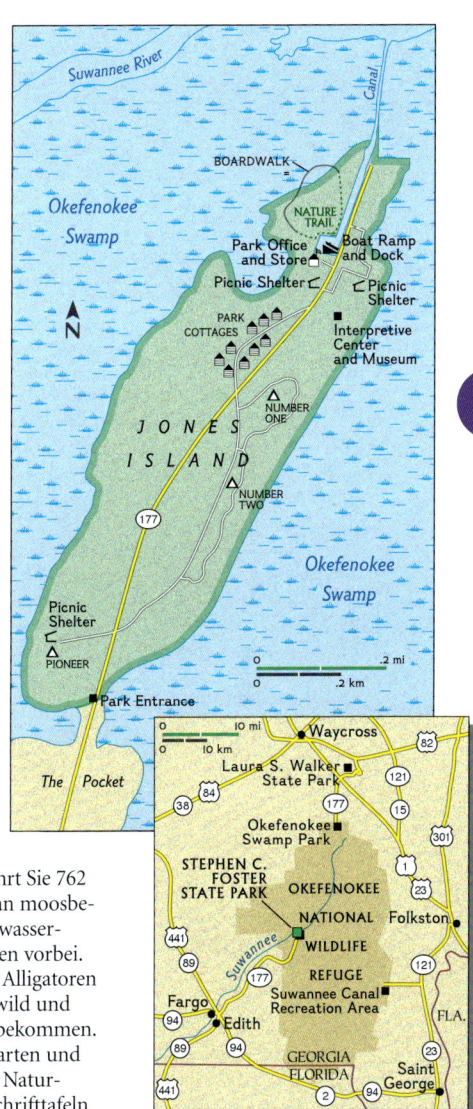

> **DEN BACH HINUNTER:** 1890 hatte Captain Harry Jackson, ein Anwalt aus Atlanta, die brillante Idee, den Sumpf trockenzulegen. Er kaufte die Hälfte des Grunds und plante ein Netzwerk von Kanälen, die das Wasser in den St. Marys River ableiten sollten, so dass Okefenokee trocken daliegen und Millionen durch Abholzung und Landwirtschaft einbringen würde. Jahre später ging Jackson jedoch auf, dass er sich übernommen hatte. 1895 hatte er erst 11,5 Meilen (18,5 km) Hauptkanal und acht Meilen (12,9 km) an Nebenkanälen ausgehoben, doch seiner Berechnung nach waren 300 Meilen (482,8 km) erforderlich, so dass er aufgab.

unterbrechen den Rundweg, und vom Pavillon aus lässt sich diese Urlandschaft in aller Ruhe betrachten.

## Weitere Erlebnisse

Wenn Sie den Sumpf alleine erkunden wollen, bieten sich 25 Meilen (40,2 km) lange, markierte Wasserwege an. Motorboote und Kanus können für den Tag angemietet werden, der Bootshafen befindet sich neben dem Verwaltungsgebäude und dem Informationszentrum. Dort können Sie auch Lebensmittel und eine Land-Karte kaufen.

Ein Kanal führt vom Bootshafen zum **Billy's Lake**, den größten der 60 benannten Seen im Okefenokee. Der 3,5 Meilen (5,6 km) lange See ist nur 90 bis 230 Meter breit. Östlich des Billy's Lake gelangen Sie zu **Billy's Island** *(3 Meilen – 4,8 km – vom Bootshafen entfernt)*. Sie können dort anlegen und dem eine Meile (1,6 km) langen Weg folgen. Die Hebard Cypress Company kaufte die Insel und richtete dort ihr Hauptquartier ein. Auf der vier Meilen (6,4 km) langen Insel entstanden Häuser, Straßen, ein Hotel und sogar ein Kino. Mittlerweile ist alles überwuchert und man kann sich kaum vorstellen, dass hier einmal 600 Leute wohnten.

Nördlich von Billy's Island liegt **Minnie's Lake** *(7 Meilen – 11,3 km – vom Bootshafen entfernt)*, der in den **Big Water Lake** *(weitere 7 Meilen entfernt)* übergeht. Große Zypressen wachsen entlang der engen Wasserstraße, die sich schließlich zu einer Grasebene erweitert. Am Big Water Lake gibt es noch mehr Zypressen und Unterholz zu sehen. Neben Alligatoren und Reihern sollten Sie auf Rotschulterbussarde, Geier und Fischotter achten.

## Camping und Lodge-Unterkunft

66 Zelt- und Wohnmobilplätze – Duschen vorhanden – sowie neun Hütten. In der Saison ist die Reservierung unter 800-864-7275 ratsam. Gebühr.

Stephen C. Foster State Park, 17515 Hwy. 177, Fargo, GA 31631; 912-637-5274; www.gastateparks.org/info/scfoster

Bootsfahrt auf dem Suwannee River

# Tallulah Gorge

*An der US 441, in Tallulah Falls*

▪ 11 km² ▪ Ganzjährig ▪ Parkgebühr ▪ Tiefe Schlucht ▪ Rim Trail, Aussichtspunkte ▪ Schwimmen im See, Tennis

Ein steiler Bergbach wie der Tallulah River kann die Landschaft über die Jahrtausende vielfach verändern. Auf weniger als einer Meile fällt das Wasser über 150 Meter und drillt seinen Weg durch den Quarzitgrund. So entstehen Felsformationen und Kaskaden. *Tallulah* bedeutet »unfertig«, und da der Fluss weiterhin abfällt, ist seine Arbeit als Landschaftsgestalter auch noch nicht beendet. Wenn Sie vom Rand der zwei Meilen (3,2 km) langen Tallulah Gorge 300 Meter tief zum Fluss hinabblicken, sehen Sie die ältesten Gesteinsformationen.

Menschen gibt es dort dagegen noch nicht sehr lange. Einige Jahrzehnte vor dem Sezessionskrieg, als die Indianer vertrieben wurden, kamen die ersten weißen Siedler, um sich die Schlucht anzusehen. Im späten 19. Jahrhundert hatte Tallulah Falls bereits 20 Hotels und war ein beliebtes Urlaubsziel im Süden. Entgegen den Protesten von Umweltschützern wurde 1912 ein Damm über den Wasserfällen errichtet, um Strom für Atlanta und andere Städte zu erzeugen. Touristen verloren nach und nach das Interesse, die Hotels gingen ein, und 1921 zerstörte ein Feuer die ganze Stadt. Jahrelang war die Stadt so gut wie vergessen und Filme wie *Beim Sterben ist jeder der*

Der Tallulah River

*Erste* porträtierten diese Landschaft als ungezähmte, wilde Schönheit. 1992 verpachtete die Georgia Power Company das Land an das Georgia Department of Natural Resources, und ein neuer State Park wurde geschaffen.

## Attraktionen und Aktivitäten

Wenn Sie nach Norden fahren, folgen Sie der Beschilderung zum **Jane Hurt Yarn Interpretive Center**. Hier erhalten Sie Karten und Informationen und können sich die kulturellen und naturgeschichtlichen Exponate ansehen. Der 15-minütige Film über Felskletterer und Kajakfahrten ist ein Muss.

Der Film ersetzt allerdings nicht das persönliche Erleben der Schlucht. Der knapp eine Meile (1,6 km) lange **North Rim Trail**, für den Sie hin und zurück 45 Minuten benötigen, bietet atemberaubende Ausblicke. Vom westlichen Ende des Weges haben Sie schöne Sicht auf den Überlauf des **Tallulah-Staudamms** hinter dem östlichen Ende, wo Kletterer in den Felsen hängen *(nur mit Genehmigung, maximal 20 Kletterer pro Tag)*.

Eine Genehmigung *(maximal 100 pro Tag)* ist auch erforderlich, um in die Schlucht hinabwandern zu dürfen. Am **South Rim** (»Südrand«) verläuft ein ähnlicher Wanderweg wie am Nordrand der Schlucht. Die beiden Rim Trails sind durch eine Hängebrücke miteinander verbunden.

Wanderer müssen sich auf 565 Stufen vom Nordrand, 595 Stufen vom Südrand und weitere 25 Stufen von der unteren Plattform Hurricane Falls aus zur Talsohle der Schlucht einstellen.

Für Fahrradtouren oder längere Wanderungen erkundigen Sie sich nach den weiteren, 20 Meilen (36 km) erschließenden Wanderwegen, wie den elf Meilen (17,7 km) langen Pfad vom Informationszentrum zum **Tugaloo Lake**. Ein Weg am Fluss ist auch für Rollstuhlfahrer geeignet.

An fünf Wochenenden *(April und Nov.)* lässt der Stromversorger genügend Wasser ablaufen, um den Fluss in eine weiße Hölle zu verwandeln. Wer es friedlicher haben möchte, kann am 25 Hektar großen **Tallulah Falls Lake** an einem betreuten Badeplatz schwimmen.

SEILTÄNZER: Am 18. Juli 1970 machte die Tallulah Gorge Schlagzeilen, als Karl Wallenda sie auf einem 230 Meter hoch über den Fluss gespannten, fünf Zentimeter dicken Drahtseil überquerte. 35000 Zuschauer sahen zu, wie der 65 Jahre alte Zirkuspatriarch den 305-Meter-Drahtseilakt meisterte. Acht Jahre später, bei einem ähnlichen Unternehmen in Puerto Rico, stürzte Wallenda tödlich ab. Die Befestigungen der Drahtseile am Nord- und Südrand der Tallulah Gorge sind noch zu sehen. Ein Professor Leon soll bereits 1886 die Schlucht auf einem Seil überquert haben.

## Camping

Der Park bietet 45 Zelt- und Wohnmobilplätze und fünf reine Zeltplätze; Duschen sind vorhanden. Während der Saison ist die Reservierung unter 800-864-7275 empfehlenswert. Campinggebühr.

Tallulah Gorge State Park., P.O. Box 248, Tallulah Falls, GA 30573; 706-754-7970; www.gastateparks.org/info/tallulah

# Fort Mountain

*8 Meilen (12,9 km) östlich von Chatsworth, an der Georgia 52*

■ 15 km² ■ Ganzjährig ■ Parkgebühr ■ Bergwildnis ■ Wandern, Schwimmen, Angeln (mit Angelschein)

Die Hügel, Farmen und Wiesen im Chattahoochee National Forest gehören unbestritten zu den schönsten Ansichten Georgias. Hier, im Süden der Appalachen, erhebt sich der Fort Mountain 853 Meter hoch. An dieser exponierten Stelle gibt es eine rätselhafte, 260 Meter lange Felsmauer, die vor etwa 2000 Jahren von Waldlandindianern errichtet wurde.

Fahren Sie zum Parkplatz des **Old Fort Wall**. Ein Aussichtspunkt erlaubt einen Blick auf die ganze Ruine. Der 1,8 Meilen (2,9 km) lange **Old Fort Trail** bringt Sie zu einem 15 Meter hohen **Aussichtsturm**. Die Sicht wird von hohen Bäumen behindert, dennoch kann man die Cohutta Mountains im Westen gut sehen. Direkt vor dem Parkplatz erlaubt der **Cool Springs Overlook** einen Blick nach Osten in die Cohutta Wilderness Area.

Vom Zentrum des Parks aus führt der 0,7 Meilen (1,1 km) lange **Big Rock Nature Trail** zu einem Blick auf die Ausläufer der Berge im Westen. Der Weg folgt dem Bach, der dem **Fort Mountain Lake** entspringt. Nehmen Sie den **Lake Loop Trail**, der über 1,2 Meilen (1,9 km) um den See führt, und gehen Sie anschließend zum Strand *(Mai–Sept.)*, oder mieten Sie ein Boot zum Paddeln oder Angeln. Wenn Ihnen jedoch richtig nach Wandern zumute ist, folgen Sie dem 8,2 Meilen (13,2 km) langen **Gahuti Backpacking Trail**, der fast um den gesamten Park herum führt.

Herbst am Fort Mountain

**PARK-TIPP: *Stehen Sie früh auf, um den Sonnenaufgang am Cool Springs Overlook zu erleben.***

### Camping und Lodge-Unterkunft

Der Park bietet 70 Zelt- und Wohnmobilplätze – Duschen sind vorhanden – sowie vier Plätze für Walk-in-Zelte, vier Plätze zum freien Zelten, sechs »Eichhörnchennest«-, drei »Pionier«-Plätze und 15 *Cabins*. Während der Saison ist die Reservierung unter 800-864-7275 empfehlenswert. Campinggebühr.

Fort Mountain State Park, 181 Fort Mountain Park Rd., Chatsworth, GA 30705; 706-422-1932; www.gastateparks.org/info/fortmt

123

# Cloudland Canyon

*8 Meilen (12,9 km) südöstlich von Trenton, an der Georgia 136*

▪ 9 km² ▪ Ganzjährig ▪ Parkgebühr ▪ Wanderwege ▪ Tennisplätze, Frisbeegolf

Dieser Park bietet endlose Weiten zerklüfteter Berglandschaft. Am Aussichtspunkt des Canyon, über einem 300 Meter hohen Abgrund, fühlen Sie die ungeheure Kraft der Natur, die diese Landschaft geformt hat. Hier, am westlichen Ende des Lookout Mountain, haben sich Bergbäche über Äonen hinweg durch Schiefer und Sandstein eingegraben und eine gewaltige Schlucht mit Steilhängen und Wasserkaskaden geschaffen.

Der Bundesstaat hat ab 1938 Land aufgekauft, um diesen Park zu gründen. Als die Georgia 136 fertiggestellt wurde, mussten Besucher nun nicht mehr über Alabama oder Tennessee anreisen, um den Canyon zu sehen.

Wenn Sie nur wenig Zeit haben, parken Sie am **Canyon Overlook** und genießen Sie den schönsten Ausblick des Parks. Der Bear Creek (zu Ihrer Rechten) und Daniel Creek (links) fließen in der Schlucht zusammen und vereinigen sich zum Sitton Gulch Creek bzw. Cloudland Canyon. Wenn Sie nach Norden das Tal entlangblicken – also in Fließrichtung der Flüsse –, sehen Sie das älteste Gestein dieser Gegend.

Wenn Sie Zeit haben, folgen Sie dem **Waterfalls Trail** links in den Daniel Creek Canyon hinunter, vorbei an Rhododendron, Lorbeer, Schierling und an Sandsteinformationen, die oft aufgrund des schneller auswaschenden Schiefergesteins unterhöhlt worden sind. Zwei Wasserfälle finden sich etwa eine Meile (1,6 km) vom Parkplatz entfernt – der rechte fällt fast 30 Meter tief. Mit der Zeit waschen die Kaskaden den Stein aus und rücken immer weiter zurück, bis sie schließlich im flacheren Land ganz verschwinden. Sie können bis zum westlichen Rand des Cloudland Canyon weitergehen, an Schierling, Hartriegel und Berglorbeer vorbei, und so auf einem 4,8 Meilen (7,7 km) langen Rundweg zum Parkplatz zurückkehren.

Nach diesem Ausflug in die Natur fahren Sie vom Parkplatz aus nach Süden. Hier können Sie sich am Schwimmbad oder auf den Tennisplätzen vergnügen. Nur wenige Schritte entfernt liegt eine Beobachtungsstation für Wildtiere. Klee, Weizen, Roggen und andere Feldfrüchte sollen Rotwild, Truthähne, Kaninchen, Wachteln und weitere Tierarten anlocken. Vom fünf Meter hohen Aussichtsturm können Sie die Tiere beobachten und dem Tschilpen von Rötelgrundammern und Indianermeisen lauschen. Der Spätnachmittag ist die beste Beobachtungszeit.

### Camping und Lodge-Unterkunft

Der Park bietet 73 Zelt- und Wohnmobilplätze – Duschen vorhanden – sowie 30 Plätze für Walk-in-Zelte, 16 Ferienhütten und elf Plätze zum freien Zelten. Während der Saison empfiehlt sich die Reservierung unter 800-864-7275. Campinggebühr.

Cloudland Canyon State Park, 122 Cloudland Canyon Park Rd., Rising Fawn, GA 30738; 706-657-4050; www.gastateparks.org/info/cloudland

# Providence Canyon

*7 Meilen (11,3 km) westlich von Lumpkin, an der Georgia 39C*

■ 4,5 km² ■ Ganzjährig ■ Parkgebühr ■ Wandern

Der Dank gilt den Siedlern etwa zu Beginn des 19. Jahrhunderts – Dank für Georgias »kleinen Grand Canyon«, ein Netz von 16 fingerähnlichen Rinnen, die sich tief in den roten Lehm gegraben haben. Als jene Farmer damals die Wälder rodeten, hätten sie nicht gedacht, dass sie damit einen Erosionsprozess auslösen. Um 1850 waren die Gräben schon anderthalb Meter tief in den sandigen Grund getrieben, heute ist der Canyon 46 Meter tief. Der State Park wurde 1971 gegründet, um die natürliche Schönheit des Canyon zu erhalten.

Providence Canyon

In 43 Farbnuancen leuchten die gezackten Kämme und nackten Wälle: orangefarbene, rote, violette und weiße Töne, die insbesondere im Sommer attraktiv wirken, wenn Wildblumen wie die seltene Prunifolium-Azalee blühen. Im **Interpretive Center** (Informationszentrum) erfahren Sie durch Filme und Ausstellungen mehr über den Canyon.

Vom Informationszentrum aus können Sie auch auf dem drei Meilen (4,8 km) langen Rundweg **White Blaze Loop** in den Canyon hinunter und wieder zurück wandern. Der sieben Meilen (11,3 km) lange **Red Blaze Backcountry Loop** führt durch den hinteren (westlichen) Abschnitt des Parks.

## Camping

Der Park bietet sechs Plätze für Rucksackwanderer und einfache Gruppenplätze. Während der Saison ist die telefonische Reservierung bei der Parkverwaltung oder unter 800-864-7275 empfehlenswert. Campinggebühr.

Providence Canyon State Conservation Park, Rte. 1, Box 158, Lumpkin, GA 31815; 229-838-6202; www.gastateparks.org/info/providence

# John Pennekamp Coral Reef

*Meilenstein 102,5 auf der US 1, in Key Largo*

■ 258 km² ■ Ganzjährig ■ Korallenriff ■ Touren mit dem Glasbodenboot
■ Tauch-/Schnorcheltouren ■ Naturlehrpfade und Kanuwege ■ Bootsverleih ■ Aquarium

Gerätetaucher im Riff

Die ganze Schönheit dieses Korallenriffs entfaltet sich in der Strait of
Florida. Bis zu 95 Prozent des Parkgebiets liegen unter Wasser. Der Park
erstreckt sich etwa 25 Meilen (40,2 km) am Strand entlang und drei
Meilen (4,8 km) weit ins Meer hinaus. Er schützt so einen Teil des einzigen Korallenriffs vor dem US-amerikanischen Festland. Passatwinde
und die warmen Wasser des Golfstroms begünstigen dieses einmalige

Ökosystem – wie auch die anderen Ökosysteme des Parks, die Seegras-wiesen, Mangrovensümpfe und die tropischen Hammocks (Bauminseln).

Wenn Sie mit dem Boot zu den Plattformriffen hinausfahren, ent-decken Sie einen Unterwassergarten, der sich über fünf- bis siebentau-send Jahre hinweg entwickelt hat. Riffe sind komplexe Systeme lebender Polypen, die ein Kalksubstrat um sich herum absondern. Im Lauf der Zeit bildet sich so eine harte Masse, in der sich neue Polypen festsetzen und in der Schwämme, Krebse, Krabben und fast 600 Fischarten Schutz finden.

Früher haben Besucher des Korallenriffs oft Souvenirs in Form von Korallen und Muscheln mitgenommen. Was sie nicht abbrechen konnten, das holten sie sich mit Hammer, Meißel oder gar Dynamit. Es entstand eine regelrechte Souvenirindustrie. 1957 warnte Dr. Gilbert Voss vom Meeresinstitut in Miami auf einer biologischen Konferenz, dass das Riff ohne Schutzmaßnahmen bald tot wäre. John Pennekamp, Redaktionsassistent des Miami Herald, wurde zum stärksten Befür-worter von Schutzmaßnahmen. Er hatte bereits bei der Gründung des Everglades National Park mitgewirkt, und gemeinsam mit Voss holte er nun die Unterstützung der Behörden vor Ort ein. Drei Jahre lang kämpften sie gegen den Widerstand der Unternehmen an, die von der Ausbeutung des Korallenriffs lebten, bis 1960 glücklicherweise endlich der erste Unterwasserpark des Landes geschaffen wurde.

127

## Attraktionen und Aktivitäten

Am besten gehen Sie zuerst zum **Konzessionsgebäude** *(305-451-6300)* und fragen nach Bootstouren. Bei gutem Wetter finden täglich drei Glasbodenboot- und drei Schnorcheltouren (Gebühren) statt. Die Touren dauern 2,5 Stunden, Schnorcheltouren garantieren normaler-weise 90 Minuten im Wasser. Es gibt auch kombinierte Segel- und Schnorcheltouren auf einem elf Meter langen Katamaran. Die Touren führen zum Highlight des Parks: das Kaleidoskop tropischen Lebens unter der Wasseroberfläche. Zu den farbenprächtigsten Fischen gehören Kaiser- und Papageifische, Snapper und Drückerfische. Hirn- und Sternkorallen wechseln sich mit den weicheren Korallenarten ab, die ihre Fächer und Schleier sanft im Wasser wiegen. Insgesamt leben im Riff mehr als 40 verschiedene Korallenarten, und bei guter Sicht kann man bis zu 30 Meter in die Tiefe blicken.

Auch an der Oberfläche gibt es viel zu entdecken. Gemeinsam mit dem an-grenzenden **Key Largo National Marine Sanctuary** *(305-852-6450)* erstreckt sich der Park über 178 Quadratseemeilen türkisfarbenen Wassers, gesäumt von Mangroven. Fast die gesamte Länge von Key Largo, der größten Insel der Florida Keys, wird von dem Park ein-genommen.

**CHRISTUS DER TIEFE:** Lichtsäulen zieren das bekannteste Wahrzeichen im angrenzenden Key Largo National Marine Sanctuary. Auf dem Meeres-boden, sechs Meter unter der Was-seroberfläche, steht mit erhobenen Armen und weiten Gewändern eine Kopie des *Il Christo degli Abissi*, dessen Original im Mittelmeer vor Genua jene schützen soll, die im Meer arbeiten oder sich vergnügen. Die 2,70 Meter große Bronzestatue wurde 1961 von der Underwater Society of America gestiftet.

Während Sie auf Ihre Tour warten, sollten Sie zum **Visitor Center** gehen. Neben netten, auskunftsfreudigen Mitarbeitern finden Sie dort ein 114 000-Liter-Salzwasseraquarium mit einem breiten Spektrum an Fischen, Korallen, Schwämmen und Seeanemonen. Es werden auch Filme gezeigt, die Ihnen erklären, was Sie draußen sehen werden. Ein Ausstellungsbecken zeigt abgestorbene, vom Abfall erstickte Korallen und macht deutlich, wie schnell dieses fragile Ökosystem zerstört werden kann. Schon das Berühren der Korallen ist gesetzlich verboten.

Nach der Bootstour möchten Sie wahrscheinlich für den Rest der Tages auf eigene Faust losziehen. Im Konzessionsgebäude können Sie Schnorchelausrüstungen mieten. Der Felsenstrand des **Cannon Beach** am Largo Sound ist typisch für die Upper Keys, bei denen der Sand vom Riff abgehalten wird. Es gibt zwar kaum Korallen zu sehen, doch dafür Fische in allen Farben und Formen. Ein rekonstruiertes spanisches Schiffswrack mit Kanonen, Anker und Ballaststeinen liegt im flachen Wasser, etwa 40 Meter vor der Küste. Im Konzessionsgebäude kann man auch ein Kanu oder Kajak mieten und auf den Prielen durch die Mangrovenwälder paddeln. Der 2,5 Meilen (4 km) lange Wasserweg führt zum **Far Beach**, wo es einen Badestrand und Umkleidekabinen gibt. (*Achtung: Wenn Sie außerhalb des Badestrandes schwimmen wollen, müssen Sie eine »Diver-Down«-Flagge anbringen, die im Tauchshop erhältlich ist.*)

Zwei kürzere Wanderwege, die Sie über die Flora der Keys informieren, können leicht in den Tagesablauf integriert werden. Der **Wild Tamarind Trail** führt Sie durch einen Hammock mit tropischen Pflanzen wie Silberpalme, Ficus aurea (Würgefeige), Weißgummibaum (Gumbo Limbo) und Westindischem Mahagoni. In Ufernähe folgt der **Mangrove Trail** einem Knüppeldamm durch Rote, Schwarze und Weiße Mangroven, Bäume, die im Salzwasser wurzeln. Ihre käfigartigen Wurzeln bieten vielen Jungfischen Schutz und stabilisieren die Küste.

### Weitere Erlebnisse

Der Tauchshop im Yachthafen *(305-451-6322)* bietet Tauchtouren für Anfänger und Fortgeschrittene. Bei einem Trainingskurs von vier Stunden (kein Tauchschein) lernen Sie, bis über drei Meter Tiefe zu tauchen. Für einen Tauchschein müssen Sie drei bis vier Tage investieren.

Wenn Sie weiter aufs Meer hinaus wollen, können Sie im Yachthafen geeignete Boote mieten. Dazu müssen Sie Navigationskarten lesen können und die Bedeutung der Bojen kennen.

### Camping

Der Park bietet 47 Zelt- und Wohnmobilplätze; Duschen sind vorhanden. Die Reservierung unter 800-326-3521 ist dringend zu empfehlen. Campinggebühr. Die Hauptsaison erstreckt sich von Mitte Herbst bis in den Frühling.

John Pennekamp Coral Reef State Park, Mile Marker 102.5, P.O. Box 487, Key Largo, FL 33037; 305-451-1202; www.floridastateparks.org/pennekamp

# Myakka River

*9 Meilen (14,5 km) östlich der I-75, an der Florida 72*

- 150 km² ▪ Ganzjährig ▪ Eintrittsgebühr ▪ Boots- und Bahntouren
- Vogelbeobachtung, Angeln (mit Angelschein), Fahrradfahren

Sabalpalmen am Myakka River

Einer der ältesten und größten State Parks Floridas zieht sich zwölf Meilen (19,3 km) an den Ufern des friedlichen Myakka River entlang und bietet eine vielseitige Landschaft an Sumpflandseen, Eichen- und Palmeninseln, flachen Kiefernwäldern und Sabalpalmen-Prärie. Auf der Fahrt durch den Park liegen dichte Wälder zu Ihrer Rechten, während zur Linken der Blick frei über die Lichtungen und Sümpfe des Upper Myakka Lake geht. Rotwild, Rotluchse und wilde Truthähne verstecken sich in den Bauminseln, während Alligatoren, Schildkröten und Vögel in den Marschen beobachtet werden können.

Der Bundesstaat kaufte das Land 1934 auf, und unter Führung des National Park Service erschloss der CCC (Civilian Conservation Corps) gemeinsam mit der Armee in den darauffolgenden sieben Jahren den Park mit seinen Wegen und Anlagen. Im Jahre 1942 eröffnet, schützt der Myakka Park heute Floridas größte Vielfalt an Lebensräumen. 1985 wurde ein 34 Meilen (54,7 km) langer Abschnitt des Myakka River zum Landschaftsschutzgebiet erklärt – eine hohe Auszeichnung, die außer ihm nur zwei weiteren Flussläufen Floridas überhaupt zuteil wurde. Südlich der Überlandstraße breitet sich ein 30 Quadratkilometer großes Naturschutzgebiet als Teil des Parks aus, der in der Tat völlig unberührt blieb.

### Attraktionen und Aktivitäten

Myakka ist ein großer Park, doch obwohl er so beliebt ist – vor allem an Wochenenden –, können Sie jederzeit eine ruhige Ecke finden. Am Eingang wird Ihnen eine Broschüre mit Touren-Informationen ausgehändigt. Weitere Informationen, zum Beispiel über Rucksackwanderungen, Reitausflüge oder das Naturschutzgebiet, erhalten Sie im Visitor Center. Über Bootstouren und -verleih informieren Sie die Mitarbeiter im **Bootshafen**.

Der Park Drive windet sich in sieben Serpentinen am Fluss- und Seeufer entlang. Es ist eine vergnügliche Fahrt mit all ihren Ausblicken auf Sumpfland und Hammocks (Bauminseln) und mit den vielen Parkplätzen, an denen es etwas zu sehen gibt – daher fahren die meisten Besucher auch nicht schneller als *25 miles per hour* (40 km/h). Wenn Sie den Fluss überquert haben, fahren Sie rechts ran. Dort finden Sie unter Sabalpalmen und moosbewachsenen Eichen einen unmarkierten, sandigen **Anglerpfad**, der dem Fluss etwa eine Meile (1,6 km) flussabwärts zurück zur Straße folgt. Nur wenige Menschen kennen diesen Weg mit seinen Ausblicken auf den Fluss und die Feuchtgebiete. Etwas weiter die Straße hinunter wurde ein ausgewiesener Rundweg angelegt: Der eine Meile (1,6 km) lange **Nature Loop** führt durch aufgelockertes Waldland. Schrifttafeln erzählen Interessantes über die heimische Fauna und Flora. Hier können Sie auch den neuen **Myakka Canopy Walkway** bewundern. Dieser 7,6 Meter über dem Boden verlaufende Plankenweg führt 26 Meter weit durch Baumwipfel bis zu einem 22 Meter hohen Turm mit einem guten Überblick über dieses Ökosystem.

Wenn Sie die Straße weiter entlangfahren, gibt es mehrere ausgewiesene Möglichkeiten zu parken und loszuwandern. Rund 40 Meilen (64,4 km) an Wanderwegen führen durch dichte Hammocks und trockene Prärien. Um die Wildnis aber richtig kennenzulernen, sollten Sie mit dem Rucksack wandern.

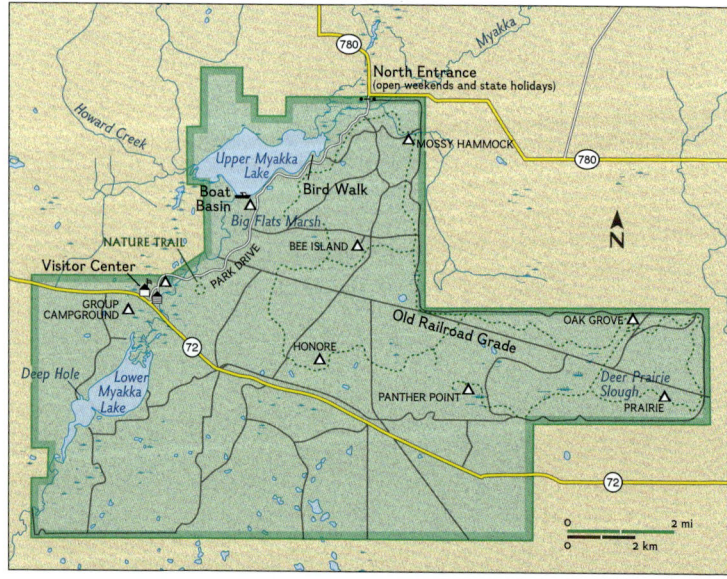

Der belebteste Teil des Parks, der **Bootshafen**, liegt etwa 3,5 Meilen (5,6 km) vom Eingang entfernt. Buchen Sie eine **Luftkissenbootsfahrt** *(Gebühr)* oder **Bahn-Safari** *(Gebühr)*, die dort mehrmals täglich stattfinden. Die Luftkissenboote für 70 Passagiere fahren etwa eine Stunde über den Lake Myakka, während ein Reiseführer das Ökosystem erklärt. Die Bahnen befördern bei laufenden Kommentaren bis zu 50 Passagiere durch die bewaldeten Gebiete. Wenn Sie die Gegend allein erkunden möchten, können Sie am Bootshafen Kanus und Kajaks mieten.

Sie können auch ein Fahrrad mieten und 3,5 Meilen (5,6 km) bis zum Nordausgang radeln. Die Straße ist eben und malerisch und es gibt wenig Verkehr. Nach zwei Meilen (3,2 km) biegen Sie links zum **Bird Walk** ab, einem Knüppeldamm zu einem Aussichtspunkt auf die Seegraswiesen. Infotafeln helfen Ihnen, Vögel zu identifizieren, zum Beispiel Kanadareiher, Schmuckreiher oder Rosalöffler und verschiedene Entenarten. Vor dem Nordausgang biegen Sie rechts in einen Picknickbereich an dem Bach **Clay Gully** ab.

### Weitere Erlebnisse

Einer der schönsten Plätze des Parks, **Deer Prairie Slough**, liegt zehn Meilen (16,1 km) im Osten. Riesige Ahorn- und Eichenbäume bilden hier ein dichtes Blätterdach, unter dem sich Farne und subtropische Pflanzen ausbreiten. Da es jedoch 6,5 Meilen (10,5 km) Weg pro Richtung sind, ist das nur etwas für Leute, die gut zu Fuß sind *(einfache Campingplätze vorhanden)*, oder für Fahrradfahrer. In der Regenzeit (spätes Frühjahr bis Anfang Herbst) ist der Grund sehr feucht.

Floridas Natur erleben Sie hautnah im **Myakka River Wilderness Preserve** auf der anderen Seite der Straße. Mehr als ein Viertel des Parkgebiets liegt in diesem Schutzgebiet für Sümpfe und Hammocks rund um den **Lower Myakka Lake**. Nur eine begrenzte Anzahl von Besuchern wird pro Tag zugelassen. Melden Sie sich bei der Ranger Station (an der Eingangspforte) an und fahren Sie dann zum Parkplatz. Ein schmaler Pfad führt 1,5 Meilen (2,4 km) weit zum See hinunter. Von hier aus sind es weitere 800 Meter bis zum **Deep Hole**, einer 43 Meter tiefen Senke, an der gerne geangelt wird.

### Camping und Lodge-Unterkunft

Der Park bietet 76 Zelt- und Wohnmobilplätze; Duschen sind vorhanden. Die meisten Plätze können reserviert werden. Campinggebühr. Außerdem gibt es fünf Blockhütten. Reservierung der Blockhütten und Campingplätze unter 877-444-6777, der Plätze für Rucksackwanderer unter 941-361-6511.

Myakka River State Park, 13207 Rte. 72, Sarasota, FL 34241; 941-361-6511; www.floridastateparks.org/myakkariver

**BUSCHFEUER ERWÜNSCHT:** Die feuchtheißen Prärien im Innern Floridas begannen im letzten Jahrhundert zu verschwinden. Konstant durchgeführte Maßnahmen gegen Buschfeuer läuteten beinah das Ende dieses Ökosystems ein. Ohne diese natürlichen Feuer nahmen Bäume und Gestrüpp überhand und die Tiere des Graslandes starben aus. Um das alte Gleichgewicht wiederherzustellen, werden nun kontrolliert Brände gelegt. Sie vertreiben auch die eingedrungenen Wildschweine, die die Pflanzen und Tiere der Prärie zerstören.

# Wekiwa Springs

*3 Meilen (4,8 km) nördlich von Apopka, abseits der Florida 434 oder Florida 436*

▪ 32,4 km² ▪ Ganzjährig ▪ Naturquellen ▪ Schwimmen, Kanufahren, Wandern

Kanus auf den Wekiwa Springs

Das Kanu gleitet durch die stillen Wasser der Wildnis, nur hier und da ist ein Vogelruf oder der Sprung eines Fisches im Wasser zu hören. Von den Sümpfen bis zu den Sanddünen zeigt dieser Park den wilden Dschungel im Innern Floridas, beinah wie früher, ehe die Weißen ankamen. Acht Muschelhügel bezeugen, dass die Timucuan – erste Jäger und Sammler – hier genügend Fisch und Krustentiere als Nahrung fanden. Der Name des Parks stammt von dem Creek-Wort für »Wasserquelle« ab. Um es komplizierter auszudrücken: Die Wekiwa *(we-KI-wa)* Springs sind die Quellflüsse des Wekiva *(we-KI-va)* River, das Creek-Wort für »fließendes Gewässer«.

Nach dem Zweiten Seminolenkrieg siedelten sich ab 1840 die ersten Weißen hier an. Sie holzten die Zypressen ab und pflanzten Baumwolle und andere Feldfrüchte an, die sie über den Fluss verschifften, der auch ihre Mühlen antrieb. Bald darauf entdeckten Touristen die heilenden Mineralquellen. Ein blühendes Kurhotel entstand 1890 in der Stadt Clay Springs. Die Weltwirtschaftskrise würgte den Tourismus aber ab und die Stadt wurde aufgegeben. 1953 brannte das Hotel ab, das Baumaterial wurde anderweitig wiederverwendet, und Pflanzen überwucherten die Ruinen. Aus jener Zeit blieben nur einige Bahnschwellen sowie Hunderte großer Baumstümpfe. Zypressen sieht man heute kaum noch – die Holzfäller haben ganze Arbeit geleistet.

1934 erwarb der Apopka Sportsmen Club das Land und unterhielt es bis 1969 als Angel- und Jagdrevier. Dann sollte es in Bauparzellen auf-

> **WAS SAGT EIN NAME?** An den State Park grenzen im Norden das Rock Springs Run State Reserve und das Lower Wekiva River State Preserve. Gemeinsam bilden die drei Parks die Wekiva River Basin State Parks. Warum diese unterschiedlichen Bezeichnungen? In Florida ist ein *State Park* am wenigsten geschützt, bis zu 20 Prozent des Gebiets können bebaut werden. Ein *Reserve* erlaubt eine sehr geringe Erschließung, ein *Preserve* überhaupt keine: Hier gibt es keinerlei Einrichtungen und nur wenige Wege. Tief in den Flusssümpfen, weitab menschlicher Beobachtung, leben Bären und Luchse.

geteilt werden, aber der Staat griff ein, kaufte das Land auf und eröffnete 1970 den Park. Die benachbarten Schutzgebiete Rock Springs Run State Reserve und Lower Wekiva River State Preserve bilden gemeinsam mit Wekiwa Springs die 162 Quadratkilometer großen Wekiva River Basin State Parks (siehe Kasten).

## Attraktionen und Aktivitäten

In der **Ranger Station** an der Einfahrt erhalten Sie Karten und Broschüren. Die meisten Besucher fahren mit dem Boot oder schwimmen in den Quellen mit ihrer konstanten Temperatur zwischen 20 und 22 Grad Celsius. Zur Badeeinrichtung gehören eine Uferpromenade, eine Rampe und Stufen. Das natürliche Wasserbecken hat ein flaches und ein tiefes Ende. Man kann zu der Öffnung schwimmen, aus der das Wasser strömt. Das nahe gelegene **Visitor Center** informiert über die Geschichte des Wekiva-Beckens.

Eine schöne Spritztour genießen Sie, wenn Sie ein Kanu oder Kajak mieten und den **Wekiwa Springs Run** zur Wekiwa Marina paddeln, dort essen und anschließend wieder zurückpaddeln. Rechnen Sie für die zwei Meilen (3,2 km) lange Rundfahrt mit zwei Stunden Paddelzeit. Vom Park aus können Sie auch etwa 4,5 Stunden nach Katie's Landing paddeln und sich dort abholen lassen. Längere Ausflüge können in King's Landing *(407-886-0859)* organisiert werden. Von dort aus können Sie 8,5 Meilen (13,7 km) weit – etwa sechs Stunden lang – den Rock Springs Run zum Yachthafen paddeln und sich dort abholen lassen. *Denken Sie daran: Dies ist ein Naturpark. Karten und Trinkwasser müssen Sie unbedingt dabeihaben.*

> **PARK-TIPP:** *Folgen Sie einem Weg in die Sandhügel. Im Herbst blühen dort Wildblumen, vor allem nach einem kontrollierten Buschfeuer.*

Wenn die Arme müde sind, wandern Sie auf dem 13,5 Meilen (21,7 km) langen **Main Hiking Trail**. Der 5,3 Meilen (8,5 km) lange Rundweg **Volksmarch Trail** führt durch die Flussauen auf höheres Flachland mit Kiefernwäldern bis hin zu sandigen Hügeln, den Überresten von Dünen, die sich hier vor der letzten Eiszeit ausdehnten.

## Camping

Wekiwa Springs hat 60 Zelt- und Wohnmobilplätze; Duschen vorhanden. Reservierung ist unter 800-326-3521 möglich. Zudem gibt es zwei Kanu- und zwei Rucksackwanderer-Camps; telefonische Reservierung bei der Parkverwaltung. Campinggebühr.

Wekiwa Springs State Park, 1800 Wekiwa Circle, Apopka, FL 32712; 407-884-2008; www.floridastateparks.org/wekiwasprings

# Paynes Prairie

*1 Meile (1,6 km) nördlich von Micanopy, an der US 441*

■ 85 km² ■ Ganzjährig ■ Eintrittsgebühr ■ Wandern ■ Angeln (mit Angelschein)

Mitten in Florida erstreckt sich ein rund 14 Kilometer breites Becken, das durch Absinken des Kalksteinuntergrunds entstand. Die Tümpel, Sümpfe, Feuchtwiesen und Fichtenwälder dieses Naturschutzgebiets werden von zahlreichen Alligatoren, Watvögeln und Fischottern bewohnt, wie auch von überwinternden Kanadakranichen und Weißkopfseeadlern. Der Naturforscher William Bartram nannte 1774 das Becken die große Alachua-Savanne. Der Name dieses Naturschutzgebiets geht auf den Seminolen-Häuptling King Payne zurück.

**PARK-TIPP:** *Nehmen Sie an einer Wanderung mit einem Ranger teil, der Ihnen die Achalua-Senke, Alligatoren und viele der über 270 Vogelarten erläutert.*

Beginnen Sie am **Visitor Center** *(352-466-4100)* mit einem Blick auf die Feuchtwiesen, auf denen einst Bisons grasten. Während einer Trockenperiode im späten 17. Jahrhundert war dies die größte Viehranch im spanischen Florida. Einen noch besseren Ausblick gewährt ein 15,2 Meter hoher Aussichtsturm am Ende des 500 Meter langen **Wacahoota Trail**.

Am **Lake Wauberg** gibt es eine Bootsrampe und einen Picknickplatz. Sie können Brassen und Barsche angeln, allerdings benötigen Sie ein eigenes Boot *(nur Elektromotoren)*. Gegenüber der Parkstraße führt der **Chacala Trail** auf einem Rundweg von sechs Meilen (9,6 km) durch Kiefernwälder und schattige Hammocks (Bauminseln).

Fahren Sie zum Nordrand und nehmen Sie dort an der US 441 den **Bolen Bluff Trail**, einen 2,9 Meilen (4,7 km) langen Wanderweg zu einer Aussichtsplattform. Am **North Rim** gibt es ein Informationszentrum und den drei Meilen (4,8 km) langen **LaChua Trail** mit schönen Ausblicken auf das Moor, das Alachua-Becken und den See.

## Camping

Der Park bietet 35 Wohnmobil- und 15 Zeltplätze; Duschen sind vorhanden. Reservierung unter 800-326-3521. Campinggebühr.

Paynes Prairie Preserve State Park, 100 Savannah Blvd., Micanopy, FL 32667; 352-466-3397; www.floridastateparks.org/paynesprairie

Weiße Ibisse

134

# St. Joseph Peninsula

*26 Meilen (41,8 km)
westlich von Apa-
lachicolan, an der
County Road 30E*

- 10,2 km² - Ganz-
jährig - Strände
- Wanderwege
- Vogelbeobachtung

Wie ein langer
Angelhaken am
Ellbogen von
Floridas westlichem
Landzipfel ragt St.
Joseph in den Golf
von Mexiko hinein.
Mehr als neun
Meilen (14,5 km)

Dünen mit Strandhafer an der Küste des Golfs

weißer Quarzsandstrände breiten sich an der Küste aus und die Bucht
bietet Wattenmeer, Gezeitenmarsche und noch mehr Sandstrand. Die
Ureinwohner lebten von den Krustentieren des warmen Wassers. Im
17. Jahrhundert bauten die Spanier ein Fort, doch abgesehen von einem
Trainingscamp für Truppen während des Zweiten Weltkriegs war alles
friedlich auf dieser Halbinsel.

Vögel zu beobachten – ob ernsthaft oder gelegentlich – ist hier die
Lieblingsbeschäftigung. Neben den heimischen Strand- und Watvögeln
fliegen Tausende von Greifvögeln auf ihren Herbstzügen durch. Täglich
sind Dutzende zu sehen, die – der Kurve der Halbinsel folgend – zum
Festland fliegen.

Drei Wanderwege mit insgesamt fünf Meilen (8 km) Länge bieten
Ausblicke auf die Ökosysteme an der Küste: Meeresstrand, Buchtufer,
Dünen, Küstenwälder und Sandkiefer-Gebüsch. Der **Barrier Dunes Trail**
führt durch die weite Dünenlandschaft mit Strandhafer, Stech- und
Sägepalmen, Rosmarin und mehr, zwischen denen die Spuren nacht-
aktiver Waschbären, Skunks (Stinktiere) und der Baumwollmäuse zu
sehen sind. Wenn Sie die seichte Bucht erkunden wollen, mieten Sie ein
Kanu von Anbietern vor dem Park. Fast zwei Drittel des Parks am Nordende der Halbinsel sind Naturschutzgebiet und vollkommen unberührt.
Dort können Sie zelten und auf sechs Meilen (9,5 km) langen Wanderwegen die urwüchsige Natur erkunden.

### Camping und Lodge-Unterkunft

Der Park bietet 119 Zelt- und Wohnmobilplätze (90 Prozent können
reserviert werden) – Duschen vorhanden – sowie acht *Cabins*. Reservierung unter 800-326-3521. Campinggebühr.

St. Joseph Peninsula State Park, 8899 Cape San Blas Rd., Port St. Joe,
FL 32456; 850-227-1327; www.floridastateparks.org/stjoseph

# DeSoto

*8 Meilen (12,9 km) nordöstlich von Fort Payne, an der County Road 89*

■ 14,2 km² ■ Ganzjährig ■ Tagesgebühr ■ 22 Meilen (35,4 km) Canyon-Straße ■ 15 Wasserfälle ■ Wandern ■ Lodge ■ Schwimmen, Tennis

Wenn Sie den DeSoto State Park vom Urlaubsort Mentone aus Richtung Süden anfahren, sind Sie auf der County Road 89, die Teil des landschaftlich schönen Lookout Mountain Parkway von Chattanooga bis Gadsden ist. Ferienhäuser und Einkaufsläden wechseln sich mit Grüngebieten ab, so dass man nie genau weiß, ob man sich nicht schon eine Weile im Park befindet.

Sieben Meilen (11,3 km) vor der Parkgrenze werden die DeSoto-Wasserfälle nach links (Osten) ausgeschildert. Mitte der 1920er Jahre hatte der autodidaktische Ingenieur Arthur Miller dort einen Staudamm zur Stromversorgung der nahe gelegenen Städte erbaut. Dies sagt einiges über die Findigkeit dieser Bergbewohner aus.

### Attraktionen und Aktivitäten

DeSoto ist ein altmodischer Park und hat daher kein schickes Visitor Center, dennoch bietet er ein umfangreiches Programm an Aktivitäten. Erkundigen Sie sich im **Country Store** oder in der **Lodge** *(256-845-5380 oder 800-568-8840)* und nehmen Sie dort Karten und Broschüren mit. Die Karten sind allerdings nicht maßstabgerecht und zeigen ein Durcheinander von Wegen und Straßen. Statt ordentlicher Rundwege mäandern die Wanderwege durch das ganze Parkgebiet und werden nach ihren Markierungen benannt (Blau, Orange, Gold). Lassen Sie sich über Ziele beraten und fragen Sie schließlich nach dem genauen Weg. Es lohnt sich, denn DeSoto bietet ungezähmte Natur.

Die DeSoto Falls

Die acht Meilen (12,9 km) langen Wanderwege und einfachen Stege führen an ungewöhnlichen geologischen Formationen und bedrohten Pflanzenarten vorbei. Gehen Sie von der Rückseite der Lodge aus am Felsabhang entlang. Dieser Weg bietet eine gute Sicht auf den Little River mit seinen Steilufern. Die **Rhododendron Trails**, die Sie hier finden, führen Sie am Indian Falls und anderen Wasserfällen vorbei, wo im Mai und Juni Rhododendron und Berglorbeer in allen Farben blühen. Der 400 Meter lange Azalea Boardwalk Trail ist für Rollstuhlfahrer geeignet.

Beim Country Store kann man Tennis spielen, sich im Schwimmbad tummeln *(letzter Mo im Mai [Memorial Day] bis erster Mo im Sept. [Labor Day])* oder unter einem Steindach das Picknick auspacken. Der Laden bietet alles für Volleyball, Reiten und andere Urlaubsaktivitäten. Im **Doyle Benefield Interpretive Center** *(letzter Mo im Mai [Memorial Day] bis Okt.)* gibt es ausgestopfte Tiere, lebendige Schlangen und Schaukästen über die Geschichte des Gebiets zu sehen. Von hier aus sind es nur noch sechs Meilen (9,6 km)

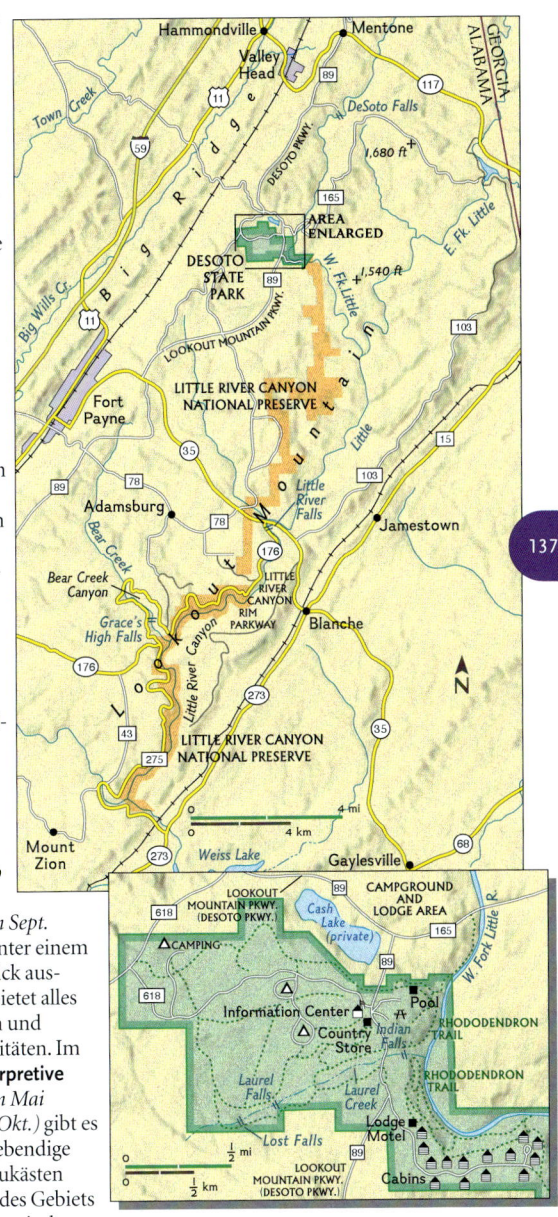

137

GRANNY DOLLAR: In der Gegend erinnert man sich noch gut an die legendäre alte Dame, die von 1820 bis 1931 lebte. Die Zeitungen schrieben viel über sie, die Pfeife rauchende Halb-Cherokee, deren Vater mit zwei Frauen 26 Kinder zeugte. Ihr Vater hatte sich in einer Höhle versteckt, um der Indianervertreibung 1830 zu entgehen. Am Ende ihres Lebens blickte sie traurig zurück: "Andere Völker leben jetzt von unseren Feldern und Wäldern und unserem Wild ... Die Weißen sparen Geld, damit sie mit 50 oder 60 nicht mehr arbeiten müssen, und dann leben sie nicht mehr im Einklang mit der Natur. Im Sommer ziehen sie Schuhe an und verlieren so das Gefühl für Gottes gute Erde. Dann lassen ihre Kräfte nach, und bald darauf sind sie tot."

zu den spektakulären, 30 Meter tiefen **DeSoto Falls**.

**Weitere Erlebnisse**

Auf dem länglichen, flachen Lookout Mountain erstreckt sich 40 Meilen (64,4 km) von Norden nach Süden das **Little River Canyon National Preserve** *(256-845-9605)* mit Wäldern, reißenden Bergbächen und einem tiefen Canyon im Osten. Andrew May, General der Nordstaatenarmee, durchquerte mit seinen Truppen 1864 den dicht mit Bäumen bestandenen Canyon, um zu General Sherman in Georgia zu stoßen, wobei ihm Heckenschützen der Konföderierten Beine machten.

Der **Little River Canyon Rim Parkway** windet sich 22 Meilen (35,4 km) entlang dem Fluss und der Parkgrenzen durch einen der tiefsten Canyons östlich des Mississippi. Auf nur 16 Meilen (25,7 km) fällt der Fluss 213 Meter ab. Die nackten Felswände und schäumenden Stromschnellen entzücken Felskletterer und Wildwasser-Enthusiasten. Eine Anmeldung ist erforderlich.

Wer lieber mit dem Auto fährt, folgt der County Road 89 fünf Meilen (8 km) weit vom Country Store zur Alabama 35, dann links weitere fünf Meilen (8 km) bis zum Parkway Alabama 176. Steigen Sie hier aus, um einen Blick auf die **Little River Falls** zu werfen, einen 18 Meter tiefen Wasserfall am Kopfende des Canyons. Bald werden Sie alle paar Minuten anhalten wollen, um sich die Schlucht und Felsformationen anzusehen. An einer Stelle biegt die Straße scharf nach Nordwesten um den **Bear Creek Canyon** herum, einen Nebencanyon, in dem die **Grace's High Falls** zu bewundern sind.

Die ersten zwölf Meilen (19,3 km) des Parkway sind gute Schotter- und Asphaltstraße, danach wird es schwieriger und Schlaglöcher verlangsamen die Fahrt. Sie können jedoch nach zwölf Meilen (19,3 km) in die Alabama 176 nach Westen abbiegen und auf Nebenstraßen zur Lodge zurückfahren.

**PARK-TIPP:** *Fahren Sie die CCC-Trasse zur »unvollendeten Brücke«, die ursprünglich als Teil des DeSoto Parkway über den Straight Creek führen sollte.*

**Camping und Lodge-Unterkunft**

Es gibt 78 Zelt- und Wohnmobilplätze – Duschen vorhanden –, 22 einfache Stellplätze, 22 *Cabins* und 25 Lodge-Zimmer. Campinggebühr. Reservierung unter 256-845-5380 (Campingplätze) oder 800-760-4089.

DeSoto State Park, 13883 County Rd. 89, Fort Payne, AL 35967; 256-845-5075; www.desotostatepark.com

# Cheaha

*20 Meilen (32,2 km) südlich von Anniston, an der Alabama 281*

- 11 km² ■ Ganzjährig
- Eintrittsgebühr ■
Bergblicke ■ Wandern
- Schwimmen, Angeln
(mit Angelschein)

Seit den 1940er Jahren, als der CCC (Civilian Conservation Corps) die Lodge erbaute, hat sich in diesem gemütlichen Park nicht viel verändert. 1933, als hier nur ein Maultierpfad zum Gipfel des Cheaha (CHE-ha) Mountain, den höchsten Punkt Alabamas, führte, begann der CCC seine Arbeit und verlegte eine Straße, errichtete in reiner Handarbeit einen Aussichtsturm aus dem Gestein der Gegend, dann Blockhütten und schließlich einen 15,2 Meter breiten Damm für einen Stausee. Der

Die wilde Landschaft des Cheaha Mountain

Park strahlt noch immer diesen Charme aus und bietet dieselben schönen Ausblicke auf die Berge wie zur damaligen Zeit. Die Lodge und Blockhütten laden zur Übernachtung ein.

Cheaha (Creek für »hoch«) ist eine der letzten Spitzen der Appalachen, die im nördlichen Alabama auslaufen. Kastanieneichen und Zwergkiefern überwuchern den Gipfel und im Herbst leuchtet der Wald in der roten Pracht der Ahornbäume. Da sich Cheaha innerhalb des Talladega National Forest befindet, hat man das Gefühl, in alle Richtungen nur unberührte Weite zu sehen. Über den Höhen ziehen Truthahngeier und Rotschwanzbussarde ihre Kreise.

### Attraktionen und Aktivitäten

Holen Sie sich in der Parkverwaltung oder im **Country Store** eine Karte. Zurück am Parkeingang können Sie den 2,5 Meilen (4 km) langen **Bunker Loop** um den Gipfel des Cheaha Mountain herum erwandern. Überall gehen Wege zu Aussichtspunkten ab, insbesondere zum 15,2 Meter hohen **Aussichtsturm** auf dem höchsten Punkt Alabamas. Von hier aus haben Sie einen weiten Blick über die bewaldeten Hügel, die sich in der Ferne verlieren. 734 Meter über dem Meeresspiegel ist zwar nicht so hoch, doch der Höhenunterschied zum Umland ist so groß, dass Sie sich wie in den Wolken fühlen. Das **CCC-Museum** zeigt Fotos und Werkzeuge der damaligen Zeit.

Fahren Sie weiter zum **Bald Rock Trail**, einem 1600 Meter langen Plankenweg (für Rollstuhlfahrer geeignet) über einen Höhenrücken mit Wäldern und Findlingen. Für den wohl besten Ausblick über die grünen Hügel und Täler müssen Sie nur 400 Meter bis zu einer Felswand gehen. Ein Stück weiter bietet der **Pulpit Rock Trail** einen Spaziergang zu einem Aussichtspunkt mit etwas südlicherem Blickwinkel auf den Park Lake hinunter – ein sonniger und ideal geeigneter Platz für ein Picknick im Duft des Kiefernwalds.

Von dort aus können Sie dem 400 Meter langen **Rock Garden Trail** zu einem Felsabhang folgen, an dem sich Felskletterer und Abseiler gerne üben. Dieser Weg setzt als Lake Trail anderthalb Kilometer zum **Cheaha Lake** fort (auch mit dem Auto erreichbar). Von Mai bis August kann man am Sandufer des Sees schwimmen und angeln. Angelausrüstung müssen Sie selbst mitbringen, Paddelboote können gemietet werden. Der neue, sechs Meilen (9,7 km) lange, anspruchsvolle **Cheaha Mountain Express Bike Trail** ist auch für Wanderer gedacht.

TALLADEGA SCENIC BYWAY: Eine der schönsten Fahrstrecken von Alabama führt nördlich der I-20 die Alabama 281 entlang durch den Park und dann zu Adam's Gap. Mit Ausblicken ähnlich denen vom Cheaha Mountain folgt die 27 Meilen (43,4 km) lange Nebenstraße dem schmalen Bergrücken des Horseblock Mountain nach Süden zum Ende der Appalachen. Im Westen überblickt man das Tal des Coosa River, bevor es steil zum Cheaha ansteigt. Der hundert Meilen (161 km) lange Pinhoti Trail verläuft parallel.

**PARK-TIPP:** *Der sechs Meilen (9,7 km) lange, einspurige Cheaha Mountain Express Bike Trail führt an heimischen Pflanzen und Tieren vorbei.*

### Camping und Lodge-Unterkunft

Der Park bietet 73 Zelt- und Wohnmobilplätze; Duschen sind vorhanden. Campinggebühr. Zudem gibt es elf *Cabins* und fünf Berghütten, ein Motel mit 30 Zimmern sowie 30 Betten in der Lodge. Während der Saison ist die Reservierung unter 205-488-5115 oder 800-846-2654 empfehlenswert.

Cheaha State Park, 19644 Ala. 281, Delta, AL 36258; 256-488-5111; www.cheahastpark.com

# Joe Wheeler

*2 Meilen (3,2 km) westlich von Rogersville, abseits der US 72*

▪ 10,3 km² ▪ Ganzjährig ▪ Tagesgebühr ▪ See ▪ Golf, Tennis, Schwimmen, Angeln (mit Angelschein) ▪ Tagungsort

Benannt nach dem Befehlshaber der Südstaaten-Kavallerie, dessen Haus in der Nähe liegt, erstreckt sich dieser voll erschlossene Park am

**Wheeler Lake**, einem rund 120 Kilometer langen Stausee, der durch einen über 1600 Meter langen Damm am Tennessee River entstand. Aktivitäten konzentrieren sich auf den See und die attraktive Stein- und Redwoodholz-Konstruktion der **Lodge**. Ein Schwimmbad und der Badebereich am See sind Lodge-Gästen vorbehalten.

Wenn Sie nicht übernachten wollen, können Sie gegen eine Tagesgebühr den Strand, Umkleidekabinen, Picknicktische, Tennisplätze und fünf Meilen (8 km) Wanderwege nutzen. Im Yachthafen hinter der Lodge können Paddel-, Angel- und Pontonboote gemietet werden. Vor Kurzem wurde ein vier Meilen (6,4 km) langer Multifunktionsweg durch das Gebiet der Blockhütten freigegeben.

### Camping und Lodge-Unterkunft

Der Park bietet 116 Zelt- und Wohnmobilplätze – Duschen vorhanden – sowie zehn Hütten am Fluss und 40 einfache Zeltplätze. Während der Saison ist die Reservierung unter 256-247-1184 zu empfehlen. Campinggebühr. Reservierung der 25 Hütten, zwei Gruppen-Lodges und 74 Zimmer der Ferien-Lodge unter 256-247-5461 oder 800-544-7275.

Joe Wheeler State Park, 201 McLean Dr., Rogersville, AL 35652; 256-247-5466; www.joewheelerstatepark.com

141

# Gulf

*Östlich von Gulf Shores, an der Alabama 182*

▪ 25 km² ▪ Ganzjährig ▪ Tagesgebühr ▪ Strand am Golf von Mexiko ▪ Golf, Schwimmen, Tennis

Dieser sonnige Park breitet seinen weißen Strand 2,5 Meilen (4 km) lang am Golf von Mexiko aus. Vom CCC (Civilian Conservation Corps) in den 1930er Jahren erschlossen, wurde der Gulf State Park 1970 modernisiert und zum Seebad aufgewertet.

Von der Straße aus können Sie direkt auf den 461 Meter langen **Angelpier** *(Gebühr)* hinausgehen, den längsten am Golf. Etwas weiter östlich befindet sich der Strandpavillon, falls Sie einfach nur den Strand genießen wollen.

Das Nature Center informiert über den Lebensraum Ufer und zeigt heimische Tiere. Mit dem eigenen Boot können Sie östlich durch den Kanal zum **Middle Lake** fahren, an dessen Nordufer sich ein Lagerplatz befindet. Mehr als sieben Meilen (11,3 km) weit führen Wanderwege durch die Wälder zwischen dem Park und den umliegenden Städten.

### Camping und Lodge-Unterkunft

Der Park bietet 496 Wohnmobil- und Zeltplätze; Duschen vorhanden. Campinggebühr. Es gibt 20 *Cabins* und elf Ferienhütten. Reservierung unter 251-948-6353 (nur Stellplätze) oder 800-252-7275 (für alle).

Gulf State Park, 20115 Ala. 135, Gulf Shores, AL 36542; 251-948-7275; www.dcnr.state.al.us

# Tishomingo

*2 Meilen (3,2 km) südlich von Tishomingo, abseits der Mississippi 25*

▪ 6,2 km² ▪ Ganzjährig ▪ Tagesgebühr ▪ Natchez Trace Parkway ▪ Indianische Artefakte ▪ Floßfahrten ▪ Wandern, Schwimmen, Angeln (mit Angelschein)

Hartriegel in der Dämmerung am Haynes Lake

Tishomingo ist ein altmodischer Park an der Grenze zu Alabama in den Ausläufern der Appalachen, eine für diese flache Region ungewohnt bergige Landschaft. Gewaltige Sandsteinfelsen wechseln sich mit moosbedeckten Findlingen auf den Hügeln ab, Waldwege führen durch kühle Lichtungen voller Farne und farbenprächtiger Wildblumen.

Der Park wurde nach einem Chickasaw-Häuptling benannt. Vorzeitliche Indianer lebten hier schon vor über 9000 Jahren und fertigten ihre Werkzeuge aus den Feuer- und Sandsteinen der Gegend an. Auch Tongeschirr wurde gebrannt.

Den Park durchquert der Natchez Trace Parkway, die fast 500 Meilen (800 km) lange Route von Nashville nach Natchez, die auf den Spuren prähistorischer Bisonjäger verläuft. Im frühen 18. Jahrhundert war sie ein ausgetretener Pfad für Indianer, französische und spanische Händler, Trapper, Soldaten und Missionare. Diebe und Vagabunden fanden auf den einsamen Wegen unter dem dunklen Blätterdach leicht ihre Opfer, so dass die Straße früher auch als »Rückgrat des Teufels« verdammt wurde.

Mitte der 1930er Jahre begann der CCC (Civilian Conservation Corps) mit dem Ausbau des Parks, legte Wanderwege an und errichtete

Gebäude aus dem hiesigen Naturstein. Der Teich südlich der Straße wurde für die Wasserversorgung des Parks angelegt. Wenn Sie der Parkstraße noch etwas weiter folgen, sehen Sie die Überreste des alten CCC-Camps rechts des Weges. Auch an anderen Stellen im Park finden sich noch solche Relikte, wie eine Hängebrücke über den Bear Creek. 1997 beauftragte der Park den Dienstleister Americorps, alle Wege und Parkeinrichtungen zu renovieren.

## Attraktionen und Aktivitäten

Holen Sie sich bei der **Parkverwaltung** Broschüren und eine Wanderkarte. Im **Nature Center** können Sie eine Sammlung Pfeilspitzen, Mahlsteine, Tonscherben und andere Gegenstände aus verschiedenen Perioden der indianischen Besiedlung bewundern.

Anschließend sollten Sie das Netzwerk der insgesamt 13 Meilen (21 km) langen Wege erwandern, das von kurzen Rundwegen bis zu sechs Meilen (9,6 km) langen Teilstrecken alles bietet. Um sich mit dem Terrain vertraut zu machen, beginnen Sie mit dem **Bear Creek Outcroppings Trail**, der an der Hängebrücke neben dem Schwimmbecken anfängt. Überqueren Sie die 57 Meter lange Brücke hoch über dem wilden Bear Creek und folgen Sie dem Weg in den Wald hinauf. Trinken Sie vom kalten Wasser der klaren Quelle und sehen Sie sich den größten Höhlenunterstand, den 19 Meter hohen **Jean's Overhang**, an. Weitere Felsüberhänge im Park sind siebeneinhalb bis neun Meter hoch.

**HACKBRETT-TAGE:** Sie kommen aus den Bergen von Tennessee und den Hügeln von Alabama, aus den Tälern des nördlichen Georgia und dem Flachland des Mississippi – alle mit ihrem Hackbrett und wild darauf zu spielen. An zwei Wochenenden im Jahr, im Frühjahr und Herbst, kommen etwa 50 Musiker in Tishomingo zusammen. Auf eine ungezwungene Jamsession am Freitagabend folgt ein ganzer Tag mit Hillbillymusic vom Feinsten. Viele Spieler bauen ihre Instrumente selbst und bringen auch einige zum Verkauf mit. Sie zeigen Ihnen gerne, wie man dieses Instrument spielt *(Informationen im Park)*.

Es gibt im Park zwar keine grandiosen Aussichten und Rundblicke, doch viele interessante Details zu sehen. Die Vielfalt der Pflanzen ist spektakulär. Unter den über 600 Arten von Farnen und Wildblumen finden sich Purpurner Felsfarn und Streifenfarn, Feuernelken, Tellerkräuter und Maiäpfel mit ihren schirmartigen Blüten. Im Frühjahr blühen die Eichenblättrige Hortensie, Azaleen und Berglorbeer. Genießen Sie auf dem Rückweg entlang dem Bear Creek den Blick auf die Wurzelbildungen der Zypressen am Uferrand und das nach Norden rauschende Wasser in seinem Ansturm auf den Tennessee River.

Auf der anderen Seite des Baches können Sie bis zum Trace Parkway hinaufwandern, ihn überqueren und bis zum 18 Hektar kleinen **Haynes Lake** gehen (3,2 km vom Schwimmbad entfernt). Auf halbem Weg führt ein Pfad nach links über die Parkstraße zu einer nachgebauten Blockhütte von 1840, die von einer einheimischen Familie 1970 gespendet wurde. Ein kurzer Rundweg führt um den CCC-Teich hinter der Blockhütte. Fotografen lieben diesen von Wildblumen und Lilien umsäumten Teich, der in einem steingefassten Wasserfall abfließt. Zum Haynes Lake kann man auch fahren. Schwimmen ist zwar nicht erlaubt, aber es lässt sich gut nach Welsen, Brassen, *Crappies* (einer Sonnenbarschart) und Barschen angeln.

Der See wurde in den 1960er Jahren angelegt, aber die Gegend um den **Horseshoe Bend** wurde vom CCC bereits in den 1930er Jahren erschlossen. Neben Blockhütten baute der CCC auch die alte **Loochapola Lodge** aus heimischem Holz und Sandstein. Von hier aus kann man einiges unternehmen. Die alten Herrschaften, die auf der breiten Veranda sitzen, sind übrigens Einheimische, die an einem Seniorenprogramm teilnehmen. Seit 30 Jahren werden hier neben Mahlzeiten auch Aktivitäten wie Quilten und Hufeisenwerfen angeboten.

### Weitere Erlebnisse

An heißen Tagen bietet sich das Schwimmbad an *(letzter Mo im Mai [Memorial Day] bis erster Mo im Sept. [Labor Day], Gebühr).* Im Büro der Parkverwaltung können Sie sich für eine Kanufahrt im Bear Creek eintragen *(Mitte April bis Mitte Okt., Reservierung im Park empfehlens-*

Paddeln im Gebiet des Horseshoe Bend

*wert, Gebühr).* Die dreistündige Fahrt beginnt etwa zehn Kilometer flussaufwärts *(Transport dorthin wird geboten)* und mäandert durch eine schöne Waldlandschaft zurück zur Hängebrücke. Zum großen Teil ist es ein gemächliches Dahingleiten, lediglich einige Stromschnellen spritzen Sie ein wenig nass. Während der Saison werden täglich zwei Fahrten mit bis zu 16 Kanus angeboten.

### Camping und Lodge-Unterkunft

Der Park bietet 62 Wohnmobilplätze, Duschen sind vorhanden. Außerdem gibt es einfache Zeltplätze und Gruppen-*Cabins.* Campinggebühr. Für die sechs *Cabins* ist während der Saison Reservierung zu empfehlen. Informationen und Reservierung unter 662-438-6914.

Tishomingo State Park, P.O. Box 880, Tishomingo, MS 38873; 662-438-6914; http://mdwfp.com/

# Winterville Mounds

*6 Meilen (9,6 km) nördlich von Greenville, abseits der Mississippi 1*

- 16,8 Hektar ▪ Ganzjährig ▪ Freiwilliger Beitrag ▪ Camping verboten
- Prähistorische indianische Hügel ▪ Museum

In einer der vielen rituellen Niederlassungen entlang dem Mississippi betätigte sich hier vor tausend Jahren eine blühende Dorfgemeinschaft mit Handel und Ackerbau, bis sie sich um 1450 aufzulösen begann. Was heute am meisten fasziniert, sind die Hügel, die die Dorfbewohner anlegten. Zehn dieser ursprünglichen Erdwälle sind noch zu sehen, einschließlich des 20 Meter hohen **Tempelhügels**. Die Dorfbewohner schufen die meisten der ursprünglich 23 elliptischen Hügel während der Mississippi-Kultur zwischen 1200 und 1250, indem sie Tausende von Kubikmetern Erde aus bis zu 25 Kilometern Entfernung herbeischleppten. Wahrscheinlich waren diese Hügel Teil des religiösen Systems der Gemeinschaft und Schauplatz zeremonieller Handlungen. Die meisten Dorfbewohner waren Bauern und lebten außerhalb der Hügel, doch die Stammeselite könnte am Tempelhügel gelebt haben. Archäologen nehmen an, dass die Gemeinde zu schrumpfen begann, nachdem um 1300 ein Großfeuer auch das Gebäude auf dem Tempelhügel zerstört hatte. Seit jener Zeit wurden die Hügel nicht mehr gepflegt und auch keine neuen geschaffen.

   Archäologischen Funden nach scheint diese Zivilisation in Struktur und Traditionen den Natchez-Indianern Mississippis ähnlich, wie sie im frühen 18. Jahrhundert von französischen Entdeckern beschrieben wurden.

   Ursprünglich gab es mindestens 23 Hügel, doch diese archäologischen Fundgruben wurden von Farmern oder Straßenbauingenieuren platt gewalzt, wenn sie im Weg waren. In einigen Fällen schützten die Farmer sie unbeabsichtigt vor der Erosion, indem sie auf den Hügeln etwas anpflanzten.

   1939 initiierte der Greenville Garden Club kommunale Bestrebungen, die Stätte aufzukaufen und zu schützen. 1940 wurden die ersten archäologischen Studien durch die Harvard-Universität und den National Park Service durchgeführt. Ab Mitte der 1960er Jahre bis 2000 war Winterville ein State Park. In der Zeit wurde es auch zur National Historic Landmark ernannt. Heute wird der Park durch das Mississippi Department of Archives and History verwaltet.

   Im **Winterville Mounds Museum**, dessen Bau einem Hügel nachempfunden wurde, sind ein Kanu, Tongeschirr, Steinäxte und Pfeilspitzen, Knochen- und Steinwerkzeuge, Pfeifen, Glasperlen- und Muschelstickereien zu sehen. Schaukästen zeigen Interessantes über Handel, Ackerbau und Leben der Mississippi-Kultur dieser Gegend. Erläuternde Programme lassen jene alte Welt wieder auferstehen. Der kurze Weg auf den Tempelhügel (Mound A) bietet einen schönen Ausblick auf die flache Deltalandschaft.

Winterville Mounds Historic Site, 2415 Hwy. 1N, Greenville, MS 38703; 662-334-4684; www.mdah.state.ms.us

# Natchez

*10 Meilen (16,1 km) nördlich von Natchez, abseits der US 61*

▪ 13,8 km² ▪ Ganzjährig ▪ Eintrittsgebühr ▪ Landschaftsbild des tiefen Südens ▪ Angeln (mit Angelschein), Golf, Schwimmen ▪ Wanderwege

Auf dem Natchez Trace

Am Südende des Natchez Trace Parkway befindet sich dieser 1979 angelegte, friedliche Park, der überwiegend von Besuchern aus Natchez oder von Angelfans besucht wird. Bis zur Ankunft der Franzosen 1716 lebten die die Sonne anbetenden Natchez-Indianer in einem nahe gelegenen Dorf. Anfang des 19. Jahrhunderts waren nicht nur die Indianer und Franzosen verschwunden, es fehlten auch noch die später eindringenden Engländer und Spanier. Reiche Baumwollplantagen-Besitzer bauten neoklassizistischen Anwesen, von denen heute Dutzende noch ganzjährig besucht werden können.

Der 1985 angelegte, 92 Hektar große **Natchez State Park Lake** wurde mit Barschen, Blauen Sonnenbarschen, Brassen, *Crappies* und Welsen besetzt. Diese eine Aktion reichte aus, um den Rekord im Bundesstaat mit einer 16,4 Pfund schweren Brasse zu brechen. Ihr Angelzeug müssen Sie selbst mitbringen, doch können Sie auch einfach so auf den See hinauspaddeln. Zwanzig Hektar des Sees sind freie Wasserfläche, der Rest wird von abgestorbenen Bäumen und Stümpfen bedeckt. Am Seeufer verstecken sich Blockhütten unter den Bäumen. Der See und sein Umland sind Lebensraum für Alligatoren, Wassermokassinottern und Klapperschlangen. Im Sommer ist Insektenspray ein Muss.

Es gibt keine festen Rundwege, aber Sie können die alten Holzfällerpfade in alle Richtungen erwandern. Der Boden begünstigt Eichen, Pappeln, Hickory- und Eukalyptusbäume. Eventuell sehen Sie Rotwild oder wilde Truthähne.

## Camping und Lodge-Unterkunft

Der Park bietet 50 Zelt- und Wohnmobilplätze – Duschen und Vollanschlüsse vorhanden – sowie zehn *Cabins*. Während der Saison ist die Reservierung unter 601-442-2658 empfehlenswert. Campinggebühr.

Natchez State Park, 230 B Wickliff Rd., Natchez, MS 39120; 601-442-2658; www.mdwfp.com

# Percy Quin

*6 Meilen (9,6 km) südlich von McComb, abseits der I-55*

■ 6,9 km² ■ Ganzjährig ■ Eintrittsgebühr ■ Landschaftsbild des tiefen
Südens ■ See ■ Wassersport ■ Angeln (mit Angelschein), Golf,
Schwimmen ■ Wanderwege

Während der Weltwirtschaftskrise regte ein einheimischer Zeitungs-
reporter an, das abgewertete Land für einen State Park aufzukaufen.
1935 begann eine 200 Mann starke Brigade des CCC (Civilian Conservation Corps), für einen Dollar pro Tag Bäume für den Bau einer Lodge
und von Blockhütten zu fällen. Nach drei Jahren waren sie fertig und
ein Erddamm war mit Schubkarren und Schaufeln errichtet worden.
Einige der damals errichteten Gebäude stehen noch heute, wie das
Visitor Center. Wenn Sie genau hinsehen, können Sie an den Balken
noch die Markierungen des Handwerkzeugs erkennen.

Der Park wurde nach dem Kongressabgeordneten Percy Edwards
Quin benannt, Sohn einer Siedlerfamilie aus Pike Country. 1942 brach
der so mühsam aufgebaute Erddamm und der See lag drei Jahre lang
trocken, bis 75 000 Dollar für die Wiedererrichtung gesammelt werden
konnten.

Percy Quin umgibt den 2,6 Quadratkilometer großen **Lake Tangi-
pahoa**, der, in eine Hügellandschaft eingebettet, von Weihrauch-Kiefern
und Magnolien gesäumt wird. Am besten lernen Sie diesen Südstaaten-
park kennen, wenn Sie dem acht Meilen (12,9 km) langen Wanderweg
um den See herum folgen. Es gibt eine Vielzahl an Wildblumen und
Vögeln zu sehen, neben mehr als 22 verschiedenen Baumarten im Park,
wie Schwarzkirsche, Kiefer, Ahorn, Wasser-, Weiß- und Kastanieneiche.

Die meisten Besucher gehen direkt zum See. Parken Sie neben der
öffentlichen Bootsrampe. Der Yachthafen ist für Leute gedacht, die hier
ihr Boot vertäuen wollen. Zum Wasserskilaufen benötigen Sie ein
eigenes Boot; Angelboote, Kanus und Paddelboote können gemietet
werden. Der Badestand liegt in der Nähe der Lodge, nahe am Parkeingang. Dort erhalten Sie auch Informationen. Es stehen ein Schwimmbad
*(Gebühr)*, ein Minigolfplatz und ein Übungsplatz zum Bogenschießen
bereit, außerdem Picknickplätze, Sportanlagen und Spielplätze. Verpassen Sie nicht das wunderschöne Eisenbahnmuseum im Park, das in
einem alten Begleitwaggon untergebracht ist.

Für Golffreunde gibt es den 27-Loch-Platz Quail Hollow Golf
Course *(601-684-2903, letzter Mo im Mai [Memorial Day] bis erster Mo
im Sept. [Labor Day], Greenfee)*. Auf den vielen Insel-Grüns in hügeligem
Terrain findet jeder Golfer die richtige Herausforderung.

### Camping und Lodge-Unterkunft

Der Park bietet 101 Wohnmobil- und 40 Zeltplätze – Duschen vorhanden – sowie Gruppenplätze und 27 *Cabins*. Reservierung unter
601-684-3938 ist zu empfehlen. Campinggebühr.

Percy Quin State Park, 2036 Percy Quin Dr., McComb, MS 39648;
601-684-3938; www.mdwfp.com

# Fall Creek Falls

*14 Meilen (6,4 km) nordwestlich von Pikeville, an der Tennessee 284*

▪ 102,5 km² ▪ Ganzjährig ▪ Wasserfälle ▪ Wandern ▪ See ▪ Nature Center
▪ Panoramastraße ▪ Ferien-Lodge ▪ Golf, Tennis ▪ Schwimmen, Reiten,
Fahrradfahren

Der größte und populärste State Park Tennessees liegt am westlichen
Ende des Cumberland Plateau, eines Waldgebiets, das von gigantischen
Schluchten und rauschenden Wasserfällen durchzogen wird. Obwohl
als Ferienpark erschlossen, sind doch mehr als zwei Drittel des Gebiets
naturbelassen. Tennessees atemberaubende Landschaft erschließt sich
auf einer Fahrt durch die Cane Creek Gorge.

Die Fall Creek Falls

Der Felsgrund, der sich hier und da zeigt, entstand vor 250 bis 325 Millionen Jahren aus Sanddünen, Wattenmeer und Sumpf. Dann begann der Cane Creek, sich in das Terrain einzugraben, und hinterließ dabei flache Tafelberge. Die drei turmhohen Wasserfälle entstanden, als Nebenflüsse das weichere Schiefergestein unter Sandsteinsimsen wegspülten, von denen nun das Wasser eindrucksvoll herabstürzt. Die Fall Creek Falls, Namensgeber des Parks, fallen beachtliche 78 Meter tief.

Der National Park Service erklärte das Gebiet 1935 zur *Recreation Demonstration Area*, der CCC (Civilian Conservation Corps) und die Works Progress Administration legten Brücken und Einrichtungen an. Ackerland wurde wieder zu Wald, und Felder wurden mit Kiefern bepflanzt. Seit 1944 vom Staat verwaltet, gewinnt der Park ständig an Popularität. Seit 1972 ist er offiziell als Ferienerholungsgebiet ausgewiesen.

## Attraktionen und Aktivitäten

Von allen Einfahrten des Parks aus sind die Wege zum **Informationszentrum** und zum Besucherzentrum gut beschildert. Holen Sie sich hier ihre Karten und Parkbroschüren für die Planung. Wenn Sie im Fall Creek Falls Inn oder einer *Cabin* übernachten, checken Sie erst ein. Wenn Sie in diese Richtung fahren (nach Westen), bekommen Sie auf jeden Fall schon vom Damm aus einen Blick auf den **Fall Creek Lake**. Das dreistöckige

Betongebäude des Gasthofs am See sieht von außen nicht sehr schön aus, aber die Zimmer sind ruhig und komfortabel. Im großen Speisesaal wird ein reichhaltiges Büfett zu vernünftigen Preisen angeboten. Panoramafenster geben den Blick auf den See mit seinen Gänsen frei.

**PARK-TIPP:** *Erkunden Sie die alten Häuser und kleinen Wasserfälle auf dem Weg zum Prater Place.*

Biegen Sie weiter oben an der Straße rechts in den sechs Meilen (9,7 km) langen **Gorge Scenic Drive** ab, einen Rundweg, der an allen Highlights des Parks vorbeiführt. Die erste Abzweigung geht zu den **Fall Creek Falls**; der kurze Weg dorthin endet über einer spektakulären Felswand, die als Aussichtsplattform für die Fälle wie geschaffen ist. Sie blicken auf ein Amphitheater aus Fels, über das die Wasser in einen See hinunterschießen. Die nächste Haltemöglichkeit bietet Ihnen atemberaubende Ausblicke in die 190 Meter tiefe Schlucht, die bis zu 1600 Meter breit werden kann. Wind und Wasser donnern und tosen hier vom Tal herauf, und bei Sonnenuntergang leuchten die Felsen rostrot und grau. Am **Millikan's Overlook** – nach einem Naturforscher benannt, der hier 1947 zu Tode stürzte – kann man beobachten, wie die

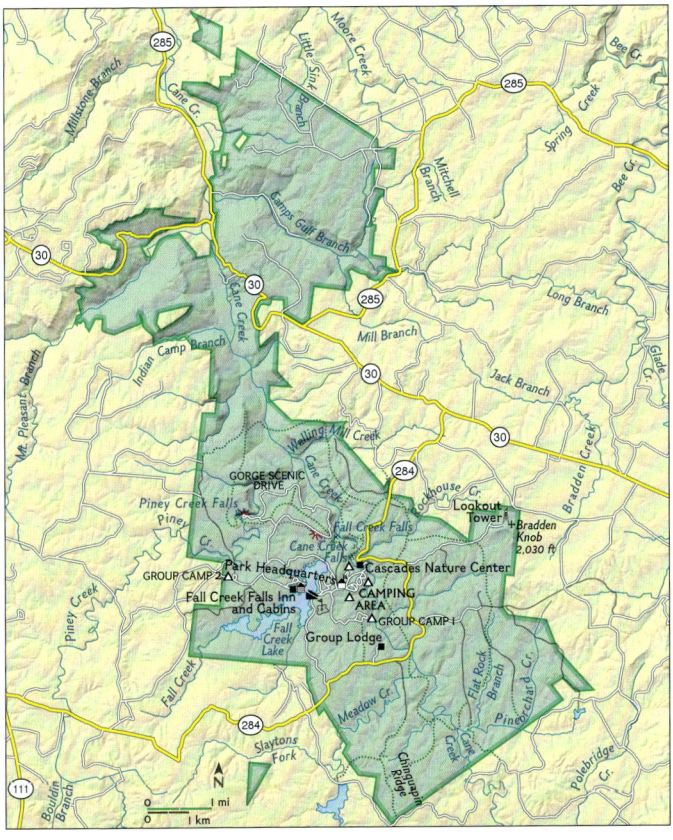

149

Vögel den Aufwind aus der Schlucht nutzen. Vom **Piney Creek Falls Overlook** gehen zwei kurze Pfade zu einem Wasserfall mit 23 Meter Fallhöhe. Kanadische Schierlingstanne, Gelbbirke und Gelbpappel umgeben diese abgeschiedenen Felsterrassen und -kanzeln. Der linke Pfad führt zu einer Hängebrücke über den oberen Bach.

Vom **Nature Center** aus gehen die Wanderwege ab. Schauen Sie sich zuerst die Ausstellungen über Gestein, Flora und Fauna an. Über die Hängebrücke über den Cane Creek gelangen Sie zu Wanderwegen zu den Fall Creek Falls. Der leichte **Woodland Trail** führt Sie dorthin – in nur 20 Minuten. Oder Sie lassen sich Zeit für den **Gorge Trail**, der Ihnen viele Aussichtspunkte bietet. Beide Wege führen zum selben Aussichtspunkt zu den Fall Creek Falls wie die Autostraße. Wenn Sie Zeit und Ausdauer haben, gehen Sie den 700-Meter-Serpentinenweg zum unteren Ende des Wasserfalls hinunter. Für einen Spaziergang von anderthalb Stunden nehmen Sie am besten den Gorge Trail auf dem Hinweg und den Woodland Trail zurück. Ein längerer, aber leichterer Spaziergang ist der 4,6 Meilen (7,4 km) lange **Paw Paw Trail** vom Nature Center aus, der Sie an den **Cane Creek Falls** und Fall Creek Falls vorbei und zurück durch den Wald führt.

### Weitere Erlebnisse

Wenn Sie den ganzen Tag Zeit haben oder eine Rucksackwanderung mit Übernachtung unternehmen wollen, wählen Sie den zwölf Meilen (19,3 km) langen **Cane Creek Lower Loop** rund um die ganze Schlucht. Es gibt zwei ausgewiesene Campingplätze *(nur mit Genehmigung)*. Alternativ können Sie dem 13 Meilen (20,9 km) langen Cane Creek Upper Loop zu den Bächen und Wäldern der südöstlichen Ecke des Parks folgen.

Vier Meilen (6,4 km) lange Asphaltwege führen vom Gasthaus um den See zu den Fall Creek Falls und zu den Piney Creek Falls. Im See gibt es Barsche, Brassen und Welse. Paddelboote, Kanus und Boote können im Bootshafen gemietet werden, Motor und Batterie müssen Sie aber selbst mitbringen.

### Camping und Lodge-Unterkunft

Der Park bietet 240 Zelt- und Wohnmobilplätze – Duschen vorhanden – sowie 29 *Cabins* und vier Gruppenplätze mit *Cabins* oder Lodges. Reservierung ist zum Teil unter 800-250-8611 möglich. Um eines der 144 Zimmer im Gasthof zu reservieren, rufen Sie unter 800-250-8610 an. Campinggebühr.

Fall Creek Falls State Resort Park, Rte. 3, Pikeville, TN 37367; 423-881-3297; www.state.tn.us/environment/parks/fallcreekfalls

# Roan Mountain

*20 Meilen südöstlich von Elizabethton, an der Tennessee 143*

■ 8,1 km² ■ Ganzjährig ■ Natürlicher Rhododendrongarten
■ 1916-Meter-Gipfel ■ Wandern, Schwimmen, Skilanglauf

Jedes Jahr im Juni bricht die leuchtend lila-, rosafarbene und rote Farbenpracht des Rhododendrongartens auf dem Gipfel des 1916 Meter hohen Roan Mountain aus. Eine Legende der Catawba erzählt, dass nach einer blutigen Schlacht die Büsche ganz rot blühten. Im 18. Jahrhundert kletterte der berühmte Botaniker John Fraser zum Gipfel und berichtete bei seiner Rückkehr von der »neuen Pflanze« *Rhododendron catawbiense.*

151

Der Roan Mountain war so attraktiv, dass General Thomas Wilder 1877 einen Gasthof mit 20 Zimmern errichten ließ und ihn nur acht Jahre später durch das Cloudland Hotel mit 166 Zimmern ersetzte. Hotelgäste wurden mit Kutschen von der Bahnstation abgeholt und Werbesprüche jener Zeit versprachen »herrliche Aussichten über den

*Rhododendron schmückt den Roan Mountain*

Wolken – da, wo die Flüsse entstehen«. Wilder erwarb große Gebiete in den Bergen und baute Eisenerz ab. Um 1900 waren die Minen aber erschöpft und Wilder verkaufte seinen Besitz; das Hotel wurde aufgegeben. Die großen Balsamtannen und Fichten wurden abgeholzt und Rhododendronschößlinge zum Verkauf an Gärtnereien ausgegraben.

Später erholte sich die Landschaft jedoch und die Pflanzen wuchsen so üppig wie zuvor. 1941 erwarb der U.S. Forest Service das Berggelände und griff landschaftsgärtnerisch ein, förderte den Wuchs der Fichten und kontrollierte den wuchernden Rhododendron. Das Rhododendron-Festival, das alljährlich am dritten Wochenende im Juni stattfindet, zieht Tausende von Besuchern an.

**PARK-TIPP:** *Blicken Sie von der Fußbrücke am Cate's Hole in das über die Felsblöcke schäumende Wasser und auf die Weißen Riesenrhododendren am Ufer.*

Dave Miller Homestead

## Attraktionen und Aktivitäten

Beginnen Sie im **Visitor Center** mit seinen Auslagen einheimischer Kultur und Naturgeschichte. Auf dem eine Meile (1,6 km) langen **Cloudland Nature Trail** können sie die Beinmuskeln lockern und Bergluft schnuppern, ehe Sie noch höher hinauffahren. Unter den 150 Wildblumenarten, die von Anfang Mai bis zum Frühherbst blühen, finden sich Orchideen, Waldlilien und Rittersporn. Der angrenzende, 600 Meter lange **Peg Leg Mine Trail** führt – am Mühlrad am Doe River vorbei – zur Erzhütte aus dem 19. Jahrhundert.

Zum Gipfel des Roan Mountain fährt man zehn Meilen (16,1 km) in Richtung Süden. Sehen Sie sich unterwegs die **Dave Miller Homestead** an *(letzter Mo im Mai [Memorial Day] bis erster Mo im Sept. [Labor Day])*, eine Blockhausfarm mit Nebengebäuden aus der Zeit von 1870 bis 1919. Weiter oben rechts gibt es einen Picknickplatz mit Tennisanlage, Schwimmbad *(Gebühr)* und Kinderspielplatz. Die Loipe, die die Straße überquert, ist Teil eines 8,5 Meilen (13,7 km) langen Netzwerks. Zu den Wegen, die von hier abgehen, zählt auch der **Raven Rock Overlook**, ein tausend Meter langer Spaziergang zwischen Schierlingstannen und Rhododendron mit Ausblick auf das Schwimmbad und zu den Bergen im Westen.

Fahren Sie weiter zum Carver's Gap, wo die Straße den Appalachian Trail überquert, und biegen Sie rechts zum Roan Knob und den Rhododendrongärten ab. Den Park haben Sie nun verlassen und befinden sich im **Pisgah National Forest** *(828-682-6146)*.

## Camping und Lodge-Unterkunft

Der Park bietet 87 Zelt- und Wohnmobilplätze sowie 20 reine Zeltplätze – Duschen vorhanden –, außerdem 30 *Cabins*. Während der Saison ist die Reservierung unter 423-772-3303 empfehlenswert. Campinggebühr. Mitte November bis Mitte April ist das Zelten untersagt.

Roan Mountain State Park, 1015 Hwy. 143, Roan Mountain, TN 37687; 423-772-0190 or 800-250-8620; www.state.tn.us/environment/parks/

# Pickett

*12 Meilen (19,3 km) nordöstlich von Jamestown, an der Tennessee 154*

- Forst und Park: über 80,9 km²; Park allein: 3,6 km2 ▪ Ganzjährig
- Felsbrücken und -überhänge ▪ Wandern ▪ Schwimmen im See
- Angeln, Jagen (mit Angel- bzw. Jagdschein)

Rotluchs

In einem abgeschiedenen Winkel von Tennessee gelegen, weist Pickett einige der interessantesten geologischen Besonderheiten auf: Natürliche Felsbrücken, höhlenähnliche Überhänge und anmutige Wasserfälle erwarten die Besucher in diesen bewaldeten Hügeln. Im frühen 19. Jahrhundert zogen weiße Siedler in das Land, in dem einst prähistorische Indianer beheimatet waren. In den frühen 1930er Jahren hatte der CCC (Civilian Conservation Corps) angefangen, Wege anzulegen, ein Bootshaus, Büros, Picknickplätze, Blockhütten und eine Lodge aus dem hiesigen Gestein zu bauen. 1940 öffnete der Park seine Tore.

### Attraktionen und Aktivitäten

Holen Sie sich bei der Parkverwaltung Wanderkarten und Informationen. Wenn Sie wenig Zeit haben, nehmen Sie zwei oder drei der kürzeren Wege zu interessanten geologischen Formationen. Wenn Sie am Verwaltungsbüro vorbei und über den Thompson Creek fahren, biegen Sie nach 400 Metern rechts ab. Hier beginnt der zehn Meilen (16,1 km) lange **Hidden Passage Loop**. Nach weniger als zwei Kilometern kommen Sie aber schon zu den **Crystal Falls**. Berglorbeer und Rhododendron säumen den Pfad und wenn Sie sich leise verhalten, begegnet Ihnen bestimmt ein Reh. Seit im Hinterland des benachbarten Big South Fork Schwarzbären ausgewildert wurden, haben sich viele auch im Park angesiedelt.

Noch kürzere Wege gehen von der Tennessee 154 zwischen dem Verwaltungsgebäude und Parkeingang ab: wie der 400 Meter lange Weg zum **Indian Rockhouse**, einem gigantischen Felsüberhang, den schon die Paläoindianer nutzten. Auf der anderen Straßenseite liegt **Hazard Cave**, der größte Überhang des Parks, nach dem CCC-Bevollmächtigten James E. Hazard benannt. Wenn Sie zum See fahren, halten Sie für die **Natural Bridge** an. Man kann auf und unter diesem 15 Meter langen natürlichen Steinbogen entlangspazieren.

**PARK-TIPP:** *Im Juni leuchtet nachts das Hazard-Cave-Glüh-würmchen, eine Mückenlarve.*

Am Bootshafen können Sie ein Kanu oder Ruderboot mieten und auf dem kleinen **Arch Lake** herumpaddeln. Ein unbeaufsichtigtes Badeareal ist ausgewiesen. Angler fangen hier Forellen und andere Fische. Hinter der Lodge führt der beliebte Weg über die vom CCC gebaute **Hängebrücke** zum See. Es gibt auch eine natürliche Steinbrücke zur »Insel« (eigentlich eine Landzunge). Mahlzeiten werden zwar nicht angeboten, aber es gibt eine Snackbar und Umkleidekabinen. Im Sommer werden naturkundliche Führungen und Lagerfeuerprogramme angeboten.

### Camping und Lodge-Unterkunft

Der Park bietet 34 Zelt- und Wohnmobilplätze; *first come, first served*. Ein Gruppencamp kann bis zu 144 Personen aufnehmen. Campinggebühr. Weiterhin gibt es fünf Villen, fünf Berghütten und zehn Ferienhütten; Reservierung unter 931-879-5821 oder 877-260-0010.

Pickett State Park, Rock Creek Rte., Box 174, Jamestown, TN 38556; 931-879-5821; www.state.tn.us/ environment/parks/pickett

**BIG SOUTH FORK:** Im Osten grenzt Pickett an die Big South Fork National River and Recreation Area *(Visitor Center an der Tennessee 297, 15 Meilen – 24 km – westlich von Oneida, 423-286-7275)*, ein 482 km² großes Gebiet in Tennessee und Kentucky. Die Big South Fork des Cumberland River hat hier eine Landschaft zerklüfteter Felsformationen geschaffen. Einst durch gnadenloses Abholzen und Bergbau zerstört, erobert sich die Natur dieses großartige Hinterland nun zurück. Neben vielen Wanderwegen bieten sich dem Abenteuerlustigen 80 Meilen (130 km) unterschiedliche Flusswege.

# Reelfoot Lake

*5 Meilen (8 km) südöstlich von Tiptonville, an der Tennessee 21*

- 112 Hektar ▪ Ganzjährig ▪ Bootfahren ▪ Weißkopfseeadler-Touren ▪ Nationales Wildtierschutzgebiet ▪ Wildtier-Beobachtungstouren ▪ Nature Center ▪ Gasthof am See ▪ Wandern ▪ Angeln, Jagen (mit Angel- bzw. Jagdschein)

Nach einem legendären Indianer benannt, besteht dieser Park am See aus zehn Teilen innerhalb der über hundert Quadratkilometer großen Reelfoot Lake Wildlife Management Area mit 60 Prozent Wasser- und Feuchtgebieten. Uralte Zypressen ragen an den Ufern des Reelfoot Lake empor, an dem man Wasservögel und Adler beobachten kann. Nur fünf Meilen (8 km) vom Mississippi entfernt, entstand der See während der New-Madrid-Erdbeben im Winter 1811/12, als heftige Erdrutsche und Senkungen die Topografie veränderten.

Im **Reelfoot Lake Visitor Center** *(731-253-9652)* können Sie sich mit dem Park vertraut machen. Hervorragende Ausstellungen informieren über die Entstehungsgeschichte des Sees und seiner natürlichen Umgebung. Eine Indianerausstellung und ein Knüppeldamm in den Zypressenwald bieten weitere Informationen. Von Mai bis September werden kommentierte Pontonbootstouren *(Gebühr)* angeboten. Holen Sie sich eine Straßenkarte und planen Sie Ihre Tour. Eine 37 Meilen (60 km) lange Rund-

Sumpfzypressen spiegeln sich im Wasser

straße führt um den See und ist Ausgangspunkt vieler Abstecher, die auch zehn Meilen (16 km) lange Wanderwege umfassen.

**PARK-TIPP:** *Begrüßen Sie den Morgen im Airpark oder auf dem Knüppeldamm am Visitor Center. Sonnenuntergänge sieht man besser am südlichen Campingplatz.*

Fahren Sie nordöstlich auf der Tennessee 22 zum Visitor Center *(731-538-2481, Mo–Fr)* des **Reelfoot Lake National Wildlife Refuge**, wo Sie sich über die heimische Fauna und Flora informieren können. An die 125 000 Kanadagänse und 215 000 Wildenten machen hier auf ihren Winterzügen Halt. Ein fünf Meilen (8 km) langer Rundweg führt Sie – mit dem Auto oder zu Fuß – zu einer Aussichtsplattform auf **Grassy Island**, von der man hervorragend die Wildtiere beobachten kann. Im **Reelfoot Lake State Airpark Inn** können Sie sich zu einer Weißkopfseeadler-Tour anmelden *(731-253-7756, Jan. bis Anfang März, Teilnahmegebühr)*. In der Nähe des Visitor Center bieten sich mehrere Spaziergänge an, z. B. auf dem **Keystone Trail**, der etwa 1,5 Meilen (2,4 km) am Ufer entlangführt und Blick auf alte Zypressen, Wasser- und Watvögel bietet.

Wenn Sie ein Boot mitbringen, können Sie *Crappies*, Brassen, Blaue Sonnen- und Forellenbarsche, Welse und viele anderen Fischarten angeln. Der **Reelfoot Lake** ist eine der größten Fischzuchten im Land.

## Camping

Der Park bietet zwei Campingplätze mit hundert Zelt- und Wohnmobilplätzen; Duschen sind vorhanden. *First come, first served.* Campinggebühr.

Reelfoot Lake State Resort Park, 3120 State Rte. 213, Tiptonville, TN 38079; 731-253-7756; www.state.tn.us/environment/parks/reelfootlake

155

# Cumberland Falls

*15 Meilen (24 km) südwestlich von Corbin, an der Kentucky 90*

■ 6,7 km² ■ Ganzjährig ■ Wasserfälle ■ Mondregenbogen ■ Wandern
■ Schwimmen, Angeln (mit Angelschein), Reiten ■ Wildwasserrafting

An einer felsenübersäten Biegung des Cumberland River tost ein 38 Meter breiter Wasserfall fast sieben Stockwerke tief in die Schlucht und versprüht dabei so viele Wassertröpfchen, dass in klaren Nächten mit relativ vollem Mond ein geisterhafter Lichtbogen über den Fällen steht. Im Westen ist dies der einzige regelmäßig wiederkehrende Mondregenbogen, und man kann das Phänomen bei klarem Himmel an etwa fünf Nächten im Monat beobachten. Doch selbst wenn Sie den Mondregenbogen verpassen, gibt es hier noch viel zu sehen.

**SWINGTIME:** Ziehen Sie ein kariertes Hemd und Cowboystiefel an und gehen Sie zum Tanzpavillon am Schwimmbecken. Aus alter Tradition findet an den Abenden der Sommerwochenenden Squaredance an den Cumberland Falls statt. Keine Angst, wenn Sie ein *do-si-do* nicht von anderen Tanzfiguren unterscheiden können – der Ausrufer hilft.

Der Fluss wurde 1750 vom Kentucky-Erforscher Dr. Thomas Walker nach dem Herzog von Cumberland benannt. In den 1920er Jahren entstand eine Kontroverse, als ein Staudamm oberhalb der Fälle gebaut werden sollte. Der Sommerfrischler und Delaware-Politiker T. Coleman DuPont bot an, das gesamte Gebiet rund um die Wasserfälle aufzukaufen und dem Staat zu übereignen. Da die Regierung befürchtete, DuPont wolle Einfluss auf die Stromerzeugung nehmen, debattierte sie drei Jahre lang, ehe sie das Angebot annahm. DuPont war bereits verstorben, doch seine Erben lösten sein Versprechen ein, und der Cumberland Falls State Park wurde am 21. August 1931 eingeweiht.

## Attraktionen und Aktivitäten

Wenn Sie von Corbin aus herkommen, halten Sie an der **DuPont-Lodge** für Karten und Broschüren. Zu den Wasserfällen fahren Sie bis zum

Parkplatz weiter und gehen von dort aus einen geteerten Pfad bis zu den Felsen hinaus. Die donnernde Gischt, der feine Nebel und das Dröhnen in Ihren Ohren werden Sie lange gefangen halten. Eine Seilabsperrung verhindert, dass man diesem Naturschauspiel zu nahe kommt.

Eine schöne Wanderung geht insgesamt über 10,7 Meilen (17,2 km)

Rafting in der Gischt der Cumberland Falls

den **Moonbow Trail** entlang bis zur Mündung des Laurel River. Als Sheltowee Trace setzt sich der Weg bis zum Ende des Daniel Boone National Forest fort. Für einen Rundweg von sieben Meilen (11,3 km) biegen Sie nach knapp zwei Meilen (3 km) rechts vom Fluss auf den **Cumberland River Trail** ab. Überqueren Sie die Kentucky 90 und folgen Sie der Straße etwa 20 Meter nach Osten.

**PARK-TIPP:** *Wenn die Sonne scheint, sieht man gegen Mittag manchmal einen einfachen oder doppelten Regenbogen über dem Wasserfall.*

Dort führt ein alter Holzfällerweg in den Wald hinein und zum Fluss. Folgen Sie dem Flusslauf etwa zwei Meilen (3,2 km) abwärts zum Parkplatz zurück. Auf der anderen Seite des Flusses bietet der **Eagle Falls Trail** einen etwa drei Meilen (4,8 km) langen Rundweg mit Blick auf die Cumberland Falls und die 13,4 Meter tiefen Eagle Falls.

Am Fluss werden geführte Raftingtouren *(Mai–Okt., Gebühr)* angeboten, Sie können auch ein Kanu oder Kajak von einem der Anbieter mieten. Unterhalb der Fälle gibt es Stromschnellen der Klasse III, oberhalb der Klasse I und II. Schwimmen kann man auch in einem großen Schwimmbecken *(Gebühr)*.

### Camping und Lodge-Unterkunft

Der Park bietet 50 Zelt- und Wohnmobilplätze (April–Okt.) mit Duschmöglichkeit. Reservierungen unter 888-459-7275 oder über www. reserve america.com. Campinggebühr. Zudem gibt es 25 möblierte *Cabins* und 51 Zimmer in der historischen Lodge. Reservierung telefonisch bei der Parkverwaltung oder über die Internetseite des Parks.

Cumberland Falls State Resort Park, 7351 Hwy. 90, Corbin, KY 40701; 606-528-4121 or 800-325-0063; www.parks.ky.gov

# Natural Bridge

*2 Meilen (3,2 km) südlich von Slade, an der Kentucky 11*

- 10,1 km² ▪ Ganzjährig ▪ Sandsteinbogen ▪ Skylift ▪ Wandern
- Nature Center ▪ Lodge ▪ See, Schwimmbecken

Die Natural Bridge

Weniger als eine Stunde von Lexington entfernt bietet dieser beliebte Park Sandsteinbogen, Felsdächer und andere geologische Besonderheiten. Die Natural Bridge ist mindestens 100 000 Jahre alt und war ursprünglich ein Felsdach mit solidem Felshintergrund, der durch Wind, Wasser und Erosion wegbrach und so die Felsbrücke schuf. In einem Umkreis von acht Kilometern sind mehr als 150 Felsbrücken zu sehen, die auf unterschiedliche Weise entstanden, doch die Natural Bridge mit durchschnittlich sieben Meter Breite ist eine der größten.

**PARK-TIPP:** *Fahren Sie mit dem Kanu oder Kajak auf dem oft übersehenen, 20 Hektar großen Mill Creek Lake, der von wuchtigen Sandsteinfelsen umringt ist.*

Ureinwohner entdeckten das Gebiet 1500 v. Chr., bewohnten die Höhlen und ritzten Bilder in die Wände. Mitte des 18. Jahrhunderts kamen Forscher aus den Ebenen, aber die steilen Täler und schmalen Bergrücken erschwerten die Besiedlung. Eisenbahnen brachten Anfang des 20. Jahrhunderts Touristen in die Gegend. 1926 überschrieb die Louisville & Nashville Railroad das Land dem Staat, und so entstand der Park.

## Attraktionen und Aktivitäten

Im Erdgeschoss des **Activities Center** befindet sich ein Nature Center mit Ausstellungen über Fauna und Flora der Gegend. Nehmen Sie hier eine Karte der zehn Wanderwege des Parks mit und gehen Sie dann zur **Natural Bridge**.

Der **Original Trail**, 1890 von der Lexington & Eastern Railroad angelegt, ist ein 800 Meter langer Weg durch einen Wald von Rhododendron, Schierling, Gelbpappel und Weißfichte. Etwas anspruchsvoller und attraktiver ist der eine Dreiviertelmeile (1,2 km) lange **Balanced Rock Trail**, der eine Reihe von Kalksteintreppen hinauf- und an einer Höhle vorbeiführt.

Ein leichterer Spaziergang ist der 1,75 Meilen (2,8 km) lange **Rock Garden Trail**. In vier Stunden gelangen Sie vom Balanced Rock Trail zur Natural Bridge und von dort aus über den **Hood's Branch Trail** nach vier Meilen (6,4 km) zum Parkplatz des **Skylift**. Oder nehmen Sie den Lift *(Mitte April–Okt., Gebühr)* zur Natural Bridge und dann den Rock Garden Trail zurück zur Lodge oder zum Activities Center, alternativ können Sie auch den neuen **Low Gap Trail** zum Skylift-Parkplatz erwandern. Wenn Sie den nur 1,2 Kilometer langen **Laurel Ridge Trail** dazunehmen, werden Sie mit wunderschönen Ausblicken auf die Natural Bridge und den Middle Fork Canyon belohnt. Die 117,4 Quadratkilometer große **Red River Gorge Geological Area** *(606-663-2852)* nördlich des Mountain Parkway bietet fast hundert Kilometer erschlossene Wanderwege zu beeindruckenden Felsformationen.

Für den Teich können Sie Paddelboote mieten *(letzter Mo im Mai [Memorial Day] bis erster Mo im Sept. [Labor Day])*, oder Sie gehen zum Hoedown Island, wo im Sommer wöchentlich Squaredance im Freien stattfindet. Es stehen auch ein Schwimmbad *(Gebühr nur für Campinggäste)* und ein Minigolfplatz zur Verfügung.

## Camping und Lodge-Unterkunft

Der Park bietet 87 Zelt- und Wohnmobilplätze – Duschen vorhanden – sowie zwölf einfache Zeltplätze. Geöffnet von April bis Oktober; Reservierung unter 888-459-7275 oder über www.reserveamerica.com. Campinggebühr. Die Hemlock-Lodge bietet 35 Zimmer plus elf Ferienhütten mit ein oder zwei Schlafzimmern; Reservierung unter 606-663-2214 oder 800-325-1710.

159

**DER SILBERSCHATZ:** Generationen von Schatzsuchern wurden durch Erzählungen des Abenteurers John Swift – der angeblich in den 1760er Jahren eine Silbermine der Shawnees entdeckt hatte – nach Ostkentucky gelockt. In England, wo Swift für eine große Expedition Geld aufbringen wollte, wurde er in den Revolutionsjahren wegen seiner Sympathien für die Kolonien eingekerkert. Alt und blind kam er wieder zurück und ermutigte Abenteurer, sich auf Basis seiner Tagebucheinträge, die das Gebiet um die Natural Bridge zu beschreiben scheinen, auf die Suche zu machen. Es wurde nie etwas gefunden, obwohl Swift noch auf dem Sterbebett die Leute ermutigte, niemals nachzulassen. Das traurige Ergebnis war lediglich die Zerstörung vieler Indianerstätten.

Natural Bridge State Resort Park, 2135 Natural Bridge Rd., Slade, KY 40376; 606-663-2214 or 800-325-1710; www.parks.ky.gov

# Carter Caves

*8 Meilen (12,9 km) nordöstlich von Olive Hill, an der Kentucky 182*

■ 8,1 km² ■ Ganzjährig ■ 20 Höhlen ■ Felsbrücken ■ Wandern ■ Golf, Tennis, Schwimmen, Angeln (mit Angelschein) ■ Fieldstone-Lodge ■ Einige Höhlentouren erfordern eine Taschenlampe für jede Person

Carter County, ein bergiges Land, in das sich der schmale und kurvige Tygart's Creek eingräbt, ist mit Höhlen, Felsbrücken und anderen Naturwundern gespickt, die durch langjährige Erosion der Kalkgesteins unterhalb der Sandsteinformationen entstanden sind. Für den Tourismus seit 1880 erschlossen, wechselten die kommerziell genutzten Höhlen mehrere Male den Besitzer, bis das Land 1946 schließlich dem Staat übereignet wurde.

Im **Welcome Center** können Sie sich für eine geführte Tour *(Teilnahmegebühr)* durch eine oder mehrere der fünf regelmäßig geöffneten Höhlen eintragen. Die **Cascade Cave** *(Tour von 75 Minuten)* ist eine der schönsten und größten der 200 Höhlen im County. Zu bewundern sind riesige Hallen, phantastische Formationen und ein zehn Meter tiefer Wasserfall. Die **X Cave** *(45 Minuten)* wurde nach ihren sich kreuzenden Gängen benannt und enthält großflächige Ausschmückungen. Die historische **Salpetre Cave** *(1 Stunde, letzter Mo im Mai [Memorial Day] bis erster Mo im Sept. [Labor Day])* diente als Materialquelle für Schießpulver im Krieg von 1812. Die **Laurel Cave** und **Horn Hollow** können Sie nach Anmeldung im Welcome Center auf eigene Faust erkunden. Tausende der bedrohten Indiana-Mausohrfledermäuse halten in der **Bat Cave** *(Memorial Day bis Labor Day, mindestens 6 Personen, Taschenlampe erforderlich)* und Salpetre Cave ihren Winterschlaf.

Vom Welcome Center geht ein 800 Meter langer Rundweg zur **Natural Bridge**; der 55 Meter lange Tunnel durch den Fels ist stabil genug für eine Autostraße. Es empfiehlt sich, so viel wie möglich des 3,25 Meilen (5,2 km) langen **Bridges Trail** zu erwandern. Dieser leichte Wanderweg durch den Hauptteil des Parks führt an vielen Naturwundern vorbei, zum Beispiel an der **Fern Bridge**, einem 27 Meter hohen und 37 Meter breiten Sandsteinbogen, oder an der **Smokey Bridge**, der mit 27 Meter Höhe und 67 Meter Breite größten natürlichen Felsbrücke des Bundesstaates. Über den eine Dreiviertelmeile (1,2 km) langen **Box Canyon Trail** gelangen Sie zu markanten Formationen wie der Cascade Natural Bridge, dem Box Canyon und dem Wind Tunnel.

Der längliche **Smoky Valley Lake** bietet 18 Hektar zum Angeln. Im Sommer werden geführte Kanutouren (Gebühr) angeboten.

### Camping und Lodge-Unterkunft

Der Park hat 89 Zelt- und Wohnmobilplätze (einige auch im Winter geöffnet); Duschen vorhanden. Reservierung unter 888-459-7275 oder über www.reserveamerica.com. Campinggebühr. Außerdem gibt es elf Ferienhütten und 28 Lodge-Zimmer; Reservierung unter 800-325-0059.

Carter Caves State Resort Park, 344 Caveland Dr., Olive Hill, KY 41164; 606-286-4411; www.parks.ky.gov

# John James Audubon

*An der US 41N, in Henderson*

- 2,9 km² ▪ Ganzjährig ▪ Haustiere im Naturschutzgebiet verboten
- Kunstmuseum ▪ Nature Center ▪ Wandern, Golf

Der große Naturforscher und Maler John James Audubon (1785–1851) lebte von 1810 bis 1819 mit seiner Familie in Henderson, einer kleinen Stadt am Ohio. Sein späteres Leben verbrachte Audubon mit Reisen von Florida bis Labrador, und überall malte er Vögel und andere Tiere in ihrem natürlichen Habitat. Sein großes Werk, *Die Vögel Amerikas*, wurde 1838 veröffentlicht.

Buchen-Ahorn-Wald

Das **John James Audubon Memorial Museum** *(geschl. Nov.–März Mo und Di)* wurde im Stil eines französischen Normannengasthofs erbaut und beherbergt vier große Ausstellungsräume über Audubons Leben und Wirken sowie die weltweit größte Sammlung an Memorabilien und seiner Kunstwerke. Im anschließenden **Nature Center** können Sie unter anderem den Garten und Teich mit Ferngläsern beobachten, in ein großes Vogelnest klettern, Vorlesungen besuchen oder sich geführten Wanderungen anschließen.

Es gibt insgesamt 8,9 Kilometer kürzere Wanderwege durch das Naturschutzgebiet und zum Wildvogelsee. Mehr als 20 Grasmückenarten ziehen im Frühjahr durch. Für einen 3,3 Meilen (5,3 km) langen Rundgang gehen Sie vom Nature Center auf der Warbler Road bis zum **Back Country Trail**. Dann nehmen Sie den **Wilderness Lake** und den **Coffee Tree Trail** zurück zum Center. Besuchen Sie auch den 9-Loch-Golfplatz, mieten Sie ein Paddelboot oder angeln Sie im Erholungssee *(letzter Mo im Mai [Memorial Day] bis erster Mo im Sept. [Labor Day])*.

**PARK-TIPP:** *Wandern Sie im Frühmärz auf dem Back Country Trail, wenn erste Wildblumen erscheinen und Grasmücken durchziehen.*

### Camping und Lodge-Unterkunft

Es gibt 69 Zeltplätze; Duschen sind vorhanden. Reservierung unter 888-459-7275 oder über www.reserveamerica.com. Campinggebühr. Zudem gibt es sechs Ferienhütten.

John James Audubon State Park, P.O. Box 576, Henderson, KY 42419; 270-826-2247; www.parks.ky.gov

161

# DIE GROSSEN SEEN

## MINNESOTA

Itasca
Forestville/Mystery Cave
Tettegouche
Soudan Underground Mine
Blue Mounds

## WISCONSIN

Devil's Lake
Peninsula
Rock Island
Copper Falls

## MICHIGAN

Mackinac Island
Porcupine Mountains
Fort Wilkins
P.J. Hoffmaster
Hartwick Pines

## ILLINOIS

Giant City
Fort Massac
Starved Rock
Mississippi Palisades
Ferne Clyffe

## INDIANA

Brown County
Spring Mill
Falls of the Ohio
Indiana Dunes

## OHIO

Hocking Hills
Hueston Woods
Kelleys Island
Maumee Bay

Grand Hotel, Mackinac Island, Michigan

# Hocking Hills

*12 Meilen (19,3 km) westlich von Logan an der Ohio 664*

■ 9,4 km² ■ Ganzjährig ■ Wasserfälle, Höhlen und Talkessel ■ Wandern, Schwimmen, Angeln (mit Angelschein)

Old Man's Cave

Richard Rowe liebte die Überhänge der Bäche in den Hocking Hills sehr – so sehr, dass er unter einen Überhang zog, der schließlich als Old Man's Cave bekannt wurde. Fast zwei Jahrhunderte später locken die Einbuchtungen der gewundenen Schlucht, in der Rowe lebte (und bestattet wurde) noch immer jene an, die Zuflucht suchen.

Wasser, das durch den Sandstein dieser Hügel schnitt, schuf zahllose Bäche, die durch Löcher und über Wasserfälle rieseln, von Farnen und Hemlocktannen gesäumt. Wege steigen von den Seiten bis zu den höchsten Stellen der Klippen und führen dann wieder durch Tunnel unter Überhängen hindurch. Der Park umfasst sechs verschiedene Bereiche, jeder mit typischen Kennzeichen: Rock House, Cantwell Cliffs, Cedar Falls, Conkles Hollow, Ash Cave und natürlich Old Man's Cave.

Gletscher flachten diese Hügel niemals ab, doch sie kamen so nah, dass sie die Ausgänge des Canyons verengten und verstopften. Daher nannten Jäger der Wyandot einen Fluss hier *Hockhocking* – »Flaschenfluss«. Mitte des 19. Jahrhunderts entdeckten nichtindianische Siedler die Schönheit der Gegend. Der CCC (Civilian Conservation Corps) schuf Wege, schlug Stufen und Handläufe in den Sandstein, baute Steinbrücken und führte Tunnel durch Hindernisse in den Schluchten.

> **PARK-TIPP:** *Wer die Einsamkeit sucht, unternimmt den 800 Meter weiten Abstecher vom Gorge Trail zu den Broken Rock Falls. Dort gedeihen Flora und Fauna dank des Sprühnebels vom Wasserfall.*

## Attraktionen und Aktivitäten

Wanderungen in den Hocking Hills sind weder schwierig noch lang; wenn Sie für einige Zeit haben, sollten Sie Ash Cave und Old Man's Cave nicht vergessen. Der erste, etwa zwei Meilen (3,2 km) lange Weg führt zu einer Höhle unter einem hoch aufragenden Felsvorsprung.

Der Eingang der Höhle ist 27 Meter hoch, ihre Rückwand liegt rund 30 Meter tief. Sie können die Wege entlangwandern, die die Schlucht rund um die Old Man's Cave durchziehen, von den Upper Falls und Devil's Bathtub am Nordende bis zu den Lower Falls, der Rowe's Cave und zum Sphinx Head im Süden. Der Weg am Ostrand bietet großartige Ausblicke, doch sollten Sie auch in die Schlucht hinunterwandern: Dort können Sie sich in dem von Bäumen eingefassten Canyon beschirmt fühlen und die gebogenen Steinbrücken wie die vertieften Felsstufen bewundern. Das **Visitor Center** am Beginn des Weges präsentiert Exponate zur Geologie der Hügel und zu den menschlichen Bewohnern. Wenn Sie mehr Zeit haben, gehen sie den **Conkles Hollow** an, einen Canyon mit großen Bäumen und vielen Wildblumen im Frühling. Der Weg entlang dem Abgrund – bei glitschigen Bedingungen gefährlich – führt zu einem Platz über einem Wasserfall.

**Rock House**, eine außergewöhnliche Höhle auf halber Höhe einer 45 Meter hohen Klippe, besitzt eine sieben Meter hohe Decke und einen 60 Meter langen Korridor mit Bogen an beiden Enden. Erosion durch Wasser und Wind hat die Sprünge im Sandstein vergrößert und Säulen stützen das Dach ab.

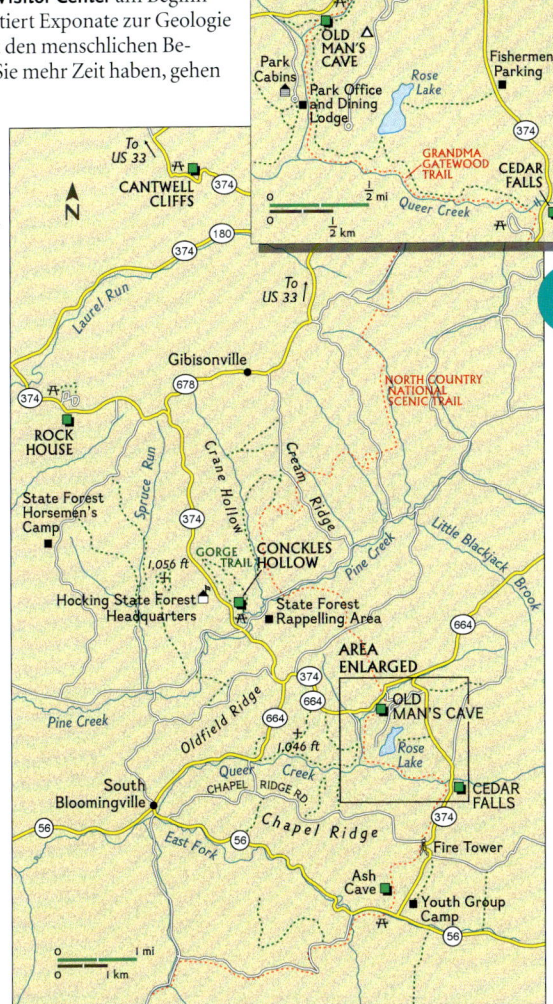

Die Cedar Falls

## Weitere Erlebnisse

Im Winter verwandeln sich die Wasserfälle zu Eisgebilden und lassen die Schluchten wie Kristallpaläste erscheinen. Das Eis am Ash Cave Waterfall bildet stalaktitenähnliche Gebilde: Säulen, die bis zu 27 Meter hoch werden können.

Der von Quellen gespeiste **Rose Lake** bietet im Winter Eisangeln und im Sommer eine große Vielfalt an Fischen, verschiedene Forellen arten (allerdings zur Mitte des Sommers oft schon abgefischt), Barsche und Welse.

Der anspruchsvolle **Grandma Gatewood Trail** schneidet durch das Gebiet des State Forest, um drei Bereiche Hocking Hills zu verbinden: Old Man's Cave, Cedar Falls und Ash Cave. Der sechs Meilen (9,6 km) lange Weg gehört zum North Country National Scenic Trail, der nach seiner Fertigstellung von New York bis North Dakota führen wird.

Der rund 3700 Hektar große **Hocking State Forest** *(740-385-4402)* bietet zusätzliche Möglichkeiten, wie etwa insgesamt 40 Meilen (64,4) lange Reitwege mit einem Reitercamp bei Rock House. In dem Wald gibt es auch ein Klettergebiet von einer Meile (1,6 km) Länge bei Conkles Hollow, wo Kletterer ihr Geschick an 30 Meter hohen Wänden testen können. Da der Fels aus Sandstein besteht, werden die Seile an Bäumen befestigt, und die Kletterer arbeiten mit der Technik der Top-Rope-Sicherung.

## Camping und Lodge-Unterkunft

Der Park verfügt über 172 Zelt- und Wohnmobilplätze – Duschen vorhanden (im Winter nur teilweise verfügbar) – und zwei einfache Walk-in-Camps (eines für Jugendgruppen). Reservierung erforderlich. Campinggebühr. Es gibt auch 40 moderne *Cabins* mit je zwei Schlafzimmern und Kamin; ganzjährig verfügbar, Reservierung unter 888-644-6727.

Hocking Hills State Park, 19852 S.R. 664, Logan, OH 43138; 740-385-6841; www.hockinghillspark.com

**HERABGESTÜRZTE FELSEN:** Die Canyonwände in Hocking Hills zeigen Schichten eines alten Meeres: Unmengen feinen Sandes, zusammengepresst durch das riesige Gewicht von Wasser und Sedimenten, die sich ablagerten, als die Appalachen im Osten aufgefaltet wurden. Überhängende Klippen bilden sich, wenn Wasser durch härtere Schichten dringt und den Sandstein erreicht, der leicht abgetragen wird. Wenn Bäche sich ihre gewundenen Wege suchen, meißeln sie Höhlen in die Felswände. Schließlich wird das Gewicht des Überhangs zu groß – er bricht ab. Einer dieser Felsbrocken liegt in der Mitte des Gorge Trail, unterhalb der Fälle von Conkles Hollow.

# Hueston Woods

*45 Meilen (72,4 km) westlich von Dayton, abseits der Ohio 732*

▪ 14,6 km² ▪ Ganzjährig ▪ Fossilien ▪ Landschaftsschutzgebiet, Nature Center, Vorträge ▪ Pioneer Farm Museum ▪ Golf ▪ Wandern, Schwimmen, Angeln (mit Angelschein), Bootfahren, Minigolf

Der Buchen-Ahorn-Wald, der sich einst über ganz Ohio erstreckte, blieb hier, nahe der Grenze zu Indiana, erhalten, während ein Großteil des ausgedehnten Waldes der Region für Farmland gerodet wurde.

An anderen Stellen am See ist der Park längst nicht mehr so ursprünglich, sondern bedient eine breite Skala von Freizeitwünschen. Es gibt einen Golf- und einen Minigolfplatz, einen von Menschenhand geschaffenen See mit Yachthafen und Bootsverleih, eine Lodge und ein Konferenzzentrum mit Tennisplätzen und Pools.

Derartige Annehmlichkeiten locken natürlich die Massen an, aber sie haben die traditionelleren Attraktionen des Parks nicht in den Schatten gestellt. Es gibt insgesamt zehn Meilen (16 km) lange Wanderwege, mehrere Gebiete, in denen Fossilien gesammelt werden können, und das Pioneer Farm Museum, das innerhalb des Golfplatzes liegt. Das Nature Center präsentiert lebende Tiere und lehrreiche Vortragsprogramme, und wer sich für Greifvögel interessiert, sollte das nahe gelegene Raptor Rehabilitation Education Project besuchen, eine Zufluchtsstätte für verletzte oder verwaiste Greifvögel.

167

**Attraktionen und Aktivitäten**

Besorgen Sie sich im **Nature Center** eine Karte und gehen Sie in die 80 Hektar großen **Big Woods**, wo der Schatten von Eichen, Buchen und Ahornbäumen die Blumen und zarten Farne am Waldboden schützt. Historiker vermuten, dass die Familie Hueston diese Bäume rettete,

*Pioneer Farm Museum*

um den süßen Saft abzuzapfen. Und jedes Jahr im März tun Naturkundler genau das und kochen den Saft dann im Zuckerhaus am See. Auf der anderen Seite des Sees bietet der eine Meile (1,6 km) lange **Cedar Falls Trail** im Frühling, wenn die Wildblumen blühen und die Fälle über Stufen im Schiefer und Kalkstein hinabstürzen, eine beliebte Wanderung.

**GREIFVOGEL-ZUFLUCHT:** Wenn in Ohio ein junger Falke aus dem Nest fällt oder ein Streifenkauz in eine Hochspannungsleitung fliegt, wird der Vogel bald einen Erholungsurlaub in einem State Park bekommen. In Hueston Woods nimmt das Raptor Rehabilitation Education Project verletzte Vögel auf und pflegt sie wieder gesund. Besucher können einen genauen Blick auf diese verletzten Vögel werfen, vom Truthahngeier bis zum Steinadler. Viele der Vögel können nicht wieder ausgewildert werden; sie nehmen auf Dauer ihren Wohnsitz im Hueston Woods State Park.

Die Felsen in den Hueston Woods sind so sehr mit Fossilien von Meerestieren durchsetzt, dass Besucher die Überreste gleich welcher Meeresschnecken oder Kopffüßer, die sie finden, ausgraben und mitnehmen dürfen. Das tropische Meer, das die Region vor 500 Millionen Jahren bedeckte, hinterließ in seinen Sedimenten eine ungeheure Vielfalt an alten Arten. Im Nature Center erhalten Sie eine Broschüre, die erklärt, was Moostierchen und Trilobiten sind, und Karten, die einige der besseren Fundstellen zeigen.

Am Westende des Sees verfügt der Park über ein Gebiet für Mountainbiker *(Fahrräder sind auf den Wanderwegen nicht erlaubt)*, das von relativ einfachen Rundkursen bis zu steileren, wilderen Wegen reicht. Neben dem Zuckerhaus am Südufer gibt es einen Angelplatz, außerdem können Angler mit Booten *(maximal 10 PS)* über den 250 Hektar großen See schippern und versuchen, Barsche, Blaue Sonnenbarsche oder Welse zu fangen. Im Sommer sieht man ein kleines Kontingent an

**PARK-TIPP:** *Beobachten Sie das Leben in den Wäldern rund um den Acton Lake auf die bequeme Art — von den Fenstern der Lodge aus.*

Schiffen; Kanus, Ponton-, Motor- und Segelboote können auch gemietet werden *(513-523-8859)*.

### Camping und Lodge-Unterkunft

Der Park hat 490 Zelt- und Wohnmobilplätze (75 im Winter geöffnet); Duschen sind vorhanden. *First come, first served.* Campinggebühr. Es gibt auch drei *Cabins* mit Einrichtung, eine Jurte, ein Tipi, ein Camp für Gruppen sowie ein Reitercamp und eine Arena am Nordende des Parks mit 28 Plätzen, 15 mit Strom (im Winter geschlossen). Der Park vermietet 59 *Cabins* und bietet eine Lodge mit 94 Zimmern und Restaurant; Reservierung unter 800-282-7275.

Hueston Woods State Park, 6301 Park Office Rd., College Corner, OH 45003; 513-523-6347; www.ohiodnr.com/parks

# Kelleys Island

*Fähre von Marblehead*

▪ 2,7 km² ▪ Ganzjährig ▪ Eiszeitliche Furchen ▪ Bootfahren, Angeln (mit Angelschein), Wandern, Badestrand ▪ Fähre (419-798-9763)

Kelleys Island wurde in den 1830er Jahren für seinen Wein erstmals weithin bekannt. Der Park wurde jedoch vor allem gegründet, um die riesigen Furchen zu schützen: Sie entstanden, als sich Gletscher vor 20 000 Jahren über die Insel bewegten, und gehören zu den größten weltweit. An manchen Stellen sind die Spuren glatt wie Glas, 4,5 Meter tief und rund 120 Meter lang.

Der Park bietet auch insgesamt fünf Meilen (8 km) lange Wanderwege und einen Badestrand, außerdem erklären Naturforscher die einzigartige Vegetation.

### Camping

Der Park bietet 129 Zelt- und Wohnmobilplätze – Duschen vorhanden (Mai–Okt.) –, ein Camp für Jugendgruppen, zwei Insel-Jurten (Mitnahme-Miete) und zwei Miet-Campingplätze. Reservierung unter 866-644-6727; Belegung wird auch an der Fähre angezeigt. Campinggebühr.

Kelleys Island S.P., 4049 E. Moores Dock Rd., Port Clinton, OH 43452; 419-797-4530; www.ohiodnr.com/parks

Gletscherfurchen auf Kelleys Island

169

# Maumee Bay

*9 Meilen (14,5 km) östlich von Toledo, über die Ohio 2, dann nördlich auf der North Curtice Road*

- 5,7 km² ▪ Ganzjährig ▪ Nature Center ▪ Feuchtgebiete, Sümpfe
- Bootfahren, Golf, Schlittenfahren

Maumee Bay ist ein Überbleibsel des Great Black Swamp, des Feuchtgebietes, das die Ebenen südlich des Lake Erie bedeckte, nachdem die Gletscher zurückgegangen waren und der See auf seine gegenwärtige Größe geschrumpft war. Der Sumpf wurde vor hundert Jahren trockengelegt, und eine große Fläche wird nun landwirtschaftlich genutzt.

Im **Trautman Nature Center** gibt es Karten, einen diensthabenden Naturforscher und eine neue Ausstellung über den Monarchfalter. Ein zwei Meilen (3,2 km) langer Knüppeldamm führt im Osten mit erklärenden Tafeln und einer Beobachtungsstelle durch die Feuchtgebiete.

### Camping und Lodge-Unterkunft

Der Park hat 256 Zelt- und Wohnmobilplätze; Duschen vorhanden. Campinggebühr; Reservierung unter 866-644-6727. Die Quilter Lodge bietet 120 Zimmer, 20 Ferienhütten und ein Restaurant; Lodge- und Hüttenreservierung unter 800-282-7275.

Maumee Bay State Park, 1400 State Park Rd. #1, Oregon, OH 43618; 419-836-7758; www.ohiodnr.com/parks

# Mackinac Island

*Fähre ab St. Ignace oder Mackinaw City – oder Flug zum Mackinac Island Airport (906-643-7165)*

■ 7,3 km² ■ Ganzjährig, Fort Mackinac Mai bis Oktober ■ Autos verboten ■ Camping verboten ■ Historisches Hotel ■ Kutschfahrten ■ Arch Rock ■ Radfahren, Wandern ■ National Historic Landmark

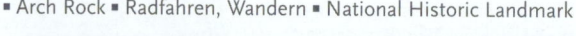

Die herrliche Küstenlinie von Mackinac Island

Wenn man bis zur höchsten Stelle der Insel wandert, kann man sich kaum vorstellen, wie die Briten sich konzentrieren und im Krieg von 1812 ihre Kanonen während eines Überraschungsangriffs auf das Fort Mackinac richten konnten. In alle Richtungen ist der Blick über den See aus rund 98 Meter Höhe atemberaubend. 1812 nahm die Insel als Militärposten, der die Straits of Mackinac bewachte, eine Schlüsselstellung ein.

Soldaten in historischen amerikanischen Uniformen spielen heute auf dem Paradeplatz Musik; sie laden und feuern auch die Kanone auf dem einzigen Fort Michigans aus der Zeit des Amerikanischen Unabhängigkeitskrieges. Darsteller erwecken das militärische Leben der 1880er Jahre wieder zum Leben – auf diesem Vorposten scheint es gar nicht so schlecht gewesen zu sein. Selbst damals war Mackinac ein be-

Lake Huron

British Landing

SCOTT'S ROAD

SCOTT'S SHORE ROAD

N

BATTLEFIELD OF 1814

BRITISH LANDING ROAD

LAKE SHORE ROAD

Wawashkamo Golf Course

Airport

CROOKED TREE ROAD

ANNEX ROAD

Woods Nine Golf Course

LAKE SHORE ROAD

Sugar Loaf

CUPID'S PATHWAY

Skull Cave

Fort Holmes

900 ft

Arch Rock

Devil's Kitchen

HURON RD

Jewel Golf Course

3

4

Fort Mackinac

Marquette Park

FORT ST.

2

Lake Huron

Ferry from St. Ignace

MARKET ST.

Boardwalk

HURON ST.

Mission Church

1  Visitor Center
2  Benjamin Blacksmith Shop
3  Grand Hotel
4  Governor's Summer Residence

Ferry from Mackinaw City

liebtes Ferienziel, berühmt wegen seiner Schönheit, seines luxuriösen Hotels und wegen der Tatsache, dass die Seebrise die lästigen Insekten vertrieb.

**Attraktionen und Aktivitäten**

Beginnen Sie am **Visitor Center** beim Bootsanleger westlich des Yachthafens, der über den **Marquette Park** zum Fort Mackinac blickt. (Es gibt auch einen Informationsstand an der Huron Street.) Dort bekommen Sie Karten und Ratschläge; außerdem können Sie einen Film über die Insel sehen.

Vielleicht möchten Sie noch einige Sehenswürdigkeiten im Ort besichtigen, ehe Sie sich auf den Weg zum Fort machen: von der **Benjamin Blacksmith Shop** (Schmiede) an der Market Street – beachten Sie die furchterregenden Werkzeuge zur Zahnbehandlung bei den Pferden – bis zur **Mission Church** von 1830 an der Huron (Main) Street (und versäumen Sie nicht den berühmten Süßwarenladen). Es gibt auch verschiedene Häuser, die noch aus den 1820er Jahren stammen, als der amerikanischen Fellhandel hier seinen Mittelpunkt hatte. Wenn Sie weiter östlich um den See herumgehen, kommen Sie an schönen alten Hotels und Sommerhäusern vorbei.

Die weißen Befestigungen von **Fort Mackinac** erheben sich 45 Meter oberhalb der Stadt; der Zugang führt über eine breite Rampe den Hügel hinter dem Marquette Park hinauf. Im Inneren gibt es 14 historische Gebäude, von den Kasernen (in denen heute ein Museumsladen untergebracht ist) bis zu den Officers' Stone Quarters, wo man heute Tee trinken und dabei von der Terrasse aus den Blick auf die Straits und vom Untergeschoss auf die Mackinac Bridge genießen kann.

In der heutigen Zeit fällt das Fehlen von Autos auf der Insel besonders ins Auge. Zahlreiche Läden auf der Insel vermieten Fahrräder von unterschiedlicher Qualität und viele Leute unternehmen eine Radtour über die Insel mit Stopps und kurzen Spaziergängen zu besonderen Punkten. Sie können aber auch eine Kutsche mieten oder, wenn Sie Mini-Marathons mögen, den 8,5 Meilen (13,7 km) langen Rundweg um die Insel erwandern. Am Ostufer klettern Tapfere auf steilen Stufen zum **Arch Rock** empor, während andere den weniger anstrengenden Weg von oben vom Fort her mit dem Rad zurücklegen. Vielleicht sehen Sie ein Segelboot auf dem See, eingerahmt von dem Felsbogen, der 15 Meter überspannt, während obenauf eine Möwe sitzt. **Sugar Loaf**, eine Felsnase aus Kalkstein, liegt in der Nähe.

Ab British Landing können Sie entweder am sonnigen Westufer weitergehen oder den Weg der britischen Soldaten über den Rücken der Insel nehmen. Die Straße führt zur Südseite der Insel zurück. Von dort aus können Sie nach Westen zum Jewel Golf Course abbiegen und das **Grand Hotel** (800-334-7263, Mitte Mai–Okt.) von 1887 besuchen, das viktorianisch-traditionell verlangt, dass nach 18 Uhr Herren Sakko und Krawatte tragen und Frauen »nicht in Hosen« kommen. Die 200 Meter lange Veranda ist bei der Anfahrt mit der Fähre nicht zu übersehen, doch wenn Sie darauf entlangbummeln möchten, müssen Sie entweder ein Zimmer mieten oder eine Gebühr bezahlen … und sich auch entsprechend kleiden.

## Weitere Erlebnisse

Nur 500 Menschen leben das ganze Jahr über auf der Insel, deshalb ist es wesentlich ruhiger, wenn das Fort und die anderen Sehenswürdigkeiten nach dem Labor Day *(erster Mo im Sept.)* ihre Öffnungszeiten reduzieren. Andere Einrichtungen des Parks sind wegen des bunten Herbstlaubs von Mitte Mai bis Mitte Oktober geöffnet. Besucher können das ganze Jahr über auf der Insel wandern, doch wenn ab Januar die Fähren den Betrieb einstellen, ist es schwierig, dorthin zu gelangen. Die Einheimischen legen die 3,5 Meilen (5,6 km) zum Festland auf dem Schneemobil zurück – über eine Eisbrücke, die mit ausgedienten Weihnachtsbäumen markiert wird. Manche Besucher bevorzugen allerdings ein Privatflugzeug oder den kleinen Flugdienst.

ANCIENT ISLAND: Vor 11 000 Jahren, als die letzten Gletscher abschmolzen, erschien Mackinac Island an der Oberfläche des Lake Algonquin, eines riesigen Sees, der auch den heutigen Lake Michigan und Lake Huron umfasste. Der hohe Grat in der Mitte der heutigen Insel wird Ancient Island genannt. Der Wasserstand des Sees fiel allmählich, als der Gletscher sich im Norden eine tiefere Furche grub, bis schließlich Mackinac keine Insel mehr war, sondern eine Halbinsel, die aus dem Festland Michigans vorragte. Später füllten sich die Becken wieder, das Wasser des Lake Nipissing stieg erneut an und überflutete einen Teil der Insel. Man kann sechs verschiedene Terrassen erkennen, die von der Erosion während der verschiedenen Hoch- und Niedrigwasser des Sees geschaffen wurden.

## Sehenswürdigkeiten in der Nähe

Die Geschichte von Mackinac Island ist eng mit weiteren Vorfällen an den Straits of Mackinac verbunden, und die Mackinac State Historic Parks verwalten die damit verbundenen Stätten: **Old MacKinac Point Lighthouse**, **Colonial Michilimackinac** und **Historic Mill Creek** *(231-436-4100)*. Sie liegen jenseits der Straits am Nordufer der Lower Peninsula, bei Mackinaw City. Colonial Michilimackinac erweckt ein Fort zu neuem Leben, das im 18. Jahrhundert von den Franzosen, später von den Briten besetzt wurde (Briten und Franzosen konkurrierten um die Kontrolle des Pelzhandels). Im rekonstruierten Fort zeigen Darsteller als britische *Redcoats* (»Rotröcke«), wie das Leben in einem entlegenen militärischen Außenposten in den 1770er Jahren aussah. Der Leuchtturm wies den Schiffen bis 1957 den Weg, dann wurde er durch die Beleuchtung an der Brücke überflüssig.

Weiter östlich am Nordufer liegt der Mill Creek, an dem eine wassergetriebene Sägemühle in der Blütezeit des Fellhandels das Bauholz für die Gebäude auf Mackinac Island lieferte. An dem Platz, der in den 1970er Jahren von Amateurarchäologen mit Metalldetektoren wiederentdeckt wurde, steht eine rekonstruierte Sägemühle aus dem 18. Jahrhundert, deren Säge sich, von einem wassergetriebenen 1,2-Meter-Rad in Gang gesetzt, Hundert Mal pro Minute auf- und abbewegt. Zum Park gehören 250 Hektar Wald.

173

Mackinac State Historic Parks, P.O. Box 370, Mackinac Island, MI 49757; 231-436-4100; Chamber of Commerce 906-847-6418 oder 800-454-5227; www.mackinacparks.com

# Porcupine Mountains

*15 Meilen (24 km) westlich von Ontonagon, an der Michigan 107 –
oder 1 Meile (1,6 km) östlich von Wakefield, abseits der Michigan 28*

▪ 243 km² ▪ Ganzjährig ▪ Eintrittsgebühr ▪ Packtiere und Motorfahrzeuge im Hinterland verboten ▪ Wasserfälle ▪ Lake of the Clouds
▪ Skilanglauf und Alpinskilauf ▪ Angeln (mit Angelschein), Wandern

Herbstfarben am Carp River, Porcupine Mountains

Vergessen Sie die kleinen, dicht gedrängten Bestände großer Kiefern, die
in winzigen Stücken ursprünglichen Waldes im Mittleren Westen zu
finden sind. In den Porcupine Mountains gibt es echte Wildnis mit
riesigen Flächen Wald, der nie von einer Axt berührt wurde.

Die *Porkies* verdanken ihren Namen den Ojibwa-Indianern, die in
dem bewaldeten Höhenrücken Ähnlichkeit mit einem Stachelschwein
erkannten. Sie sind der größte Bestand altbestehenden Waldes zwischen
dem Mississippi und den Adirondacks. Mittelwestler, die es nach Wildnis gelüstet, finden hier insgesamt 85 Meilen (136,7 km) lange Wanderwege mit hoch aufragenden Hemlocktannen, Dutzenden von Wasserfällen, Weißkopfseeadlern und Schwarzbären, Jurten und rustikalen
*Cabins (Reservierung unter 800-447-2757 oder über www.mi.gov/porkies).*
Während die große Mehrzahl der Besucher nur einen kurzen Stopp am
spektakulären Steilhang am Lake of the Clouds einlegt, werden andere,
die sich einige Tage Zeit nehmen, um den Mirror Lake Trail oder am
Ufer des Lake Superior entlangzuwandern, reich belohnt.

Holzfirmen, die in den 1930er Jahren einen großen Teil Michigans
abgeholzt hatten, warfen ein Auge auf die *Porkies*, doch dank einer
nationalen Rettungskampagne wurde Porcupine 1945 zum State Park.

Mehr als 140 Quadratkilometer struppiger, lang eingewachsener Wald bilden das Herz des Parks, darunter einige Ahornbäume, deren Stämme einen Durchmesser von rund einem Meter haben. Der Park beherbergt gesunde Schwarzbär- und Wolfpopulationen; gelegentlich werden auch Elche gesichtet.

**Attraktionen und Aktivitäten**

Besucher, die nur für einen Tag kommen, folgen einer angenehmen, aber vorhersagbaren Routine: ein Halt beim **Visitor Center** *(Mitte Mai bis Mitte Okt.)* am Osteingang des Parks mit einer Ausstellung zur Geologie, Natur und Geschichte des Parks, dann eine Fahrt zum Steilhang am **Lake of the Clouds** für einen phantastischen Blick über den See, die steilen, bewaldeten Bergrücken und den Government Peak und schließlich ein Stopp am Sandstrand der **Union Bay** für ein Picknick und ein schnelles Bad.

Für jene, die mehr Zeit und feste Wanderstiefel mitbringen, führen Wege vom Steilhang am Lake of the Clouds nach Westen, bevor sie zum Big Carp River – südlich des **Mirror Lake** – abfallen oder nördlich zum Seeufer, wo man einen Teil des 16 Meilen (25,7 km) langen **Lake Superior Trail** erwandern kann. Rustikale *Cabins* liegen in regelmäßigen Abständen an den Wegen, und die *Cabins* am Mirror Lake, Lily Pond und Lake of the Clouds vermieten Boote.

Die Westseite des Parks ist weniger besucht als die östliche, besitzt aber aufregende Strecken entlang dem **Presque Isle River**. Wanderer können von der Mündung des Flusses aus an drei Wasserfällen vorbei eine Meile (1,6 km) flussaufwärts, über eine Brücke und auf der anderen Seite des Flusses wieder zurückgehen. Der Presque Isle River gilt unter

175

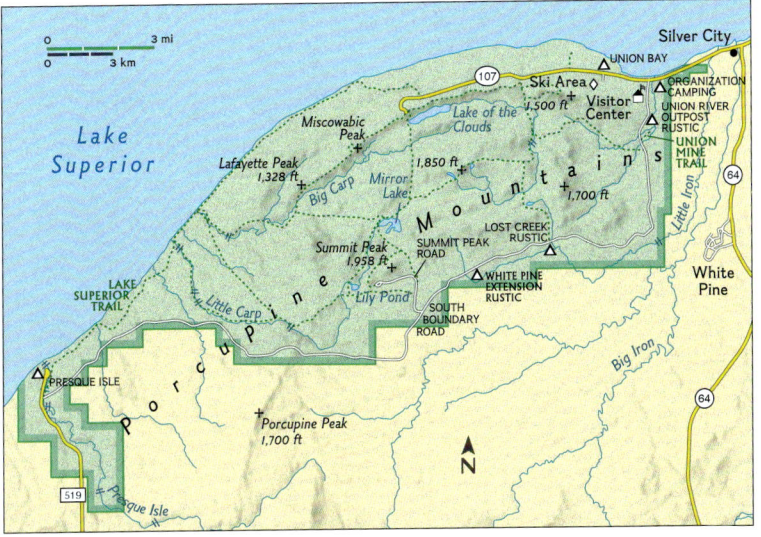

Kajakfahrern als einer der anspruchsvollsten Flüsse des Mittleren Westens. Im Frühling und Herbst sind die Angler, die durchs Wasser waten, fast ebenso häufig wie die Regenbogenforellen und Lachse.

Ob Ski alpin oder Ski nordisch – im Winter nutzen Langläufer die insgesamt 26 Meilen (41,8 km) langen gespurten Loipen, Abfahrer das Skigebiet bei der Union Bay. Entlang der Loipen liegen drei *Cabins* zum Übernachten; Schneemobile sind auf 32 Meilen (51,5 km) auf den Parkstraßen erlaubt.

### Weitere Erlebnisse

Der 16 Meilen (25,7 km) lange **Lake Superior Trail** ist der längste Wanderweg des Parks. Am besten ist es, wenn an beiden Enden ein Auto wartet – es sei denn, Sie haben mindestens fünf Tage Zeit, um vom Seeufer aus ins Landesinnere zu wandern und dort zum Ausgangspunkt zurückzukehren. Der Weg führt immer wieder am Ufer entlang und überquert an seinem Westende steile Schluchten. Ein kurzer Abstecher führt entlang dem Big Carp River zu den Shining Cloud Falls, die knapp sieben Meter in die Tiefe stürzen – die höchsten Fälle des Parks.

Mit 597 Metern ist der **Summit Peak** der höchste Berg des Parks. Vom Beobachtungsturm des Gipfels können Sie den Park in alle Richtungen überblicken. Bis auf 800 Meter können Sie sich dem Gipfel über die Summit Peak Road nähern.

Geschichtsbegeisterte unternehmen gern den 45-Minuten-Spaziergang über den **Union Mine Trail**, eine Meile südlich des Visitor Center. Die Presse, die Schmiede und die großen Maschinen sind nicht mehr da, doch die Schächte des Bergwerks noch zu sehen. Tafeln erläutern die Geschichte des erfolglosen Versuches vor 150 Jahren, hier Kupfer zu gewinnen.

### Camping und Lodge-Unterkunft

Der Park hat einen modernen Campingplatz mit 99 Stellplätzen. In der Saison ist die Reservierung unter 800-447-2757 oder über www.mi.gov/ porkies zu empfehlen. Campinggebühr. Es gibt auch vier rustikale »Außenposten« mit 64 Zeltplätzen und 16 Cabins für Wanderer (Mai–Nov.; die Gebühr für die *Cabins* muss im Voraus entrichtet werden). Wer wild zelten möchte, muss sich registrieren, darf aber neben den Trails campen.

> **KUPFERFIEBER:** In den 1840er Jahren, als viele Amerikaner von den reichen Bodenschätzen in der Wildnis des Westens angelockt wurden, zog es Kupferbergleute in die Porcupine Mountains. Sie fanden einige Kupfervorkommen im Sandstein und regten damit die Erzählungen vom riesigen Kupferfund am Ontonagon River an. Genau östlich der Berge wurden zehn Minen auf der Suche nach etwas Besserem angelegt. Der Ontonagon Boulder – ein gewaltiger Kupferfelsbock – wurde von Alexander Henry im 18. Jahrhundert entdeckt und später in die Flussmündung gerollt; schließlich landete er in der Smithsonian Institution in Washington, D.C. Zum Glück für die Wildnis wurde nie ein weiterer »Brocken« gefunden.

Porcupine Mountains Wilderness State Park, 412 South Boundary Rd., Ontonagon, MI 49953; 906-885-5275; www.michigandnr.com /parksandtrails/parksandtrailssearch.aspx

# Fort Wilkins

*1 Meile (1,6 km) östlich von Copper Harbor, an der US 41*

■ 2,8 km² ■ Ganzjährig, Gebäude Mitte Mai bis Mitte Oktober ■ Tages-
aufenthaltserlaubnis ■ Ufer des Lake Superior ■ Darsteller in Kostümen
■ Historischer Leuchtturm ■ Angeln (mit Angelschein), Wandern

In Fort Wilkins waren Soldaten stationiert, um jene Konflikte im Keim
zu ersticken, die zwischen den Ojibwa und den in den 1840er Jahren ins
nördlichste Michigan, auf die Halbinsel Keweenaw, zugewanderten
Kupferbergleuten befürchtet wurden. Allerdings mussten sich die Soldaten lediglich mit Problemen wie rauen Wintern, Abgeschiedenheit
und Einsamkeit auseinandersetzen. Heute ermöglichen es Darsteller in
historischen Kostümen den Zuschauern, sich ein Bild vom Leben in
einem Außenposten an der Grenze zur Wildnis zu machen.

Für die Erkundung des Parks bietet sich eine Wanderung auf dem
zwei Meilen (3,2 km) langen **Naturlehrpfad** an, der östlich des Campingplatzes beginnt und den Park umrundet – dabei bieten sich Ausblick auf
den Lake Superior und den Lake Fanny Hooe – und schließlich am
historischen Fort endet, von dem noch zwölf Originalgebäude erhalten
sind. Auf der Halbinsel, die Copper Harbor im Osten abgrenzt, liegt das
**Copper Harbor Lighthouse** *(Eintrittsgebühr)*, einer der ältesten Leuchttürme am Lake Superior, der 1848 errichtet und 1866 neu erbaut wurde.
Er ist seit 1933 nicht mehr in Betrieb und gehört heute zum Park.

### Camping und Lodge-Unterkunft

Der Park besitzt 169 Zelt- oder Wohnwagenplätze (Mitte Mai bis Mitte
Okt.); Duschen vorhanden. Telefonische Reservierung bei der Park-
verwaltung ist zu empfehlen. Campinggebühr. Es gibt auch eine kleine
*Cabin*; Reservierung unter 800-447-2757.

Fort Wilkins State Park, P.O. Box 71, Copper Harbor, MI 49918; 906-289-
4215; www.michigandnr.com/parksandtrails/parksandtrailssearch.aspx

177

# P.J. Hoffmaster

*10 Meilen (16 km) südlich von Muskegon, an der US 31 und der
Pontaluma Road*

■ 4,8 km² ■ Ganzjährig ■ Eintrittsgebühr ■ Geländewagen verboten
■ Sanddünen ■ Naturschutzzentrum ■ Badestrand ■ Wandern

Vor dem großen Fenster im Gillette Visitor Center erkennt man eine
große Düne – und sie bewegt sich nach Osten. Keine Sorge! Die Dünen
an den Ufern des Lake Michigan ändern ihre Form viel zu langsam, als
dass Sie es mit dem bloßen Auge erkennen könnten. Viele Besucher
kommen in den Park, um den Strand am Nordende zu genießen, doch
es gibt auch gute Möglichkeiten für einsame Wanderungen in den bewaldeten Sanddünen, die von den Baumwurzeln gehalten werden. Die
Aussichtsplattform auf dem **Dune Climb Stairway** bietet einen herrlichen

Dünen am Lake Michigan

Blick über den blauen See und die umliegenden Dünen – solch ein Blick ist selten geworden, denn der Park ist heute ein Kleinod der Naturschönheiten an einem von der Erschließung beeinträchtigten Ufer.

Wenn Naturkundler Gruppen durch die Dünen im Hoffmaster Park führen, machen sie auf die permanenten Veränderungen aufmerksam, beispielsweise welche Ursache für den Rückgang der Waldlilien, die einst weite Bereiche der Dünen überzogen, verantwortlich ist: der niedrigere Wasserstand oder die äsenden Hirsche, die im Park Zuflucht vor der Erschließung des Umlandes suchen – oder beides.

### Attraktionen und Aktivitäten

Besuchen Sie zunächst das moderne, zweistöckige **Gillette Visitor Center**, in dem eine Diaschau mit neun Projektoren die Entwicklung der Ufer des Lake Michigan erläutert, der weltweit größten Ansammlung von Dünen an einer Süßwasserfläche. Nehmen Sie dann den 800 Meter langen **Wanderweg** zum Ufer und achten Sie darauf, wie zwischen den Dünen alle Geräusche durch den Sand gedämpft

**DÜNENSPRACHE:** Hier folgen einige ausgewählte Begriffe aus der »Sprache« der Dünen.

Auswehungswanne *(Blowout)*: Tellerförmige Vertiefung in einer Düne, durch Wind meist dort verursacht, wo die Vegetation zerstört wurde.

Frontdüne *(Foredune)*: Eine Düne, die parallel zur Küste verläuft, die erste Düne.

Strandhafer *(marram grass)*: Grasart, die zum Aufbau von Dünen beiträgt, weil ihre Wurzeln den lockeren Sand stabilisieren.

werden. An diesem Weg liegt die Aussichtsplattform, zu der 165 Stufen führen und die einen guten Blick über die Dünen bietet. Sie ist mit Bänken ausgestattet.

Es gibt insgesamt zehn Meilen (16 km) lange Wanderwege, die sich am drei Meilen (4,8 km) langen Ufer und durch die Dünen entlangziehen; viele Wege werden inzwischen von Buchen- und Ahornwäldern beschattet. Im Sommer ist der sanfte Sandstrand am Nordende des Parks bei Schwimmern und Sonnenanbetern beliebt. Im Winter bietet der Park am Südende drei Meilen (2,4 km) weit führende Loipen. Am Beginn des Weges gibt es auch eine Schutzhütte mit einem offenen Kamin, es wird jedoch keine Ausrüstung verliehen.

### Camping

Der Park besitzt 293 Zelt- und Wohnwagenplätze; mit Duschen. In der Saison ist die Reservierung unter 800-447-2757 zu empfehlen. Campinggebühr.

P.J. Hoffmaster State Park, 6585 Lake Harbor Rd., Muskegon, MI 49441; 231-798-3711; www.michigandnr.com/parksandtrails/parks andtrailssearch.aspx

179

# Hartwick Pines

*5 Meilen (8 km) nördlich von Grayling, an der Michigan 93*

■ 39,2 km² ■ Ganzjährig ■ Eintrittsgebühr ■ Kiefernwald ■ Holzfäller-museum ■ Angeln (mit Angelschein), Wandern, Skilanglauf

Von den Farmhäusern in den Great Plains bis zu den Eisenbahnschwellen überall in der Prärie – die Erschließung Amerikas im frühen 19. Jahrhundert fußte weitgehend auf den Weymouthskiefern aus den Wäldern des nördlichen Michigan. Einer der wenigen nicht geschlagenen Bestände findet sich in diesem State Park. Die rund 45 Meter hohen Bäume in diesem Urwald sollen etwa 350 Jahre alt sein.

Das **Michigan Forest Center** präsentiert Exponate zur Ökologie der Wälder und zur Holzwirtschaft. Der etwa einstündige Spaziergang auf dem **Virgin Pines Foot Trail** führt Sie – an den Bäumen der North Woods vorbei – zu dem im Holzfällercamp eingerichteten **Museum** *(Mai–Okt.)*. Die dampfbetriebene Sägemühle erwacht an einigen Wochenenden im Sommer zu neuem Leben *(Gebühr)*. Wanderwege führen zum **Hartwick Lake** und zum **East Branch Au Sable River**, einem Paradies für Angler.

### Camping und Lodge-Unterkunft

Der Park besitzt hundert Zelt- und Wohnwagenplätze – Duschen vorhanden – und eine rustikale *Cabin*. Reservierung unter 800-447-2757. Campinggebühr.

Hartwick Pines State Park, 4216 Ranger Rd., Grayling, MI 49738; 989-348-7068; www.michigandnr.com/parksandtrails/parksand trailssearch.aspx

# Brown County

*2 Meilen (3,2 km) südlich von Nashville, über die Indiana 135 und die Indiana 46*

- 63,6 km² ▪ Ganzjährig ▪ Eintrittsgebühr, ausgenommen im Winter an Wochentagen ▪ Panoramablicke ▪ Ausritte ▪ Überdachte Brücke ▪ Swimmingpool ▪ Historisches Gasthaus ▪ Naturschutzzentrum ▪ Wandern, Mountainbiking, Angeln (mit Angelschein), Skilanglauf

Die überdachte Brücke am Nordeingang dieses altehrwürdigen Naturschutzgebietes ist ein perfektes Symbol für die ländliche, altmodische Atmosphäre dieses Parks und der umgebenden Hügel. Wegen des Dunstes, der aus den steilen, bewaldeten Schluchten aufstieg, wurde die Gegend *Little Smokies* genannt, und viele Namen der Städte, die sich in die Hügel ducken, erinnern an die Appalachen, wie *Beanblossom* und *Gnaw Bone*. Ein besonders malerisches Netz von Hügelketten bildet den größten State Park Indianas.

Die einst wegen schlechter Straßen und bewaldeter Hügel einsame Gegend um den Brown County State Park ist heute ein Touristenmekka, in dem sich Kunsthandwerker und Künstler drängen. Nach einem halben Tag in den Galerien von Nashville sehnen sich Reisende oft nach einem friedlichen Spaziergang oder einem Picknick an einem der Aussichtspunkte des Parks. Neben Reit- und Wanderwegen bietet der Park auch solche Annehmlichkeiten wie ein großes Schwimmbecken und

Alter Zaun im Brown County

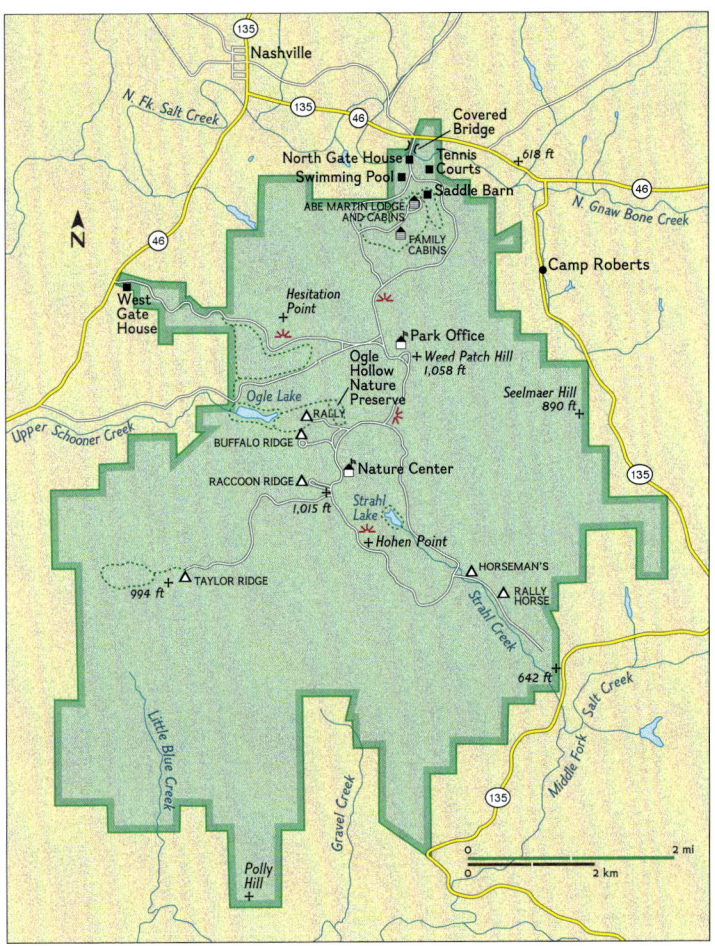

die rustikale Abe Martin Lodge. Viele Einrichtungen des Parks – wie Unterstände, Wege und Aussichtstürme – sind das Werk des CCC (Civilian Conservation Corps), der außerdem auch Robinien, Schwarznussbäume, Kiefern und Fichten pflanzte, um der Erosion vorzubeugen.

Die Farben des Herbstlaubs in den Hügeln von Brown County bilden ein reiches Mosaik aus Orange, Gold und Rot. Manchmal ist das Kollern wilder Truthähne zu hören.

### Attraktionen und Aktivitäten

Wer Naturschönheit wichtiger nimmt als die Annehmlichkeiten der Zivilisation, sollte den Westeingang des Parks wählen, der nahezu unmittelbar zu einem Aussichtsturm und zum **Hesitation Point** führt. Hier eröffnen sich Ausblicke über Canyons und Hügel, die so dicht bewaldet sind, dass sie einem Brokkolikopf gleichen. Diese Hügel und Täler wurden von Bächen in den Grund eines alten Ozeans geschnitten; sie blieben unberührt von den Gletschern, die einen großen Bereich rund um die Großen Seen abschliffen.

Sie können auch den nördlichen Eingang nehmen und den Salt Creek auf einer zweispurigen, überdachten Brücke von 1838 überqueren. Ein olympisches Schwimmbecken liegt gleich beim Eingang, dazu Tennisplätze, ein Reitstall und ein Amphitheater. Die **Abe Martin Lodge**, die während der Weltwirtschaftskrise aus hiesigem Stein und handbehauenen Eichenbalken aus den umliegenden Wäldern erbaut wurde, wartet ein Stück die Straße hinauf.

Wo immer Sie den Park betreten – gehen Sie in jedem Fall zum **Weed Patch Hill** im Zentrum des Parks, wo die Parkverwaltung, die Campingplätze, das Nature Center und interessante Wege liegen.

Das **Nature Center** zeigt Querschnitte durch Bäume des Parks, wie Buchen, Robinien und Ulmen, sowie einen ausgestopften Graufuchs, einen Streifenkauz und Falken. Die Klapperschlangen und Nordamerikanischen Kupferköpfe (Grubenottern), die sich mitunter im Terrarium befinden, sind lebendig – sie werden im Winter freigelassen. Zu den Vogelfütterungsplätzen kommen Goldzeisige, Kardinäle und andere Vögel. Geführte Spaziergänge, Vorträge und Wanderungen werden von Mai bis Oktober täglich, im Winter an den Wochenenden veranstaltet. Außerdem bleibt das Nature Center den ganzen Winter über geöffnet, wenn Besucher zum Eisangeln am **Ogle Lake** oder zum Langlauf auf ungespurten Loipen und gesperrten Straßen kommen.

Vom Nature Center aus können Sie zum **Strahl Lake** oder entgegengesetzt, am Campingplatz Buffalo Ridge vorbei, zum **Ogle Hollow Nature Preserve** wandern. Dieses 16 Hektar große Gebiet, durch das ein eine Meile (1,6 km) langer Naturlehrpfad führt, bietet einen seltenen Eindruck davon, wie die Wälder Indianas aussahen, ehe Farmer, Holzfäller und Nutzvieh kamen.

Mehr als insgesamt 70 Meilen (112,6 km) lange Reitwege führen durch die südlichen und östlichen straßenlosen Bereiche des pferdefreundlichen Parks. Sie können Ihr eigenes Pferd mitbringen oder eines im Stall des Parks mieten. Die gut markierten Wege bieten Pfosten zum Anbinden der Pferde und Blöcke zum Aufsteigen. Mountainbiker finden hier insgesamt zehn Meilen (16 km) lange Wege vor.

### Camping und Lodge-Unterkunft

Der Park verfügt über 429 Zelt- und Wohnmobilplätze, mit Duschen (105 Plätze auch im Winter geöffnet, keine Duschen), sowie ein Reitercamp mit 204 Plätzen. Reservierung von Mai bis Oktober unter 866-622-6746. Campinggebühr. Die Abe Martin Lodge bietet 84 Zimmer in der Lodge, 76 *Cabins* und ein Restaurant (ganzjährig); Reservierung unter 877-563-4371.

Brown County State Park, P.O. Box 608, Nashville, IN 47448; 812-988-6406; www.in.gov/dnr

# Spring Mill

*3 Meilen (4,8 km) östlich von Mitchell, an der Indiana 60*

- 5,3 km$^2$ ▪ Ganzjährig ▪ Eintrittsgebühr von April bis Oktober
- In Betrieb befindliche Schrotmühle ▪ Pioneer Village ▪ Höhlen
- Astronautengedenkstätte ▪ Naturschutzgebiet ▪ Wandern, Angeln
(mit Angelschein), Schwimmen, Mountainbiking

Das historische Dorf Spring Mill

1815 lockten die Bäche, die noch immer aus Öffnungen im höhlendurchzogenen Kalkstein des südlichen Indiana sprudeln, den Soldaten Samuel Jackson jr., eine grobe, wassergetriebene Mühle zu bauen. An dieser Stelle entstand die Stadt Spring Mill; spätere Besitzer errichteten größere Mühlen.

Sie können noch immer einen Sack Maismehl kaufen, das in Spring Mill gemahlen wurde, aber heute geht es mehr um Nostalgie als um Unternehmertum. Das Dorf, das im späten 19. Jahrhundert aufgegeben wurde, nachdem die Eisenbahn eine nördlichere Trasse gewählt hatte, wurde zum Leben seiner Blütezeit um 1833 wiedererweckt. Im Sommer streifen Handwerker Kleidung des 19. Jahrhunderts über, nehmen alte Werkzeuge und erschaffen das Dorfleben neu.

**PARK-TIPP:** *Halten Sie am Trail 4 unterhalb der Donaldson Cave Ausschau nach dem versteckten Denkmal für Alexander Wilson, den Vater der amerikanischen Ornithologie.*

George Donaldson, ein exzentrischer Schotte, besaß den Weitblick, die Schönheit und Seltenheit der Wälder und Höhlen zu bewahren. Sein Urwald, heute ein Teil des Parks, bietet eine ursprüngliche Ansicht, wie sie dort, wo der Holzeinschlag durch die großen Firmen erst einmal stattgefunden hatte, nicht wieder erschaffen werden konnte.

### Attraktionen und Aktivitäten

Die Vielfalt dieses Parks eignet sich gut für Besucher mit breit gestreuten Interessen und ausreichend Zeit, um verschiedene Abenteuer auszuprobieren. Beginnen Sie am **Grissom Memorial** nahe dem Parkeingang, in dem es Karten und Informationen gibt. Zur Gedenkstätte gehört ein kleines Museum, in dem die *Molly Brown*, eine Gemini-III-Raumkapsel, sowie Exponate zu Leben und Arbeit des Astronauten »Gus« Grissom aus dem nahe gelegenen Mitchell zu sehen sind. Er war der zweite Amerikaner, der je in den Weltraum flog; 1967 kam er bei dem Brand, der auf der Startrampe in der Apollo-I-Kapsel ausbrach, ums Leben.

In der Südostecke des Parks liegt das **Donaldson Woods Nature Preserve**: 27 Hektar Wald, wie er einst den größten Teil Indianas bedeckte. Am Naturschutzgebiet führt zwar eine Straße entlang, doch es ist weitaus lohnender, zwischen riesigen Tulpenbäumen und Weißeichen über den **Trail 3** auf einer Schleife vom Twin Caves Parkplatz über die **Donaldson Cave** und zurück zum Grissom Memorial zu wandern.

In der Nordwestecke des Parks befindet sich das **Pioneer Village** (Pionierdorf) unweit jener Stelle, an der ein anderer Bach aus der Hamer Cave kommt und das Wasser liefert, das die Schrotmühle antreibt. Von Mai bis Oktober erwacht die Mühle laut quietschend jede Stunde für zehn Minuten zum Leben. Im Innern können Sie Maismehl und die Arbeiten der örtlichen Kunsthandwerker erwerben. Auch die Holzhäuser der frühen Bewohner, die mit historischen Möbeln ausgestattet sind, stehen zur Besichtigung offen. Das **Nature Center** liegt am Spring Mill Lake, in den die Bäche aus den Höhlen fließen.

Die von Parkangestellten geführte Bootsfahrt in die **Twin Caves** (*Gebühr*) ist eine beliebte Attraktion; Sie sollten schon früh am Tag reservieren. Die Fahrt dauert etwa 20 Minuten und führt 150 Meter tief in eine stockdunkle Höhle.

Auf der Ostseite des Parks, in der Nähe des Schwimmbeckens und der Duschen, werden am Abend Heuwagenfahrten (*Gebühr*) angeboten, die von Mai bis Oktober am Camp-Laden starten.

NACHT DER HÖHLENBEWOHNER: In den dunklen Schlupfwinkeln der Kalksteinhöhlen des Spring Creek lebt eine Blindfisch-Art. Wenn Besucher der Twin Caves mit ihren Taschenlampen ins Wasser leuchten, können diese Fische nicht einmal blinzeln: Sie besitzen keine Augen. Zu den Tieren, die nie die Dunkelheit der Höhle verlassen – gehören diese Blindfische ebenso wie die blinden Flusskrebse. Obwohl sie oft kleiner sind als ihre entfernten Verwandten – die Höhlentiere mit Augen –, sagen Wissenschaftler, dass sie andere Sinne besonders stark entwickelt haben und sich gut in der Dunkelheit zurechtfinden.

### Camping und Lodge-Unterkunft

Es gibt 234 Zelt- und Wohnmobilplätze – einige mit Duschen – und einen Zeltplatz für Jugendgruppen. An Wochenenden vom Memorial Day (letzter Mo im Mai) bis Oktober ist die Reservierung unter 866-622-6746 zu empfehlen. Campinggebühr. Das Spring Mill Inn verfügt über 74 Zimmer; Reservierung unter 877-977-7464.

Spring Mill State Park,
P.O. Box 376,
Mitchell, IN 47446; 812-849-4129;
www.in.gov/dnr

# Falls of the Ohio

*1 Meile (1,6 km) westlich der Interstate 65 und von Jeffersonville, am Riverside Drive*

- 66 Hektar ▪ Ganzjährig ▪ Gebühr für das Informationszentrum
- Camping verboten ▪ Fossilienschichten und -klippen ▪ Damm ▪ Vogelbeobachtung ▪ Kajakfahren, Angeln (mit Angelschein), Wandern
- Parkgebühr, ausgenommen beim Besuch des Informationszentrums

Wenn Sie es weit hergeholt finden, dass ein hügeliges Land wie das südöstliche Indiana einst am Grund eines Ozeans lag, dann sehen Sie sich den preisgekrönten Dokumentarfilm im Informationszentrum an. Er entführt Sie unter Wasser für einen Blick auf das urtümliche Meer, das sich vor 387 Millionen Jahren hier ausbreitete. Wandern Sie anschließend am Ohio River entlang, genau unterhalb des langen Dammes, der den Fluss bei Louisville kreuzt, und betrachten Sie die Kalkfelsen. Sie spazieren gerade durch das Devon, das manchmal auch »Zeitalter der Fische« genannt wird, und die überall sichtbaren Fossilien sind Korallen, Muscheln, Trilobiten und Armfüßer. Es gibt hier so viele einzigartige Fossilien in so großer Zahl, dass es schwierig ist, nicht auf eine Koralle oder einen Haarstern zu treten – Armfüßer, die vor Jahrmillionen in den Sedimenten am Meeresgrund begraben wurden.

Die ersten Forscher hatten eine schwere Zeit, als sie diesen Teil des Ohio erreichten, weil der offen liegende Felsgrund Wasserfälle bildete, Reisen flussaufwärts blockierte und am Boden der Schiffe »heftig kratzte«, wie es der amerikanische Dichter Walt Whitman einmal nach einer unruhigen Fahrt beschrieb. Da die Boote oft getragen werden mussten, war hier ein natürlicher Platz für eine Siedlung.

Obwohl die frühen Siedler sicherlich die Fossilienschichten bei niedrigem Wasserstand bemerkten – vor allem nachdem im frühen 18. Jahrhundert ein langer Deich gebaut worden war, um das Wasser um Goose Island abzuleiten –, weiß man erst heute, um welchen außerordentlichen paläontologischen Fund es sich handelt. Heutige Besucher wandern, wie ihre Vorfahren, zwanglos umher und heben ab und an eine Koralle auf, um sie näher zu betrachten (nicht mitnehmen!).

## Attraktionen und Aktivitäten

Bei der Einfahrt in den Park sehen Sie als Erstes das **Informationszentrum**: eine runde Halle, deren Wände dank der Streifen aus Indiana-Kalkstein und Backsteinen den Fossilienschichten in der Tiefe ähneln. In der Eingangshalle finden Sie lebensgroße Modelle von einem Mammut, Fischen und frühen indianischen Bewohnern Amerikas, die bei den Wasserfällen jagten. Darüber hinaus gibt ein Video im Saal des Zentrums eine lebendige Vorstellung vom einstigen tropischen Meer.

Gehen Sie allein auf Entdeckungstour oder schließen Sie sich von Mai bis Oktober einem Naturkundler auf einer geführten Tour zu den **Fossilienschichten** an *(Gebühr)*. Wenn die Fossilienschichten frei liegen, können Sie auf einem früheren Meeresgrund laufen, auf Korallen und Schwämmen, die jeden Zentimeter des Kalksteins bedecken. Etwa 80 der 89 Hektar sind gut zugänglich, wenn die Tore des Damms geschlossen

185

sind *(Mitte Aug. bis Mitte Okt., wenn es die Bedingungen am Fluss erlauben)*. An einigen Samstagen in dieser Zeit werden dreistündige Touren zu Fuß oder im Kanu angeboten *(Reservierung erforderlich)*. In den äußeren Fossilienschichten und auf **Goose Island** sind größere Mengen herausragender Fossilien zu sehen.

Bereits die Indianer vom Mississippi schätzten den noch heute bestehenden außergewöhnlichen Wildreichtum dieser Region. Zur **Falls of the Ohio National Wildlife Conservation Area** gehören auch die Flussinseln unterhalb des McAlpine Dam, die nah am Park liegen. Vogelbeobachter können Kanadareiher, Keilschwanz-Regenpfeifer und Zugvögel sehen.

Auf dem 800 Meter langen **Woodland Loop Trail**, der gleich beim Informationszentrum flussabwärts verläuft, können Wanderer unterschiedliche Pflanzen am Fluss sehen, von Amerikanischen Gleditischien (Lederhülsenbäumen) bis zum Topinambur, der einen festen Bestandteil der Ernährung der Indianer bildete. Eine längere Wanderung auf dem Damm entlang führt zum **Haus von George Rogers Clark**.

Kajakfahrer steigen unterhalb des Informationszentrums ein, lassen sich von einem Strudel zurück zum Damm tragen, fahren dann eine Meile flussabwärts, bevor ein weiterer Strudel sie wieder flussaufwärts führt. Je nach Jahreszeit können die Bedingungen einfach oder das Wasser sehr aufgewühlt (bis zu Klasse IV) sein.

Falls of the Ohio State Park, 201 West Riverside Dr., Jeffersonville, IN 47131; 812-280-9970; www.fallsoftheohio.org

---

**VOGELMENSCH VON INDIANA:** Während Besucher heute nach Falls of the Ohio kommen, um die alten Lebensformen, die im Flussbett eingebettet sind, zu sehen, wollte der Maler und Naturforscher John James Audubon 1807 lebende Wesen sehen. Der Künstler verbrachte hier drei Jahre und skizzierte die Vögel – insgesamt mehr als 200 Zeichnungen, ein großer Teil seiner frühen Arbeiten. Kopien werden im Informationszentrum präsentiert. Ein großes Beobachtungsfenster gibt hier den Blick auf die Fütterungsplätze.

---

186

# Indiana Dunes

*2 Meilen (3,2 km) nördlich von Chesterton, an der Indiana 49*

▪ 8,8 km² ▪ Ganzjährig ▪ Eintrittsgebühr, ausgenommen Oktober bis Mai an Wochentagen ▪ Nature Center ▪ Badestrand ▪ Sanddünen ▪ Sümpfe ▪ Wandern, Skilanglauf

Eingebettet in das 56 Quadratkilometer große Gebiet der Indiana Dunes National Lakeshore bietet dieser State Park phantastische Kulissen in der unvergleichlichen Landschaft am Seeufer, darunter die höchsten Dünen des Ufers, Dünen-»Canyons«, die von den Winden vom Lake Michigan her freigeweht wurden, und einen beliebten Badestrand. Es gibt Wanderdünen, die sich jedes Jahr weiterbewegen, und Dünen, die durch eine außergewöhnliche Palette an Pflanzen gehalten werden. Die Küste war zu Beginn des 19. Jahrhunderts durch die näher rückende Industrie bedroht. Ihre Erhaltung war eines der ersten Naturschutzprojekte im Land, das dazu führte, dass der Staat das Gebiet erwarb.

Im Sommer stürmen die meisten Besucher sofort zu dem beliebten, 800 Meter langen Badestrand. Doch wer sich für das außergewöhnliche Ökosystem der Dünen interessiert, wird zum **Nature Center** fahren, die Exponate zur Entstehung der Dünen und zur hiesigen Flora und Fauna ansehen und anschließend die zahlreichen Wanderwege nutzen.

In der Regel gilt: Bleiben Sie auf dem Weg, um das empfindliche Ökosystem der Dünen nicht zu stören. Es gibt allerdings einige Plätze, wo Sie Ihre Schuhe ausziehen und sich in den Sand stürzen können. Das Wanderwegenetz bietet eine große Vielfalt an Weglängen, Ausblicken und Ökosystemen. Der 1,5 Meilen (2,4 km) lange **Trail 8** beginnt beim Nature Center und windet sich durch Wildblumen bis zum Gipfel des **Mount Tom**, der höchsten Düne am gesamten Ufer: Sie ragt knapp 60 Meter über einer Gruppe kleinerer Dünen auf. Schöne Aussichten und interessante Dünen finden sich an **Trail 9**, der vom Nature Center aus nach Osten rund um den **Beach House Blowout** führt.

## Camping

Der Park bietet 140 Zelt- oder Wohnmobilplätze; Duschen sind vorhanden. Reservierung unter 866-622-6746. Campinggebühr.

Indiana Dunes State Park, 1600 N. 25E, Chesterton, IN 46304; 219-926-1952; www.in.gov/dnr

187

Hohe Dünen am Lake Michigan

# Giant City

*12 Meilen (19,3 km) südlich von Carbondale, abseits der Illinois 13*
*zur Giant City Road, oder östlich abseits der US 51*

- 16,4 km² ▪ Ganzjährig ▪ Steinernes Fort ▪ Sandsteinformationen
- Aussichtsplattform ▪ Historische Lodge ▪ Seltene Pflanzen ▪ Reiten
- Wandern, Angeln (mit Angelschein)

Am Stone Fort Nature Trail

Sandsteinplatten von zwölf Meter Höhe stehen wie dicht gedrängte
Häuser, durch schmale Gassen getrennt. Doch diese Felsen entstanden
lange vor den ersten Wolkenkratzern und vor dem Bürgerkrieg: Der
Sandstein ist etwa 200 Millionen Jahre alt.

Eine steinerne Befestigungsmauer führt entlang einem Felsvorsprung nahe dem Nordwesteingang, das Werk eines alten Volkes, das
irgendwie die 200-Pfund-Steine aus dem unterhalb fließenden Bach
bewegte. Und in jüngerer Zeit erbaute der CCC (Civilian Conservation
Corps) die hübsche Giant City Lodge aus Weißeichenbalken und Sandstein. Solche Errungenschaften lassen manche kleineren Wunder des
Parks ein wenig in den Schatten treten … wo sie gut gedeihen. Ein
bewaldetes Naturschutzgebiet bewahrt seltene Pflanzen und bietet eine
Rückzugsmöglichkeit für Amateurbotaniker, Vogelbeobachter und
Menschen, die einen friedlichen Spaziergang unternehmen möchten.

## Attraktionen und Aktivitäten

Wer von Norden her in den Park kommt, hat die Wahl zwischen einer kurzen Wanderung zum **Stone Fort** und einem Besuch in der **Fern Rock Nature Preserve**. Unternehmen Sie beides. Der **Stone Fort Nature Trail**, ein kurzer, steiler Wanderweg um einen Felsvorsprung, der von drei Seiten unzugänglich ist, erreicht eine mannshohe Wand, die den einzigen für Menschen möglichen Zugang bewacht. Offensichtlich bot diese Mauer den amerikanischen Ureinwohnern in der Zeit zwischen 600 und 900 n. Chr. Schutz vor Feinden.

Der zwei Meilen (3,2 km) lange **Trillium Trail** durch das Naturschutzgebiet führt über Felsen und durch den für die Shawnee Hills typischen Wald, doch wachsen hier auch einige seltene Blumen: die Steinbrech-Art *Saxifraga forbesii*, Wiesenrispengras und weiß blühende Minze. Farbenprächtige Flechten und Moose wachsen auf Felsvorsprüngen, in Felsspalten und Höhlen.

Ob Sie in der **Giant City Lodge** übernachten oder nicht, werfen Sie auf jeden Fall einen Blick hinein. Wie in vielen CCC-Bauten prägen eine hohe Balkendecke, Natursteinwände und ein großer Kamin in der Mitte die Halle – sie ist monumental und intim zugleich. Draußen können Sie die Aussichtsplattform des Wasserturms in 15 Meter Höhe erklimmen, um einen Blick auf die rollenden, dicht bewaldeten Hügel und auf die vor Kurzem errichtete CCC-Statue zu werfen: Sie erinnert an die CCC-Arbeiter von Illinois. In der Nähe beginnen zahlreiche kurze Wanderwege, die Sie zu **Devil's Standtable**, **Giant City** und zum **Indian Creek** bringen, und ein behindertengerecht ausgebauter Weg führt zur **Post Oak**.

Von Mai bis Oktober ist ein Weg durch den Park für Reiter geöffnet, die entweder ihr eigenes Pferd mitbringen oder eines bei den Giant City Stables *(618-529-4110)* mieten. Der **Little Grassy Lake** am Ostrand des Parks gehört genau genommen zur Crab Orchard National Wildlife Refuge; viele Parkbesucher kommen zum Schwimmen oder Kanufahren hierher und es gibt Bootsanleger für Angler.

Wenn Sie die Straße von Giant City ein Stück hinauffahren, sehen Sie vielleicht eine Gruppe von Teenagern, die ihren Weg über eine wackelige, zwischen zwei Pfählen aufgehängte Strickleiter nehmen – eine von mehreren Herausforderungen, die das **Touch of Nature Environmental Center** *(618-453-1121)* bietet, ein zwölf Quadratkilometer großes Schutzgebiet, das an den Park grenzt. Rund um den Park, das Naturschutzgebiet und das Environmental Center liegt der **Shawnee National Forest** *(618-253-7114)*. Zusammen bieten diese Gebiete der Tierwelt – und den Menschen – eine große Vielfalt an Lebensräumen.

## Camping und Lodge-Unterkunft

Der Park hat 85 Zelt- und Wohnmobilplätze – Duschen vorhanden – und 14 Hike-in-Zeltplätze. *First come, first served.* Campinggebühr. Es gibt auch ein Reitercamp (Mai–Okt.) und ein Camp für Jugendgruppen. Die Giant City Lodge bietet 34 *Cabins* (Feb. bis Mitte Dez.); Reservierung unter 618-457-4921.

Giant City State Park, 235 Giant City Rd., Makanda, IL 62958; 618-457-4836; www.dnr.state.il.us/land/landmgt/parks/index.htm

## Fort Massac

*Ostrand von Metropolis, abseits der US 45*

- 6 km² • Ganzjährig • Ohio River • Nachgebautes Fort • Museum
- Bootfahren • Jagen

Befestigungen des Forts Massac

Der Ohio River, der am Fort Massac vorüberfließt, scheint kaum der Grund für die abweisende Holzeinfriedung und die Blockhäuser dieses Forts am Flussufer zu sein, doch im 18. Jahrhundert nahm diese Region eine Schlüsselposition im Kampf um Nordamerika ein. Heute können Sie das rekonstruierte Fort und das interessante Museum ohne Gefahr besuchen, zwischen den Blockhäusern umherbummeln und den malerischen **Hickory Nut Ridge Trail** am Fluss entlangspazieren.

Alljährlich lockt an einem Wochenende im Oktober ein Feldlager eine große Schar moderner Grenzbewohner und Neugieriger an. Die Menschen tragen historische Kleidung, eine Militärkapelle spielt, und Handwerker fertigen und verkaufen ihre Ware. Zu den verschiedenen Veranstaltungen im Lauf des Jahres gehören auch Vorführungen alter Werkzeuge und Waffen, oft durch Darsteller im historischen Kostüm.

**Camping**

Der Park bietet 60 Zelt- und Wohnmobilplätze; Duschen vorhanden (Mitte April bis Mitte Dez.). *First come, first served.* Campinggebühr.

Fort Massac State Park, 1308 E. 5th St., Metropolis, IL 62960; 618-524-4712; www.dnr.state.il.us/land/landmgt/parks/index.htm

## Starved Rock

*1 Meile (1,6 km) südlich von Utica, an der Illinois 178*

- 13 km² • Ganzjährig • Canyons • Historische Lodge • Reiten
- Angeln (mit Angelschein), Bootfahren, Wandern

Ein guter Ausgangspunkt für einen Besuch in Starved Rock ist das auf der anderen Seite des Flusses gelegene **Illinois Waterway Visitor Center** *(815-667-4054)*, eine in Betrieb befindliche Schleuse und ein Damm am Nordufer des Illinois River. Der Park erstreckt sich über sieben Meilen (11,3 km) am Südufer des Flusses, seine Steilwände werden von 18 Canyons durchschnitten, die bis zum Ufer reichen. Nachdem Sie den Park von fern gesehen haben, fahren Sie hin und wandern Sie zum Gipfel der namengebenden Spitzkuppe.

**TAUCHENDE ADLER:** In der Vergangenheit bereiteten die Stromschnellen des Illinois River am Starved Rock den Händlern, die ihre Waren auf dem Fluss befördern wollten, große Schwierigkeiten. Doch für einen Weißkopfseeadler sind solche Stromschnellen höchst vorteilhaft: Während Eis das Fischen auf dem übrigen Fluss unmöglich macht, bleiben die aufgewühlten Stromschnellen offen. Im vergangenen Jahrzehnt verbrachte eine wachsende Zahl von Weißkopfseeadlern den Januar und Februar auf Plum Island in der Mitte des Flusses, unterhalb der Schleuse und des Dammes bei Starved Rock, um dort Fische zu fangen.

Der Sandstein bildet eine Reihe von Canyons und hohen Aussichtspunkten, die auf insgesamt zwölf Meilen (19,3 km) langen Wanderwegen zu erreichen sind. Diese winden sich am Fluss entlang und steigen zu dramatischen Ausblicken auf. Wie Bänder überziehen in Zeiten heftigen Regens Wasserfälle die Steilwände.

Starved Rock selbst ist so groß, dass die Franzosen 1862 das Fort St. Louis darauf erbauten, um die Schlüsselstelle der Stromschnellen zu überwachen: So hofften sie den profitablen Fellhandel zu sichern. Die Legende berichtet, dass bereits Jahrhunderte zuvor Ureinwohner hier lebten; und auch nach dem Abzug des französischen Militärs blieb Starved Rock ein Treffpunkt für Pelzhändler und verschiedene Stämme. Es wird erzählt, dass in den 1760er Jahren, als der Ottawa-Häuptling Pontiac bei einer Stammesversammlung von einem Illiniwek ermordet wurde, Pontiacs Verbündete die zahlenmäßig unterlegene Gruppe des Mörders auf einen Felsvorsprung trieben. Dort harrte die Gruppe aus, doch die Männer erlagen schließlich dem Wasser- und Nahrungsmangel.

## Attraktionen und Aktivitäten

Die meisten Besucher tummeln sich im Zentrum des Parks. Von dort aus führen Wege Richtung Osten am Fluss entlang, entweder hoch oben auf den Steilwänden oder am Flussufer. Wenn Sie sich etwa eine Meile (1,3 km) vom Visitor Center entfernt haben, kann das Wandern ein friedliches und einsames Abenteuer sein. Karten aus Metall am Beginn der Wege und farbige Markierungen kennzeichnen die Wege. Auf dem Weg den **St. Louis Canyon** hinauf öffnen sich plötzlich die steilen Wände: Sie finden sich hier am Grund eines runden Talkessels mit Sandsteinklippen und grünen Ranken wieder. Eingerahmt von den Canyonwänden, wirkt der Himmel wie ein blauer Pfeil, an seinen Rändern Kiefern und Zedern als Federn.

Herbst am Starved Rock

Die **Starved Rock Lodge** wurde in den 1930er Jahren vom CCC (Civilian Conservation Corps) erbaut. Trotz Modernisierung bewahrt die Lodge den Charme ihrer Stein- und Holzarchitektur.

Im **Illinois River** finden Angler verschiedene Welsarten und Barsche, wie Glasaugenbarsche und *Crappies*. Am Bootsanleger am Westrand des Parks können vom Memorial Day *(letzter Mo im Mai)* bis zum Labor Day *(erster Mo im Sept.)* Kanus gemietet werden; Vorsicht vor gefährlichen Strömungen in der Nähe des Dammes unterhalb von Lover's Leap.

Das **Visitor Center** zeigt Exponate zur französischen und indianischen Geschichte sowie zur Geologie, Flora und Fauna; hier stand auch einmal ein Modell des Forts. Außerdem werden ganzjährig geführte Wanderungen und spezielle Veranstaltungen angeboten wie Kanufahrten, Wanderungen zu den schönsten Wildblumenplätzen und durch die leuchtenden Herbstfarben des Waldes. Der nahe gelegene **Matthiessen State Park** *(815-667-4868)* bietet Reitercamps und verleiht Langlaufskier.

### Camping und Lodge-Unterkunft

Der Park hat 133 Zelt- und Wohnmobilplätze; Duschen sind vorhanden. Reservierungen nur per Post. Campinggebühr. Die Starved Rock Lodge bietet 22 Zimmer; Reservierung unter 815-667-4211.

Starved Rock State Park, P.O. Box 509, Utica, IL 61373; 815-667-4726; www.dnr.state.il.us/land/landmgt/parks/index.htm

# Mississippi Palisades

*3 Meilen (4,8 km) nördlich von Savanna, an der Illinois 84*

- 10,3 km² ■ Ganzjährig ■ Kalksteinklippen ■ Bootfahren, Wandern
- Angeln, Jagen (mit Angel- bzw. Jagdschein) ■ Vogelbeobachtung
- Klettern

Um die Ausmaße des Mississippi River richtig überblicken zu können, muss man ihn von oben sehen. Die Mississippi Palisades bieten dazu die Gelegenheit. In der Nähe der Mündung des Apple River in den Mississippi eröffnen sich von dicht bewaldeten Kalksteinklippen phantastische Ausblicke. Unterhalb der Klippen, auf der anderen Seite des Highways, gibt es einen Bootsanleger, von dem aus Wagemutige ein wildes Stück dessen erforschen können, was Mark Twain einen »ungeheuer großen Fluss« nannte.

Weißkopfseeadler

Wenn Ihre Lunge und Ihre Beine mitspielen, sollten Sie auf den Wegen im südlichen Teil des Parks wandern, die sich durch dichte Wälder – im Herbst in herrlichen Farben – zum Rand der Steilhänge oberhalb des Mississippi ziehen. Wo der eine Meile (1,6 km) lange **Sentinel Trail** den Rand erreicht, ragt ein großer Dolomitfinger in den Himmel, der aussieht, als könnte man ihn mit einem kräftigen Tritt umwerfen (kann man aber nicht). Diese ungesicherten Wege führen direkt bis zum Rand, seien Sie also vorsichtig. Die südlichen Wege führen auch zum von der Erosion geformten **Indian Head Rock**. Die Wege im Nordteil des Parks sind einfacher zu begehen.

Abgesehen von einem gelegentlichen Frachtkahn oder Motorboot, weist an dem großen Fluss, der sich unterhalb windet, nur wenig auf die Anwesenheit des Menschen hin: Als Teil des **Upper Mississippi River National Fish and Wildlife Refuge** (815-273-2732) steht der Fluss hier unter Schutz. Halten Sie im Januar und Februar nach Weißkopfseeadlern Ausschau, die hier Welse, Flussbarsche und Glasaugenbarsche erbeuten. Angler gehen hier gern vom Boot aus ihrem Sport nach und picknicken oder campen auf den Inseln.

### Camping

Der Park verfügt über 240 Zelt- und Wohnmobilplätze, Duschen stehen von Mai bis Oktober zur Verfügung. *First come, first served.* Campinggebühr. Es gibt auch drei einfache Walk-in-Zeltplätze und ein Jugendlager.

Mississippi Palisades State Park, 16327-A Illinois Rte. 84N, Savanna, IL 61074; 815-273-2731; www.dnr.state.il.us/land/landmgt/parks/index.htm

# Ferne Clyffe

*12 Meilen (19,3 km) südlich von Marion, abseits der Illinois 37*

▪ 9,8 km² ▪ Ganzjährig ▪ Wasserfälle ▪ Höhlen ▪ Wandern ▪ Angeln (mit Angelschein)

Das Zischen herabfallenden Wassers, das Rauschen von Farnwedeln und die Echos in großen Höhlen sind die Geräusche dieses Parks. Von den 18 Wegen in Ferne Clyffe führt der eine Dreiviertelmeile (1,2 km) lange **Big Rocky Hollow Trail** zu einem periodisch auftretenden Wasserfall, der in einem von Bäumen umhüllten Canyon 30 Meter tief auf moos- und flechtenbewachsene Felsen herabstürzt. Ein weiterer, 800 Meter langer Weg hat die **Hawks' Cave** zum Ziel, in der ein 30 Meter hoher Felsvorsprung über einem Raum mit starkem Echo.

### Camping

Der Park bietet 60 Wohnmobilplätze, 20 einfache Stellplätze und drei einfache Hike-in-Plätze. Keine Reservierung. Campinggebühr.

Ferne Clyffe State Park, P.O. Box 10, Goreville, IL 62939; 618-995-2411; www.dnr.state.il.us/land/landmgt/parks/index.htm

193

# Devil's Lake

*3 Meilen (4,8 km) südlich von Baraboo, abseits der US 12 und der Wisconsin 123*

▪ 37,9 km² ▪ Ganzjährig ▪ Fahrzeuge verboten ▪ 150 Meter hohe Klippen ▪ Indianische Hügel ▪ Nature Center ▪ Klettern, Angeln (mit Angelschein), Badestrände

Vor hundert Jahren besuchten täglich viktorianische Reisende den Devil's Lake; sie kamen in Personenzügen, die das Ufer entlang zu eleganten Hotels dampften, in denen zum Dinner formelle Kleidung verlangt wurde und Paare zur Musik des Orchesters tanzten. Heute lockt nicht mehr Trompetenklang, sondern eiszeitlicher Moränenschutt die Besucher zu dem großen See: Er entstand, als vor 12 000 Jahren die Gletscher auf ihrem Rückzug dem Wisconsin River den Weg abschnitten und ihn umleiteten. Die Ära des Hotels endete 1904, doch einige Spuren sind erhalten.

> **PARK-TIPP:** *Sie möchten sich gern abkühlen? Gehen Sie zu den Senken am Grottoes Trail – dort kühlt die Luft ab, wenn sie durch den Stein gefiltert wird und sich in den Felsspalten festsetzt.*

Heute ist der Park eine von neun Einheiten im Ice Age National Scientific Reserve – ein Zeichen dafür, dass hier die Umwelt wichtiger ist als die Annehmlichkeiten für die Besucher.

## Attraktionen und Aktivitäten

Decken Sie sich in der **Visitor Information Station** am Nordende des Sees mit Informationsmaterial ein. In der Nähe liegt das **Nature Center**, in dem Dioramen die Entstehung des Sees erläutern und Exponate die Geschichte der Menschen in der Region illustrieren. Fotos zeigen auch, wie es in der Ära des schicken Hotels hier aussah.

Zu beiden Seiten des Sees erstrecken sich Wanderwege. Der 1,5 Meilen (2,4 km) lange **West Bluff Trail** bietet herrliche Ausblicke auf den See, das Baraboo Valley ebensolche nach Norden. Sehen Sie sich den farbenprächtigen – oft lilafarbenen – Quarzit, der den Hauptbestandteil der Klippen bildet, genau an. Mithilfe der Broschüren können Sie erkennen, wie die Formationen durch die Auffaltung der Berge entstanden, wo vor langer Zeit ein Meer die Gipfel in Sediment versenkte und wie die Erosion die Baraboo Hills allmählich wieder freilegte.

**CANYON-GRÜN:** An einer Stelle im Devil's Lake State Park darf an den Felsen nicht geklettert werden: in der Parfrey's Glen in der Ostecke des Parks. Die empfindlichen Wände der Schlucht bestehen aus Sandstein und Konglomerat; Besucher müssen heute auf den Wegen bleiben. In der Vergangenheit gab es hier Säge- und Schrotmühlen sowie kleine Kanäle, außerdem über hundert Jahre lang Besucher, die bei den Wasserfällen, Sandsteinklippen, dichten Wäldern, Farnen und Moosen picknickten. An heißen Sommertagen ist der Canyon um fast zehn Grad kälter als der übrige Park. Daher gedeihen hier Pflanzen, die es sonst nicht so weit südlich gibt, wie Gelbbirken mit ihren weit verzweigten Wurzeln. Die Parfrey's Glen liegt eine kurze Wanderung von einem kleinen Parkplatz an der County Road DL in der Ostecke des Parks entfernt.

Den 1,5 Meilen (2,4 km) langen **East Bluff Trail** beginnen Sie am besten am Südende des Sees, das Sie nach kurzer Fahrt von der Information Station über die South Shore Road erreichen. Der Weg geht manchmal steil bergauf und bringt Sie zu Höhlen und Grotten, die teils so treffende Namen wie *Elephant Cave* und *Devil's Doorway* tragen. Am East Bluff wächst auch ein niedriger Wald aus Eichen, Hickorybäumen und Zedern, die durch den dünnen Boden und die Elemente verkrüppelt sind. Wer jedoch länger wandern möchte, kann einen Teil des **Ice Age Trail** zurücklegen: Er folgt den Spuren der einstigen Gletscherflanken vom Südosten bis zum Nordosten des Staates.

Am **Devil's Lake** finden sich zwei Badestrände sowie ein Verleih von Kanus und Booten mit Elektromotor. Angler fangen hier Forellen, Barsche, Glasaugenbarsche und Hechte. Taucher und Schnorchler freuen sich daran, dass selbst in 14 Meter Tiefe noch eine Sichtweite von sechs Metern herrscht. An der Ostseite des Sees teilen sich Wanderer einen Weg mit Mountainbikern.

Gebirgiger als an diesen Felsnasen wird Wisconsin nirgends, doch auch diese Felsen sind für Kletterer eine echte Herausforderung. Quarzit eignet sich gut als Kletterfels, weil er hart und wetterbeständig ist.

Besteigung des Balanced Rock

## Camping

Der Park hat 406 Zelt- und Wohnmobilplätze – Duschen vorhanden –, 25 Winter-Campingplätze und ein Gruppencamp. Reservierung ist während der Saison unter 888-947-2757 zu empfehlen. Campinggebühr.

Devil's Lake State Park, 5597S Park Rd., Baraboo, WI 53913; 608-356-8301; www.dnr.state.wi.us/org/land/parks

195

# Peninsula

*25 Meilen (40,2 km) nördlich von Sturgeon Bay, an der Wisconsin 42*

▪ 15,3 km² ▪ Ganzjährig ▪ Aussicht auf die Green Bay ▪ Klippen und Höhlen ▪ Eagle Bluff Lighthouse ▪ Sommertheater ▪ Strand ▪ Golf, Wandern, Radfahren (Parkpass erforderlich) ▪ Nature Center

Wie das Bild der Küste Neuenglands, so hat sich auch jenes der Halbinsel in Wisconsins Door County von sturmgepeitschten Fischerdörfern hin zu einem Feriengebiet mit hübschen Pensionen und Kunstgalerien gewandelt. Der Peninsula State Park verkörpert diese Kontraste.

Den Park gibt es wegen des Ufers der Green Bay, das am besten von den hoch aufragenden Felsen der Halbinsel zu überblicken ist. Golfer spielten hier bereits in den 1920er Jahren und der erste Leiter förderte Minstrel-Shows, einen Aussichtsturm, Skispringen und einen kleinen

Sonnenuntergang über der Green Bay

Zoo. Heute liegt der Schwerpunkt zwar auf der Natur, doch besteht noch immer die Möglichkeit, zu golfen oder auf den Eagle Tower zu klettern, um die grandiose Aussicht zu genießen.

### Attraktionen und Aktivitäten

Der 23 Meter hohe **Eagle Tower**, der angeblich als Feuer-Wachtturm erbaut wurde, zog von Anfang an Wanderer an, die auf die höchste Klippe der Halbinsel und von dort weitere 110 Stufen nach oben klettern, um den Horizont abzusuchen. Wenn Sie durch den Osteingang in den Park kommen, wird Ihr erster Stopp vermutlich das **Informationszentrum** an der Eagle Terrace sein – es sei denn, Sie haben sich auf dem Golfplatz eine frühe Zeit reserviert *(920-854-5791)*. Von dort nehmen Sie den steilen, zwei Meilen (3,2 km) langen Eagle Trail am Ufer entlang und über die Klippen bis zum Turm hinauf.

Die Wohnräume im **Eagle Bluff Lighthouse** wurden restauriert, um Besuchern ein Gefühl für das einsame Leben des Leuchtturmwärters und seiner Familie zu vermitteln. Der steinerne Leuchtturm, der 1926 auf automatischen Betrieb umgestellt wurde, dient noch immer den Schiffen als Orientierung.

Viele Besucher genießen die Sehenswürdigkeiten lieber bei der Fahrt auf der **Shore Road**, die von Eagle Harbor über die Nicolet Bay und Welcker's Point bis zum Südeingang beim Dorf Fish Creek – oder in entgegengesetzter Richtung – rund um den Park führt. Radfahrern, die manchmal auf der Straße fahren, stehen auch 19 Meilen (30,6 km) lange Radwege zur Verfügung, teils Kieswege, die den Park kreuz und quer durchziehen. Die **Skyline Road** bietet Panoramablicke von noch höher gelegenen Aussichtspunkten auf die Dolomitfelsen.

An diesem Ufer gibt es kaum Strände, doch an sonnigen Sommertagen wimmelt die **Nicolet Bay** von Schwimmern und Sonnenanbetern. Hier können Sie Kanus, Segelboote und Kajaks leihen; auch Unterricht wird angeboten. An Sommerabenden spielt das populäre **American Folklore Theatre** (*920-839-2329*) an sechs Abenden pro Woche.

Die **Green Bay** ist bei Anglern beliebt und hat sich von der Umweltverschmutzung und der Überfischung des 20. Jahrhunderts wieder gut erholt. Besonders berühmt ist der Silberlachs, außerdem gibt es Regenbogenforellen, Seesaiblinge, Glasaugen-, Schwarz- und Flussbarsche. Unweit der Nicolet Bay liegt **Horseshoe Island** (hufeisenförmig, wie der Name besagt) mit einem Dock.

Die **White Cedar Forest Natural Area**, in der Südwestecke des Parks gelegen, ist ein feuchtes, 21 Hektar großes Schutzgebiet mit Wasser liebenden Zedern, herrlichen Wildblumen (darunter die Amerikanische Zwergschwertlilie) sowie Reihern, Enten und einem Chor von Fröschen. Das **White Cedar Nature Center**, das abseits der Bluff Road im Herzen des Parks liegt, erläutert die Naturgeschichte des Parks.

## Camping

Der Park bietet auf vier Campingplätzen 468 Zelt- oder Wohnmobilplätze (100 mit elektrischen Anschlüssen) – Duschen vorhanden – sowie drei Gruppencamps mit reinen Zeltplätzen. Die Plätze können bis zu elf Monate im Voraus unter 888-947-2757 reserviert werden. Campinggebühr.

197

**FISCH KOCHEN:** Ein *fish boil* ist im Door County eine festliche Angelegenheit – und eine leckere Mahlzeit. Im Mittelpunkt stehen Felchen: Diese Fische sind in den Großen See häufig und standen früher in dem Ruf, die Fischerfamilien zu ernähren. Bei einem traditionellen *fish boil* werden die Fische in einem großen Eisenkessel über einem offenen Feuer mit Kartoffeln und Zwiebeln gekocht. Später gibt man löffelweise Butter über den Fisch und reicht Krautsalat dazu. Wenn Sie dann schon das Gefühl haben, pappsatt zu sein, gibt Ihnen ganz gewiss jemand den Gnadenstoß: ein großes Stück Kirschkuchen aus dem Door County.

Peninsula State Park, P.O. Box 218, Fish Creek, WI 54212; 920-868-3258; www.dnr.state.wi.us/org/land/parks

# Rock Island

*Fähre (920-847-2252) ab Jackson Harbor, auf Washington Islan*

- 3,6 km² - Mai bis November - Motorfahrzeuge verboten
- Historisches Gebäude - Strand - Wandern

Diese entlegene, unerschlossene Insel erinnerte den Erfinder Chester Thordarson so sehr an sein heimatliches Island, dass er sie 1910 kaufte, um ihre Schönheit zu bewahren. Einige seiner charakteristischen Gebäude stehen bis heute. Lange bevor Thordarson kam, war die Insel jedoch schon ein Rastplatz für indianische Reisende und französische Forscher, darunter Jean Nicolet im Jahr 1634. Besucher, die auf der Insel unterwegs sind, wundern sich vor allem über die Stille – Motorfahrzeuge sind nicht zugelassen –, die nur von den Geräuschen des Sees und der Möwen unterbrochen wird. Solche Erlebnisse sind heute recht selten.

Die Viking Hall

Nach zwei Überfahrten mit der Fähre (eine nach Washington Island, eine nach Rock Island) erreichen Besucher das Südwestufer der kleinen Insel, wo sie die hübsche, steinerne **Viking Hall** betreten können, die Thordarson als Bootshaus erbaute. Werfen Sie einen Blick auf die Fotos und Exponate zur Ökologie der Insel.

Insgesamt zehn Meilen (16 km) lange Wanderwege ziehen sich kreuz und quer über die Insel, auf sechs Meilen (9,6 km) einmal rundherum am Ufer entlang. Auf den hohen Klippen am Nordende der Insel steht das **Pottawatomi Lighthouse**, der erste Leuchtturm Wisconsins, 1858 neu errichtet und noch immer im Dienst. Die gefährlichen Gewässer haben schon manche Havarie verursacht. Stufen führen vom Leuchtturm zum Ufer hinab.

## Camping

Der Park hat 40 Zelt- und zwei Gruppenplätze. Im Sommer ist Reservierung unter 888-947-2757 empfehlenswert. Campinggebühr.

Rock Island State Park, P.O. Box 118A, Washington Island, WI 54246; 920-847-2235; www.dnr.state.wi.us/org/land/parks

# Copper Falls

*2 Meilen (3,2 km) nordöstlich von Mellen, an der Wisconsin 169*

▪ 12,4 km² ▪ Ganzjährig ▪ Alte Lava-
flüsse ▪ Wasserfälle ▪ Canyons
▪ Wandern, Vogelbeobachtung, Angeln
(mit Angelschein) ▪ Fahrzeuggebühr

Die Fälle des Bad River und Tyler Forks
schneiden ein geologisches Fenster in die
Felsschichten von Copper Falls. Schichten
von Sandstein und Konglomerat, Lava,
Granit und Sedimenten vom Meeresgrund wurden durch das Absinken des
Lake Superior Basin und das Einschnei-
den der Flüsse freigelegt. Das Ergebnis ist
eine ganze Reihe spektakulärer Wasserfälle, darunter die sechs Meter hohen
**Copper Falls** und die neun Meter hohen
**Brownstone Falls**.

199

Die braune Farbe des Wassers ist
übrigens nicht auf Mineralien zurückzuführen, sondern auf Versickerungen im
flussaufwärts gelegenen Zedern- und
Lärchenmoor.

Ein 1,7 Meilen (2,7 km) kurzer
Rundweg führt vom Picknickbereich
über die Copper Falls, die **Tyler Forks
Cascades**, **Devil's Gate** und die Brownstone Falls, wo der Bad River und Tyler
Forks eine Reihe von Stromschnellen aufweisen. Wanderer können ihren Weg weiter flussabwärts bis zum **North Country
National Scenic Trail** fortsetzen, der auf

*Zusammenfluss des Bad River und Tyler Forks*

seinem Verlauf vom Staat New York nach North Dakota auch den Park
durchquert.

Neue Mountainbiking-Wege gehören ebenso zu den Verbesserun-
gen des Parks wie ein **Visitor Center** nahe dem Südeingang. Rund sechs
Meilen (9,6 km) lange Radwege wurden Teil eines acht Meilen (12,9 km)
langen Netzes von Loipen im Winter.

**PARK-TIPP: *Erkunden Sie die
Brücken, Treppen und Gebäude, die
von Veteranen des Ersten Weltkriegs,
der Work Projects Administration
und dem CCC erbaut wurden.***

## Camping

Der Park bietet 54 Zelt- oder Wohnmobilplätze – Duschen vorhanden –,
ein Camp für Rucksackwanderer sowie ein Gruppencamp. Reservierung
möglich unter 888-947-2757. Campinggebühr.

Copper Falls State Park, 36764 Copper Falls Rd., Mellen, WI 54546;
715-274-5123; www.dnr.state.wi.us/org/land/parks

# Itasca

*20 Meilen (32 km) nördlich von Park Rapids, an der Minnesota 71*

■ 132,4 km² ■ Ganzjährig ■ Fahrzeuggebühr ■ Mississippi-Quellgebiet
■ Kiefernurwald ■ Von Naturkundlern geführte Bootstouren ■ Historische Lodge ■ Angeln (mit Angelschein), Radfahren, Schwimmen ■
Schneemobilfahren, Skilanglauf, Schneeschuhwandern

Der Lake Itasca, die Quelle des Mississippi

Old Man River, der mächtige Mississippi, beginnt seinen Weg als Rinnsal zwischen Trittsteinen am Abfluss aus dem Lake Itasca. Forscher, die Nordamerika durchquerten, hatten 300 Jahre lang über die Quelle des Flusses gerätselt, bis Henry Rowe Schoolcraft 1832 das Quellgebiet fand. Obwohl immer noch einige auf den Elk Lake oberhalb des westlichen Arms des Itasca hinweisen, bestätigen Experten die Behauptung Schoolcrafts, dass der Lake Itasca das oberste Sammelbecken ist, in dem der Fluss seine rund 4000 Kilometer lange Reise zum Golf von Mexiko beginnt.

> **PARK-TIPP:** *Wenn Sie sich für Adler interessieren, fragen Sie nach, wo es Nester gibt. Beobachten Sie dort die Elterntiere beim Erbeuten der Fische, die sie dann den Jungen bringen.*

1965 wurden 800 Hektar Wildnis mit einem ursprünglichen Bestand riesiger Weymouthskiefern und Rotkiefern *(Pinus resinosa)* abgeteilt, vom Wilderness Drive umfasst und mit zahlreichen Wanderwegen durchzogen. Nahezu alle Einrichtungen des Parks liegen am Ostarm des Sees.

Die Holzarbeiter, die vor einem Jahrhundert die Landschaft dieser Region veränderten, gibt es im Park schon lange nicht mehr, doch die

Natur verändert sich noch immer, manchmal mit etwas Hilfe. Nachdem ein Sturm 1995 eine Reihe alter Bäume umgestürzt hatte, fügte der Park den 800 Meter langen Blowdown Trail hinzu. Wissenschaftler legen heute kontrollierte Brände und helfen so dem Kiefernwald, sich zu regenerieren.

## Attraktionen und Aktivitäten

Wenn Sie durch den Nordeingang in den Park kommen, beginnen Sie Ihren Besuch mit einem kurzen Spaziergang ins **Quellgebiet des Mississippi** – dort, wo er den See verlässt. Das nahe gelegene **Mary Gibbs Mississippi Headwaters Center** erläutert den Wasserhaushalt des großen Flusssystems und die Geschichte der Entdeckung des Lake Itasca. Wer von Süden oder Osten den Park betritt, sollte als Erstes am **Jacob V. Brower Visitor Center** halten, das eine Reliefkarte zum Anfassen und Exponate zur Natur- und Kulturgeschichte des Parks präsentiert.

Der **Main Park Drive** führt am Ostufer des Sees entlang (dort gibt es auch einen Radweg), mit Haltepunkten am Indian Cemetery, Badestrand, Pioneer Cemetery und im Preacher's Grove unter 275 Jahre alten Kiefern. Die **Douglas Lodge** entstand 1905 und bietet Zimmer und Mahlzeiten; sie ist Ausgangspunkt für Spaziergänge auf einem Naturlehrpfad und zwischen historischen Gebäuden wie dem aus Holz und Stein erbauten **Forest Inn**. Außerdem legt die *Chester Charles II (218-732-5318, letzter Mo im Mai [Memorial Day] bis Sept., Fahrtkosten)* vom Douglas Lake Pier zu einer zweistündigen Rundfahrt auf dem See ab.

Um die Wälder zu erleben, wie sie vor Ankunft der Siedler aussahen, nehmen Sie den elf Meilen (17,7 km) langen **Wilderness Drive** (ebenfalls ein Radweg) westlich des Mississippi-Quellgebiets. Der Trail führt um die **Itasca Wilderness Sanctuary Scientific and Natural Area**. Der 800 Meter lange **Bohall Trail** windet sich zwischen fast 200 Jahre alten Baumgruppen bis zum Bohall Lake. Hier gedeihen Orchideenarten wie der Königin-Frauenschuh (Cypripedium reginae), die Staatsblume Minnesotas. Der 500 Meter lange **Landmark Interpretive Trail** bietet auf Schildern Informationen zu verschiedenen Themen wie Stachelschweinen und einem Windbruch. Biber, die man wegen ihres Fells jagte und um 1900 fast ausgerottet waren, können Sie am 950 Meter langen **Beaver Trail**, am Allen Lake und am nahen Elk Lake entdecken.

Radfahrer können eine 17 Meilen (27,3 km) lange Schleife um den ganzen Park, den See und das Naturschutzgebiet ziehen. Fahrräder können Sie im Park bei Itasca Sports Rental *(218-266-2150, Mai–Okt.)* mieten, ebenso Kanus, Ponton- und Motorboote sowie Angelausrüstung und Köder.

### Camping und Lodge-Unterkunft

Itasca verfügt über 234 Zelt- und Wohnmobilplätze – Duschen vorhanden; im Winter ist nur eine beschränkte Anzahl geöffnet. Reservierung ist im Juli und August zu empfehlen. Campinggebühr. Es gibt auch elf Plätze zum wilden Zelten und zwei Gruppen-Camps. Die Douglas Lodge bietet sieben Zimmer und 16 *Cabins*, Itasca Suites hat zwölf Einheiten (ganzjährig geöffnet), der Campingplatz Bear Paw besitzt sechs *Cabins* und ein »Clubhaus« mit zehn Zimmern, das 1910 entstand und an Gruppen vermietet wird. Alle geöffnet von letzten Montag im Mai (Memorial Day) bis in den Frühherbst. Reservierung unter 866-857-2757. Das Mississippi Headwaters Hostel ist ganzjährig geöffnet; Reservierung unter 218-266-3415.

Itasca State Park, 36750 Main Park Drive, Park Rapids, MN 56470; 218-266-2100; www.dnr.state.mn.us/state_parks

**SPIEL UM NAMEN:** Der Name »Itasca« kommt von:

1. einem legendären Indianermädchen, dessen Tränen um eine verlorene Liebe den Mississippi schufen;

2. einer Kombination aus den lateinischen Wörtern für »Wahrheit« und »Kopf«;

3. einem Wasserträger in der Lieblings-Verdi-Oper des Entdeckers Henry Schoolcraft.

ANTWORTEN:
1. Eine Legende aber unwahr. 2. Richtig. Schoolcraft kombinierte die lateinischen Wörter *veritas* und *caput*, um den Namen zu kreieren. 3. Falsch. Verdi hatte 1832 noch keine Oper geschrieben.

# Forestville/Mystery Cave

*12 Meilen (19,3 km) südöstlich von Spring Valley, über die Minnesota 16*

- 13 km² ▪ Ganzjährig ▪ Fahrzeuggebühr ▪ Größte Höhle Minnesotas
- Historisches Dorf mit Darstellern ▪ Aus Quellen gespeiste Forellenbäche ▪ Reiten, Skilanglauf

Als 1910 die Kurzwarenhandlung im allmählich verlassenen Forestville schloss, waren die Regale noch gefüllt. Diese Tatsache – zusammen mit den genauen Geschäftsbüchern – half den Darstellern, das Leben in dieser bäuerlichen Kleinstadt um 1899 wiedererstehen zu lassen. Die Gebäude von Historic Forestville, einer Hauptsehenswürdigkeit des State Park, überlebten trotz der relativ kurzen Geschichte: 1853 war die Stadt mit 200 Einwohner am größten, doch dann wurde die Eisenbahntrasse an ihr vorbeigeführt – dank der Familie von Thomas Meighen, dem der Laden und das umliegende Farmland in den 1890er Jahren gehörte. Sein Haus zählt zu den Gebäuden, die noch standen, als seine Nachfahren den Besitz an den Staat verkauften.

### Attraktionen und Aktivitäten

Der Park bietet drei wesentliche Attraktionen: die wiederbelebte Vergangenheit von Historic Forestville, Erlebnisse in freier Natur im bewaldeten Flusstal und die geologischen Wunder der Mystery Cave. Beginnen Sie im **Büro der Parkverwaltung** am westlichen Eingang, wo Sie Karten, Veranstaltungskalender und guten Rat bekommen.

203

Wenn Geschichte bei Ihnen oberste Priorität hat, fahren Sie auf der County Road 118 durch den Park bis zu den Parkplätzen südlich der alten Stahlbrücke. Überqueren Sie diese Brücke von 1899 und besuchen Sie auf Ihrer Zeitreise die gesprächigen Einwohner (dargestellt von Menschen der heutigen Zeit) in **Historic Forestville** *(507-765-2785, letzter Mo im Mai [Memorial Day] bis erster Mo im Sept. [Labor Day] Di–So, im Okt. an den Wochenenden).* Zu den restaurierten Gebäuden gehören der Kurzwarenladen, das Wohnhaus der

Historisches Forestville

Familie Meighen, Farmgebäude sowie historische Gärten und Äcker.

Der Park besitzt auch drei sehr gute Forellengewässer. Sie können Ihre Angel unter der Brücke oder im nahe gelegenen **Forestville Creek** auswerfen oder entlang dem **Canfield Creek**, einem ausgezeichneten Forellengewässer, bis zur **Big Spring** wandern, die nahe der Südgrenze des Parks emporsprudelt. Von der alten Stadt, dem Parkplatz oder der Parkverwaltung führen Reit- und Wanderwege am Fluss entlang und auf die bewaldeten Höhen. Eine Wanderung lohnt sich vor allem im Frühling, wenn Waldhyazinthen und andere Wildblumen blühen, Truthähne kollern und Zugvögel singen, sowie im Herbst, wenn der Laubwald mit Eichen, Linden, Eschen und Zucker-Ahorn seine leuchtenden Farben präsentiert. Vogelbeobachtung gehört ganzjährig zu den beliebtesten Aktivitäten.

Folgen Sie den Schildern auf den County Roads 118 und 5 fünf Meilen (8 km) nach Westen bis zur **Mystery Cave**. Sie müssen nicht kriechen, um zu den Stalaktiten und den von der Decke baumelnden Fledermäusen zu gelangen. Geführte Touren *(im Sommer tägl.; im Frühling und Herbst an den Wochenenden, Gebühr)* zeigen einen kleinen Teil der insgesamt 13 Meilen (20,9 km) langen Gänge – der längsten Höhle des Bundesstaates. Touren durch den **Historic Entrance** führen aufrecht entlang gut beleuchteten, zementierten Wegen und Metallgittern, während Naturforscher die Geologie der Höhle und Biologie der Fledermäuse erläutern. Bei der etwas längeren und urtümlicheren Tour, die am zwei Meilen (3,2 km) entfernten **Minnesota Caverns Entrance** beginnt, müssen Besucher ihre eigene Lampe mitführen. In jedem Fall sind Mäntel und Handschuhe bei ganzjährigen Temperaturen von knapp zehn Grad Celsius eine gute Idee. Im Visitor Center hilft eine Ausstellung, die Höhle zu verstehen.

**BLUE LAKE BRIDGE:** Kreosot von einer alten Brücke tief in der Mystery Cave gelangte in den empfindlichen Blue Lake; das Minnesota Conservation Corps arbeitete von 1995 bis Mitte 1997, um die Konstruktion zu ersetzen. Eimer für Eimer wurde altes Holz und verseuchter Schmutz hinausbefördert – durch enge Passagen, einen Abhang hinunter und über Treppen wieder hinauf. Es ging nur sehr langsam voran, doch um Lichtjahre schneller als der Vorgang, durch den die einzigartigen *raft cones* (»Tropfsteine«) entstanden sind. Sie werden von der neuen 43-Meter-Brücke viel besser zu sehen sein.

### Camping

Der Park verfügt über 73 Zelt- und Wohnmobilplätze – Duschen vorhanden – und ein spezielles Reitercamp mit 57 Plätzen. Reservierung ist während der Saison unter 866-857-2757 dringend zu empfehlen. Campinggebühr.

Forestville State Park, Rte. 2, P.O. Box 128, Preston, MN 55965; 507-352-5111; www.dnr.state.mn.us/state_parks

# Tettegouche

*5 Meilen (8 km) nordöstlich von Silver Bay, an der Minnesota 61*

■ 37,8 km² ■ Ganzjährig ■ Fahrzeuggebühr ■ Palisade ■ 18 Meter hoher Wasserfall ■ Wandern, Klettern, Angeln (mit Angelschein)

Vor Kurzem kam ein Besucher auf dem hoch aufragenden Palisade Head gerade dazu, als ein junger Mann von der Klippe über dem Lake Superior sprang. Einen Moment lang war der Besucher zu Tode erschrocken – dann

sah er das dicke Seil, das sich
über die Kannte schlängelte.
Diese 61 Meter hohe Klippe
aus Anorthosit ist ein beliebter Kletterfelsen.

Der Park besitzt zwei
vorspringende Landzungen
– neben vielen anderen
Attraktionen, wie Hütten
im Hinterland, hervor-
ragende Fischgewässer,
einen 18 Meter hohen Was-
serfall und phantastische
Laubfärbung im Herbst.

Die Hütten sind Über-
reste eines Zufluchtsorts,
den sich einige Geschäfts-
leute und begeisterte Angler
aus Duluth 1910 erbauten.
Verschiedene Besitzer
schützten das Gebiet über
die Jahre hinweg, bis es 1979
zum Park kam. Heutige Be-
sucher folgen den Spuren
der Naturliebhaber aus
Duluth: Der Park und die
Fischgewässer (ebenso wie
die Hütten) sind über
Wanderwege zu erreichen.

Basaltklippen am Nordufer des Lake Superior

205

### Attraktionen und Aktivitäten

Besucher am Nordufer des Lake Superior sind oft begeistert, wie sich die
Kulisse mit jeder Biegung der Minnesota 61 ändert. Wer die Uferlinie
gar nicht verlassen mag, findet im Tettegouche State Park spektakuläre
und gut zugängliche Aussichtsplätze
auf dem hier 64 Meter hohen **Palisade Head** (abseits der Minnesota
61) und am **Shovel Point** (über
einen 1,5 Meilen – 2,4 km – langen
Rundweg ab der Parkverwaltung zu
erreichen). Beide Stätten sind Zeug-
nisse der Lava, die hier vor einer Milliarde Jahren floss.

PARK-TIPP: *Hungrig? Versuchen Sie
es mit Heidelbeerpflücken (Ende Juli
bis Mitte Aug.). Die Parkangestellten
geben Ihnen vielleicht Hinweise, wo
es die reifsten Beeren gibt.*

Wenn Sie Zeit haben, lassen Sie das Auto stehen und laufen Sie
landeinwärts. Vom Beginn des Weges am Parkplatz führt der 1,5 Meilen
(2,4 km) lange Rundgang zu den **High Falls**, dem höchsten Wasserfall
des Bundesstaates. Genau oberhalb der Fälle quert eine Hängebrücke
den Baptism River: Sie gehört zum **Superior Hiking Trail**, der von
Duluth nach Kanada führt. Insgesamt 23 Meilen (37 km) lange Wanderwege führen von Aussichtspunkt zu Aussichtspunkt. Dazu zählt auch
der 3,5 Meilen (5,6 km) lange Weg vom Parkplatz zum **Mic Mac Lake.**

EINE GROSSARTIGE WANDE-RUNG: Das nördliche Minnesota besitzt jetzt einen Trail, den Rucksackwanderer mit dem Inka-Trail in Peru vergleichen. Von Duluth bis zur kanadischen Grenze führt der Superior Hiking Trail die Berggrate von Tettegouche entlang, auf Brückenstegen über schnell fließende Bäche, über Espenlichtungen, durch Nadelwälder und entlang den Hängen der Sawtooth Mountains. Der Trail hat noch einige Lücken, doch ungebundene Wanderer gehen ihn angesichts seiner Länge und Vielfalt vielleicht sowieso lieber in Teilstrecken an. Immer liegt der große, blaue See dicht am Weg: ein Blick, der diesen Trail einzigartig macht. Bei der Superior Hiking Trail Association *(P.O. Box 4, Two Harbors, MN 55616; 218-834-2700; Gebühr)* erhalten Sie einen Führer.

Im Südwesten liegen im **Palisade Valley** der **Bean Lake** und der **Bear Lake** mit ihren steilen Ufern, beides gute Plätze zum Forellenangeln. Der **Palisade Valley Overlook** ist ein Felsen, von dem aus Sie über das Tal hinwegblicken, in dem der Palisade Creek aus dem Tettegouche Lake heraus und dem Lake Superior zufließt. Auf den Feuchtwiesen unterhalb des Felsens können Sie gut Elche beobachten.

Im Winter ziehen die Besucher auf Skiern und Schneeschuhen ihre Bahnen über 17 Meilen (27,3 km) gespurte Loipen. Zwölf Meilen (19,3 km) lange Schneemobil-Wege verbinden den Park mit dem **North Shore State Trail** im angrenzenden **Finland State Forest** *(888-646-6367)* und **Superior National Forest** *(218-666-5251)*.

### Camping und Lodge-Unterkunft

Der Park verfügt über 28 Zelt- und Wohnmobilplätze – Duschen vorhanden (einige sind im Winter geöffnet) –, eine behindertengerechte *Cabin* für sechs Personen in Illgen Falls, sechs Walk-in-Zeltplätze und 13 Cart-in-Plätze. Tettegouche Camp besitzt vier rustikale Cabins und eine Lodge für Gruppen. Reservierung unter 866-857-2757 ist empfehlenswert. Campinggebühr.

Tettegouche State Park, 5702 Highway 61, Silver Bay, MN 55614; 218-226-6365; www.dnr.state.mn.us/state_parks

# Soudan Underground Mine

*25 Meilen (40,2 km) nordöstlich von Virginia, an der Minnesota 169*

▪ 9 km² ▪ Ganzjährig ▪ Haustiere verboten ▪ Camping verboten ▪ Rote Felsformationen ▪ Ungewöhnlicher Bestand von Tieren und Pflanzen ▪ Wandern

Bei der Fahrt im rüttelnden, wackligen Korb 800 Meter in die Soudan-Mine hinunter *(letzter Mo im Mai [Memorial Day] bis erster Mo im Sept. [Labor Day], Eintrittsgebühr)* sollten Besucher daran denken, dass dieses Bergwerk vor einem Jahrhundert eines der sichersten Eisenerzbergwerke der Region war und Bergarbeiter darum baten, hier arbeiten zu dürfen. Die Soudan-Mine öffnete 1882 als erste Eisenerzmine Minnesotas.

Gehen Sie durch das Visitor Center und werfen Sie anschließend einen Blick auf die massiven Trossen und Hebevorrichtungen vor dem und im Maschinenhaus und Förderturm.

Der Park verfügt über fünf Meilen (8 km) lange, relativ steile Wanderwege. Im Winter werden drei Meilen (4,8 km) lange Loipen gespurt.

Soudan Underground Mine State Park, P.O. Box 335, Soudan, MN 55782; 218-753-2245; www.dnr.state.mn.us/state_parks

# Blue Mounds

*6 Meilen (9,6 km) nördlich der I-90, an der Minnesota 75*

▪ 8,2 km² ▪ Ganzjährig ▪ Fahrzeuggebühr ▪ »Blaue« Klippe ▪ Langgrasprärie ▪ Bisonherde ▪ Schwimmen, Vogelbeobachtung, Schneemobilfahren, Klettern

Wenn im Minnesota des 19. Jahrhunderts über den Prärien die Sonne unterging, sahen die Pioniere auf ihrem Weg nach Westen einen blauen Dunst auf einer Felsnase aus Quarzit – die prägnante Felsformation nannten sie *Blue Mound*. Heute stellt dieser Park einen der wenigen Orte da, an dem Besucher Bisons, blühende Wildblumen und im Spätsommer Gräser – vorwiegend das Bartgras Little Bluestem (*Schizachyrium scoparium*) –, die höher sind als sie selbst, sehen können.

207

Opuntien und Quarzitgestein inmitten von Präriegräsern

Wenn Sie Wildblumen und einen spektakulären Ausblick erleben möchten, wandern Sie den **Upper Mound Trail** hinauf. Der Weg führt über die Rock Alignment, eine rund 380 Meter hohe, in Ost-West-Richtung ausgerichtete Erhebung. Ihre Erbauer sind unbekannt, doch sie brachten die Rock Alignment mit Sonnenaufgang und Sonnenuntergang am ersten Tag des Frühlings und des Herbstes in Einklang. Auf dem Hügel verläuft auch der 0,7 Meilen (1,1 km) lange **Bur Oak Trail**.

Die Mounds erstrecken sich über 1,5 Meilen (2,4 km) und ragen bis zu 27 Meter Höhe auf, mit steilen Wänden auf der Ostseite, die eine immer größere Zahl von Freeclimbern anlocken. Nahe dem Nordeingang liegt ein 200 Hektar großes, umzäuntes Gelände für 75 Bisons.

## Camping

Der Park hat 73 Zelt- und Wohnmobilplätze – Duschen vorhanden – und 14 Walk-in-Zeltplätze. Reservierung unter 866-857-2757 ist in der Saison zu empfehlen. Campinggebühr.

Blue Mounds State Park, 1410 161st St., Luverne, MN 56156; 507-283-1307; www.dnr.state.mn.us/state_parks

# CENTRAL PLAINS

## NORTH DAKOTA

Cross Ranch
Fort Abraham Lincoln
Lake Metigoshe
Icelandic

## SOUTH DAKOTA

Custer
Fort Sisseton
Newton Hills

## NEBRASKA

Fort Robinson
Lake McConaughy
Arbor Lodge

## KANSAS

Lake Scott
Prairie Dog
Clinton
Elk City

## IOWA

Backbone
Ledges
Maquoketa Caves
Stone

## MISSOURI

Prairie
Ha Ha Tonka
Montauk
Meramec

Custer State Park, South Dakota

# Cross Ranch

*15 Meilen (24 km) südlich von Washburn am Westufer des Missouri, abseits der North Dakota 200A*

■ 2,4 km² ■ Ganzjährig ■ Fahrzeuggebühr ■ Auenökosystem ■ Wandern

Pappelwälder und Prärie am Missouri

Bevor Staudämme den überwiegenden Teil des Flusslaufes in Seen verwandelten, strömte der mächtige Missouri 360 Meilen (580 km) weit ungehindert durch North Dakota. Einer der noch unberührten Flussabschnitte grenzt an den Park und das benachbarte, 2400 Hektar große Schutzgebiet, das der Nature Conservancy (Naturschutzorganisation) gehört. Gemeinsam schützen sie das ursprüngliche Ökosystem der Flussauen.

**PARK-TIPP:** *Der Ma-ak-oti Trail bietet pures Wandervergnügen, wobei der gewaltige Missouri Ihr ständiger Begleiter ist.*

In den Auen der Cross Ranch gedeihen herrliche Pappelwälder – zumindest bis jetzt. Für ihre Regeneration benötigen die Pappeln zeitweilige Überschwemmungen, die den Boden wässern und reinigen. Seit dem Bau des Garrison-Dammes flussaufwärts fehlen die periodischen Überflutungen, die für die durstigen Pappelsämlinge lebenswichtig sind. Daher werden die

Pappeln stufenweise gegen genügsamere Gehölze wie Eschen, Eschenahorn und Eichen ausgetauscht.

### Attraktionen und Aktivitäten

Starten Sie im **Visitor Center**, wo informative Schautafeln erklären, wie

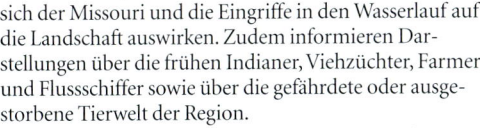

sich der Missouri und die Eingriffe in den Wasserlauf auf
die Landschaft auswirken. Zudem informieren Darstellungen über die frühen Indianer, Viehzüchter, Farmer
und Flussschiffer sowie über die gefährdete oder ausge-
storbene Tierwelt der Region.

Von hier aus führt ein Wanderwegenetz von insgesamt
15 Meilen (24 km) Länge durch die Auenwaldlandschaft.
Es gibt Einblicke in die malerische Umwelt, deren Erhalt
bedroht ist.

Bei knapper Zeit bietet sich der 2,6 Meilen (4 km)
lange **Matah Trail** an, der das Camp umrundet und eine
Uferstrecke unterhalb der hoch aufragenden Pappelwälder einschließt. Wer mehr Zeit hat, wandert 3,5 Meilen
(5,6 km) weit über den **Matah**, **Cottonwood** und **Bison
Trail** zum **Levis Trail**, wo als Folge des Garrison-Damm-
Baues eine große Halbinsel entstanden ist und die Plätze
zum freien Zelten liegen. Der Levis Trail (2,3 Meilen – 3,7
km) verläuft entlang der Grenze des **Cross Ranch Nature
Preserve** *(701-794-8741)* der Nature Conservancy. Hier
lassen sich Hirsche, Präriewölfe und sogar der scheue Rotluchs beobachten. Im Frühjahr und Herbst kreuzen jagende
Weißkopfseeadler über dem Fluss. Auf den Sandbänken
brüten zwei vom Aussterben bedrohte Vogelarten:
Gelbfuß-Regenpfeifer und
Amerikanische Zwergsee-
schwalbe. Im Sommer
bieten sich zwei Natur-
lehrpfade an, der eine geht
über eine Dreiviertelmeile
(1,2 km), der andere über
zwei Meilen (3,2 km).

### Camping und Lodge-Unterkunft

Es gibt 42 Zelt- und Wohnmobilplätze
sowie 23 Nur-Zeltplätze; Duschen sind
vorhanden, ebenso wie fünf Möglichkeiten zum freien Zelten. Mitte Mai bis
Mitte September. Reservierung ab April
unter 800-807-4723 möglich. Campinggebühr. Die drei *Cabins* können unter
701-794-3731 reserviert werden.

Cross Ranch State Park, 1403 River
Road, Center, ND 58530; 701-794-3731;
www.parkrec.nd.gov/parks/crsp.htm

211

**FORT MANDAN:** Am 24. Oktober
1804 kampierte die Lewis-Clark-Ex-
pedition am Ufer, das dem heutigen
Cross Ranch State Park gegenüber-
liegt, in ihrem Lager Fort Mandan.
Von hier aus beschrieb Captain
William Clark die Gegend so, wie sie
auch heute noch aussieht: »Das
Land ist flach und schön, mit Eichen
und Pappeln bedeckt. Es liefert aber
wenig Wild, da gerade erst viel gejagt
wurde.« Die Expeditionsteilnehmer
verbrachten den bitterkalten Winter
im Fort und gingen auf dem Cross-
Ranch-Gelände auf die Jagd. Ein
Nachbau des Fort Mandan steht
heute in Washburn *(701-462-8129,
geschl. Mo)*. Das Originalfort versank vermutlich im Missouri.

# Fort Abraham Lincoln

*7 Meilen (11,3 km) südlich von Mandan, an der North Dakota 1806*

- 4,1 km² ▪ Ganzjährig ▪ Eintrittsgebühr ▪ Indianerdorf ▪ Custer-Haus

Erdhütte im Dorf On-A-Slant

Dieser Park konfrontiert die Besucher mit zwei historischen Episoden: der Geschichte der Ureinwohner, die hier lebten, als die weißen Siedler eintrafen, und den Bemühungen der US-Armee, die Nachfahren dieser Indianer zu unterwerfen.

Vor der Besiedlung durch die Europäer lebten hier 27 Stämme der Prärie-Indianer. Zehn Stämme wohnten als Bauern beständig an einem Ort, waren also keine jagenden Nomaden. Um das Jahr 900 kamen die Indianer, die später das Volk der Mandan bildeten, nach Dakota. Bis zum 17. Jahrhundert gründeten die Mandan an den Flüssen Heart und Missouri einige Dörfer, darunter das Dorf On-A-Slant, das sie von den 1570er Jahren an bis ins späte 18. Jahrhundert bewohnten. Als 1781 dort die Pocken ausbrachen, verließen sie den Ort und siedelten sich 70 Meilen (113 km) weiter nördlich am Missouri an. Die Pockenepidemie von 1834 löschte den Stamm fast vollständig aus. Rekonstruierte Teile von On-A-Slant, darunter einige Erdhütten, befinden sich im Park.

Das 1872 erbaute Fort Abraham Lincoln diente ab 1873 Lieutenant Colonel George Armstrong Custer und dem 7. Kavallerieregiment als Hauptquartier und Sammelplatz. 1875 befahl das Innenministerium allen Indianern, sich bis zum 31. Januar 1876 in ihren Reservationen zu melden. Doch als am 1. Februar noch viele fehlten, sollte das Militär den Befehl durchsetzen. Custer verließ im Mai 1876 Fort Lincoln, um die Ausgebliebenen herbeizuschaffen. Er und mehr als 225 Soldaten seines Kommandos verloren am 25. Juni in der Schlacht am Little Bighorn in Montana ihr Leben.

Um die Bedeutung dieses Parks zu erfassen, gehen Sie am besten zuerst ins **Visitor Center**, das ausgezeichnet über die Indianerstämme,

-dörfer und -bräuche sowie die Geschichte des Forts informiert. Hügel-
aufwärts geht es zum rekonstruierten **On-A-Slant**. Dort demonstriert
ein kommentierter Rundgang die Lebensweise der Mandan, die Kühle
in den Hütten, die landwirtschaftlichen Produkte und die Werkzeuge
des Stammes.

Nördlich des Visitor Center liegt der **Kavallerieposten** – beherrscht
vom rekonstruierten viktorianischen Haus von George und Libbie
Custer. Führer in zeitgenössischer Kleidung geleiten durch das Fort
*(Mai bis Mitte Okt., übriges Jahr nach Vereinbarung).*

### Camping

Es gibt 57 Zelt- und Wohnmobilplätze sowie 38 einfache Zeltplätze;
April bis Oktober. Buchung über North Dakotas zentrales Reservierungssystem unter 800-807-4723. Campinggebühr.

Fort Abraham Lincoln State Park, 4480 Fort Lincoln Rd., Mandan,
ND 58554; 701-667-6340; www.parkrec.nd.gov/parks/flsp.htm

# Lake Metigoshe

*15 Meilen (24 km) nördlich von Bottineau, an der North Dakota 43*

213

▪ 6,3 km² ▪ Ganzjährig ▪ Fahrzeuggebühr ▪ Schwimmen, Bootfahren
▪ Wandern, Skilanglauf, Schneemobilfahren

Der nahe der kanadischen
Grenze gelegene See gehört
zu den beliebtesten ganzjährigen Urlaubszielen im nördlichen Zentraldakota. Das
Volk der Chippewa (Ojibwa)
nannte ihn *Metigoshe
Washegum* (»klarer, von
Eichen umgebener See«).

Der Park liegt in den
Turtle Mountains, einer
sanften Hügellandschaft mit
dichten, von tiefblauschwar-
zen Seen durchsetzten Wäldern und einer varianten-
reichen Tierwelt. Halten Sie
Ausschau nach dem Star
unter den Säugetieren der
Region: dem großen, unbe-
holfen wirkenden Elch.
Mitunter taucht ein Bär
auf und manchmal sogar
ein von Kanada einge-
wanderter Wolf.

Lake Metigoshe

CENTRAL PLAINS

### Attraktionen und Aktivitäten

Besucher, die den Park erkunden möchten, sollten sich die Zeit für den **Old Oak Trail** nehmen, North Dakotas erster National Recreation Trail (Erlebnispfad). Die Drei-Meilen-Tour (4,8 km) dauert etwa zwei Stunden. Eine Broschüre (am Startpunkt des Weges erhältlich) erläutert die Stationen und vermittelt einen hervorragenden Einblick in die Geschichte, Tierwelt und Ökologie dieser von eiszeitlichen Gletschern geformten Region.

> **PARK-TIPP:** *Erleben Sie den Duft des Waldes, die bei Sonnenauf- und -untergang heulenden Kojoten sowie Kragenhühner, die bei der Balz einen wahren Trommelwirbel erzeugen.*

Die meisten Besucher zieht es wegen der Wassersportmöglichkeiten – Schwimmen, Bootfahren, Wasserski, Jetbootfahren – an den **Lake Metigoshe**. Vom Badestrand bis zum Bootsverleih ist alles vorhanden. Im Sommer vertreiben die Motorboote die Fischer vom See. Wer genügend Zeit hat, kann ein Kanu mieten und den **School Section Lake** erkunden, auf dem jegliche motorisierte Fahrzeuge verboten sind. Besonders Beherzte unternehmen die anspruchsvolle Seen-Tour (inklusive Kanutransport) zwischen dem School Section Lake und dem nahe gelegenen **Lake Erimosh**.

North Dakota ist berühmt für seine eisigen, schneereichen Winter. In der kalten Jahreszeit, wenn »40 Grad minus das Gesindel fernhalten« – wie der Volksmund sagt –, bildet es nicht gerade ein Traumziel. Eine Ausnahme bildet der Lake Metigoshe State Park, der als Ausgangspunkt für die 250 Meilen (402 km) an präparierten Schneemobilpisten und Langlaufloipen dient, die sich durch die Turtle Mountains ziehen.

Eine dreistündige Rundtour führt zum **International Peace Garden** an der kanadischen Grenze. Die dicke Eisdecke des Sees trägt problemlos die Hütten der Eisfischer und deren Schlitten, mit denen sie anrücken, sowie die Scharen von Eisläufern und Schlittenfahrern.

### Camping

Es gibt 130 Zelt- und Wohnmobilplätze, Duschen sind vorhanden; einige Stellplätze mit Wasser- und Stromanschluss; drei ganzjährig nutzbare *Cabins* mit Heizung. Buchung über North Dakotas zentrales Reservierungssystem unter 800-807-4723. Campinggebühr.

Lake Metigoshe State Park,
#2 Lake Metigoshe State Park,
Bottineau, ND 58318;
701-263-4651;
www.parkrec.nd.gov/parks/lmsp.htm

MÉTIS: Östlich vom Lake Metigoshe bis zum Lake Superior und nördlich bis zum Lake Winnipeg erstreckte sich einst die rebellische Provinz der Métis – der Nachfahren französischer Trapper und Frauen indianischer Abstammung (meist Chippewa). Die Indianer der Region bezeichneten die Métis als »halb Mensch, halb Karren«, da sie immer in ihren hölzernen Red-River-Karren, auf denen sie ihre Waren transportierten, umherkutschierten. Deren Räder wurden nie eingefettet, weil der Staub sie sonst an die Achsen zementiert hätte. So verursachte das bloße Holz bei jeder Raddrehung einen Höllenlärm. In der zweiten Hälfte des 19. Jahrhunderts versuchte der Métis-Führer Louis Riel, auf westkanadischem Gebiet einen Métis-Staat zu gründen. Die Revolte wurde niedergeschlagen; 1885 ließ die Regierung von Regina Riel hängen.

214

# Icelandic

*5 Meilen (8 km) westlich von Cavalier, an der North Dakota 5*

- 3,6 km² ▪ Ganzjährig
- Fahrzeuggebühr
- Prärielandschaft ▪ Pioneer Heritage Museum

Elch

In diesem State Park verbindet sich North Dakotas Naturgeschichte mit dem kulturellen Erbe der frühen Einwanderer. Außerdem schützt der Park einige gefährdete Lebensräume. Die zum Ende der letzten Eiszeit vor etwa 13 000 Jahren schmelzenden Gletscher hinterließen riesige Glazialseen. Der größte unter ihnen war der Agassizsee, der sich über 900 000 Quadratkilometer von der Hudson Bay bis zum südöstlichen Ende von North Dakota erstreckte. Seine Überreste sind Lake Winnipeg, Lake Winnepegosa und Lake Manitoba sowie der Lake of the Woods. Das Red River Valley in North Dakota und Minnesota gehört zu seinem ehemaligen Bett. Fast jeder Hektar dieses fruchtbaren Tals wird heute landwirtschaftlich genutzt. Der Icelandic Park beherbergt jedoch noch Reste der urzeitlichen Landschaft. Mit seinem 18 Meter tiefen Sanduntergrund verläuft er entlang dem ursprünglichen Seeufer und bildet eine Grasebene, die als Prärie bezeichnet wird.

Starten Sie in dem modernen **Pioneer Heritage Center**, dessen Museum sich der Geschichte der frühen Siedler widmet. Ein kurzer Spaziergang bringt Sie zum **Gunlogson-Herrenhaus** – einem einstöckigen Wohnhaus von 1872 –, drei weiteren Gebäuden aus der Siedlerzeit und einem Nachbau einer typischen isländischen Blockhütte. Die schön restaurierte **Akra Hall** spiegelt das frühere Gemeindeleben wider, das sich um Kirche, Schule und Essen in der Gemeinschaft drehte.

Ein kurzes Stück weiter liegt das zweite Herzstück dieses Parks: das 38 Hektar große **Gunlogson Nature Preserve**. Dieses Naturschutzgebiet am Ufer des Tongue River zeigt das Ökosystem des Red River Valley.

Der nahe dem Campingplatz gelegene **Lake Renwick** eignet sich bestens zum Baden, Angeln (mit Angelschein) und Rudern – und im Winter für ein zünftiges North-Dakota-Erlebnis: das Eisfischen.

## Camping

Icelandic bietet 162 Zelt- und Wohnmobilplätze; Duschen sind vorhanden, außerdem zahlreiche einfache Zeltplätze. Reservierung unter 800-807-4723. Campinggebühr.

Icelandic State Park, 13751 Hwy. 5, Cavalier, ND 58220; 701-265-4561; www.parkrec.nd.gov/parks/isp.htm

# Custer

*4 Meilen (6,4 km) östlich von Custer, an der US 16A*

▪ 287,5 km² ▪ Ganzjährig ▪ Eintrittsgebühr ▪ Needles Highway (im Winter geschlossen) ▪ Bisonherde ▪ Felsklettern, Mountainbiking, Angeln (mit Angelschein), Reiten

Cathedral Spires, vom Little Devils Tower aus gesehen

Wer sehen möchte, wie viele Sterne tatsächlich am Himmel stehen, sollte den Custer State Park besuchen. In klaren Nächten glitzern die Himmelskörper wie kaum anderswo in diesem elektrisch beleuchteten Land. Doch der Sternenhimmel ist nur ein Streiflicht im Vergleich zu den Naturschätzen. Der State Park liegt in den Black Hills – den Paha Sapa –, einem geologischen Wunder aus Kalksteinhöhlen, dunklen Wäldern und zerklüfteten Bergen. Es sind die heiligen Berge der Lakota, Wohnstatt der Götter und Kultstätte der spirituellen Welt. Dem Hauch der Spiritualität und Mysterien kann sich hier kaum jemand entziehen.

Ihren Namen verdankt die Bergkette ihrem dunklen Erscheinungsbild, das durch die weitläufigen, dichten Gelbkiefer-Wälder entsteht. Das elliptische, 200 Kilometer lange und 104 Kilometer breite Hügelgebiet erstreckt sich vom westlichen South Dakota bis ins östliche Wyoming. Die vielen Höhlen in den rissigen Gesteinsschichten formten sich vor Urzeiten infolge tektonischer Hebungen.

Naturwunder wie der Custer State Park, Höhlen wie die Wind Cave und Jewel Cave, aber auch von Menschenhand geschaffene Attraktionen

**PARK-TIPP:** *Spüren Sie, wie die Erde bebt, wenn Ende September 1500 Bisons zusammengetrieben werden.*

wie der Mount Rushmore und das Crazy Horse Monument machten die Black Hills zu einem beliebten Reiseziel.

Der Park bietet seinen Besuchern eine relativ unberührte Black-Hill-Landschaft sowie Aktivitäten per Auto oder Fahrrad, zu Fuß oder zu Pferd. Wer einen bestechenden Blick auf steile, zerklüftete Felsen und Berghänge mit Gelbkiefern *(Pinus ponderosa)* genießen will, fährt zum Nordende des Parks. Den südlichen Teil beherrschen offene Ebenen und sanfte Hügel mit kahlen Spitzen. Im Frühjahr erstrahlt hier das frische Gras in sattem Grün, während es im Winter in mattem Rotbraun schimmert. Der größte Teil der berühmten Bisonherde des Parks weidet auf diesem Grasland.

Der 1913 als Wildschutzgebiet ausgewiesene Park spielt eine wichtige Rolle beim Erhalt des Amerikanischen Bisons. Die Art war vom Aussterben bedroht, nachdem die frühen Siedler die Tiere wahllos abgeschossen hatten.

Während der Brände 1988 und 1990 brannten fast 12 400 Hektar der Black-Hill-Wälder nieder. Als positive Folge des Feuers entstanden neue Grasflächen, die einer Vielfalt an Tieren Nahrung und Lebensraum gewähren.

Eine besondere Zeit im Park ist das Frühjahr, wenn das sprießende junge Gras die großen Tiere, wie Hirsche, Bisons und Elche, magnetisch anzieht und in die Nähe der Straßen lockt.

217

### Attraktionen und Aktivitäten

Gehen Sie als Erstes in das **Peter Norbeck Visitor Center**, in dem Dioramen die Geschichte des Parks von seiner vulkanischen Periode bis hin zu den Aktivitäten des CCC (Civilian Conservation Corps) aufzeigen. Niemand sollte den malerischen Höhepunkt des Parks auslassen: den **Needles Highway**, eine 14 Meilen (22,5 km) lange Straße, die sich durch nadelähnliche Granitformationen bis zur **Sylvan Lake Area** windet. In der Nähe ragen Needles Eye, der Harney Peak und die Cathedral Spires

Grace Coolidge Creek

empor. An dieser zauberhaften Strecke gibt es etliche Startpunkte von Wanderwegen, etwa des **Sylvan Lake Shore Trail** (1 Meile – 1,6 km), des **Cathedral Spires Trail**, der durch das Bergland des Parks führt, oder des **Sunday Gulch Trail** (Rundweg, 2,8 Meilen – 2 km). Auch der im Park gelegene Teil des **Centennial Trail** bietet sich an: Er ist insgesamt 111 Meilen (176 km) lang und reicht vom Bear Butte State Park (bei Sturgis) bis zum Wind Cave National Park.

Auf einer gemächlichen Fahrt über die gewundene, gut instand gehaltene **Wildlife Loop Road** (Start am Visitor Center) zeigt sich die zweite Zugnummer des Parks: die 1500 Tiere umfassende Bisonherde. Nach etwa zehn Meilen (16 km) tauchen die **Buffalo Corrals** (Bisongehege) auf. Die meisten Bisons weiden jedoch irgendwo an der Strecke in der Prärie. Die grasenden Tiere wirken friedlich, dennoch gilt: Abstand halten! Ein erwachsener Bisonbulle kann – trotz 1,8 Meter Schulterhöhe und einer Tonne Gewicht – blitzschnell zum Angriff übergehen.

In jedem Jahr treiben Cowboys die Bisons Ende September oder Anfang Oktober in die Gehege. 500 Tiere werden am dritten Samstag im November versteigert, der Rest wird nach Markierung und Impfung wieder in den Park entlassen. Der Bisonverkauf lockt eine Menge Menschen an.

Über die hügeligen Ebenen zuckelt auch eine Eselsherde. Vielleicht aus Neid auf den »Star-Status« der Bisons versuchen die Tiere alles, um sich selbst in den Vordergrund zu rücken. Besucher müssen damit rechnen, in Eselkot zu treten, wenn sie am Straßenrand ein Foto von diesen kontaktfreudigen Vierbeinern machen wollen. So mancher Esel streckt auch mal seinen Kopf ins Auto, um nach Leckerbissen zu fahnden.

An der Wildlife Loop Road gibt es auch eine Präriehund-Kolonie – eine wichtige Nahrungsquelle für die vielen regionalen Beutegreifer, vor allem für die Greifvögel. An dieser Straße tummeln sich noch viele andere Tierarten, darunter Gabelböcke, Hirsche, Elche und Dickhornschafe. Die größte Chance, diese Tiere zu beobachten, besteht am frühen Morgen oder in der Abenddämmerung.

Eine weitere Parkattraktion (nahe dem Visitor Center und dem Legion Lake) ist **Badger Hole**, nach Badger Clark benannt, South Dakotas erstem *Poet laureate* (eine Art Nationaldichter auf Zeit). Hier können Besucher die kleine Hütte, in der Clark von 1927 bis zu seinem Tod 1957 lebte, besichtigen und anschließend auf dem kurzen Naturpfad wandern.

> **EAST COMES WEST:** 1874 unternahm Lieutenant Colonel George Armstrong Custer seine berühmte Black-Hills-Expedition in die Gegend, die heute den Park bildet, der seinen Namen trägt. Als Custer Gold am French Creek entdeckte, kamen die Siedler in Scharen. Dies löste die Indianerkriege aus, in denen Custer eine Niederlage erlitt und den Tod fand. Nicht so dramatisch für die Nation verlief der Besuch von Präsident Calvin Coolidge, der hier in der State Game Lodge Urlaub machte und den Reportern überraschend verkündete: »Ich kandidiere nicht mehr für das Amt des Präsidenten der Vereinigten Staaten.« Er regierte den Sommer über von der Lodge aus.

## Weitere Erlebnisse

Wer Zeit hat, klettert auf den **Harney Peak**, den mit 2207 Meter Höhe höchsten Berg in South Dakota. Er liegt gleich hinter der Parkgrenze im **Black Hills National Forest** (605-673-9200). Der Custer Park verfügt über vier Wanderwege, von einfach bis schwierig – kalkulieren sie für eine Rundtour von 5 bis 6,5 Meilen (8 bis 10 km) vier bis fünf Stunden ein.

Schön ist eine Wanderung durch die **French Creek Natural Area** – eine zwölf Meilen (19 km) lange, relativ unberührte Schlucht mit einem Flüsschen gleichen Namens und steilen, bewaldeten Hängen. Ausgebaute Wanderwege gibt es nicht, aber Wanderer können einfach dem Fluss folgen, den sie allerdings mehrmals überqueren – sprich: durchwaten – müssen.

## Camping und Lodge-Unterkunft

Es gibt sieben erschlossene Campingplätze mit 293 Zelt- und Wohnmobilplätzen, 50 *Cabins* und 30 Nur-Zeltplätze (April–Dez. mit Duschen). Ebenso werden zwei Möglichkeiten zum freien Zelten sowie ein Pferdecamp mit 27 Plätzen geboten. Einfaches Campen ganzjährig möglich. Reservierung unter 800-710-2267. Campinggebühr. Außerdem stehen 82 Zimmer in vier Lodges (teilweise ganzjährig geöffnet) zur Verfügung, Buchung unter 888-875-0001.

Custer State Park, 13329 Hwy 16-A, Custer, SD 57730; 605-255-4515; www.sdgfp.info/parks

# Fort Sisseton

*22 Meilen (35 km) nördlich von Webster, über die South Dakota 25*

■ 50 Hektar ■ Ganzjährig ■ Eintrittsgebühr

Der Fort Sisseton State Historic Park beherbergt Gebäude, die aus seiner Zeit als Militärposten (1864–1889) stammen. Der Park liegt im nördlichen Bereich der schönen Coteau des Prairies, einer Hochebene mit 610 Meter Höhe.

**PARK-TIPP:** *Mieten Sie am Kettle Lake ein Kanu, um am Seeufer entlangzupaddeln. Mit etwas Glück lassen sich Weißkopfseeadler, Nashornpelikane, Silber- oder Graureiher sehen.*

Anlass für den Bau des Forts gab der Indianeraufstand von 1862 in Minnesota. 1866 musste Sam Brown, der Kundschafter von Fort Sisseton, seine falsche Meldung über »Indianer auf Kriegspfad« – die sich als friedliche Lakota entpuppten – abfangen. Um ein Blutbad zu verhindern, machte er sich auf den Rückweg zum Fort. Unterwegs verirrte er sich in einem Schneesturm. Endlich fand er Orientierungspunkte, die im Süden des Forts lagen. Nach einem Nonstop-Ritt über 150 Meilen (240 km) traf er im Fort ein, gerade noch rechtzeitig, um seinen Fehler zu korrigieren. Erschöpft, halb erfroren und nicht in der Lage zu stehen, konnte Brown nach diesen Stunden im Sattel nie wieder richtig gehen.

In den 1930er Jahren restaurierte der CCC (Civilian Conservation Corps) 14 der 45 Originalgebäude des Forts und baute einige Baracken originalgetreu nach. Das **Visitor Center** *(letzter Mo im Mai [Memorial Day] bis erster Mo im Sept. [Labor Day])* zeigt eine hervorragende Ausstellung über das Leben im Fort.

Am ersten Wochenende im Juni findet im Fort ein historisches Festival statt – mit Feldlager, Vorderlader-Schießwettbewerb, Paraden, Geigenmusik und anderen Vergnügungen.

Kanone vor dem Hospital des Forts

## Camping

Es gibt zehn Zelt- und Wohnmobilplätze, drei *Cabins* und drei Tipis; Duschen vorhanden. Reservierung unter 800-710-2267 oder www.CampSD.com. Campinggebühr.

Fort Sisseton State Historic Park, c/o Roy Lake State Park, 11545 Northside Dr., Lake City, SD 57247; 605-448-5701; www.sdgfp.info/parks/Regions/GlacialLakes/FortSisseton.htm

# Newton Hills

*6 Meilen (9,6 km) südlich von Canton, an der County Road 135*

Rotschulterstärling (Weibchen)

■ 4,3 km² ■ Ganzjährig
■ Eintrittsgebühr ■ Wandern,
Schwimmen, Angeln (mit
Angelschein) ■ Skilanglauf

Vor den Besuchern, die über die weiten Mais- und Weizenlandschaften von South Dakota und Iowa anreisen, erheben sich plötzlich scharf umrissen die bewaldeten Newton Hills – die Hinterlassenschaft von Gletschern der letzten Eiszeit. Am südlichen Ende der Coteau des Prairies gelegen, schützt dieser Park ursprüngliches Gefilde. Diese Hochebene zieht sich an der Ostgrenze South Dakotas entlang und kennzeichnet den westlichen Rand des (geographisch gesehen) Zentralen Tieflands. Im Westen beginnen die Great Plains, die bis zu den Rocky Mountains reichen.

221

Der natürlich gewachsene Wald im Park besteht überwiegend aus Eichen, durchsetzt mit anderen Hartholzbäumen.

Der **Woodland Trail** – ein 0,75 Meilen (1,2 km) langer Rundweg – vermittelt schnell einen Eindruck vom Park. Er führt ein Stück weit am Sergeant Creek entlang, dann auf einen Hügel mit Grasebene und alten Eichen – ein guter Platz zur Vogelbeobachtung. Im Park leben mehr als 200 Vogelarten, darunter der Wanderfalke.

Wanderer mit mehr Zeit gehen am Waldrand entlang über den eine halbe Meile (800 m) langen **Coteau Trail**, ein Lehrpfad, auf dem kleine Schilder auf die Vegetationszonen hinweisen. Anschließend geht es weiter zum südlichen Parkende, wo der **Lake Lakota** zum Schwimmen und Angeln einlädt. Im August findet hier das Sioux River Folk Festival statt.

## Camping und Lodge-Unterkunft

Der Park bietet 128 Zelt- und Wohnmobilplätze; Duschen sind von April bis November verfügbar. Campinggebühr. Sieben *Cabins* und eine Gruppenlodge sind ganzjährig nutzbar. Reservierung – in der Saison unbedingt zu empfehlen – unter 800-710-2267.

Newton Hills State Park, 28771 482nd Ave., Canton, SD 57013; 605-987-2263; www.sdgfp.info/parks

# Fort Robinson

*3 Meilen (4,8 km) westlich von Crawford, an der US 20*

▪ 89,1 km² ▪ Ganzjährig ▪ Fahrzeuggebühr ▪ Red Cloud Agency ▪ Bison- und Dickhornschafherde ▪ Wandern, Mountainbiking, Reiten

222

Pferdewagen – der Tour Train

Fort Robinson, Nebraskas größter State Park, schmiegt sich zwischen die kahlen, zerklüfteten Steilufer des White River. Die Hauptattraktion des Parks ist die militärische Vergangenheit des Forts – von seiner Funktion als indianische Behörde (1873) bis hin zu seiner Nutzung als Lager für deutsche Kriegsgefangene während des Zweiten Weltkrieges.

Eine bedeutende Rolle spielten Fort Robinson und die Agency im 19. Jahrhundert während der Indianerkriege im Westen, als die US-Armee versuchte, das gesamte Volk der Sioux in der Reservation unter der Führung von Red Cloud zu vereinen. Viele Sioux weigerten sich und blieben mit Crazy Horse in der Prärie. Später verbündeten sie sich mit den Cheyenne und besiegten Lieutenant Colonel George Armstrong Custer 1876 in der Schlacht am Little Bighorn. Als sich Crazy Horse 1877 ergab, wurde er ins Fort Robinson gebracht und im Wachhaus gefangen gehalten. Dort erstach ihn ein Soldat.

Jenseits der Fortanlage erstreckt sich die 8800 Hektar große Prärielandschaft des Fort Robinson State Park, in der auch die Bisons weiden.

## Attraktionen und Aktivitäten

Die Aktivitäten, die der Park ermöglicht, halten Sie durchaus eine Woche in Trab. Eine Fahrt mit dem **Tour Train** *(letzter Mo im Mai [Memorial Day] bis erster Mo im Sept. [Labor Day]; Fahrtkosten)* verschafft einen ersten Überblick. Es gibt auch spezielle Natur- und historische Touren *(Anmeldung am Informationsstand)*.

Ganz oben auf der Liste stehen die historischen Schauplätze. Direkt hinter dem Haupteingang liegt der große, 1887 angelegte **Paradeplatz**, flankiert von den im selben Jahr aus Adobeziegeln erbauten **Offiziers-quartieren** – ein guter Einblick in den damaligen Alltag der Offiziere. Das **Fort Robinson Museum** *(Auskunft zu Öffnungszeiten unter 308-665-2919)* informiert über das militärische Leben im Fort von den Indianer-kriegen bis zum Zweiten Weltkrieg. Obwohl das Militär im Mittelpunkt steht, sind die Ausstellungen bunt und informativ. Das zweite Museum des Forts, das **Trailside Museum**, widmet sich in einem Gesamtüberblick Nebraskas Geologie und Paläontologie. Dort steht auch ein vollständiges Mammutskelett. Weiter geht es mit der Fort-Geschichte auf dem 1,5 Meilen (2,4 km) entfernten Areal der Red Cloud Agency, das später als Kriegsgefangenenlager diente.

Nach so viel Historie bietet sich der sechs Meilen (9,6 km) lange **Smiley Canyon Scenic Drive** an. Er schlängelt sich durch klassisches Wei-deland, auf dem heute die Bisons und Dickhornschafe des Parks grasen. 1981 bekam Fort Robinson sechs Dickhornschafe vom Custer State Park. Inzwischen umfasst die Herde 120 Tiere, die sich kontinuierlich weitervermehren.

Wer wenig Zeit hat, kann den Park hoch zu Pferd auskundschaften. Ausritte unterschiedlicher Länge und Schwierigkeit organisiert der Reitstall vor Ort *(letzter Mo im Mai [Memorial Day] bis erster Mo im Sept. [Labor Day]; Extragebühr).* Auch zu Fuß oder per Mountainbike lässt sich dieser Park auf den insgesamt 30 Meilen (48 km) umfassenden Wegen erobern.

**AUSBRUCH DER CHEYENNE:** Am 9. September 1878 verließen 300 Cheyenne unter der Führung von Dull Knife ihre Reservation in Oklahoma, um in ihr Stammesgebiet am White River zu ziehen. Doch letztlich wurden 149 Cheyenne, darunter Dull Knife, gefangen genommen. Der komman-dierende Offizier versuchte, durch Aushungern ihre Unterwerfung zu er-zwingen. Am 9. Januar 1879 floh eine Gruppe der Gefangenen mit Dull Knife und versteckte sich in den nahe gelegenen Felsenhängen. Dort harr-ten sie fast zwei Wochen aus. Als die Soldaten sie fanden, setzten sie sich zur Wehr – 64 Cheyenne und 11 Sol-daten fanden dabei den Tod.

## Camping und Lodge-Unterkunft

Der Park bietet 75 Zelt- und Wohn-mobilplätze, außerdem Nur-Zelt-plätze; Duschen stehen von April bis Mitte November zur Verfügung. Einfaches Campen ganzjährig, *First come, first served.* Campinggebühr. Außerdem gibt es eine Lodge mit 23 Zimmern, 32 *Cabins* sowie die Comanche Hall (geöffnet April bis Mitte Nov.) mit Platz für 60 Personen; Reservierung dieser Unterkünfte unter 308-665-2900.

Fort Robinson State Park,
P.O. Box 392, Crawford,
NE 69339; 308-665-2900;
www.ngpc.state.ne.us/parks

# Lake McConaughy

*9 Meilen (14,4 km) nordwestlich von Ogallala, an der Nebraska 61*

▪ 144,6 km² ▪ Ganzjährig ▪ Fahrzeuggebühr ▪ Schwimmen, Angeln (mit Angelschein), Bootfahren, Windsurfen

Der Lake McConaughy bildet das Herzstück dieser State Recreation Area am North Platte River. Das sich über 105 Meilen (169 km) erstreckende Seeufer besteht überwiegend aus weißem Sandstrand. Während der Erschließung des amerikanischen Westens waren der North Platte und Platte River wesentliche Marksteine (der North Platte und South Platte River vereinen sich zum Platte River). Die weiten, flachen Flusstäler boten den Forschern und Siedlern einen vorteilhaften Weg durch das Gebiet, das sich als *Great American Desert* einen Namen machte.

Manche Pioniere zogen am North Platte River entlang bis zum South Pass, einem natürlichen Pass der Rockies. Die erste Überlandpost, die Telegrafenlinie, der Pony Express und die transkontinentale Eisenbahn folgten dem Platte River.

Viele Parkbesucher steuern als Erstes den **Kingsley-Damm** an (5,6 km lang, 50 m hoch). Unterhalb des Damms liegt der kleine **Lake Ogallala**. Dort gibt es eine beheizte, relativ komfortable Beobachtungsstation, von der aus sich von Mitte Dezember bis zum Vorfrühling die Paarung und das Brutgeschäft der Weißkopfseeadler gut beobachten lassen.

Am Lake McConaughy steht der Wassersport natürlich an erster Stelle, denn Nebraskas tiefster See bietet das volle Programm: Angeln, Schwimmen, Bootfahren, Windsurfen oder einfach Sonnenbaden auf dem glitzernden Sand. Sportfischer haben hier die Chance, beim Angeln auf Weltklasse-Niveau rekordbrechende Exemplare aus dem »Big Mac« zu ziehen – von Fischarten wie Striper (Felsenbarschart), Regenbogenforelle, Zander oder *Tiger Muskie* (Muskellungen, eine Hechtart).

Am westlichen Ende des Sees tummeln sich in ausgedehnten Sumpfgebieten zahlreiche Vogelarten, darunter der Kanadische Kranich und die Kanadagans.

Ein Abstecher in den **Ash Hollow State Historical Park** (*US 26, 308-778-5651, Mitte Mai bis erster Mo im Sept. [Labor Day]; Eintrittsgebühr*), der in der Nähe des Westufers des Lake McConaughy liegt, lohnt sich. In dem dortigen schattigen Eschenhain legten die Pioniere, die auf dem Oregon Trail gen Westen zogen, eine Pause ein. Ausstellungen widmen sich den Indianern, der Pioniergeschichte und den Hinweisen auf historische Besucher, die wahrscheinlich vor etwa 8000 Jahren hier waren.

## Camping

Der Park hat 325 Wohnmobilplätze mit Duschen und unbegrenzt einfache Zeltplätze; Zelten am Strand erlaubt. Für die Hälfte der Wohnmobilplätze und alle Zeltplätze gilt *first come, first served*; Reservierung der anderen Hälfte der Wohnmobilplätze unter 308-284-8800 (Park) oder 402-471-1414 (Reservierungszentrum). Campinggebühr.

Lake McConaughy State Recreation Area, 1475 Hwy. 61N, Ogallala, NE 69153; 308-284-8800; www.ngpc.state.ne.us/parks

# Arbor Lodge

*2600 Arbor Avenue, Nebraska City*

- 29 Hektar ▪ Mitte April bis Mitte Oktober ▪ Eintrittsgebühr
- Camping verboten ▪ Historisches Herrenhaus

Arbor Lodge

Auf der Arbor Lodge begründete der Journalist Julius Sterling Morton den 1872 erstmals gefeierten *Arbor Day* (»Tag des Baumes«). Das Herrenhaus entwickelte sich Zug um Zug aus einem einfachen, 1855 in Holzrahmenbauweise errichtet Holzhaus *(Framehouse)* mit vier Räumen – seinerzeit angeblich das einzige Haus dieser Art zwischen dem Mississippi und den Rocky Mountains. Morton, der mit seiner Frau Caroline nach Nebraska kam, um die *Nebraska City News* herauszugeben, übernahm das 400 Hektar große Anwesen als karges, kahles Land. Um dem Gelände das schöne Grün ihrer Heimat Michigan zu verleihen, pflanzte das Ehepaar zahlreiche Bäume. Als Präsident der State Board of Agriculture setzte sich der engagierte Baumpflanzer Morton 1872 mit seinem Anliegen durch, einen Arbor Day als Feiertag einzuführen (zuerst war es der 10. April, dann der 22. April – Mortons Geburtstag –, heute der letzte Freitag im April). Am ersten Arbor Day wurden in Nebraska über eine Million Bäume gepflanzt. Die Idee machte Schule und heute feiert fast jeder Bundesstaat einen Arbor Day.

Morton übte mehrere politische Ämter aus: als Abgeordneter, Gouverneur und schließlich als Landwirtschaftsminister. Die letzte von vier großen Umbauten der Lodge vollendete Mortons ältester Sohn Joy im Jahr 1905. Joy, Gründer der Morton Salt Company, schenkte 1923 das Herrenhaus inklusive Grundstück dem Staat Nebraska.

**PARK-TIPP:** *Setzen Sie sich auf die halbrunde Flüsterbank am Morton-Denkmal – von einem Bank-Ende zum anderen (Entfernung 15 Meter) ist jedes geflüsterte Wort zu hören.*

Für Besucher steht hier natürlich die Besichtigung der neokolonialen **Arbor Lodge** an. Ein Großteil der viktorianischen und Empire-Möbel stammt aus der originalen Einrichtung.

In dem 29 Hektar großen **Arboretum** finden sich 260 Baum- und Straucharten. Auf dem 800 Meter langen Weg treffen die Besucher auf Bäume, die Morton selbst gepflanzt hat, auf einen dichten Hain von Weymouthskiefern, eine Blockhütte zum Gedenken an die ersten Siedler und eine Bronzestatue von Julius Morton.

Arbor Lodge State Historical Park, P.O. Box 15, Nebraska City, NE 68410; 402-873-7222; www.ngpc.state.ne.us/parks

225

# Backbone

*2 Meilen (3,2 km) südlich von Strawberry Point, abseits der Iowa W-68*

▪ 8,1 km² ▪ Ganzjährig ▪ Straßen im Park im Winter gesperrt
▪ Wandern, Schwimmen, Bootfahren, Angeln (mit Angelschein),
Felsklettern, Wintersport

In diesem State Park erstreckt sich das größte Waldgebiet Iowas – wo
große Wälder rar gesät sind. Das Herzstück des Parks bildet ein hoher
Felsrücken aus Dolomitgestein, den die ersten Einwohner des Staates
*Devil's Backbone* (»Teufelsrücken«, kurz *Backbone* genannt) tauften.
Die steil abfallenden Felswände ragen 24 bis 30 Meter hoch am Ufer des
Maquoketa River empor.

**PARK-TIPP:** *Der bester Platz zum Forellenangeln sind die Richmond Springs, wo eine natürliche Quelle zwei von der CCC angelegte Teiche speist.*

Die Dolomitablagerungen gehen auf ein
seichtes tropisches Meer zurück, das vor 430
Millionen Jahren Iowa bedeckte. Daher ist
der Backbone mit Fossilien ausgestorbener
Korallen gespickt, wovon einige einen Durchmesser von bis zu 60 Zentimetern aufweisen.

Das Backbone-Areal, 1919 als State Park ausgewiesen, ist Iowas
ältester Park dieser Art. Da er weitgehend von Abholzungen verschont
blieb, sind 80 Prozent des Geländes bewaldet. In den höher gelegenen Ge-
bieten dominieren Weiß- und Roteiche, während am Flussufer Walnuss,
Pappel, Eschenahorn und andere für das Biotop typische Arten wachsen.

Forellenbach in Backbone

All diese Bäume bilden einen ausgezeichneten Lebensraum für Singvögel und Wildgeflügel wie Raufußhühner und den Gemeinen Truthahn.

Der Maquoketa River fließt durch den Park. Die Besucher waten und reiten durch sein sandiges Flussbett oder spielen darin Volleyball – ein Volkssport in Iowa.

## Attraktionen und Aktivitäten

Ein etwa eine Meile (1,6 km) langer Rundweg navigiert die Besucher durch das namengebende Wahrzeichen des Parks, den 400 Meter langen **Devil's Backbone**. Dabei bekommen sie faszinierende Felsformationen, wie Devil's Staircase, Big Oven, Little Oven und Rock Chimney, zu sehen – von dem spektakulären Rundblick ganz zu schweigen.

Mehr Zeit und eine solide Taschenlampe erfordert die **Backbone Cave** in der Nähe des Nordeingangs. Diese nicht erschlossene Höhle reicht 90 Meter weit in den Felsen. Es gibt keinerlei Durchgänge, sondern nur einen einzigen Korridor durch den Felsen, so dass niemand verloren geht. Allerdings kann die Kleidung einigen Schmutz abbekommen. Von den Stalagmiten und Stalaktiten sind nur noch wenige übrig, weil Besucher sie Stück um Stück abgebrochen und als Souvenir mitgenommen haben.

Wer sich für die Zeit der Weltwirtschaftskrise interessiert, besucht die Ausstellungen in Backbones Museum des CCC (Civilian Conservation Corps; *Wochenende vor dem letzten Mo im Mai [Memorial Day] bis erster Mo im Sept. [Labor Day]*). Der CCC hat viele der Gebäude im Park errichtet (wie in zahlreichen weiteren Parks der USA). Unter anderem pflanzte der CCC Bäume, baute Böschungsmauern und verlegte Telefonleitungen. Das Museum würdigt die Arbeit des CCC von Iowa mit Exponaten und mehr als 1500 nicht katalogisierten Fotos.

Die ausgedehnten Felsformationen des Parks sind bei Felskletterern sehr beliebt, auch wenn nur wenige Wände 30 Meter Höhe erreichen. Die Kletterer hangeln sich etwa an **Razor's Edge** (12 m) oder **Slot Machine** (24 m) empor und seilen sich dann ab. Backbone verfügt auch über insgesamt 20 Meilen (32 km) Wanderwege. Auf dem **East Lake Trail** und **West Lake Trail** ist Mountainbiking erlaubt.

**BACKBONE-GESTEIN:** Das aus dem Silur stammende, freiliegende Grundgestein des Backbone gehört zu den widerstandsfähigsten Gesteinsformationen Iowas. Dieses harte Gestein prägte Iowas Gesicht, aber auch das anderer Regionen der USA. Im östlichen Zentral-Iowa trifft der Mississippi auf solch ein Dolomitgestein und zwingt seinen Lauf ostwärts in die »Nase« des Staates zwischen Dubuque und Davenport. Ein langer Bogen des gleichen Grundgesteins bildet die Ufersteilhänge des Lake Michigan und des Lake Huron sowie die Felswand der Niagarafälle.

227

## Camping und Lodge-Unterkunft

Der Park hat 125 Zelt- und Wohnmobilplätze; Duschen vorhanden; *first come, first served.* Campinggebühr. Die 16 *Cabins* können unter 877-427-2757 oder über www.reserveiaparks.com reserviert werden.

Backbone State Park, 1347 129th St., Dundee, IA 52038; 563-924-2527; www.iowadnr.com/parks/index.html

# Ledges

*4 Meilen (6,4 km) südlich von Boone, abseits der Iowa 17*

▪ 4,9 km² ▪ Ganzjährig ▪ Wandern ▪ Vogelbeobachtung

Das abwechslungsreiche Tal des Des Moines River – eine für Iowa unge-wöhnliche Landschaft – beherbergt den Ledges State Park. Goldgelbe und graue Sandsteinwände bilden ein enges Tal, das der träge Pea's Creek in zahllosen Jahrtausenden gegraben hat. Es zieht sich über 1,6 Kilometer am Bach entlang, gesäumt von den steilen, bis zu 23 Meter hohen Sandsteinfelsen. Ein schnell fließender Fluss setzte vor rund 300 Millionen Jahren die Ab-lagerung des brüchigen Sandsteins in Gang.

Im Park finden sich faszinierende Sandsteinformationen (Konkretionen), die durch das Wasser stärker verdichtet sind als das umgebende Gestein – der Vorgang lässt sich mit der Entstehung einer Perle in der Auster vergleichen. Die daraus resultierenden steinernen Wasserspeier ragen weit aus den Felshängen heraus und schweben über dem Bachbett. Manch-mal bricht solch ein Brocken ab (wie beim Hochwasser von 1993) und hinterlässt eine flache Aushöhlung in der Felswand.

Eine weitere Besonderheit des Parks ist die wiederherge-stellte Prärie, auch wenn es sich dabei – im Vergleich zu den Weiten der Kurzgras- und Langgrasprärien, die einst ein Viertel der 48 Lower States beherrschten – nur um winzige Bereiche handelt. In Iowas erster »Prärie-Zurückgewinnungsaktion« entstand 1950 der Prärieabschnitt am Canyon in der Nähe des Campingplatzes, das angrenzende Stück folgte 1987.

Die vorherrschenden Pflanzen in der Prärie von Ledges sind Kurzhängendes Moskitogras, Indian Grass *(Sorghastrum natans)* sowie die Bartgräser Little Bluestem *(Schizachyrium scoparium)* und Big Bluestem *(Andropogon gerardii)*. Letzteres wird nach der Form seiner aufblühenden Knospen auch »Trut-hahnfuß« genannt. Zu den Wildblumen, die im Spätfrühling und Frühsommer die Prärie bunt färben, zählen die Schwarz-äugige Susanne, Purpursonnenhut und Prachtscharte.

Die Prärie und der Wald des Parks bieten mehr als 200 Vogelarten einen Lebensraum.

## Attraktionen und Aktivitäten

Je nach Jahreszeit gestaltet sich die Tour durch den in den Sandstein ge-meißelten Canyon immer wieder anders. Im Frühjahr blühen in der Prärie die Wildblumen. Im Sommer vergönnt der Canyon eine Pause von der Hitze. Vor allem Kinder planschen gern in den Tümpeln nahe der flachen Furt, wo die Straße den Pea's Creek durchquert. Die Straße schlängelt sich über mehrere Furten hinunter zur Abrechnungsstelle. Großartige Erlebnisse versprechen die insgesamt 13 Meilen (21 km) umfassenden Wanderwege des Parks, von denen einige am Rand des Tals entlangführen. Im Herbst taucht der Wald aus Eichen und Hickory-bäumen den Höhenrücken in atemberaubende Farben.

Der **Lost Lake Nature Trail** führt zu den Felsformationen **Sentinel Rock** und **Solstice Rock**. Dort – 18 Meter über dem Des Moines River – reicht der Blick ringsherum meilenweit. Ledges steht auch mit der Geschichte des Volkes der Mesquakie (Stämme Fox und Sauk) in Verbindung. Die Legende erzählt, der Solstice Rock sei ein Observatorium der Mesquakie-Astronomen. Tatsächlich hat ein Felsen, der einem Adlerkopf ähnelt, ein geflecktes rotes »Auge««. Im Sommer fällt die

229

Davis Creek

Sonne durch ein Loch, das in den Felsen gebohrt ist, und erhellt eine dahinterliegende kleine Höhle.

## Camping

Es gibt 94 Zeltplätze und 40 Wohnmobilplätze; Duschen vorhanden; geöffnet Mitte April bis Mitte Oktober. Für die Hälfte der Plätze gilt *first come, first served*; Reservierung der übrigen Plätze unter 877-427-2757 oder über www.reserveiaparks.com. Campinggebühr.

Ledges State Park, 1519 250th St., Madrid, IA 50156; 515-432-1852; www.iowadnr.com/parks/index.html

# Maquoketa Caves

*7 Meilen (11,3 km) nordwestlich von Maquoketa, abseits der Iowa 428*

■ 1,3 km² ■ Ganzjährig ■ Karstlandschaft ■ Höhlenerkundung ■ Wandern

Dieser Park gewährt Einblicke in die Karstbildungsprozesse, die am Raccoon Creek 13 Höhlen, Krater und eine natürliche Brücke formten (Karstlandschaften entstehen, wenn strömendes Wasser oder Grundwasser Karbonatgestein auswäscht). Im Park gibt es auch Felsenhöhlen, die sich bildeten, als große Gesteinsbrocken an den Felswänden herabrutschten und Bereiche versperrten.

Starten Sie am **Visitor Center** *(Memorial Day bis Labor Day Sa und So)*, das 1997 im ehemaligen Sagers Museum eröffnet wurde. Ausstellungen informieren über Merkmale, Geschichte und Archäologie des Parks.

Danach geht es zu den Höhlen – rüsten Sie sich mit Taschenlampe und Kleidung, die viel Matsch und Dreck verträgt, aus. Wer sich nicht ganz so schmutzig machen will, besichtigt die **Dancehall**, die größte Höhle des Parks. Vom oberen Eingang aus (nahe der Straße) führt ein befestigter, beleuchteter Weg durch die 335 Meter lange Höhle.

In Nähe dieses Eingangs liegt eine weitere Attraktion: die **Natural Bridge**, ein halbmondförmiger Bogen aus zerklüftetem, grauem Fels, mit Farnen und anderem Grün bewachsen. Bis dieser Bereich vor Urzeiten in sich zusammenstürzte, bildete er den Eingang zur Dancehall.

Besuchern mit Zeit, Abenteuerlust und zuverlässiger Taschenlampe bieten die anderen Höhlen außergewöhnliche Erlebnisse im unterirdischen Iowa. Sieben Höhlen lassen sich aufrecht gehend erkunden, sechs zum Teil nur auf allen vieren. Das alle Höhlen verbindende Wegenetz umfasst sechs Meilen (9,7 km); die längste Strecke zwischen zwei Höhlen beträgt jedoch nicht mehr eine halbe Meile (800 m). Das Personal im Visitor Center berät, welche Höhle sich für wen eignet. In einigen Höh-

Natural Bridge

len bildet das Tropfwasser im Winter Eiszapfen, die sie wie Tropfsteinhöhlen aussehen lassen.

## Camping

Der Park hat 28 Zelt- und Wohnmobilplätze; Duschen nur von Mitte April bis Mitte Oktober. *First come, first served* – oder Reservierung unter 877-427-2757 oder über www.reserveiaparks.com. Campinggebühr.

Maquoketa Caves State Park, 10970 98th St., Maquoketa, IA 52060; 563-652-5833; www.iowadnr.com/parks/index.html

Maquoketa Caves

# Stone

*Sioux City, abseits der Iowa 12*

▪ 4,6 km$^2$ ▪ Ganzjährig ▪ Loess Hills ▪ Wandern, Radfahren, Reiten

Der Park liegt in den geologisch markanten Loess Hills, die sich von der Grenze Iowas nach Missouri durch sieben Counties bis Sioux City ziehen. In der letzten Eiszeit zermahlten Gletscher Quarzsilt (Quarzschluff) zu feinem Staub, den die Schneeschmelze im Sommer flussabwärts schwemmte. Wenn der Fluss trockenfiel, blieb dieses Gesteinsmehl in den weitläufigen Überschwemmungsgebieten haften. Später wehten die Präriewinde über Jahrtausende die Sedimente (den Löss) in das Gebiet des heutigen Iowa.

Iowa ist mit dem fruchtbaren Löss metertief bedeckt, doch in den Loess Hills reicht er mehr als 18 Meter in die Tiefe, an einigen Stellen sogar 60 Meter. Ein vergleichbar großes Lössgebiet gibt es sonst nur noch am Gelben Fluss in der chinesischen Provinz Gansu.

Das **Dorothy Pecaut Nature Center** führt in die Ökologie der Prärie ein; dazu dienen unter anderem ein Aquarium mit Iowa-spezifischen Fischarten, Dioramen zur Felsenvegetation und ein Modell, das die Welt unter dem Löss zeigt. Auf den zwei Meilen (3,2 km) langen Wanderwegen rund um das Center erleben die Besucher hautnah, was den Park ausmacht: Grasland und Wälder der Großfrüchtigen Eiche *(burr oak)*.

Auf dem drei Meilen (4,8 km) langen **Stone Park Loop** (eine schmale Straße) lässt sich die Aussicht auf die Region und bewaldete Hochlandbiotope genießen. Diese Route ist Teil des **Loess Hills Scenic Byway,** einer 220 Meilen (354 km) langen Strecke durch das westliche Iowa mit sehenswerten Stationen.

## Camping

Der Park bietet 30 Zelt- und Wohnmobilplätze und zwei Camping-Cabins. *First come, first served* – oder Reservierung unter 877-427-2757 oder über www.reserveiaparks.com. Campinggebühr.

Stone State Park, 5001 Talbot Rd., Sioux City, IA 51103; 712-255-4698; www.iowadnr.com/parks/index.html

# Prairie

*17 Meilen (27 km) westlich von Lamar, an der US 160, in Liberal*

■ 15,9 km² ■ Prärieökosystem ■ Wildtiere ■ Wandern

Sonnenuntergang in der Prärie

*Tallgrass Prairie* (Langgrasprärie) überzog einst einen Landstrich, der sich in West-Ost-Richtung von Zentralnebraska bis Zentralohio erstreckte und im Norden bis Manitoba (Kanada), im Süden bis Texas reichte. Im 19. Jahrhundert fiel die Prärie Stück um Stück der Landwirtschaft zum Opfer, bis sie fast ganz verschwunden war. Von den 5,2 Millionen Hektar Prärie im Staat Missouri sind heute nur noch 26 000 Hektar übrig. Wie eine Insel ruht der Prairie State Park inmitten schier endloser Nutzflächen. Er umfasst das größte Areal der in Missouri noch erhaltenen ursprünglichen Prärie und beherbergt über 500 Präriepflanzenarten, darunter verschiedene typische Gräser.

Wie Tagebücher erzählen, empfanden viele westwärts ziehende Pioniere ihre Planwagen wie Schiffe, die sie durch einen Ozean aus Gras steuerten. Ein wenig lassen sich diese Gefühle im Prairie State Park mit seinem zwei bis zweieinhalb Meter hohen Gras nachempfinden.

Im Park tummeln sich Bison- und Elchherden. Die Tiere sind nicht ungefährlich! Erkundigen Sie sich daher unbedingt bei der Ankunft, wo das Wandern sicher ist.

Bevor die Siedler kamen, setzten Blitze oder die Indianer die Prärie regelmäßig in Brand. Eine gesunde Prärie braucht Feuer, damit Bäume und Sträucher nicht Fuß fassen und so die Gräser verdrängen. Daher wird auch im Park jährlich, in wechselnden Jahreszeiten, jeweils ein Drittel des Präriegeländes kontrolliert abgebrannt.

Im Park leben zahlreiche Wildtierarten, darunter 25 gefährdete oder vom Aussterben bedrohte Arten wie Kornweihe, Heuschrecken-ammer und Seggenzaunkönig. Greifvögel ziehen am Himmel ihre Kreise und halten nach Beute Ausschau.

## Attraktionen und Aktivitäten

Sehen Sie sich am bestem als Erstes die Ausstellungen im **Visitor Center** an. Dioramen und Informationstafeln erklären das Ökosystem der Prärie und die regionale Sozialgeschichte, die auch die frühen Bewohner – den Stamm der Osage und deren Vorgänger – einschließt. Auf einem Lageplan ist markiert, wo die Bisons und Elche an dem aktuellen Tag grasen und zu sehen sind. Fahren Sie ganz langsam über die verschmutz-ten Wege! Wer das Glück hat, im Frühjahr im Park zu sein, kann die neugeborenen, kürbisfarbenen Bisonkälber bewundern. Das Parkper-sonal erläutert nicht nur wichtige Details für die »Bisonbesichtigung«, sondern auch das aktuelle Aktivitätenprogramm des Parks, zum Bei-spiel geführte Wildblumen-Wanderungen, Workshops zur Vogelbe-stimmung oder lebensechte Vorführungen zum Thema Pioniere.

233

Das insgesamt 13 Meilen (21 km) umfassende Wegenetz des Park bietet zahlreiche Gelegenheiten, die Weite der Prärie und ihre farbenprächtigen Pflanzen und – ebenso still wie gedul-dig – ihre Tierwelt kennenzulernen. Ideal für die Tierbeobachtung sind die frühen Morgenstunden. *(Achten Sie auf die elektrischen Weidezäune!)*

Informative, schöne Wege sind der **Drover's Trail** (2,5 Meilen – 4 km), der **Gayfeather Trail** (1,5 Meilen – 2,4 km), der neue **Coyote Trail** (3 Meilen – 4,8 km) sowie der **Sandstone Trail** (4,8 Meilen – 7,7 km). Einen Vergleich zwischen Prärie und Agrarlandschaft ermöglicht der **Path of the Sky People** (1,6 Meilen – 2,5 km), der durch die **Tzi-Sho Natural Area** führt.

> **GRASMEER:** Napoleons Marsch nach Moskau 1812 ging über 2400 Kilometer. Doch die Heerscharen der Einwanderer, die zwischen 1840 und 1860 Amerikas Westen durchquer-ten, mussten häufig 4000 Kilometer zurücklegen. Der größte Teil ihres Weges führte durch *Tallgrass Prairie*. Kinder, die sich vom Planwagen ent-fernten, versanken in den hohen Graswogen. Ihre Eltern mussten sich auf ein Pferd stellen, um überhaupt eine Chance zu haben, die verschol-lenen kleinen Pioniere zu finden.

## Camping

Die Camping-Möglichkeiten sind in diesem Park sehr begrenzt. Es gibt zwei kleine, einfache Gruppencamps und ein Camp für Rucksack-touristen am Coyote Trail. Reservierung direkt über den Park unter 417-843-6711. Campinggebühr.

Prairie State Park, 128 N.W. 150th Ln., Mindenmines, MO 64769; 417-843-6711; www.mostateparks.com/prairie.htm

# Ha Ha Tonka

*4 Meilen (6,4 km) westlich von Camdenton, abseits der US 54*

■ 10,7 km² ■ Ganzjährig ■ Camping verboten ■ Schlossruinen
■ Wandern ■ Karstlandschaft

Über dem Lake of the Ozarks thront einsam auf einem Felsen die hohe Ruine eines ausgebrannten, schlossartigen 60-Zimmer-Herrenhauses aus hellem Stein. Missouris Ha Ha Tonka State Park hütet diese Überreste eines imposanten Projekts, das zu Beginn des 20. Jahrhunderts seinen Anfang nahm. Vor allem aber schützt der Park eine wunderschöne Karstlandschaft – mit einer Vielfalt wie nirgendwo sonst im gesamten Mittleren Westen.

**PARK-TIPP:** *Ideal für Rucksacktouristen – die Elf-Kilometer-Tour auf dem Turkey Pen Hollow Trail quer durch die Savanne.*

Im Inneren des Parks steht die Schlossruine, von der aus die faszinierende Aussicht weit über das Tal bis zur Hügellandschaft der Ozarks reicht. Die »Schlossgeschichte« begann, als der in Kansas City lebende Geschäftsmann Robert Snyder in den Ozarks 2160 Hektar Land erwarb, um darauf ein Feriendomizil im Stil eines Schlosses zu bauen. Doch schon ein Jahr nach Baubeginn kam Snyder bei einem tragischen Autounfall ums Leben.

**FLEDERMÄUSE:** Außer in Wüsten- und Polarregionen kommen Fledermäuse in allen Habitaten vor. Das Größenspektrum ist breit: Einige Arten der Alten Welt weisen Flügelspannweiten von bis zu 1,8 Meter auf, die in Thailand beheimatete Schweinsnasenfledermaus wiegt dagegen nur zwei Gramm. Fledermäuse leben seit 50 Millionen Jahren auf der Erde, doch heute gehen die Bestände überall extrem zurück – eine Mitschuld tragen Ängste und Fehlinformationen. Der Bestand des vom Aussterben bedrohten Grauen Mausohrs (*Myotis grisescens*) in Ha Ha Tonka bildet eine wichtige Ressource: Jedes Tier dieser daumengroßen Fledermausart konsumiert pro Nacht etwa 3000 Insekten, darunter Moskitos, und das bei einem Eigengewicht von 7 bis 16 Gramm; die Flügelspannweite beträgt 30 Zentimeter. Das Schutzprogramm des Parks erhöhte den Bestand von 200 Tieren (1984) auf über 30 000 (2006).

Mehr als 15 Jahre ruhte der Bau, bis 1922 Snyders Sohn das Ferienschloss vollendete und mit seiner Familie nutzte. Doch die Familie kam von Jahr zu Jahr immer seltener an diesen zauberhaften Platz. Schließlich verpachtete Snyder junior den Komplex als Hotel. Die Funken einer Feuerstelle setzten 1942 das Dach in Brand. Das gesamte Gebäude brannte mitsamt der angrenzenden Garagen nieder.

Ha Ha Tonka besitzt noch andere Vermächtnisse der Vergangenheit: Höhlen, natürliche Brücken, Krater und eine große Quelle. All das entstand in Tausenden von Jahren und gehört zu den Überresten eines ehemals ausgedehnten, später aber eingestürzten Höhlensystems. Ein Nebengang solch eines Systems ist der 45 Meter tiefe Krater Whispering Dell (»Flüsterndes Tal«).

## Attraktionen und Aktivitäten

In Amerika gibt es nur wenige **Schlossruinen** – wer eine der größten bewundern möchte, sollte in Ha Ha Tonka das Snyder-Schloss ganz oben auf seinen Plan setzen. Ein kurzer Weg führt vom

Parkplatz direkt zur Ruine, wo zwei Aussichtspunkte einen atemberaubenden Blick auf die Ozarks und den Arm des Niangua River des Sees bieten.

Unterhalb der Schloss-ruine spannt sich eine große **natürliche Brücke** über einen 21 Meter tiefer liegenden Höhlenboden. Früher wurde sie als Zu-fahrt zum Schloss genutzt. Wer Anstrengung nicht scheut, wandert vom Schlossparkplatz über den **Dell Rim Trail** zum **Spring Trail**, der zu einer gigan-tischen Quelle hinunter-führt. Der Abstieg erfolgt über eine 60 Meter lange Treppe mit 300 Stufen. Aus der Quelle am Fuß des Ca-nyons strömen täglich 180 Millionen Liter Wasser. Vom Parkplatz am See lässt sich die Quelle über einen 800 Meter langen Weg direkt und wesentlich bequemer erreichen.

Ruine des Snyder-Schlosses

235

Die Krönung ist die **River Cave** (in der Nähe der Parkverwaltung), die wachsende Populationen der Fledermausarten *Myotis grisescens* (Graues Mausohr) und *Myotis sodalis* sowie des blinden Grottensala-manders *(Typhlotriton spaelaeus)* beherbergt. Um ihren Lebensraum zu schützen, finden hier nur geführte Besichtigungen statt *(Auskunft im Büro der Parkverwaltung).*

Ha Ha Tonka State Park, 1491 State Rd. D, Camdenton, MO 65020; 573-346-2986; www.mostateparks.com/hahatonka.htm

# Montauk

*21 Meilen (34 km) südwestlich von Salem, an der Missouri 119*

▪ 5,5 km² ▪ Ganzjährig ▪ Angeln (mit Angelschein), Wandern

Der Montauk State Park im Quellgebiet des Current River ist ein Anglerparadies. Hier bildet der Pigeon Creek, den die sieben Montauk-Quellen täglich mit 148 Millionen Liter Wasser speisen, ein ideales Forellengewässer. Während des 19. Jahrhunderts diente Montauks beachtliche Wasserkraft der regionalen Industrie. Siedler bauten hier vier Mühlen. Eine dieser Mühlen – 1896 errichtet – existiert noch und kann im Sommer besichtigt werden.

Das schnell fließende Wasser, das einst die Mühlen antrieb, bietet Regenbogenforellen einen hervorragenden Lebensraum. So entwickelte sich Montauk zum beliebten Anglertreffpunkt, wo jährlich mehrere Angelwettbewerbe stattfinden. Während der Forellensaison von März bis Oktober gibt es Tagesfanglimits. Im Winter, wenn Weißkopfseeadler die Gewässer bejagen, und im Frühjahr gilt die Anglerregel *catch and release* (»fangen und freilassen«).

Montauk betreibt einen *Fishing Park* (Fischhof), zu dem auch ein Verleih von Angelausrüstungen gehört – also genau der richtige Platz, sich Forellen näher anzuschauen (vor allem am Ende einer Angelschnur). Ein Teil des Fischgrunds ist fürs Fliegenfischen reserviert, an anderen Stellen dürfen künstliche Köder zum Einsatz kommen. In manchen Bereichen gilt ausschließlich *catch and release*.

> **PARK-TIPP:** *Abenteuer pur für passionierte Fans der Wildtierwelt bietet eine 1,2-Kilometer-Wanderung auf dem Lake Trail am frühen Abend.*

Auch als Ausgangspunkt für eine Kanutour eignet sich Montauk bestens. Innerhalb des Parks ist Kanufahren zwar nicht erlaubt, aber gleich unterhalb des Geländes gehört der **Current River** zu den **Ozark National Scenic Riverways**. Hier betreiben Konzessionäre des Organisators *(National Park Service, 573-323-4236)* einen Bootsverleih. In diesem Abschnitt fließt der Current am schnellsten. Ein halber Tag reicht, um von Inman Hollow bis Cedargrove zu paddeln.

Im landschaftlich herrlichen Park kommen Vogelbeobachter, Fotografen und Naturliebhaber auf ihre Kosten. Auf zwei markierten Wanderwegen können sie die Flora und Fauna des Parks erkunden. Die Upland Forest Natural Area beherbergt einen intakten, zauberhaften alten Wald mit Kiefern und Eichen.

### Camping und Lodge-Unterkunft

Der Park hat 156 Zelt- und Wohnmobilplätze; Duschen vorhanden. Reservierung unter 877-422-6766 empfohlen. Campinggebühr. *Cabins* und ein Motel sind ebenfalls vorhanden; Reservierung unter 573-548-2434.

Montauk State Park, c/o Missouri Department of Natural Resources, P.O. Box 176, Jefferson City, MO 65102; 573-548-2201; www.mostateparks.com/montauk.htm

# Meramec

*50 Meilen (80 km) südwestlich von St. Louis, abseits der I-44*

▪ 29,9 km² ▪ Ganzjährig ▪ 47 Höhlen ▪ Höhlentouren ▪ Wandern, Kanufahren, Schwimmen

Felsen, Höhleneingänge und überhängende Bäume gestalten die malerische Kulisse des Meramec River. In dem sauberen, von Quellen gespeisten Gewässer tummelt sich die variantenreichste Wasserwelt des Staats mitsamt unzähligen Fischarten. Einige Kilometer des Flusses strömen im Meramec State Park durch die Felsenlandschaft der Ozarks. Der eine Autostunde von St. Louis entfernte State Park gehört zu Missouris beliebtesten Parks, vor allem weil er im Sommer eine kühle Zuflucht vor der Hitze bildet.

Die anschaulichen Informationen im **Visitor Center** konzentrieren sich auf den Fluss und die geologische Entwicklung der Höhlen. Ein 13 000-Liter-Aquarium präsentiert die Flussbewohner.

237

Paddeln auf dem Meramec River

Die geführte 90-Minuten-Tour durch die **Fisher Cave** lohnt sich *(Juni–Aug. tägl., Mitte April bis Mitte Mai und Sept.–Okt. Do–Mo; Eintrittsgebühr).* Bizarre Kalzitablagerungen, mehr als zehn Meter hohe, dicke Säulen und viele weitere Details zeichnen das facettenreiche Gesicht dieser unterirdischen Welt.

Wander- und Rucksacktouren auf den insgesamt 16 Meilen (25,7 km) Pfaden des Parks führen zu felsigen Lichtungen mit Wildblumen, zu lauschigen Plätzen und Wäldern mit Farnteppichen oder – im Herbst – in lodernden Farben. Im Sommer lassen sich die meisten Besucher auf dem ruhigen Wasser dahintreiben *(Verleih von Kanus, Rafts bzw. Schlauchbooten vor Ort unter 573-468-6519).*

### Camping und Lodge-Unterkunft

Es gibt 215 Zeltplätze, mit Duschen und sanitären Einrichtungen (April–Okt.); Reservierung unter 877-422-6766. Campinggebühr. Die 20 *Cabins* und 22 Motel-Zimmer können unter 888-637-2632 reserviert werden.

Meramec State Park, 115 Meramec Park Dr., Sullivan, MO 63080; 573-468-6072; www.mostateparks.com/meramec.htm

# Lake Scott

*15 Meilen (24 km) nördlich von Scott City, abseits der US 83*

▪ 4,3 km² ▪ Ganzjährig ▪ Fahrzeuggebühr ▪ Pueblo-Ruinen ▪ Wandern, Schwimmen, Angeln (mit Angelschein)

Blühende Yucca

Auf der Fahrt durch die weiten Ebenen des Agrarlandes von Kansas können Sie einen vor Urzeiten untergegangenen Canyon durchqueren, ohne es zu bemerken. Im Lake Scott State Park jedoch rahmen Felsklippen und steile Canyons den Ladder Creek, der gen Norden zum Smoky Hill River fließt. Der Park schmiegt sich in ein langes, enges Becken mit hohen Felsen, Felsnasen und Klippen – eine Naturkulisse wie in einem klassischen Hopalong-Cassidy-Western.

**PARK-TIPP:** *Lauschen Sie an einer Stelle, wo das Wasser der Ogallala-Grundwasserschicht hervorblubbert, dem Plätschern, und beobachten Sie Bisamratten oder Biber.*

Im Spätsommer nach der Ernte tauchen die Stoppeln der Weizenfelder die Kansas Plains in ein schmutziges Braun. Drunten im Canyon dagegen zeigt der Park ein wunderschönes kühles Grün, aus dem die elfenbeinfarbenen Blüten der Yucca hervorlugen. Den 40 Hektar großen Lake Scott säumen steile, orangefarbene Wände, die so bildhafte Namen wie *Horse Thief Canyon*, *Timber Canyon* und *Suicide Cliff* tragen – und beliebte Plätze zum Klettern und Abseilen sind. Die Legende erzählt, der Suicide Cliff sei ein *Bison Jump* der Apachen (sie jagten die Tiere in den todbringenden Abgrund), oder ein von der Liebsten verschmähter Indianer habe sich hier aus Liebeskummer heruntergestürzt. Für beide Geschichten fehlt allerdings der Beweis.

### Attraktionen und Aktivitäten

Das Besondere in dem Park sind die **Ruinen des Pueblo El Cuartelejo**, wo im 17. Jahrhundert eine Gruppe Taos-Indianer lebte. Es ist vermutlich der am nördlichsten gelegene Pueblo Nordamerikas. Entdeckt wurden die Ruinen 1889, die so weit wie möglich originalgetreue Rekonstruktion begann 1970. Bemerkenswert: Die Hauseingänge sind nur über eine Leiter vom Dach her zu erreichen. Auf dem Gelände des Parks gab es zahlreiche Indianerlager. Das **El Cuartelejo Museum** (620-872-5912) im nahe gelegenen Scott City zeigt viele Exponate, die aus dem Park stammen.

Im Park verlaufen zwei Wege: Der 400 Meter lange **Big Springs Nature Trail** führt vom Parkeingang zu Felsstufen, über die Quellwasser plätschert. Auf einem mit sieben Meilen (11,3 km) längeren Weg können Wanderer, Radfahrer und Reiter den See umrunden. Frühaufsteher bekommen am ehesten wild lebende Truthähne, Biber, Rotluchse oder einen Truthahngeier auf einer Pappel zu Gesicht.

Für die Einwohner von Kansas besteht die Hauptattraktion des Parks in dem See – eine Rarität im wasserarmen Westen ihres Staates. Der **Lake Scott** eignet sich bestens zum Angeln von Fischarten wie *Crappie* (Sonnenbarsch) oder *Channel Catfish* (Getüpfelter Gabelwels).

Außerhalb der Parkgrenzen liegt auf den Klippen des Beaver Creek der Schauplatz der **Battle of Punished Woman's Fork** von 1878. In dieser letzten Schlacht der Indianerkriege in Kansas kämpften Nördliche Cheyenne, darunter Dull Knife und Little Wolf, gegen die amerikanische Kavallerie.

### Camping

Der Park bietet 60 Zelt- und Wohnmobilplätze sowie 140 einfache Zeltplätze; Mitte April bis Mitte Oktober mit Duschen. *First come, first served.* Saisonabhängige Campinggebühr.

Lake Scott State Park, 520 W. Scott Lake Dr., Scott City, KS 67871; 620-872-2061; www.kdwp.state.ks.us/parks/parks.html

239

**EL CUARTELEJO:** In den 1660er-Jahren floh eine Gruppe Taos-Indianer aus ihrer Heimat (im heutigen New Mexico). Sie zogen in die Gegend, die heute den Lake Scott State Park umfasst, und erbauten den Pueblo El Cuartelejo (»alte Kaserne«). Obwohl die Spanier in dieses Gebiet vordrangen, blieben die Taos von der spanischen Herrschaft verschont – bis 1730 Überfälle der Comanchen, Ute und Pawnee sie schließlich zwangen, in den Süden zurückzukehren.

# Prairie Dog

*4 Meilen (6,4 km) westlich von Norton, an der US 36*

- 4,6 km$^2$ ▪ Ganzjährig ▪ Fahrzeuggebühr ▪ Angeln (mit Angelschein)
- Präriehundstadt

Präriehunde, die Wache halten

Ein 680 Kilogramm schwerer Präriehund aus Kalkstein begrüßt die Besucher dieses Parks. Vergiftungsaktionen hatten das einst allgegenwärtige Nagetier der Plains – den Schwarzschwanz-Präriehund – nahezu ausgerottet. Als der Park 1967 gegründet wurde, lebte dort kein einziger Präriehund. Die Versuche, den Namensvetter des Parks auch dort anzusiedeln, schlugen fehl. 1982 kam von irgendwoher ein Präriehundpärchen, blieb und vermehrte sich. Daraus erwuchs eine Population von mehr als 300 Tieren. Allerdings gaben nicht diese kleinen Burschen dem Park den Namen, sondern der **Prairie Dog Creek**, der durch den Park fließt und das 480 Hektar große Keith Sebelius Reservoir speist.

Besucher der 15 Hektar großen Präriehundstadt (eine Kolonie mit mehreren Verbänden) treffen auf Wächter, die am Eingang der Baue Wache schieben und einen schrillen Belllaut ausstoßen. Damit signalisieren sie ihren Artgenossen: »Gefahr, Rückzug in den Bau!«

Östlich der Präriehundkolonie führt eine befestigte Straße zu einem aus Adobeziegeln (Lehmziegeln) errichteten Gebäude *(in der Saison oder auf Anfrage zu besichtigen, Auskunft im Park)*. Es ist das älteste noch erhaltene und für die Öffentlichkeit zugängliche **Adobehaus**. Seine Innenwände veranschaulichen die Bauweise aus Lehm und Stroh.

Im Westen von Kansas gibt es nur sehr wenige Gewässer. Daher lockt das **Keith Sebelius Reservoir** Besucher von nah und fern an, vor allem zum Angeln. Hochwasserjahre haben den Wasserspiegel des Stausees seit 1992 dauerhaft erhöht und ein Biotop geschaffen, in dem rekordverdächtige Fische heranwachsen. Zeugen der Veränderung sind die Skelette großer, versunkener Bäume, die in der Mitte des Sees in den Himmel ragen.

> **PARK-TIPP:** *Konzentrieren Sie sich nicht nur auf die Präriehunde, sondern beobachten Sie auch die Weißwedelhirsche, Fasane, Baumwachteln, Truthähne, Präriewölfe und Dachse.*

### Camping und Unterkunft

Der Park hat 58 Zelt- und Wohnmobilplätze (sieben reservierbar) sowie sieben einfache Campingplätze mit mehr als 150 Zeltplätzen; Duschen von Mitte April bis Ende Oktober verfügbar. Außerdem stehen zwei *Cabins* mit allen Bequemlichkeiten, aber ohne Wasser zur Verfügung. Reservierung unter 785-877-2953. Campinggebühr.

Prairie Dog State Park, P.O. Box 431, Norton, KS 67654; 785-877-2953; www.kdwp.state.ks.us/news/state_parks

# Clinton

*4 Meilen (6,4 km) westlich von Lawrence, abseits der US 10*

▪ 5,9 km² ▪ Ganzjährig ▪ Fahrzeuggebühr ▪ Schwimmen, Bootfahren, Angeln (mit Angelschein), Radfahren

Dieser Park verdankt seine Beliebtheit dem 2800 Hektar großen **Clinton Reservoir**. Im Mittelpunkt stehen Wassersport, Angeln und der Strand. Mountainbiker schätzen die baumreichen Wege am Seeufer. Sie stellen allerdings so hohe Anforderungen an die Radfahrer, dass viele ihr Rad häufiger tragen als treten.

Zum Park gehört die **Barber School**, deren Restaurierung in der Obhut der Parkverwaltung liegt. Das aus dem 19. Jahrhundert stammende Gebäude besteht aus Bruchstein – für jene Zeit ein ungewöhnliches Baumaterial. Wegen des schlechten Zustandes des Schulhauses wurde ringsherum ein hoher Zaun gezogen. Thomas Barber war Gegner der Sklaverei.

## Camping

Es gibt 460 Zelt- und Wohnmobilplätze (15 reserviert); Duschen sind vorhanden. Reservierung unter 785-842-8562. Campinggebühr.

Clinton Office, RR1, 798 N. 1415 Rd., Lawrence, KS 66049; 785-842-8562; www.kdwp.state.ks.us/news/state_parks

# Elk City

*5 Meilen (8 km) nordwestlich von Independence, an der US 75/160*

▪ 3,5 km² ▪ Ganzjährig ▪ Fahrzeuggebühr ▪ Wandern, Angeln (mit Angelschein), Bootfahren, Schwimmen

Umrahmt von den **Osage Questas**, hebelt dieser Park die Vorstellung von einem »flachen« Kansas aus. Diese 76 Meter hohen Felsen sind Ablagerungen eines urzeitlichen Meeres. Die Erosion formte Hügel, die auf der einen Seite steil aufragen und auf der anderen sanft auslaufen. Bedeckt sind sie mit Eichen und Hickorybäumen, die im Herbst bunt leuchten. Der Park liegt im Übergang von Waldland zu Bluestem-Prärie.

Aussichtspunkte, die über die County Road und den **Table Mound Hiking Trail** zu erreichen sind, bieten einen Blick über das **Elk City Reservoir**, Prärie und Wälder. Der nahe See lockt mit Schwimmen, Angeln, Bootfahren und der Beobachtung von Wasservögeln.

## Camping

Der Park hat 95 Zelt- und Wohnmobilplätze sowie 55 einfache Zeltplätze; Duschen von Mitte April bis Oktober. Reservierung unter 620-331-6295. Campinggebühr.

Elk City State Park, 4825 Squaw Creek Rd., Independence, KS 67301; 620-331-6295; www.kdwp.state.ks.us/news/state_parks

# DER MITTLERE SÜDEN

## OKLAHOMA

Beavers Bend
Quartz Mountain
Black Mesa
Osage Hills

## TEXAS

Big Bend Ranch
Enchanted Rock
Brazos Bend
Caddo Lake

## ARKANSAS

Petit Jean
Devil's Den
Village Creek
Crater of Diamonds
Lake Chicot

## LOUISIANA

Lake Fausse Pointe
Chicot
Poverty Point
Lake Bistineau

Der Rio Grande, die mexikanisch-amerikanische Grenze

# Beavers Bend

*10 Meilen (16 km) nördlich von Broken Bow, abseits der US 259*

- 14 km² ▪ Ganzjährig ▪ Felsenlandschaft der Quachita Mountains
- Mountain Fork River ▪ Stausee Broken Bow ▪ Nature Center
- Wandern, Lehrpfade

Paddelboot auf dem Mountain Fork River

Die Zufahrtsstraße zu Beavers Bend windet sich einen Höhenrücken entlang und dann hinunter zum Mountain Fork River – drei Meilen (4,8 km), die den Besucher auf die *Little Smokies* genannte Landschaft einstimmen. Die Quachita Mountains im östlichen Oklahoma und westlichen Arkansas entstanden vor 400 Millionen Jahren durch gewaltige tektonische Kräfte, die das Land zusammenschoben, aufwarfen und so die heutigen, oft gewundenen Höhenzüge schufen.

1969 entstand durch Stauung des Mountain Fork der rund 57 Quadratkilometer große Stausee Broken Bow. Der Park umfasst Gebiete am Seeufer – Campingplätze, Lodge und Golfplatz *(580-494-6456, Greenfee)* – und am Fluss. Beide Gebiete sind durch eine Straße und den 24 Meilen (38,4 km) langen **David Boren Hiking Trail** verbunden. Beavers Bend liegt im früheren Gebiet der Choctaw-Indianer.

## Attraktionen und Aktivitäten

Um mehr über Forstwirtschaft zu erfahren, besuchen Sie das **Verwaltungs-büro des Parks** und das **Forest Heritage and Education Center** (*580-494-6497*), das die Geschichte der Bäume von der Dinosaurierzeit bis zur modernen Holzwirtschaft verfolgt.

Das **Beavers Bend Nature Center** informiert Sie über Programme zu Themen wie Schlangen, Raubvögel oder Handwerk mit Naturstoffen. Ein Natur-führer lässt Sie vielleicht eine Königs-schlange halten und einheimische Gift-schlangen können hinter Glas beob-achtet werden. Dazu sind verschiedene Falken- und Eulenarten zu sehen.

Wandern Sie am **Mountain Fork River** entlang und bewundern Sie die Felsklippen am Ufer. Im Winter ent-decken Sie vielleicht Weißkopfseeadler am Fluss sowie Ohrenscharben, die im Wasser paddeln. Sumpfzypressen und Amerikanische Platanen säumen den Flusslauf, während sich Eichen und Zedern an die Felshänge schmiegen.

> **LANDSCHAFTLICH SCHÖNE STRECKE:** 60 Meilen (96 km) nörd-lich von Beavers Bend finden Sie eine der schönsten Straßen der Region, den Talimena Scenic Byway (*501-321-5202*). In Oklahoma Highway 1, in Ar-kansas Highway 88 genannt, verläuft er 54 Meilen (87 km) von Talihina, Oklahoma, aus nach Mena, Arkansas. Der Highway folgt den Höhenrücken der Quachita Mountains. Talimena bietet Aussichten über dicht bewalde-te Berge und Täler. Die Queen Wilhel-mina State Park Lodge (*479-394-2863*), fünf Meilen (8 km) hinter der Grenze zu Arkansas, bietet sich für eine Mahl-zeit oder Übernachtung an.

245

Beavers Bend bietet einige kürzere, aber interessante Wanderwege. Der **Cedar Bluff Nature Trail**, ein relativ anstrengender Rundweg von einer Meile (1,6 km), belohnt Sie mit einer phantastischen Aussicht über den Fluss. Der ebenso lange, aber leichtere **Dogwood Nature Trail** führt durch Mischwald und folgt größtenteils dem Flusslauf. Der 1,1 Meilen (1,8 km) lange **Forest Heritage Trail**, ein Waldlehrpfad, beginnt am Verwaltungsbüro des Parks und informiert über Forstökologie in den Quachita Mountains. Zur besseren Orientierung sind Wanderwege weiß und Naturlehrpfade blau auf Weiß markiert.

Trotz der reizvollen Wege und Wälder bevorzugen die meisten Be-sucher den Mountain Fork River. Im Sommer kann man schwimmen und mit dem Kanu oder Paddelboot fahren. Angler versuchen das ganze Jahr über ihr Glück mit Forellen. Vielleicht entdecken Sie aber, dass Nichtstun am schönsten ist. Suchen Sie einfach einen flachen Felsen, legen sich darauf, und lassen Sie sich vom Gesang der Vögel, von dem Duft nach Kieferholz und dieser herrlichen Landschaft Oklahomas gefangen nehmen.

## Camping und Lodge-Unterkunft

Im Park gibt es 50 Zelt- und 110 Wohnmobilplätze mit Duschen sowie 47 *Cabins*; Reservierung begrenzt möglich unter 580-494-6300. Campinggebühr. Zusätzlich sind 40 Lodge-Zimmer vorhanden, die unter 580-494-6179 reserviert werden können.

Beavers Bend Resort State Park, P.O. Box 10, Broken Bow, OK 74728; 580-494-6300; www.oklahomaparks.com

# Quartz Mountain

*17 Meilen (27 km) nördlich von Altus, über die US 283 und Oklahoma 44*

▪ 17 km² ▪ Ganzjährig ▪ Granitfelsenlandschaft ▪ Lake Altus-Lugert ▪
Nature Center ▪ Flora und Fauna ▪ Wandern, Vogelbeobachtung

An einem klaren Tag kann man schon aus über 50 Kilometer Entfernung
den roten Granitdom des Quartz Mountain sehen, der aus den südwestlichen Ebenen aufsteigt. So beeindruckend
dieser und andere Gipfel des Wichita-
Gebirges auch sind, zeigen sie doch nur
einen Teil ihrer wahren Größe: Über Millionen von Jahren hinweg hat sich Erosions-
schutt mehrere Tausend Meter tief am Fuß
der Berge abgelagert, so dass nur noch die
Gipfel herausragen.

**PARK -TIPP:** *Wandern Sie über
den Cedar Valley Trail durch
den Box Canyon, um die Tiere
in den Walnuss-, Zürgel- und
Eichenbäumen zu beobachten.*

Quartz Mountain ist ein schöner Ort. Die mit Felsbrocken übersäten
Hänge kontrastieren scharf mit dem tiefblauen Lake Altus-Lugert. Dieses

Lake Altus-Lugert, vom Quartz Mountain aus gesehen

Nebeneinander von Wasser und Fels, Berg und Ebene bietet einer Vielzahl unterschiedlicher Pflanzen und Tiere Lebensraum. Hier sieht man
den Östlichen Halsbandleguan an Pekannussbäumen vorbeiflitzen –
oder aber an Kanadischen Judasbäumen, denn Nord trifft hier auf Süd.

**Attraktionen und Aktivitäten**

Informieren Sie sich im **Verwaltungsbüro des Parks** oder im **Nature
Center**, das Ihnen den naturgeschichtlichen Ursprung des Quartz
Mountain erläutert. Vor 500 Millionen Jahren stieg das Granitmaterial
als Magma empor. Ein seichtes Meer bedeckte es zunächst mit Kalk-

steinsedimenten (seit Langem abgetragen), und später wurde es noch weitaus höher angehoben, als sein heutiger Erosionszustand erkennen lässt. Für Kinder liegen Objekte zum Anfassen bereit: Federn, Rohrkolben, Gestein und – für die Mutigen – Tierknochen und Schädel.

Der kurze **Wichita Interpretive Trail** verläuft vom Verwaltungsbüro des Parks zum Campingplatz Live Oak und überquert einen periodisch erscheinenden Bergbach. An dessen sumpfigen Ufern lassen sich oft die Spuren wilder Truthähne, von Rotwild oder gar Rotluchsen erkennen, die zur Tränke aus den Bergen herunterkommen. Der 800 Meter lange **New Horizon Trail** beginnt an einem Parkplatz neben dem Verwaltungsbüro. Er führt recht steil den Quartz Mountain hinauf zu einem Aussichtspunkt etwa 200 Meter vor dem Gipfel. Von dort aus kann man seine eigenen Wege zum Gipfel und zurück suchen. Aber Achtung: Der Felsengrund ist bevorzugter Lebensraum von Klapperschlangen. Ein anderes furchterregend aussehendes – in diesem Fall aber harmloses – Reptil ist die Krötenechse. Dieser kleine »Drache« sonnt sich an heißen Tagen auf sandigem oder felsigem Boden und verschwindet blitzschnell, wenn man ihm zu nahe kommt.

Liebhaber von Wildblumen können im Frühjahr die nur hier heimische Langhaarige Phlox (Phlox longipilosa) sehen. Am besten kommen Sie im Mai zum *Wildflower Festival*, das eine gute Gelegenheit bietet, viele der 80 Wildblumenarten zu sehen, wie Mädchenauge, Rittersporn, Kaktusfeige und das wunderschöne *Indian Blanket* oder *Firewheel*, eine Kokardenblume mit gelb-roter Blüte.

Im Winter gibt es am **Lake Altus-Lugert** Dutzende von Weißkopfseeadlern zu sehen. Fragen Sie einen Naturführer nach den besten Beobachtungsposten. Überraschenderweise rastet im Frühjahr und Herbst auch der Weiße Pelikan dort. Obwohl allgemein als Meeresvogel angesehen, überquert er den Park auf seinen halbjährlichen Zügen von und zu den Nistplätzen im Nordwesten der USA und Kanadas.

Quartz Mountain bietet interessante Freizeitaktivitäten wie beispielsweise Paddeln auf dem Fluss *(580-563-2465)*, Golf *(580-563-2520)* und ein Areal für Geländewagenfahrten *(April–Sept.)*.

## Camping

Der Park bietet 99 Zelt- und 120 Wohnmobilplätze (einige ganzjährig) mit Duschen; Reservierung begrenzt möglich unter 580-563-2238. Campinggebühr. Außerdem gibt es acht Cottages und eine Lodge mit 120 Zimmern; Reservierung unter 877-999-5567 oder 580-563-2424.

Quartz Mountain State Park,
43393 Scissortail Rd.,
Lone Wolf, OK 73655; 580-563-2238;
www.oklahomaparks.com

**IN DER WILDNIS:** Etwa 40 Meilen (64 km) östlich des Quartz Mountain State Park bietet das Wichita Mountains Wildlife Refuge *(580-429-3222)* etwas Besonderes. 1901 durch Präsident William McKinley zum Naturschutzgebiet erklärt, haben Besucher heute dort die Möglichkeit, auf einer 15 Meilen (24 km) langen Fahrstraße Bisons, Elche, Weißwedelhirsche und texanische Longhorn-Rinder aus der Nähe zu sehen. Bei fast 243 Quadratkilometern unterschiedlichsten Lebensraums lohnt sich der Besuch dieses Naturschutzgebiets in Oklahoma allemal.

# Black Mesa

*27 Meilen (43 km) nordwestlich von Boise City, abseits der Route 325*

▪ 1,4 km² plus 5,9 km² im nahen Naturschutzgebiet ▪ Ganzjährig
▪ Fahrräder nicht erlaubt ▪ Höchste Erhebung Oklahomas ▪ Flora,
Fauna, geologische Formationen

Für Reisende ist der Black Mesa State Park oft nur ein Abstecher auf dem
Weg zum eigentlichen Black Mesa, etwa 15 Meilen (24 km) nordwestlich. Der Park bietet schöne Campingplätze am Lake Carl Etling, doch
ist es die Vielfalt der Formationen sowie der Tier- und Pflanzenwelt, die
das Naturschutzgebiet zu einer der schönsten naturhistorischen Sehenswürdigkeiten Oklahomas macht. Der Tafelberg ist Überbleibsel eines
ehemaligen Lavastromes, der sich zu erosionsresistentem Basalt verdichtet hat.

**PARK-TIPP:** *Vom Aussichtspunkt neben dem Camp
können Sie noch die
Fußspuren eines jungen
Hadrosauriers erkennen.*

Im **Verwaltungsbüro des Parks** erhalten Sie
Karten und Reisetipps. Fahren Sie westlich auf
der Route 325 bis zu einer Asphaltstraße
Richtung Norden. Folgen Sie der Beschilderung
zum Parkplatz der **Black Mesa Nature Preserve**.
Hier führt ein vier Meilen (6,4 km) langer Weg
eine Felsflanke mit Wacholder- und Eichen-
gestrüpp hinauf. Rechnen Sie mit etwa vier Stunden für den Rundgang
(mehr, wenn Sie Vögel beobachten). Nehmen Sie Sonnenschutzmittel
und ausreichend Trinkwasser mit.

Oben auf der Mesa, fast 200 Meter über dem Umland gelegen,
markiert ein Granitpfeiler den höchsten Punkt Oklahomas: 1516 Meter
über dem Meeresspiegel.

Elstern, Steinadler und Nacktschnabelhäher sind einige der
westlichen Vogelarten in Black
Mesa; daneben gibt es Maultierhirsche, Rotluchse und Gabelböcke zu sehen.

Gönnen Sie sich die Zeit, die
eindrucksvollen Ansichten dieser
Landschaft tief auf sich wirken zu
lassen – Vorsicht gilt jedoch bei
Gewittern mit ihren gefährlichen
Blitzen.

### Camping

30 Zelt- und 29 Wohnmobilplätze
mit Duschen stehen zur Verfügung; *first come, first served.*
Campinggebühr.

Black Mesa State Park and
Nature Preserve, HCR-1 Box 8,
Kenton, OK 73946; 580-426-2222;
www.oklahomaparks.com

Felsenfenster

# Osage Hills

*11 Meilen (18 km) westlich von Bartlesville, abseits der US 60*

▪ 4,9 km² ▪ Ganzjährig ▪ Bewaldete Hügel ▪ Romantischer Bach, Steilufer ▪ Wandern

In Reise durch die Prärien schrieb Washington Irving 1835, dass die Durchquerung der Region Cross Timbers von Oklahoma sich anfühle, "als kämpfe man sich durch gusseiserne Wälder". Diese nordsüdlich von Texas bis Kansas verlaufenden Waldgebiete waren einst so dicht gewachsen, dass sie für die Pioniere ein echtes Hindernis darstellten. Die moderne Version einer solchen Landschaft finden Sie im Osage Hills State Park – heutzutage wird Ihnen dieser Besuch aber mehr Freude als Anstrengung bereiten.

Wanderpfade winden sich durch die dicht mit Eichen bestandenen Berge. Holen Sie sich vom **Verwaltungsbüro des Parks** eine Karte und fahren Sie über den Campingplatz zu einer Straße, die nach Norden führt. Dort bietet ein Aussichtsturm einen guten Blick über das Gebiet.

Look-Out Lake

Fahren Sie zurück und dann nach Süden zum **Sand Creek Loop Trail**, der Sie zum Steilufer des **Sand Creek** bringt. Ein beliebter Pfad, der **Waterfalls Trail**, führt vom Parkplatz beim Schwimmbad aus zu einer Serie von Wasserkaskaden. Auf dem Weg bekommt man Weißpinselhirsche und wilde Truthähne zu sehen. Im Park geschützt, haben sich beide Spezies an den Menschen gewöhnt.

Osage Hills liegt am Rande der einst riesigen Grassteppe, die sich über 570 000 Quadratkilometer hinweg durch den Mittleren Westen zog. Nördlich von Pawhuska bietet Ihnen die **Tallgrass Prairie Preserve** *(918-287-4803)* der Naturschutzorganisation Nature Conservancy auf 150 Quadratkilometern ein Beispiel dieser gefährdeten Naturlandschaft. Hier weiden noch Bisons und tanzen Präriehühner – wie zur Zeit Washington Irvings vor anderthalb Jahrhunderten.

### Camping und Lodge-Unterkunft

Es gibt 27 Zelt- und 20 Wohnmobilplätze mit Duschen; *first come, first served.* Campinggebühr. Acht Gästehütten können unter 918-336-4141 reserviert werden.

Osage Hills State Park, HC 73, Box 84, Pawhuska, OK 74056; 918-336-5635; www.oklahomaparks.com

249

# Petit Jean

*20 Meilen (32 km) westlich von Morrilton, über Arkansas 9 und 154*

- 11 km² ▪ Ganzjährig ▪ Eintrittsgebühr ▪ Cedar Falls ▪ Bergpanoramen
- Indianische Felshöhlen ▪ Wandern, Schwimmen, Bootfahren, Angeln
(mit Angelschein)

Das Tal des Arkansas River, von einer Felszunge aus betrachtet

Der Petit Jean Mountain erhebt sich etwa 250 Meter über den Arkansas River – wie ein langer Schutzwall über dem flachen Talboden. Doch selbst in prähistorischen Zeiten bot der Berg mehr Schutz als Trutz. In den Felsenhöhlen suchten die Indianer Schutz, und frühe Siedler empfanden die windumwehte Höhe als angenehme Abwechslung zur Gluthitze der Ebene.

1819 schrieb der Naturforscher Thomas Nuttall: »Die Berge des Petit John erheben sich augenfällig und malerisch«, was viele Reisende seither bestätigt haben. Die eindrucksvolle Landschaft des Petit Jean mit der weitreichenden Aussicht von seinen Randklippen herab machte die Gegend zur ersten Wahl, als Arkansas 1923 damit begann, Land für Naturparks aufzukaufen. Im Lauf der Jahre ist sie zum beliebten Ausflugsziel für Wanderungen, Picknicks oder Campingwochenenden geworden.

**PARK-TIPP:** *Längere Wanderung gefällig? Zweigen Sie vom Seven Hollows Trail zur Grotte ab, wo ein kleiner Wasserfall und sein Wasserbecken einen Canyon zum schattigen Paradies machen.*

Die Arkansas 154 bietet viele schöne Ausblicke auf dem Weg den Berg hinauf – doch sollte man die Augen nicht zu oft von der kurvenreichen Straße nehmen. Am Gipfel führt eine Seitenstraße zum **Grab von Petit Jean** (siehe Kasten), von dem aus man das ganze Panorama des Flusstals überblickt.

Zurück auf dem Highway kommt man bald am **Lake Bailey** vorbei, einem 40 Hektar großen Stausee des Cedar Creek, wo sich Angler an Brassen, Barschen und Seewolf versuchen, während andere im Paddelboot dahingleiten.

> **DIE LEGENDE VON PETIT JEAN:**
> Mehrere Ortschaften in Arkansas tragen französische Namen – doch wie dieser Name entstand, ist schon außergewöhnlich. Eine Legende besagt, dass eine junge Französin sich als Mann – »kleiner Jean« – verkleidet habe, um ihren Freund auf eine Expedition zu begleiten. Erst als sie erkrankte und starb, kam ihr Geheimnis ans Licht. Petit Jeans vermeintliches Grab liegt auf dem romantischen Aussichtspunkt am östlichen Rand des Bergs. Der Ausblick lohnt sich, selbst wenn man die Geschichte nicht so recht glaubt.

### Attraktionen und Aktivitäten

Im **Visitor Center** des Parks *(501-727-6510)* erhalten Sie Informationen zur naturgeschichtlichen Entwicklung des Petit Jean, seine Flora, Fauna und Geologie. Außerdem werden geführte Wanderungen und Spezialprogramme angeboten.

Von dort aus ist es nur eine kurze Fahrt zur wohl (verdienterweise) beliebtesten Stelle am Berg: **Cedar Falls**, ein lieblicher Wasserfall, eingebettet in eine tiefe, bewaldete Schlucht. In heißen Sommern kann er zum Rinnsal verkümmern, aber nach einem Frühjahrs- oder Herbstregen sprudelt der Cedar Creek über einen Felsvorsprung und stürzt sich 40 Meter tief in ein von steilen Felsklippen umgebenes Becken. Dies ist eine der bekanntesten (und meistfotografierten) Ansichten von Arkansas, die man sich nicht entgehen lassen sollte.

Der leichte **Cedar Falls Overlook Trail** führt von einem Parkplatz an der Arkansas 154 zu einem Aussichtspunkt über dem Wasserfall. Wer kann, sollte jedoch den schwierigeren **Cedar Falls Trail** zum See hinab wandern. Er beginnt hinter der **Mather Lodge** – benannt nach Stephen Mather, dem Vorstand des National Park Service zur Zeit der Gründung des Parks –, die am Rand eines Steilfelsens, westlich der Abzweigung zum Aussichtspunkt, erbaut wurde. (Sie sollten sich den Speiseraum der Lodge nicht entgehen lassen, der einen phantastischen Blick auf den Canyon bietet.) Der Rundgang von zwei Meilen (3,2 km) steigt tief zum Cedar Creek ab, ehe er zu den Fällen zurück nach oben führt. Der Rückweg ist natürlich genauso steil, doch erscheint er vor allem an heißen Sommertagen anstrengender. Unterwegs kann man den Wald, Wildblumen und Vögel studieren.

In den Wäldern der Gegend herrschen Eiche, Hickory und Kiefer vor über Ahorn, Papau, Hartriegel und viele weitere Pflanzenarten. Zu den ersten Frühlingsblumen, die hier gewöhnlich bereits Ende Februar erscheinen, gehören Blutwurz, Schuppenwurz, Fußblatt, Salomonssiegel, Wiesenraute und Amerikanische Zahnlilie. Später im Jahr hellen Gänseblümchen, Astern und Seidenpflanzen die Wegränder und Waldlichtungen auf.

Die Natural Bridge

### Weitere Erlebnisse

Wenn Sie Zeit haben, folgen sie dem 4,5 Meilen (7,2 km) langen **Seven Hollows Trail**, einem der schönsten Wanderwege von Arkansas. Faszinierende Felsformationen sind die Hauptattraktion; die **Natural Bridge** ist eines der meistfotografierten Naturwunder. Die Höhlen, die Sie am Wegrand sehen, wurden von Indianern früher als Obdach genutzt.

Die verschiedenen Lebensräume auf dem Weg bieten sich zur Vogelbeobachtung an, vor allem im Spätfrühling, wenn die Vögel besonders viel singen. Bei einem Spaziergang am frühen Morgen (wenn Vögel im Gegensatz zu den Menschen am aktivsten sind) kann man gewöhnliche Spezies wie Carolinameise, Indianermeise, Buntspecht, Kiefernwaldsänger und die leuchtend rote Scharlachtangare sehen.

Der **Red Bluff Drive** auf der gegenüberliegenden Seite des Cedar Creek Canyon führt zu schönen Aussichtspunkten und zum **Rock House Cave Trail**. Einst lebten Indianer in den flachen Grotten am Ende des Pfads. Stellen Sie sich vor, wie dieser Felsüberhang damals vor Winterregen und Sommersonne schützte. Die renovierten ehemaligen **Baracken des CCC** (Civilian Conservation Corps) bieten Informationen und eine Begegnungsstätte für kleinere Gruppen.

### Camping und Lodge-Unterkunft

Der Park bietet 125 Zelt- und Wohnmobilplätze (Vollanschluss) mit Duschen; 24 Plätze können telefonisch im Verwaltungsbüro des Parks vorgebucht werden. Campinggebühr. Außerdem bietet die Mather Lodge 32 *Cabins* und 23 Zimmer; frühe Reservierung empfohlen unter 501-727-5431 oder 800-264-2462.

### Sehenswürdigkeiten in der Nähe

Das **Automobilmuseum** *(501-727-5427, mit Eintritt)* am Berg östlich des Parks zeigt eine schöne Auswahl von Oldtimern. Vierzehn Meilen (22,4 km) westlich liegt das **Holla Bend National Wildlife Refuge** *(501-229-4300)*, einer der schönsten Wildparks in Arkansas. Truthähne, Rotwild, Luchse, Adler und zahlreiche Singvögel sind ganzjährig zu sehen. Im Winter gesellen sich Scharen von Enten und Gänsen dazu, ebenso wie eine beeindruckende Anzahl von Weißkopfseeadlern. Zum Wildpark kommen Sie über die Arkansas 154 Richtung Westen und dann auf der Arkansas 155 Richtung Norden.

Petit Jean State Park, 1285 Petit Jean Mountain Rd., Morrilton, AR 72110; 501-727-5441; www.petitjeanstatepark.com

# Devil's Den

*15 Meilen (24 km) westlich von West Fork, an der Arkansas 170*

- 10 km² ▪ Ganzjährig ▪ Geologische Formationen ▪ Bergbach
- Naturlehrpfade ▪ Rucksacktouren, Fahrradfahren, Reiten

In den Hunderten von Millionen Jahren, seit die Ozark Mountains im nordwestlichen Arkansas aus einem Urmeer emporgehoben wurden, haben sich Bäche und Flüsse tief in den weichen Sand- und Kalkstein eingegraben und tiefe Täler von wundersamer Schönheit geschaffen. Am Grund eines dieser *hollers* (wie die Einheimischen sie nennen) bietet der Devil's Den State Park dem Besucher einen Mikrokosmos dieser urwüchsigen Landschaft dichter Laubwälder und kristallklarer Flüsse.

**PARK--TIPP:** *Wandern Sie zu dem Gebäude, das für einen Pulitzer-Preis nominiert wurde: Yellow Rock Overlook.*

## Attraktionen und Aktivitäten

Sie können diese synklinale Landschaft (eine Art Mulde, durch seitliches Auffalten und Neigen von Gesteinsschichten entstanden) auf der Fahrt die Arkansas 74 hinunter zum Park erleben *(Vorsicht: lange Trailer)*. Nach vielen S-Kurven erreichen Sie den **Lee Creek**, der den Park durchquert. Besuchen Sie zunächst die ausgebildeten Mitarbeiter des **Visitor Center** für Broschüren und Informationen über geführte Wanderungen und Programme. Wenn Sie sich für die Parkflora interessieren, folgen Sie der Beschilderung zum Camping-Bereich E und dem 400 Meter langen **Woody Plant Trail**, an dem heimische Büsche und Bäume erklärt werden.

Am Visitor Center beginnt der beliebte, 1,5 Meilen (2,4 km) lange

253

Bergbach im Herbstwald

**Devil's Den Trail**. Mit einer Taschenlampe können Sie mehrere Hundert Meter tief in die Höhle **Devil's Den** vordringen; etwas weiter hinten befindet sich eine zweite Höhle, Devil's Ice Box. Beide Höhlen sind durch Verschiebung der Sandsteinblöcke entstanden. Luft, die weiter oberhalb des Berghangs in die Devil's Ice Box einströmt, fühlt sich im Sommer kühl und im Winter warm an im Vergleich zum Felsuntergrund, dessen Temperatur konstant bei 12 bis 15 °C liegt. Die Höhlen sollen im 19. Jahrhundert von Banditen als Versteck genutzt worden sein, weshalb gesetzestreue Bürger die Gegend damals mieden.

Farne, Wildblumen und Vogelgesang machen den Devil's Den Trail zum Frühlingsvergnügen. Suchen Sie nach dem Sassafras, einer Staude mit fäustlingähnlichen Blättern, aus der früher Tee gewonnen wurde. Mit Glück sehen Sie das wunderschöne, orange-schwarze Amerikanische Rotschwänzchen oder den grau-grünlichen Rotaugenvireo. Letzterer singt selbst an heißen Sommernachmittagen, wenn andere Vögel schweigen.

Geologische Erkundungen bietet der eine Meile (1,6 km) lange **Lee Creek Trail** am Camping-Bereich A. Die erste Hälfte des Rundwegs windet sich durch typisches Ozark-Waldgebiet, das sich gelegentlich auf alte Felder öffnet; die zweite Hälfte folgt dem Lee Creek. In den Felsen finden sich oft Fossilien von Urmeeresbewohnern wie Korallen oder Crinoiden (Verwandte der Seesterne). Im Wasser des Creek können Krebse oder winzige Schlangenhalsvögel beobachtet werden.

> **BUTTERFIELD TRAIL:** Der Butterfield Hiking Trail im Devil's Den wurde nach der berühmten Postkutschenlinie Butterfield Trail benannt, die hier ab 1858 die Post von St. Louis nach San Francisco beförderte. Ein Teil des Wanderwegs folgt der historischen Route, die die Poststationen Fayetteville und Fort Smith in der Nähe verband. Doch schon 1861 läutete der Bürgerkrieg das Ende dieses ambitionierten Unternehmens ein.

Neben den üblichen Annehmlichkeiten eines Campingplatzes hat Devil's Den ein Gebiet nur für Zelter ausgewiesen, die es etwas ruhiger haben wollen. Die beliebtesten Unterkünfte sind jedoch die vom CCC (Civilian Conservation Corps) erbauten, voll modernisierten Blockhütten. Diese alten Gebäude bieten eine ansprechende Mischung aus Komfort und Rustikalität.

Um die Ozarks intensiv zu erleben, sollten Sie den 15 Meilen (24 km) langen **Butterfield Hiking Trail** erwandern, der sich in einem südlichen Rundgang durch den Park schlängelt und schöne Ausblicke bietet.

### Camping und Lodge-Unterkunft

Der Park bietet 96 Zelt- und Wohnmobilplätze mit Duschen sowie 43 Plätze im Reitercamp. Trailer, die länger als acht Meter sind, müssen die Einfahrt 53 von der I-540 her nehmen. Reservierungen teilweise unter 479-761-3325 möglich. Campinggebühr. Außerdem stehen 16 *Cabins* mit Küche und Kamin zur Verfügung; frühzeitige Reservierung empfohlen unter 800-264-2417.

Devil's Den State Park, 11333 W. Ark. Hwy. 74, West Fork, AR 72774; 479-761-3325; www.arkansasstateparks.com/devilsden

# Village Creek

*13 Meilen (21 km) nördlich von Forrest City, an der Arkansas 284*

■ 28 km² ■ Ganzjährig ■ Ungewöhnliche Geologie ■ Wandern, Schwimmen, Angeln (mit Angelschein), Fahrradfahren, Reiten

Während der Fahrt durch das meist flache Farmland des östlichen Arkansas stoßen Sie plötzlich an einen lang gezogenen Kamm, der sich knapp 70 Meter über die Felder erhebt.

Geologen zufolge floss der Vorgänger des Mississippi einst westlich seines jetzigen Laufes und der Vorgänger des Ohio floss im heutigen Flussbett des Mississippi.

255

Schwingbrücke am Lake Dunn Trail

Zwischen den beiden Flüssen befand sich ein Streifen höher gelegenen Landes. Während eines relativ trockenen Erdzeitalters wurde dort durch den Wind weitere Erde aufgetragen, so dass der Streifen immer höher wuchs. Die 150 Meilen (240 km) lange **Crowleys Ridge** ist unterscheidet sich so sehr vom Rest Arkansas', dass Biologen von einer natürlichen Division sprechen. Wie ein Juwel sitzt Village Creek in einem dicht bewaldeten Tal am östlichen Rand der Erhebung – der größte Nationalpark von Arkansas und für Naturforscher einer der reichhaltigsten.

**PARK-TIPP: *Am Austell Trail lassen sich in einem Tal voller Ahorn- und Tulpenbäume noch die Spuren eines Urmeeres und Ursumpfes erkennen.***

### Attraktionen und Aktivitäten

Das Visitor Center bietet eine Ausstellung über Geologie und Geschichte der Crowleys Ridge. Unweit des Visitor Center bieten zwei Wege eine Einführung in die Ökologie des Gebiets. Der leichte **Arboretum Trail** beschreibt viele Bäume des Parks, einschließlich Zuckerahorn, Buche und Butternussbaum, die in Arkansas selten sind, und den großartigen Tulpenbaum, eine Art der Magnolie, die westlich des Mississippi kaum vorkommt. Weitere heimische Pflanzen sind Weißeiche, der Amerikanische Amberbaum, Roteiche, Schwarzer Hickory und Weißesche.

Über der Straße beginnt der **Big Ben Nature Trail**, ein hübscher, 800 Meter langer Spaziergang entlang dem Village Creek. (»Big Ben« war eine riesige Buche, die nach dem Siedler Benjamin Crawley benannt worden war. Der alte Riesenbaum fiel vor einigen Jahren, hat aber seinen Namen hinterlassen.) Hier sind die vom Wind herangetragenen Schichten Löss zu erkennen, die die Crowleys Ridge bis zu 16 Meter dick überziehen. Löss fühlt sich wie Pulver an und fällt schnell der Erosion zum Opfer, wenn der schützende Waldmantel fehlt.

Wenn Sie gern auf den Spuren früher Pioniere wandern, fahren Sie zum **Lake Austell** und nehmen Sie den **Military Road Trail**, einen 2,25 Meilen (3,6 km) langen Rundweg, der zum Teil auf der alten Militärstraße verläuft. In den letzten 150 Jahre hat sich der Pfad an manchen Stellen unter zahllosen Füßen, Pferdehufen und Wagenrädern tief in die Erde eingegraben. Der Military Road Trail – heute im National Register of Historic Places (Nationales Verzeichnis historischer Stätten) als Teil des *Trail of Tears* (»Weg der Tränen«) eingetragen – führt noch weiter nach Osten und dann zurück. Folgen Sie dem Weg über die Schwingbrücke, gehen Sie zum **Lake Dunn** drei Meilen (4,8 km) nördlich, und kehren Sie dann zurück.

Es gibt 23 Meilen (36,8 km) kombinierter Reit- und Fahrradwege sowie neue Ställe und Reiterhöfe. Zur Abkühlung können Sie in beiden Seen baden *(der Strand am Lake Dunn ist registrierten Campern vorbehalten)*, am Lake Austell picknicken oder aber am Yachthafen des Lake Dunn ein Boot mieten und sich beim Angeln versuchen.

> **FOSSILIENFUNDE:** Löss, eine vom Wind angetragene Erdschicht, bedeckt die Crowleys Ridge, doch die Sedimente darunter stammen von einem Urmeer, das die Region vor mehr als 50 Millionen Jahren überzog. Ausgrabungen in der Tonschicht am Fuße der Crowleys Ridge bringen oft Haifischzähne und andere Spuren von Meeresbewohnern zutage und erinnern daran, dass man einst hier einen Strandspaziergang machen konnte.

### Camping und Lodge-Unterkunft

Der Park bietet 96 Zelt- und Wohnmobilplätze mit Duschen; telefonische Reservierung im Verwaltungsbüro des Parks begrenzt möglich. Campinggebühr. Außerdem sind zehn *Cabins* mit Küche und Kamin vorhanden; Reservierung unter 800-264-2467.

Village Creek State Park, 201 CR 754, Wynne, AR 72396; 870-238-9406; www.arkansasstateparks.com/villagecreek

# Crater of Diamonds

*2 Meilen (3,2 km) südöstlich von Murfreesboro, an der Arkansas 301*

■ 3,7 km² ■ Ganzjährig ■ Diamantenjagd

Behauptet man, es lohne sich, einen Park zu besuchen, dann meint man es gemeinhin nicht so wortwörtlich wie für diesen nahezu unbekannten Park im Südwesten Arkansas'. Die Edelsteine hier sind echt, durch vulkanische Eruption ausgeworfen und nun durch Erosion ans Licht gebracht.

Gegen eine geringe Gebühr können Sie hier ein 15 Hektar großes Feld mit Lamproit-Gestein durchsuchen und dürfen alle gefundenen Edelsteine behalten. Funde wie der »Uncle Sam« (40,23 Karat) oder der »Stern von Murfreesboro« (34,25 Karat) sind zwar so selten wie ein

Lotteriegewinn, aber immerhin werden jährlich an die 750 Diamanten gefunden. Mit einem Souvenir könnten Sie also schon rechnen und Halbedelsteine wie Jaspis, Quarz, Granat, Peridot oder Amethyst sind keine schlechten Trostpreise.

Fragen Sie den Parkranger nach Tipps und sehen Sie sich die Ausstellungsstücke an, ehe Sie loslegen. Hoffnungsvolle Schürfer rücken oft mit Wünschelruten oder »magischen« Lupen an, aber wie so oft im Leben helfen Beharrlichkeit, Geduld, harte Arbeit – und Glück – am besten.

### Camping

Der Park bietet 59 Zelt- und Wohnmobilplätze mit Duschen: telefonische Reservierung im Verwaltungsbüro des Parks möglich. Campinggebühr.

Crater of Diamonds State Park, 209 State Park Rd., Murfreesboro, AR 71958; 870-285-3113; www.craterofdiamondsstatepark.com

# Lake Chicot

*8 Meilen (12,8 km) nordöstlich von Lake Village, an der Arkansas 144*

■ 0,5 km² ■ Ganzjährig ■ Schöner See ■ Vogelbeobachtung, Angeln (mit Angelschein) ■ Kahntouren

**257**

Dieser winzige Park in der Schwemmlandebene des Mississippi liegt am Nordende des schönen **Lake Chicot** – Amerikas größtem Altwasserarm. Mit zahlreichen Sumpfzypressen beschwört der See Südstaatenromantik herauf.

Im Yachthafen des Parks kann man Boote leihen, um den See zu erkunden oder sein Anglerglück an Wels, Barsch, Brasse oder *Crappie* (Sonnenbarsch) versuchen. Im Spätfrühling oder Herbst sollten Sie die berühmten Kahntouren mitmachen *(870-265-5480, April–Juni, Aug.–Sept., Gebühr)*, bei denen man Hunderte von Reihern beobachten kann. Auch der in Arkansas seltene, bedrohte Waldstorch ist hier zu sehen. Im Winter sitzen Weißkopfseeadler in den Zypressen am See. Fragen Sie im **Visitor Center** nach Fahrten über die **Dämme** entlang den Flussläufen des **Mississippi** und **Arkansas**.

### Camping und Lodge-Unterkunft

Der Park bietet 127 Zelt- und Wohnmobilplätze mit Duschen; telefonische Reservierung im Verwaltungsbüro des Parks möglich. Campinggebühr. Zudem sind 14 *Cabins* vorhanden; Reservierung unter 800-264-2430.

Lake Chicot State Park, 2542 Hwy. 257, Lake Village, AR 71652; 870-265-5480; www.arkansasstateparks.com/lakechicot

Angeln am Pier des Lake Chicot

# Lake Fausse Pointe

*18 Meilen (29 km) südöstlich von St. Martinville, über Louisiana 96, 679 und 3083 sowie die West Atchafalaya Protection Levee Road*

- 24,8 km² ▪ Ganzjährig ▪ Fahrzeuggebühr ▪ Atchafalaya-Sumpf
- Kanufahrten ▪ Wandern

Sonnenuntergang am Lake Fausse

Der Atchafalaya River bietet Weißkopfseeadlern, Alligatoren und Ottern ein Habitat und ist eines der schönsten Naturschutzgebiete im Land. Der Atchafalaya (das Wort der amerikanischen Ureinwohner für »langer Fluss«) erstreckt sich vom Golf von Mexiko aus 120 Meilen (192 km) nordwärts. Seine Flussniederung kann bis über 36 Kilometer breit werden. Nur wenige Straßen führen durch dieses Feuchtgebiet und der Zugang zum Inneren ist schwierig ohne Boot und einen Führer, der den Weg durch die unmarkierten Wasserwege kennt.

**PARK-TIPP:** *Werfen Sie von der Strandpromenade die Leine nach Gefleckten Knochenhechten aus. Sie leben von den Insekten, die vom Licht der Brücken und Docks angezogen werden.*

### Attraktionen und Aktivitäten

Der schwierigste Teil einer Reise zum Lake Fausse Pointe ist schlichtweg der Weg dorthin, doch er ist beschildert. Sie müssen in den Zuckerrohrfeldern östlich von St. Martinville mehrere Male abbiegen, ehe Sie dann auf den letzten acht Meilen (13 km) nach Süden – parallel zum Deich – zum Park fahren.

Obwohl Lake Fausse Pointe umfangreiche Sumpfgebiete umfasst, ist der erschlossene Boden fest. Tief wurzelnde Bäume wachsen entlang den Straßen und das Wasser ist nie weit entfernt. Zu den heimischen Tierarten zählen der winzige Rubinkehlkolibri, Weißwedelhirsche und Alligatoren sowie Reiher, Gürteltiere, Eichhörnchen und Nutrias, die Anfang des 20. Jahrhunderts aus Südamerika in Louisiana zur Pelztierzucht eingeführt wurden.

Überqueren Sie die Fußgänger-brücke über die **Old Bird Island Chute** zu den Wanderwegen. Drei Wege (**A**, **B** und **C**) von insgesamt 2,5 Meilen (4 km) Länge winden sich zwischen überwach-senen Sumpfzypressen, Eichen, Weiden, Amerikanischen Platanen und Zürgel-bäumen hindurch. Das ganze Jahr über sind Vögel zu hören. Weg B führt an einer Beobachtungsstation für Wasser-

> **CAJUN-LAND:** Der Lake Fausse Pointe liegt mitten im Cajun-Gebiet, der Heimat französischsprachiger Siedler, die 1750 von den Briten aus Kanada vertrieben worden waren. Die Stadt Lafayette nennt sich gerne »Hauptstadt der Cajun«. Das Acadian Cultural Center *(501 Fischer Rd., 337-232-0789, Eintrittsgebühr)* und das angrenzende Freilichtmuseum Vermilionville *(1600 Surrey St., 337-233-4077 oder 800-992-2968, geschl. Mo, Eintrittsgebühr)* beweisen, dass zur Cajun-Kultur mehr gehört als eine würzig-scharfe Küche und großartige Tanzmusik.

vögel, Möwen, Seeschwalben und Watvögel vorbei. Horchen Sie auf das Klappern des Gürtelfischers oder den Schrei eines Rotschulterbussards.

Die Wälder und Wasserwege im südlichen Louisiana bieten Lebensraum für viele Reptilien, auch für Schlangen, die von Besuchern oft unnötig gefürchtet werden. Am häufigsten werden Sie jedoch Schild-kröten zu Gesicht bekommen, die *map turtles*, *painted turtles*, *cooters* und *sliders* genannt werden und sich gern in der Sonne wärmen.

Drei Kanu-Fahrwege, alle markiert, führen durch das Kanalsystem am östlichen Ende des Sees. So können Sie am besten das Ökosystem des Atchafalaya erkunden. Bleiben Sie in der Nähe und paddeln durch die stille Old Bird Island Chute – oder wagen Sie sich weiter vor und be-wundern die riesigen Sumpfzypressen bei **Sandy Cove** *(Bootsverleih an der Pforte, Gebühr)*. Erkundigen Sie sich, bevor Sie auf eigene Faust los-paddeln.

### Camping und Lodge-Unterkunft

Der Park bietet 50 Zelt- und Wohnmobilplätze mit Strom und Wasser, einen einfachen Lagerplatz, fünf einfache Kanu-Anlegestellen und sieben einfache Lagerstätten für Rucksacktouristen. Campinggebühr. Dazu gibt es 18 *Cabins*, die unter 877-226-7652 reserviert werden können.

Lake Fausse Pointe State Park, 5400 Levee Rd., St. Martinville, LA 70582; 337-229-4764; www.crt. state.la. us/parks

Alligatoren

259

## Chicot

*7 Meilen (11 km) nördlich von Ville Platte, an der Louisiana 3042*

▪ 25,9 km² ▪ Ganzjährig ▪ Fahrzeuggebühr ▪ Wandern, Angeln (mit Angelschein)

Ein abwechslungsreicher Wald umgibt den acht Quadratkilometer großen Lake Chicot, an dem die nördlichen Nadelwälder in die sumpfigen Niederungen des Südens übergehen. Viele Einheimische angeln dort nach Forellenbarsch und *Crappie* (Sonnenbarsch, von den Cajun *sac-à-lait* genannt). Nichtangler genießen Wanderungen am romantischen Seeufer entlang oder Besuche im Arboretum.

Um die Gegend kennenzulernen, fahren Sie entlang der vier Meilen (6,4 km) langen Straße zwischen der nördlichen und südlichen Anlegestelle. Die Straße schlängelt sich durch welliges, mit Kiefern, Eichen, Amberbäumen, kleinen Palmen und Magnolien bewachsenes Land, hier und da blitzt der silbrige Stamm einer Buche durch. Am nördlichen Landesteg genießt man einen guten Ausblick. Im Winter kann man Wasservögel auf dem zypressengesäumten See beobachten. Weißkopfseeadler sitzen oft in den hohen Bäumen.

Der **Walkers Branch Hiking Trail** führt um den See herum an einfachen Campingmöglichkeiten vorbei. Auch auf kürzeren Wegstrecken können Sie Autos und knickenden Menschen entkommen, ohne einen Rucksack mitzunehmen.

Das nahe gelegene **Louisiana State Arboretum** *(319-363-6289; an der Louisiana 3042)* eine Meile (1,6 km) nördlich des Parkeingangs lohnt einen Besuch. Die 2,5 Meilen (4 km) Wege, die im dichten Waldland durch hügeliges Gebiet führen, gehören zu den schönsten des Staats. Diese Art von Buchen- und Magnolienwälder waren im Süden einst weit verbreitet. Heute sind sie selten und werden ihrer Schönheit wegen bewundert.

### Camping und Lodge-Unterkunft

Es gibt 208 Zelt- und Wohnmobilplätze mit Duschen sowie 27 *Cabins* und eine Lodge; Reservierung unter 888-677-2442. Campinggebühr.

Chicot State Park, 3469 Chicot Park Rd., Ville Platte, LA 70586; 337-363-2403; www.crt.state.la.us/parks/ichicot.aspx

## Poverty Point

*16 Meilen (26 km) nördlich von Delhi, über die Louisiana 17, 134 und 577*

▪ 1,6 km² ▪ Ganzjährig ▪ Eintrittsgebühr ▪ Camping verboten
▪ Museum ▪ Bahnfahrten nach Jahreszeit ▪ Lehrpfad

Zu der Zeit, als König Salomon seine Sprüche schrieb und sich um seine 700 Frauen kümmerte, existierte an diesem Flussufer im nordöstlichen Louisiana ein blühendes Gemeinwesen. Mit seinen ausgedehnten und gut angelegten Gebäuden schien es das Handelszentrum der Region zu sein. Handelsbeziehungen erstreckten sich über weite Gebiete. Im Überschwemmungsgebiet des Mississippi entstanden gigantische Erdwälle und Zeremonienhügel – einer in Form eines fliegenden Vogels, der 30 Meter hoch und über 210 Meter lang ist.

Archäologen nennen die Gegend Poverty Point, und mit diesem Namen bezeichnet man auch die dominante Kultur, die im unteren Mississippi-Tal zwischen 1500 und 500 v. Chr. existierte. Die Poverty Point State Historic Site belohnt Besucher mit Einblicken in diese lang vergangene Kultur, die Steinplastiken hinterlassen hat, riesige Erdwälle schuf und deren Handelsbeziehungen bis in die Täler der Flüsse Ohio und Tennessee reichten.

Der von Bäumen bestandene Hügel A

## Attraktionen und Aktivitäten

Ihre erste Erfahrung mit Poverty Point machen Sie wahrscheinlich, ohne es zu wissen. Auf dem Weg zum **Visitor Center** überquert die Louisiana 577 einige Bodenwellen, die so lang und gleichförmig sind, dass man sie für natürliche Erhebungen halten könnte. In Wirklichkeit überqueren Sie sechs konzentrische, halbrunde Erdwälle, die von einem Ende zum anderen etwa 1,2 Kilometer lang sind. Ursprünglich waren diese Wälle zwei bis drei Meter hoch und dienten wahrscheinlich als Fundament für Häuser. Der Bau dieser Wälle muss eine arbeitsteilige Organisation und Millionen von Arbeitsstunden erfordert haben.

Das Visitor Center von Poverty Point befindet sich auf dem 15 Hektar großen Platz am **Bayou Macon** (wird wie »Mason« gesprochen), der einst das Zentrum der Stadt bildete. Dort können Sie sich ein kurzes Video ansehen, das die Bedeutung und Geschichte der Stätte erläutert. In einem Nebenraum werden Ausstellungsstücke gezeigt, die den Ausgrabungen vor Ort entstammen. Darunter sind hübsche kleine Eulenskulpturen aus rotem Jaspis, geschnitzte Bleilote, die vielleicht zum Beschweren von Fischnetzen dienten, Ringkragen und Steinperlen,

**NAMENSSPIELE:** Was bedeutet ein Name? Gewiss nicht viel für Poverty Point, dem »Punkt der Armut«. Siedler gaben ihren Niederlassungen einst oft Namen wie *No Hope* oder *Hard Times Farm*, um ihren Überlebenskampf in Amerika zu ironisieren. Mitte des 19. Jahrhunderts hieß eine Plantage am Bayou Macon Poverty Point — und so wurde schließlich die gesamte archäologische Fundstätte genannt. Der freudlose Name hat jedoch nichts mit den prähistorischen Einwohnern zu tun, die unseres Wissens nach wohlhabend und zufrieden waren.

Pfeil- und Speerspitzen sowie künstliche Kochsteine aus feuergehärtetem Lehm, die erhitzt und in Erdöfen gestellt wurden, um Nahrungsmittel zu garen. Diese Steine sind so eng mit der Kultur verbunden, dass Archäologen sie als »Poverty-Point-Objekte« bezeichnen.

Gehen Sie den **Hügel A** hinauf, um dessen Umfang und Größe richtig zu würdigen. Er ist wie ein Vogel mit ausgebreiteten Flügeln geformt und wurde wohl für bestimmte Zeremonien erbaut. Die Erdarbeiten umfassten etwa 230 000 Kubikmeter Erde, die Korb für Korb aus nahe gelegenen Gruben hergetragen worden waren.

Von März bis Oktober werden Bahn-Touren angeboten, die über die Wälle zum Hügel A (Sie dürfen bis nach oben klettern) und **Hügel B** fahren.

Alternativ zur Bahn gibt es den 2,6 Meilen (4,2 km) langen Lehrpfad, der den Bayou Macon entlang über die Wälle und dann zurück zum Visitor Center führt. (Auf diesem Spaziergang sollten Sie Sportschuhe tragen, da die Wege im Winter und Frühling rutschig sein können.)

Dieser Ort, der unserer Zeit so fern ist, birgt noch viele Geheimnisse. Archäologische Studien sind immer im Gange. Im Sommer sehen Sie wahrscheinlich Wissenschaftler bei der Arbeit, die versuchen, einige der zahlreichen offenen Fragen um Poverty Point und seine fleißigen Bewohner zu klären.

Poverty Point State Historic Site, P.O. Box 276, Epps, LA 71237; 318-926-5492 or 888-926-5492; www.crt.state.la.us/parks/ireservoir.aspx

## Lake Bistineau

*9 Meilen (14,5 km) südlich von Doyline, an der Louisiana 163*

■ 3 km² ■ Ganzjährig ■ Fahrzeuggebühr ■ 69 km² großer See ■ Bootfahren, Angeln (mit Angelschein)

Am Ufer des Lake Bistineau, des großen, flachen Stausees 30 Meilen (48 km) östlich von Shreveport, sind Sie am Schnittpunkt zweier Welten: auf der einen Seite die moorige Weite der Sumpfzypressen und Tupelobäume (Nyssa aquatica), der Brautenten und Welse, Bisamratten und Schlammschildkröten; auf der anderen ein Ausläufer des riesigen Nadelwalds, der sich vom Atlantik bis nach Texas zieht. Diese Gegenüberstellung macht die Vielseitigkeit des Naturparks aus und bietet eine gute Ausgangsbasis zur Erkundung des Sees.

Die Zufahrtsstraße zum **Parkplatz 1**, an dem sich das Büro und die Cabins befinden, führt durch einen Wald, in dem die zum Teil riesige

Weihrauch-Kiefer vorherrscht. Auf dem Land gibt es hier wenig Abwechslung, deshalb sollten Sie sich im Verwaltungsbüro des Parks nach einem Boot erkundigen – die beste Art, den Aufenthalt hier zu gestalten.

Interessantes ist gleich in der Nähe zu entdecken. Am Ufer neben dem Park sieht man Sumpfzypressen mit aufgedunsenen Stämmen und knorrigen Auswüchsen, die mit Louisianamoos behangen sind. In Frühjahr und Sommer können Sie den leuchtend gelben Zitronenwaldsänger beobachten, einen spatzengroßen Vogel, der hier eine Besonderheit darstellt. Er baut sein

263

Ein Silberreiher im Anflug

Nest gern in Baumhöhlungen über dem Wasser. Im Herbst färben sich die Nadeln der Sumpfzypressen rostrot, denn dieser Baum, obwohl ein Nadelbaum wie Tanne und Fichte, wirft seine Nadeln ab, so wie Eiche und Ahorn ihre Blätter abwerfen.

**PARK-TIPP:** *Wenn Sie den Park ganz kennenlernen wollen, spielen Sie auf dem 18-Loch-Golfplatz über das ganze Waldgebiet entlang dem Seeufer und über die Felder.*

Wenn Sie Bistineau besuchen, sollten Sie eine der Blockhütten am Seeufer mieten. Dann brauchen Sie nur aus dem Fenster zu sehen, um diesen einzigartigen, attraktiven Park genießen zu können.

### Camping und Lodge-Unterkunft

Es gibt 67 Zelt- und Wohnmobilplätze mit Duschen. Campinggebühr. Außerdem stehen 14 *Cabins* bereit; Reservierungen unter 888-677-2478.

Lake Bistineau State Park, P.O. Box 589, Doyline, LA 71023; 318-745-3503 or 888-677-2478; www.crt.state.la/us/parks/ibistino.aspx

# Big Bend Ranch

*3 Meilen (4,8 km) südöstlich von Presidio, an der FM 170*

■ 1214 km² ■ Ganzjährig ■ Eintrittsgebühr ■ Wilde Felslandschaft
■ Wüstentiere ■ Umweltbildungszentrum Barton Warnock ■ Rafting,
Wandern, Rucksacktouren, Mountainbiking

Rio Grande, Canyon Colorado

Die Chihuahua-Wüste erstreckt sich über ein riesiges Gebiet Nord-
mexikos und des Südwestens der USA. Einigen ist diese Landschaft zu
einsam und abschreckend, andere
dagegen finden hier die Ruhe, sich
von den Anforderungen der
Zivilisation zu erholen.

    Der Big Bend Ranch State Park
breitet sich nördlich des Rio Grande
aus, westlich des Big Bend National
Park. Die rund zwei Quadratkilo-
meter bestehen zum großen Teil aus Wüstengrasland. Der Fluss bildet
eine schmale Oase mit Lebensraum für eine unglaubliche Vielzahl von
Pflanzen und Tieren – in den Felsen treiben sich noch Pumas herum
und Steinadler suchen die Canyons ab –, die sich in Trockengebieten
sonst nicht aufhalten.

    1988 kaufte der Staat die ehemalige Viehranch auf, und seither hat
sich nicht viel verändert: Die FM 170 verläuft parallel zum Fluss, eine
Schotterstraße geht durch den nördlichen Teil und einige Wanderwege
führen ins raue Hinterland. Im Allgemeinen ist das Land aber schwer
zugänglich.

**PARK-TIPP:** *Campen Sie auf dem einfachen Campingplatz Grassy Banks,
wo Sie dem Plätschern, Flüstern und
Gurgeln des Flusses zuhören können,
während Sie entspannen und den
Sonnenuntergang bewundern.*

## Attraktionen und Aktivitäten

Ihr Abenteuer beginnt, wenn Sie von Presidio aus die FM 170 in südöstlicher Richtung nehmen. Diese Route, auch El Camino del Rio oder **River Road** genannt, ist eine der schönsten Amerikas. Den Rio Grande auf der einen Seite, die Bofecillos Mountains auf der anderen, windet sich die Straße etwa 50 Meilen (80 km) auf und ab durch eine ständig wechselnde Landschaft, die durch vulkanische Aktivität, tektonischen Druck und Erosion entstanden ist. Genießen Sie die Landschaft, aber fahren Sie vorsichtig, vor allem in den Furten. Fahren Sie niemals in Wasser, das zu tief oder reißend aussieht und nicht klar ist.

Auf dem Weg zum Park, drei Meilen (4,8 km) außerhalb von Presidio, kommen Sie an der **Fort Leaton State Historical Site** *(432-229-3613, Eintrittsgebühr)* vorbei, einer der beiden Orte, an denen Sie Informationen über Big Bend Ranch einholen und die Ein-

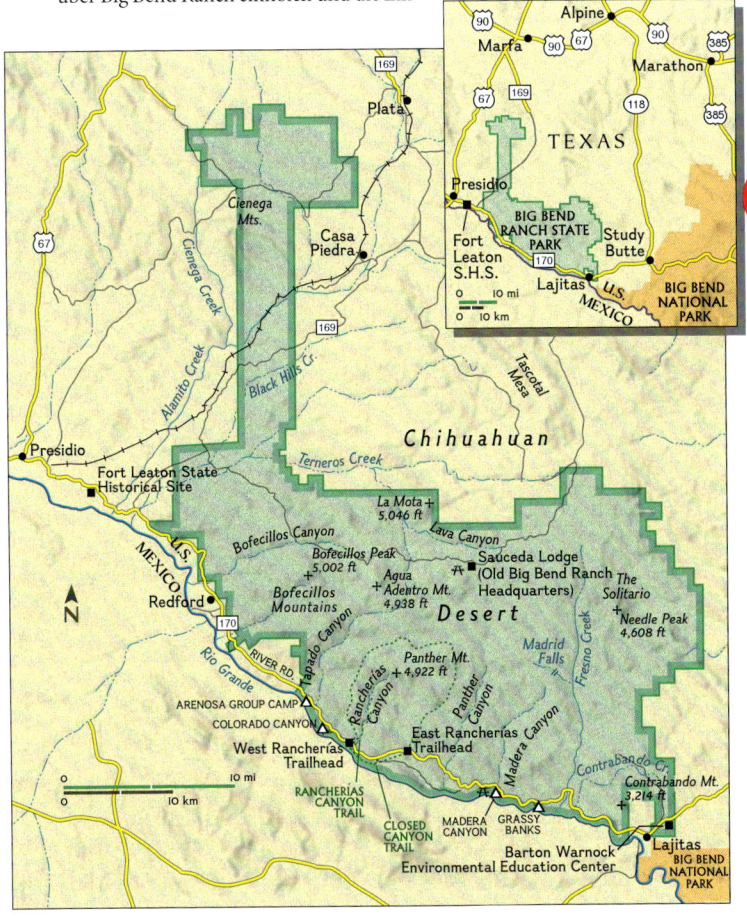

trittsgebühr bezahlen können. Wenn Sie zum ersten Mal hier sind, fahren Sie jedoch weiter zum **Barton Warnock Environmental Education Center** *(432-424-3327, Eintrittsgebühr)* in Lajitas, am anderen Ende des Parks, und informieren sich dort über die Naturgeschichte. Spazieren Sie durch den einen Hektar großen botanischen Garten mit so typischen heimischen Pflanzen wie Lechuguilla, einer Agavenart, die nur hier wächst.

Fragen Sie die Mitarbeiter im Center nach dem aktuellen Straßenzustand und informieren Sie sich über Aktivitäten wie Fotografie-Workshops, Longhorn-Viehabtrieb oder Reitausflüge.

Fahren Sie 20 Meilen (32 km) zurück zum Wanderweg in den **Closed Canyon**, der an der FM 170 beginnt. Hier hat ein Zufluss eine enge, steile Schlucht in den Schmelztuff eingegraben, der aus Vulkanasche gebildet wurde. Es ist ein kurzer, leichter Spaziergang, der aufgrund der Enge des Canyons immer schattig ist – sehr angenehm in diesem Klima.

Fahren Sie weiter in Richtung Presidio. Einige Meilen hinter der Westgrenze des Parks biegen Sie rechts ab in die Schotterstraße Casa Piedra (FM 169), die etwa 30 Meilen (48 km) in die Berge hineinführt *(schwierig für größere Wohnmobile)*. Lauschen Sie den Wüstenvögeln oder am Abend dem geisterhaften Heulen der Kojoten. Maultierhirsche und Pekaris (Nabelschweine) werden oft gesichtet, doch den Puma, der sie reißt, bekommt kaum ein Tourist je zu Gesicht.

Die Straße führt nach **Sauceda**. Dort können Sie auf der alten Ranch übernachten. Hinter Sauceda bieten sich spektakuläre Ausblicke auf die Lakkolith-Caldera des Vulkans **Solitario** und ein Aussichtspunkt in den Fresno Canyon hinein.

### Weitere Erlebnisse

Wer gut zu Fuß ist, kann den **Rancherías Canyon Trail** nördlich der River Road nehmen und, an alten Lavaströmen vorbei, den Canyon zu einem Wasserfall hinaufwandern. Hin und zurück sind es 9,6 Meilen (15,4 km), doch schon nach zwei Meilen (3,2 km) wird es interessant, so dass sich auch kürzere Ausflüge lohnen. Der 19 Meilen (30,6 km) lange **Rancherías Loop Trail** sollte dagegen nur von erfahrenen Rucksacktouristen in zwei bis drei Tageswanderungen erwandert werden.

### Camping und Lodge-Unterkunft

Der Park bietet elf einfache Campingplätze, drei Plätze am Fluss und zwei für Gruppen. Campinggebühr. Die Schlafsaal-Unterkunft (30 Stockbetten) in Sauceda ist schnell ausgebucht; Reservierung unter 432-229-3416.

Big Bend Ranch State Park, P.O. Box 2319, Presidio, TX 79845; 432-229-3416; www.tpwd.state.tx.us/spdest

FLUSSVERGNÜGEN: Rafting und Kanufahrten sind sehr populär in Big Bend Ranch, das an den Canyon Colorado des Rio Grande stößt. Mit einer Zulassung können Sie im eigenen Boot den Fluss hinunterfahren, aber die meisten Reisenden nehmen Anbieter in Lajitas oder Terlingua in Anspruch. Das Verwaltungsbüro des Parks stellt die Kontakte her. Diese Firmen organisieren auch Fahrten durch die Canyons Santa Elena, Mariscal und Boquillas im Nationalpark Big Bend – sie zählen zu den spektakulärsten Flussreisen der Welt.

# Enchanted Rock

*17 Meilen (27,4 km) nördlich von Fredericksburg, an der Route 965*

▪ 6,6 km² ▪ Ganzjährig ▪ Eintrittsgebühr ▪ Begrenzte Besucherzahl
▪ Wohnmobil-Camping verboten ▪ Granitformationen ▪ Felsklettern

Diese zerklüftete Land-
schaft westlich von Austin,
von den Texanern liebevoll
Hill Country genannt, bietet viel – von schönen
Flusslandschaften bis hin
zu historischen Städten.
Am beeindruckendsten je-
doch ist der Berg aus rosa-
farbenem Granit mitten
im Naturschutzgebiet
Enchanted Rock. Er erhebt
sich 130 Meter über das
umliegende Gebiet und
umfasst 256 Hektar Fels-
grund. Er wirkt, als käme
er aus einer anderen Welt –
was in gewisser Weise auch
stimmt.

Erosionserscheinungen im Granit

**267**

Der **Enchanted Rock** ist ein Batholith (Tiefengesteinskörper) – eine
riesige Masse geschmolzenen Materials, die aus dem Erdinnern aufstieg
und dann erhärtete. Im Lauf der Jahrmillionen seit seiner Entstehung
wurde die weichere Felsschicht darüber abgetragen und gibt nun den
Gipfel frei. Der sichtbare Teil ist nur ein Bruchteil des gesamten Massivs,
das sich über 233 Quadratkilometer in Te-
xas ausdehnt.

Der Name Enchanted Rock (»Zau-
berberg«) soll von den Indianern stammen, die vielleicht die von Temperatur-
schwankungen ausgelösten Geräusche des
expandierenden oder kontrahierenden

PARK-TIPP: *Der Echo Canyon Trail
zwischen dem Enchanted Rock
und dem Little Rock ist eine
Abkürzung zum Startpunkt vieler
Klettertouren.*

Gesteins auf Geister zurückführten. Archäologische Funde weisen eine
8000 Jahre lange Besiedlung durch die amerikanischen Ureinwohner
nach, bis sie Mitte des 19. Jahrhunderts vertrieben wurden.

### Attraktionen und Aktivitäten

Die wichtigste Aktivität am Enchanted Rock ist: ihn zu erklettern. Der
**Summit Trail** ist gut ausgewiesen und erfordert keine Kletterkünste,
doch der Höhenunterschied von 130 Metern auf etwa 800 Meter Distanz
bedeutet doch mehr als einen einfachen Spaziergang.

Ehe Sie loslegen, informieren Sie sich im **Verwaltungsgebäude**. Der
Enchanted Rock ist Teil der Texas Central Mineral Region, die für ihre
geologische Vielfalt bekannt ist. Das Wissen darüber, was im Untergrund vorgeht, schärft Ihre Sinne für das Erlebnis. Außerdem erfahren

LITTLE GERMANY: Fredericksburg südlich von Enchanted Rock ist eine der bekanntesten deutschen Gemeinden in Texas. 1846 von einer Einwanderergesellschaft gegründet, hat es mit seinen Fachwerkbauten und den Bäckereien, die auf deutsche Backwaren spezialisiert sind, immer noch ein Flair von alter Heimat. Das Pioneer Museum *(309 W. Main St., 830-990-8441, Eintrittsgebühr)* und das Museum Vereins Kirche *(Markt Platz, 830-997-7832, Eintrittsgebühr)* berichten über die Entstehungsgeschichte.

Sie etwas über archäologische Funde, heimische Vögel und das Felsklettern.

Am Summit Trail können Sie Mesquite-Bäume, verschiedene Arten von Eichen, Schwarzen Hickory, Kaktusfeigen, Ulmen, Zürgelbäume und Texanische Dattelpflaume, eine kleinere Variante der Dattelpflaumen des Ostens, sehen. Im Frühjahr blühen Bluebonnet (Lupinen) und Castilleja. Bei den Tieren wie den Pflanzen im Park ergibt sich eine interessante Mischung von Arten aus Ost und West. Hier finden sie sowohl Füchse als auch Felseichhörnchen, ebenso wie Pekannuss und Katzenklauen-Akazien.

Sehen Sie sich beim Anstieg nach ephemeren Seen um, die im Lauf des Jahres verdunsten. Die Vegetation in diesen Ökosystemen ändert sich langsam von Flechten über Gräsern bis zu Lebenseichen und schafft Pflanzeninseln auf dem nackten Granit. Winzige wirbellose Tiere, sogenannte Kiemenfüßer, bewohnen diesen ephemeren Lebensraum – als Eier in der Trockenzeit, aus denen bei Regen die Larven schlüpfen.

Vom runden Gipfel aus haben Sie einen grandiosen Ausblick über das gesamte Hill Country hinweg. Die Erhebungen um Sie herum sind, wie der Enchanted Rock, Aufwerfungen desselben riesigen Granit-Batholiths. Planen Sie für dieses grandiose Erlebnis viel Zeit ein, genießen Sie das Panorama und Ihren Bergsteigererfolg.

Wieder unten sollten sie den vier Meilen (6,4 km) langen **Loop Trail** um den Enchanted Rock herum erwandern. Hier können Sie die verschiedenen Lebensräume wie Eichenwald, Mesquite-Grasland und die Talauen des Sandy Creek erforschen. Der Trail führt zu drei ausgewiesenen, einfachen Campingplätzen.

An den steilen Nordwest-Abhängen ist Felsklettern sehr beliebt. Achtung: nur für Fortgeschrittene! Kletterer müssen sich vorab im Verwaltungsgebäude melden und die Regeln kennen. Eisen- oder Bohrhaken und alles, was die Felsoberfläche zerstören könnte, sind nicht erlaubt. Erkundigen Sie sich nach der 300 Meter langen Kluft **Enchanted Rock Fissure**, die sich unter weiten Teilen des Granitgerölls hinzieht. Für dieses aufregende Erlebnis brauchen Sie gutes Schuhwerk und eine Taschenlampe – und Sie dürfen Ihre Körperkräfte nicht überschätzen.

Zum Schutz dieses ökologischen Lebensraums ist die Besucherzahl pro Tag begrenzt. Rufen Sie an Wochenenden und Feiertagen vorher an.

### Camping

Der Park bietet 46 Schutz- und 60 einfache Zeltplätze mit Duschmöglichkeit; Reservierungen unter 512-389-8900. Campinggebühr.

Enchanted Rock State Natural Area, 16710 Ranch Rd. 965, Fredericksburg, TX 78624; 325-247-3903; www.tpwd.state.tx.us/spdest

# Brazos Bend

*20 Meilen südlich von Richmond, an der Texas 762*

▪ 20 km² ▪ Ganzjährig ▪ Eintrittsgebühr ▪ Hervorragende Tierbeobachtung möglich ▪ Wandern, Fahrradfahren

269

Ein Feld mit Spinnenlilien

Brazos Bend, nach seiner Lage an einer weiten Biegung des Brazos River benannt, ist einer der beliebtesten Parks in Texas. Das größte Vergnügen bereitet er demjenigen, den der ernste Ruf eines Virginia-Uhus am Abend, der kalte Blick eines Alligators oder das graziöse Ballett der Reiher auf Nahrungssuche entzückt.

Der größte Teil des Parks besteht aus dichtem Laubwald in fast tropischer Üppigkeit. Virginiamoos hängt von den knorrigen Ästen der Lebenseichen, Pappeln und Platanen säumen die Ufer des Brazos und der Seen in den flachen Flussauen. In den Sümpfen leben Wasservögel, Watvögel, Otter und Nutrias, und das Grasland strotzt vor Wildblumen. All diese Naturwunder kann man auf mehr als 35 Meilen (56 km) Fahrrad- und Wanderwegen erkunden.

## Attraktionen und Aktivitäten

Auch wenn Sie am liebsten sofort loswandern würden, empfiehlt es sich, an den Wochenenden zuerst am **Nature Center** zu halten, wenn es ganztägig geöffnet ist und mindestens sechs Programme anbietet *(Mo–Fr 11–15 Uhr, Sa und So 9–17 Uhr)* dort. Gehen Sie hinter der Eingangspforte 2,6 Meilen (4,2 km) weit, bis ein Gebäude zu Ihrer Linken erscheint. Dort erfahren Sie mehr über die drei Naturzonen (Wald, Sumpf und Grasland) des Parks und über seinen populärsten Bewohner, den Mississippi-Alligator. Der **Creekfield Lake Nature Trail**, ein Lehrpfad, informiert Sie weiter. Dieser 800 Meter lange Rundweg ist behindertengerecht ausgebaut.

Gehen Sie zurück zum Parkplatz am **40-Acre Lake** neben dem Haupteingang. Der Angelpier dort ist ein hervorragender Aussichtspunkt. Je nach Tageszeit sind Enten, Fischreiher, Wasserhühner oder Haubentaucher zu sehen. Auch Brautenten, Amerikas schönste Wasservögel, gehören zu den etwa 70 Vogelarten, die im Park nisten.

Ehe Sie den zwei Kilometer langen Rundgang um den See antreten, verinnerlichen Sie die Sicherheitsinformationen zu den Alligatoren. Diese Riesenechsen zu sehen ist immer aufregend, aber lassen Sie sich nicht von ihrem trägen Aussehen täuschen: Alligatoren bewegen sich blitzschnell, wenn es sich lohnt. Füttern Sie nie einen Alligator und nähern Sie sich nie einem Nest oder Weibchen mit Jungen.

Auf dem Weg könnten Sie Weißwedelhirsche, Krabbenreiher, Sumpfkaninchen (nahe Verwandte des Waldkaninchens) und verschiedene Schlangenarten beobachten. Klettern Sie auf der gegenüberliegenden Seeseite auf den Aussichtsturm, um den Blick über das ausgedehnte Sumpfgebiet schweifen zu lassen. Mit Geduld können Sie verschiedene Watvögel beobachten. Eine Abzweigung führt zum **Elm Lake**. Wenn Sie diesem Pfad folgen, den Elm Lake umrunden und zum Parkplatz am 40-Acre Lake zurückkehren, haben Sie 4,1 Meilen (6,6 km) zurückgelegt und garantiert die verschiedensten Tiere gesehen.

Wenn Sie Zeit haben, erkunden Sie die Wege vom **Hale Lake** zum Brazos River. Die sich überschneidenden Rundwege erlauben Spaziergänge von wenigen Hundert Metern bis zu einigen Kilometern. Der zwei Meilen (3,2 km) lange **Red Buckeye Trail** verdankt seinen Namen dem Busch, dessen leuchtend rote Blüten die Wälder im Frühjahr beleben.

Samstagnachts bietet das **George-Observatorium** *(979-553-3400)* dem Publikum die Möglichkeit, durch seine 900-Millimeter-**Teleskope** zu spähen. Die Sternwarte wird vom Naturkundemuseum Houston betrieben und befindet sich am Creekfield Lake neben dem Visitor Center *(Vorbestellung nicht möglich, Eintrittsgebühr)*.

### Camping

Brazos Bend hat 77 Zelt- und Wohnmobilplätze mit Duschen; Reservierung empfohlen unter 512-389-8900. Campinggebühr.

Brazos Bend State Park, 21901 FM 762, Needville, TX 77461; 979-553-5101; www.tpwd.state.tx.us/spdest

ARMADILLO-LAND: In Brazos Bend begegnen Sie vielleicht einem Gürteltier, das im Unterholz nach Käfern und Ähnlichem schnüffelt. Obwohl es mit seinem Schuppenpanzer einem Reptil ähnelt, ist dieses harmlose, scheue Wesen ein Säugetier. Im Frühjahr gebären die Weibchen vier genetisch identische Junge – alle desselben Geschlechts. Das Gürteltier sieht äußerst schlecht. Wenn Sie sich ihm also gegen den Wind nähern, können Sie recht nahe herankommen, um das Tier bei seinem Treiben zu beobachten.

# Caddo Lake

*15 Meilen (24 km) nordöstlich von
Marshall, über die Texas 43, Texas
2198 und Texas 2198*

- 33,4 km² ▪ Ganzjährig ▪ Eintrittsgebühr ▪ Romantischer See
- Naturlehr- und Wanderpfade
- Kanufahrten ▪ Sporthalle

Sumpfzypresse im Herbst

271

Die Staatengrenze zu Louisiana liegt nur acht Meilen (12,8 km) westlich des Caddo Lake, und diese Nähe zeigt sich auch in der ihn umgebenden Natur – das sumpfige Schwemmland erinnert eher an die Bayous des Mississippi-Deltas als an die Fichtenwälder und Prärien von Texas.

Für Unternehmungslustige ist Kanufahren die beste Option in diesem Park, der an den **Big Cypress Bayou** angrenzt. Gleiten Sie leise unter moosbehangenen Sumpfzypressen durch und fühlen Sie die Stille, während Sie sich einem Streifenkauz oder Alligator nähern. Doch Vorsicht! Wenn Sie den Fluss hinunterpaddeln und sich dabei vom Park entfernen, verlieren Sie in diesem Irrgarten von Wasserwegen auf dem 109 Quadratkilometer großen Caddo Lake leicht die Orientierung.

Kanus können Sie in einem Laden am **Saw Mill Pond** mieten *(903-679-3073 oder 903-930-0075, geschl. Di und Mi, Gebühr)*. Erkundigen Sie sich nach sicheren Wasserwegen und kaufen Sie eine Karte der »Fahrwege« des Sees. Es werden auch geführte Touren auf einem Pontonkahn angeboten.

**PARK-TIPP:** *Buchen Sie eine der Blockhütten des CCC aus den 1930er Jahren – sie verbinden geschichtliches Ambiente mit modernem Komfort.*

Vergessen Sie nicht die Naturlehrpfade und Wanderwege des Parks, die sich zu einem drei Meilen (4,8 km) langen Rundweg verbinden. Die Wege mäandern über Anhebungen und in Schluchten hinab, durch Mischwald mit Eichen, Amber- und Hickorybäumen, Ulmen und Fichten.

### Camping und Lodge-Unterkunft

Caddo Lake bietet 20 Zelt- und 26 Wohnmobilplätze (acht mit Vollanschluss, 18 nur mit Wasser und Strom) mit Duschmöglichkeiten; Reservierung während der Saison empfohlen, rufen Sie im Verwaltungsbüro des Parks an. Campinggebühr. Außerdem sind acht Moskitonetzzelte und neun *Cabins* vorhanden; Reservierung unter 512-389-8900.

Caddo Lake State Park, 245 Park Rd. 2, Karnack, TX 75661; 903-679-3351; www.tpwd.state.tx.us/spdest

# DER SÜDWESTEN

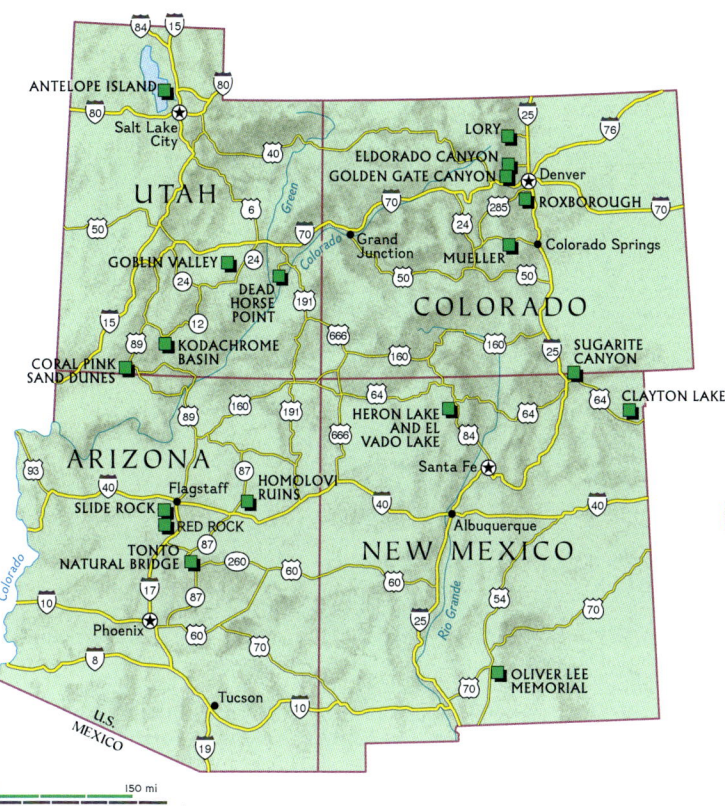

UTAH

## UTAH

Antelope Island
Coral Pink Sand Dunes
Dead Horse Point
Goblin Valley
Kodachrome Basin

## ARIZONA

Slide Rock
Red Rock
Tonto Natural Bridge
Homolovi Ruins

## COLORADO

Mueller
Roxborough
Golden Gate Canyon
Eldorado Canyon
Lory

## NEW MEXICO

Sugarite Canyon
Clayton Lake
Heron Lake and
 El Vado Lake
Oliver Lee Memorial

Kobold-Formation im Goblin Valley State Park, Utah

# Mueller

*3,5 Meilen (5,6 km) südlich von Divide, an der Colorado 67*

■ 20,7 km² ■ Ganzjährig ■ Eintrittsgebühr ■ Panoramablicke auf die Rocky Mountains ■ Wandern, Mountainbiking, Reiten ■ Wildtierbeobachtung ■ Skilanglauf

In der Nähe der Outlook Ridge

Der Mueller State Park wurde für Outdoor-Aktivitäten und zum Schutz seiner vielfältigen Tierwelt eingerichtet. Deshalb blieb hier viel vom ursprünglichen Charakter des Naturraums der Rocky Mountains erhalten.

Zu den zahlreichen Tierarten im Park zählt auch eine Herde von 250 Wapitis. Im Herbst kann man überall das Brüllen der brunftigen Hirschbullen hören, was die Maultierhirsche, Kaninchen, Pumas und Schwarzbären aber keineswegs stört.

Das einstige Jagdgebiet der Ute-Indianer wurde ab 1860 von den ersten Weißen besiedelt. Die deutschstämmige Familie Mueller gründete hier Ende der 1960er Jahre eine Viehranch, die später zum Wildreservat erklärt wurde.

**PARK-TIPP:** *Genießen Sie ein Picknick in der Bootlegger Picnic Area, umgeben von Felserhebungen.*

**Attraktionen und Aktivitäten**

Als Erstes sollten Sie das **Visitor Center** anfahren. Von seinem Parkplatz aus genießt man bereits einen Panoramablick auf die umliegenden Berge und Täler. In einem offenen Aussichtsgebäude findet man Hinweistafeln auf alle markanten Landschaftspunkte, darunter auch auf den 4303 Meter hohen **Pikes Peak**. Das Visitor Center bietet einen Überblick über den Park und informiert über seine Tierwelt.

Nur 162 Hektar des Parks sind erschlossen, die restlichen 1910 Hektar erkundet man am besten zu Fuß, mit dem Mountainbike, auf dem Pferderücken oder, im Winter, mit Langlaufskiern oder Schneeschuhen entlang der etwa 50 Meilen (80 km) langen Wanderwege. Wenn man sich nur kurze Zeit im Park aufhalten will, bietet der nur 1,3 Kilometer lange **Wapiti Self-Guided Nature Trail** (Ausgangspunkt am Rock Pond) einen kurzen Einblick in die verschiedenen Ökosysteme des Parks. Der 1,8 Meilen (2,9 km) lange **Outlook Ridge Trail** schlängelt sich an mehreren Aussichtspunkten mit Panoramablick vorbei, einschließlich der Raven Ridge, von der aus man in den Eingang des Canyons, den der Fourmile Creek formt, hinabblicken kann.

## Camping

Der Park verfügt über 132 Zelt- und Wohnmobilplätze, einschließlich 21 Plätzen für Walk-in-Zelte; Duschen von Mitte Mai bis Ende Oktober. Manche Plätze sind auch im Winter zugänglich. Reservierung – Mitte Mai bis Ende September empfohlen – unter 303-470-1144 oder 800-678-2267. Campinggebühr.

## Sehenswürdigkeiten in der Nähe

An den Park grenzt die **Dome Rock State Wildlife Area**. Wenn Sie schon mal hier sind, sollten Sie den 9,6 Meilen (15,4 km) langen Rundweg zum **Dome Rock** in Erwägung ziehen, einen beliebten Treck in den zerklüfteten Fourmile Canyon. Auf dem Weg dorthin kommen Sie an den Überresten der zu Beginn des 20. Jahrhunderts erbauten Jack Cabin Lodge vorbei, wo Viehmärkte für potenzielle Käufer organisiert wurden. Von dort aus gelangen Sie zum Dome Rock, der sich 324 Meter hoch über den Canyongrund erhebt. Insgesamt neunmal durchquert der Weg den Fourmile Creek – rechnen Sie also mit nassen Füßen. Mit hoher Wahrscheinlichkeit treffen Sie auf der Wanderung gelegentlich auf Dickhornschafe *(Informationen zu Öffnungszeiten des Trails – zum Schutz der Tiere geregelt – unter 719-227-5200)*.

Keinesfalls sollten Sie den weitgehend nicht asphaltierten, 19 Meilen (30,6 km) langen, stets bergauf führenden Weg zum **Pikes Peak** *(719-684-9383; Maut)* versäumen, der bis auf 2554 Meter Höhe führt, durch Wald und von Wildblumen gesprenkelte Wiesen bis in tundraähnliche Regionen – es ist der höchste Berg in Colorado, den man mit dem Auto erreichen kann.

> **BEGEGNUNGEN MIT PUMAS:** Diese Raubkatzen haben viele Namen, wie Puma, Cougar, Ghost Cat oder Berglöwe. In Colorado leben etwa 3000 Exemplare, weitgehend unbehelligt von menschlichen Angriffen, die – sofern überhaupt – in der Regel von unerfahrenen Jugendlichen verursacht werden. Wenn Sie je auf einen Puma treffen sollten, gilt: stehen bleiben und sich zurückziehen. Falls sich das Tier aggressiv zeigen sollte, mit allem Greifbaren nach ihm werfen. Bleiben Sie dabei aufrecht stehen, rudern Sie mit den Armen, und machen Sie so viel Lärm wie möglich. In der Regel genügt das, um die Tiere zu verscheuchen.

Mueller State Park and Wildlife Area, P.O. Box 39, Divide, CO 80814; 719-687-2366; www.parks.state.co.us/parks/mueller

# Roxborough

*Südlich von Littleton, abseits der Colorado 121 (Wadsworth Boulevard)*

- 13,5 km² ▪ Ganzjährig ▪ Eintrittsgebühr ▪ Haustiere verboten
- Camping verboten ▪ Rote Felsformationen ▪ Ungewöhnliche
Mischung von Flora und Fauna ▪ Wandern

Man gelangt in den Roxborough State Park durch einen zerklüfteten Canyon, der aussieht, als sei er von der Axt eines Giganten in die darunterliegende Landschaft geschlagen worden. In den schräg verlaufenden Schichten des roten Sandsteins sind 1,2 Milliarden Jahre Geologie »abgespeichert«.

Das Prunkstück des Parks ist die Fountain-Formation, eine Gesteinsablagerung, die durch Erosion der urzeitlichen Rocky Mountains vor etwa 300 Millionen Jahren entstanden ist. Ihr leuchtendes Rot verdankt sie einem hohen Gehalt an eisenoxidhaltigen Mineralien. Die darüberliegende Schicht der Lyons-Formation besteht aus Meersand, der vor 250 Millionen Jahren abgelagert wurde, nachdem die Ur-Rockies erodiert waren.

Am östlichen Rand des Parks bildet die Dakota-Formation einen langen Bergrücken, der in dieser Gegend wegen seiner Ähnlichkeit mit einem Schweinerücken *Dakota Hogback* genannt wird. Die braunen Sandstein- und grauen Lehmschichten wurden in diesem einstigen sumpfigen Küstengebiet vor 100 bis 125 Millionen Jahren abgelagert, als hier noch Dinosaurier lebten. Das haben paläontologische Funde von Knochen und Fußabdrücken ergeben, von denen einige im Visitor Center ausgestellt sind.

**AUS DER GESCHICHTE:** Bis zu Beginn des 20. Jahrhunderts hieß der Roxborough State Park noch Washington Park – wegen seiner Sandsteinformation, die eine gewisse Ähnlichkeit mit dem ersten US-Präsidenten aufwies. Erst 1902 änderte Henry Persse, der damalige Eigentümer der Gegend, den Namen zu Ehren seines Familienbesitzes in Irland in Roxborough. Das noch heute am Fountain Valley Trail stehende, 1903 erbaute Persse House war von ihm als erster Schritt gedacht, um hier eine große Touristenattraktion zu schaffen, ähnlich Broadmoor in Colorado Springs, mit Golfplatz und anderen Annehmlichkeiten. Unglücklicherweise kam Persse jedoch bei der Jagd nach seinem davongewehten Hut durch einen Verkehrsunfall in Denver zu Tode, was seinen Plan zunichte machte.

Der Park liegt in einer geologischen Übergangszone, in der die östlichen Ebenen auf die Front Range treffen, weshalb sich hier eine reiche Flora und Fauna entwickelt hat. Sieben verschiedene Pflanzengesellschaften gedeihen hier, von Flussauen über Prärieflächen bis zu Wäldern von Gelbkiefern und Douglasien auf dem Carpenter Peak. Aber auch auf Yucca und Feigenkaktus in Gemeinschaft mit Wildrosen und Espen stößt man hier. Hier leben Rotwild, Bären, Kojoten und gelegentlich auch Luchse und Wapitis; in den Felswänden nisten Falken und Adler.

Die ungewöhnliche Topografie und der Wasserhaushalt des Parks ermöglicht es Espen, noch rund 300 Meter unterhalb ihrer normalen Wachstumsgrenze zu gedeihen. Gambel-Eichen, eigentlich eine gestrüppähnliche Spezies, erreichen an manchen Orten im Park die stattliche Höhe von zwölf Metern.

Die roten Felsen der Fountain-Formation

## Attraktionen und Aktivitäten

Suchen Sie zunächst das **George O'Malley Visitor Center** auf, um sich dort über die Geologie und Tierwelt des Parks zu informieren und sich Karten zu besorgen. Wenn Sie nur eine Tour unternehmen wollen, sollten Sie sich für den **Fountain Valley Trail** entscheiden (Ausgangspunkt am Visitor Center), eine 2,2 Meilen (3,5 km) lange Wegschleife durch die Fountain- und die Lyons-Formation, am steinernen Persse House vorüber. Bei kurzen Abstechern zum Fountain Valley und zu den Lyons Overlooks kann man herrliche Ausblicke genießen. Eine weitere empfehlenswerte Tour ist der leichte, nur 1,4 Meilen (2,2 km) lange **Willow Creek Loop**, wo man entlang dem sanft plätschernden Bach dem Zwitschern von Schluchtenzaunkönigen und Rötelgrundammern in den Weiden und Pappeln lauschen kann.

> **PARK-TIPP:** *Einen Besuch wert ist der Lyons Overlook wegen seiner Aussicht über das Fountain Valley bis hinüber nach Denver. Hier können Sie rasten und dabei tief unten die Truthahngeier und Präriefalken bei der Jagd nach Beute beobachten.*

Roxborough State Park, 4751 N. Roxborough Dr., Littleton, CO 80125; 303-973-3959; www.parks.state.co.us/parks/roxborough

# Golden Gate Canyon

*14 Meilen (22,5 km) westlich der Golden Gate Canyon Road*

■ 48,6 km² ■ Ganzjährig ■ Eintrittsgebühr ■ Wandern, Mountainbiking, Reiten

Eine Hügelwiese

Nur eine knappe Autostunde von Denver entfernt, bietet der Golden Gate Canyon ein nahezu klassisches, unberührtes Rocky-Mountains-Ambiente, von einem zerklüfteten Canyon flankiert.

Wenn man diese Landschaft durchstreift, lernt man vieles von der Tierwelt der Rocky Mountains kennen – Maultierhirsche, Kaninchen, Kojoten, Biber und Wapitis. Eher selten sind Begegnungen mit Pumas oder Bären.

Etwa eine halbe Million Besucher pro Jahr werden im Park gezählt. Wenn Sie den Park während der Woche oder außerhalb der Hauptsaison besuchen, haben Sie ihn weitgehend für sich allein, sogar im Sommer.

### Attraktionen und Aktivitäten

Steuern Sie zuerst das **Visitor Center** an, um sich dort über die Geschichte, das Ökosystem und die Tierwelt des Parks zu informieren. Vor den Toren des Visitor Center schlängelt sich der behindertengerecht ausgebaute **Wilbur and Nellie Larkin Memorial Nature Trail** rund um einen Teich, in dem Regenbogenforellen nur so wimmeln.

Von hier aus sollten Sie sich auf den Weg zum **Panorama Point** im nordwestlichen Teil des Parks machen, wo sich ein herrlicher Ausblick auf die hoch aufragenden, unter ewigem Schnee liegenden Granitgipfel der Rocky Mountain Front Range bietet. Eine Schautafel am Aussichtspunkt ermöglicht es, die Gipfel Longs Peak, Mount Evans und der Indian Peaks zu lokalisieren.

**PARK-TIPP:** *Wandern, Radfahren, Reiten, Skifahren, Schneeschuhwandern bis zum Vordereingang des historischen Talman Ranch House, wo man gemütlich lunchen oder angeln kann.*

Anschließend sollten Sie Ihre Wanderstiefel schnüren: Der Park bietet ein Wegenetz von mehr als 35 Meilen (56 km), und jeder einzelne Wanderweg ist es wert. Aber bedenken Sie, dass Sie sich 2400 Meter oberhalb der Meereshöhe befinden – also gehen Sie die Sache vorsichtig an! Die Parkverwaltung empfiehlt, Wasser mit sich zu führen, weil das Wasser aus den Flüssen und Bächen im Park vor dem Trinken erst desinfiziert werden muss.

Wenn Sie eine relativ kurze, leichte und dennoch interessante Wanderung machen wollen, nehmen Sie am besten den 1,8 Meilen (2,9 km) langen **Horseshoe Trail**, der unmittelbar an der Straße unterhalb des Visitor Center beginnt. Er führt Sie durch einen bewaldeten Abfluss hinauf zur grünen **Frazer Meadow** im Schatten des schroffen Tremont Mountain. Auf dieser Wiese, wo Glockenblumen und Braunäugige Susannen leuchten, kann man auch viele Schmetterlingsarten wie den Tigerschwalbenschwanz und den Apollofalter *Parnassius clodius* bewundern. Hier kann man auch die Überreste der Frazer-Farm besichtigen.

Wenn Sie mehr Zeit haben, sollten Sie im östlichen Teil des Parks den **Mountain Lion Trail** in Angriff nehmen, eine 6,7 Meilen (10,7 km) lange Wanderschleife zum Windy Peak mit herrlichem Ausblick auf die Prärie im Osten. Von der City Lights Ridge aus kann man auf das (nächtliche) Lichtermeer von Denver und auf die Prärie hinunterblicken.

Etwas abenteuerlicher ist der 2,8 Meilen (4,5 km) lange **Black Bear Trail**, der schwierigste Wanderweg des Parks. Er beginnt in der Picknickzone am Ralston Roost direkt am Visitor Center und zieht sich bis zur Frazer Meadow hinauf.

279

**REICHE GESCHICHTE:** Der Park wurde zuerst von indianischen Jägern und Sammlern besiedelt, zu Beginn des 19. Jahrhunderts kamen die ersten Trapper mit ihren Biberfallen. Seinen ersten Boom erlebte der Park nach der Entdeckung von Gold im Jahr 1859. Im Park selbst wurde zwar kein Gold gefunden, dafür gab es jede Menge Nutzholz, das für den Hausbau in den Goldgräbercamps Central City und Black Hawk verwendet wurde. Die heute zum Park führende Golden Gate Canyon Road war ursprünglich eine Transportstrecke für die auf den Goldfeldern benötigten Güter und den Weitertransport des Goldes. Als die Goldfelder allmählich erschöpft waren, schossen Farmhäuser aus dem Boden, und es wurde in der Gegend wesentlich ruhiger.

## Camping

Der Park bietet 97 Zelt- und Wohnmobilplätze (einige ganzjährig) – Duschen vorhanden –, 35 Nur-Zeltplätze und 27 Plätze zum freien Zelten, einschließlich vier Holzhütten im Appalachian-Stil sowie fünf *Cabins* und zwei Jurten. Während der Saison ist Reservierung unter 303-470-1144 oder 800-678-2267 zu empfehlen. Campinggebühr. Für die Plätze zum freien Zelten gilt *first come, first served*.

Golden Gate Canyon State Park, 92 Crawford Gulch Rd., Golden, CO 80403; 303-582-3707; www.parks.state.co.us/parks/goldengatecanyon

# Eldorado Canyon

*Genau westlich von Eldorado Springs, über die Colorado 170*

▪ 3,6 km² in zwei Parkteilen ▪ Ganzjährig ▪ Eintrittsgebühr ▪ Camping verboten ▪ Felsklettern, Wandern, Mountainbiking

Ein spektakulärer schmaler Canyon, der bis zu 244 Meter hoch über den South Boulder Creek emporragt, ist das Herzstück des Eldorado Canyon State Park. Er ist mit Flechten in unterschiedlichen Farben gesprenkelt und im Sonnenlicht scheinen seine roten Felsformationen zu leuchten, was zu seinem Namen *El Dorado* – »der Goldglänzende« – geführt hat. Jahrhundertelang war der Park Lebensraum für die amerikanischen Ureinwohner, bis er zu Beginn des 19. Jahrhunderts wegen seiner faszinierenden Landschaft und der warmen artesischen Quellen zu einem beliebten Ausflugsziel wurde. Dwight D. und »Mamie« Eisenhower verbrachten hier 1916 ihre Flitterwochen und bestaunten dabei den dramatischen Drahtseilakt von Ivy Baldwin, der in 152 Meter Höhe ein Seil von 122 Meter Länge überquerte. Zum State Park wurde die Region 1978 erklärt.

Ein Puma

Der Eldorado Canyon ist eine beliebte Anlaufstation für Felskletterer; insgesamt 500 Kletterrouten sind hier ausgewiesen. Die beliebteste ist **Bastille Crack** mit einem Schwierigkeitsgrad von 5,8 (5,14 ist der höchste). Noch schwieriger ist **Naked Edge** mit einem Schwierigkeitsgrad von 5,11, weshalb er lange Zeit als schwierigster Felsen im Freeclimbing galt. Auch wenn Sie selbst gar nicht klettern wollen oder können, ist schon das bloße Zusehen ein echtes Abenteuer.

Beginnen Sie Ihren Aufenthalt im **Visitor Center**, wo Sie sich über die Naturgeschichte des Parks informieren können. Wenn Sie nur sehr wenig Zeit haben, sollten Sie sich zumindest auf den 1,4 Meilen (2,2 km) langen **Fowler Trail** wagen, dessen Ausgangspunkt nur 800 Meter vom Visitor Center entfernt liegt. Er folgt dem Verlauf eines Canyon und eröffnet herrliche Ausblicke auf die darunterliegende Prärie. An der gegenüberliegenden Canyonwand können Sie beobachten, wie sich Freeclimber die Redgarden Wall hocharbeiten.

Wenn Sie mehr Zeit haben, sollten Sie sich für den nicht allzu steilen, 3,4 Meilen (5,5 km) langen **Rattlesnake Gulch Trail** (ab dem Startpunkt des Fowler Trail) entscheiden, von dem aus man tief in den Canyon und in die Prärie blicken kann, bis man zur Ruine des Crags Hotel kommt, das 1913 abgebrannt ist. Von dort führt der Trail weiter zu einem Aussichtspunkt über die Kontinentale Wasserscheide – atemberaubende 366 Meter oberhalb des Startpunkts Ihrer Wanderung.

Eldorado Canyon State Park, P.O. Box B, Eldorado Springs, CO 80025; 303-494-3943; www.parks.state.co.us/parks/eldoradocanyon

# Lory

*7 Meilen (11,3 km) nordwestlich von Fort Collins, über die US 287*

▪ 10 km$^2$ ▪ Ganzjährig ▪ Eintrittsgebühr ▪ Wandern, Mountainbiking, Reiten ▪ Wildtierbeobachtung ▪ Freies Camping

Der Lory State Park erstreckt sich quer durch die Ausläufer der Rocky Mountains außerhalb von Fort Collins, wo die Grasebenen plötzlich in niedrigen Bergwald aus Gelbkiefern, Douglasien und Espen übergehen.

Der Park erstreckt sich durch ein langes Tal, das bis zum Horsetooth Reservoir reicht, dessen Wasserfluten zwischen niedrigen, rot leuchtenden Canyonwänden blau aufschimmern.

Die Hauptattraktion des Parks sind seine insgesamt 25 Meilen (40,2 km) langen Wanderwege. Der Vorzeige-Trail im Park ist der 1,7 Meilen (2,7 km) lange, mittelschwere Weg zum **Arthur's Rock** hinauf. Er beginnt am Ende der Parkstraße in einem engen, granitfarbenen Canyon und windet sich serpentinenförmig nach oben. Auf dem Weg kann man herrliche Ausblicke in Richtung Osten genießen, einschließlich Fort Collins und Loveland. Wenn Sie nur wenig Zeit haben, aber trotzdem einen Eindruck von der Schönheit des Parks gewinnen wollen, sollten sich für den **Well Gulch Nature Trail** entscheiden, eine leichte Wanderung durch die parktypische Flora und Fauna. Der Weg mündet in den **Timber Trail**, wo er durch dichten Waldbestand weiterführt. Auf dem neu angelegten, 6,2 Meilen (10 km) langen **Howard Trail**, der mit dem Timber Trail verbunden ist, können Sie Ihren Mut und Ihre Kräfte testen. Wesentlich erholsamer ist eine kurze Wanderung auf dem **Waterfall Trail** unmittelbar am Parkeingang, wo im Frühling und Frühsommer eine Reihe kleinerer Wasserfälle herabrauscht. Eine der wichtigsten Attraktionen in Lory ist seine Pflanzenwelt. Hier blühen die Wildblumen bis zu acht Monate im Jahr – eine wahre Fundgrube für Naturfotografen.

## Camping

Im Park gibt es sechs Plätze zum freien Zelten. Die dazu erforderlichen Genehmigungen sind am Parkeingang erhältlich; *first come, first served*. Campinggebühr.

Lory State Park, 708 Lodgepole Dr., Bellvue, CO 80512; 970-493-1623; www.parks.state.co.us/parks/lory

# Sugarite Canyon

*6 Meilen (9,6 km) östlich von Raton, über die New Mexico 72 und
New Mexico 526*

- 13,8 km² ▪ Ganzjährig ▪ 366 Meter tiefer Canyon ▪ Wildblumen
- Bootfahren, Wandern, Angeln (mit Angelschein) ▪ Skilanglauf,
Eislaufen

Sugarite Canyon ist einer der schönsten Parks New Mexicos und grenzt
an das bergige Hochland Colorados, wo zahllose Gewässer üppig ge-
deihende Ökosysteme ermöglichen. An den Nordflanken der Hügel
wachsen Kiefern und Eschen, Auenwiesen auf dem wiesenähnlichen
Canyongrund, Krüppeleichen und Gelbkiefern an den sonnigeren und
trockeneren Südflanken der Hügel. Das Gelände ist im Frühling und
Sommer mit farbenfroh leuchtenden Wildblumen getüpfelt.

Im 366 Meter tiefen Canyon jagten einst die Ute und Apachen Wildtrut-
hähne, Rotwild und Biber. Zwischen 1910 und 1941 wurde hier rund um das
Sugarite Coal Camp Kohle abgebaut.

282

**DAS PITTSBURGH VON NEW
MEXICO:** Raton (spanisch »Maus«)
war bis 1879 ein verschlafener Durch-
gangsort am Santa Fe Trail, als die
neue Atchison, Topeka & Santa Fe
Railroad Company dort eine Repara-
turstation einrichtete. Daraufhin
brachte es das Städtchen innerhalb eines Jahres auf stolze 3000 Einwohner,
denn die Schienennähe ermöglichte
den schnellen Transport traditioneller
Baumaterialien, die im Südwesten rar
waren. Schon bald gab es in Raton so
viele Gebäude im Stil der Ostküste,
dass es das »Pittsburgh von New Mexico« genannt wurde. Die folgenden,
eher mageren Jahrzehnte retteten
Ratons Bauwerke vor der Abrissbirne.

### Attraktionen und Aktivitäten

Nehmen Sie die New Mexico 72 östlich
und nördlich von Raton und biegen Sie
nach 4,8 Meilen (7,7 km) auf die New
Mexico 526 ab. Sie erreichen so schon
bald das **Visitor Center**, das eine Sammlung von Exponaten aus der Natur- und
der menschlichen Geschichte zeigt.

Die Schautafeln zeichnen ein an-
schauliches Bild des allerdings nur kurz-
lebigen multikulturellen Lebens im
damaligen Bergarbeitercamp, dessen Ruinen gleich nebenan liegen. Von hier aus
können Sie sich (im Sommer) auf den ei-
ne Meile (1,6 km) langen **Coal Camp Trail** begeben, der sich am lebhaft
plätschernden Chicorica Creek entlangschlängelt. Wenn man ihn überquert, stößt man auf die Relikte des Camps, das hauptsächlich von europäischen und asiatischen Einwanderern bevölkert war. Schon bald
gabelt sich der Weg, der Coal Camp Trail führt weiter zu einer aufgelas-
senen Kohlenmine und von dort zum Parkplatz zurück.

Wenn Sie wieder im Auto sitzen, fahren Sie weiter Richtung Norden
entlang dem Chicorica, am winzigen **Lake Alice** vorbei, dessen anmutige
Stille durch ein Verbot für Boote aller Art gesichert ist. Auf dem weiter
nördlich liegenden und größeren **Lake Maloya** sind Benzinmotoren verboten. In beiden Seen wimmelt es von Regenbogenforellen, weshalb es
am Lake Maloya sogar einen extra Anglersteg nur für Rollstuhlfahrer gibt.

Etwa eine Meile (1,6 km) südlich des Lake Alice führt eine Abzweigung zum **Campingplatz Soda Pocket**, der durch den neuen, eine Meile

(1,6 km) langen **Deer Run Trail** mit dem Lake Alice verbunden ist und herrliche Ausblicke auf den See ermöglicht. In Soda Pocket liegen 25 Campingplätze, verstreut zwischen Eichen, Gelbkiefern und Wiesen, zwischen denen hindurch man zu den Vulkankegeln und -hügeln im Süden hinüberblicken kann. Nehmen Sie sich die Zeit für eine 400 Meter lange Wanderung auf dem **Vista Grande Nature Trail**, der am südwestlichen Rand des Campingplatzes beginnt. Broschüren erklären die Vielfalt der Tierwelt im Sugarite, darunter Pumas, Bären und Wapitis. Der Trail endet auf einer Hügelkuppe, wo Sie auf einer Bank ausruhen und den Blick über den Canyon genießen können. Der noch kürzere, nahe gelegene **Little Horse Mesa Trail** zum 2529 Meter hohen Felsenkap Little Horse Mesa

Ein Wapitibulle

ist zwar anstrengender, entschädigt jedoch mit Ausblicken ins nördliche Colorado.

### Camping

Es gibt 41 Zelt- und Wohnmobilplätze; Duschen befinden sich in der Nähe. Reservierungen – während der Saison zu empfehlen – unter 877-664-7787. Campinggebühr.

Sugarite Canyon State Park, HCR 63, P.O. Box 386, Raton, NM 87740; 505-445-5607; www.emnrd.state.nm.us/prd

## Clayton Lake

*12 Meilen (19,3 km) nordwestlich von Clayton, über die New Mexico 370 und New Mexico 455*

■ 2,3 km² ■ Ganzjährig ■ Dinosaurier-Fußspuren ■ Felsengarten ■ Angeln (mit Angelschein) ■ Vogelbeobachtung ■ Bootfahren (März–Okt.)

Das »Markenzeichen« dieses abgelegenen Angelzentrums und Schutzgebiets für Zugvögel ist ein erstaunlich gut erhaltener Pfad von Dinosauriern mit mehr als 500 Fußabdrücken dieser urzeitlichen Giganten, die hier vor rund hundert Millionen Jahren gelebt haben. Der Park ist ein Zwischenstopp für Zugvögel und ein Eldorado für Angler. Er liegt am hoch gelegenen Westrand der Great Plains und erstreckt sich über 69 Hektar rund um einen See, inmitten von sanft gewelltem Grasland, Vulkangestein und Sandsteinfelsen. Im See selbst kann man von April

284

Spuren der Dinosaurier

bis Oktober Forellen, Welse und Glasaugenbarsche angeln. Rekordhalter unter den Glasaugenbarschen ist seit 1989 ein 7,5 Kilogramm schweres Exemplar. 1955 wurde quer durch den Seneca Creek ein Staudamm gebaut, um den herum ein Refugium für Stockenten, Kanadagänse, Weißkopfseeadler, Spieß- und Krickenten sowie andere Wasservögel entstand. Die umliegenden Hügelketten schützen vor einfallenden Winden, und felsige Strände kerben die Küstenlinie.

Die zweispurige Straße von Clayton zum Park schlängelt sich durch eine weite, offene Landschaft, die stets die Abgeschiedenheit heraufbeschwört, die die frühen Siedler im 19. Jahrhundert gefühlt haben müssen, als sie dieses weite Grasland auf dem Cimarron Cutoff – der ursprünglichen Route des Santa Fe Trail – durchquerten.

Gleich hinter dem Parkeingang kann man im **Visitor Center** Fußabdrücke von Sauriern und Exponate besichtigen, die den hundert Millionen Jahre alten Dinosaurierpfad veranschaulichen. Danach können Sie 400 Meter weit zum **Dinosaur Pavilion Interpretive Center** hinübergehen. Vom dort angrenzenden Weg aus haben Sie direkten Blick auf den Weg jener Urzeitgiganten des Mesozoikums. Die beste Zeit dafür ist frühmorgens und spätnachmittags an sonnigen Tagen, wenn der Schattenwurf ihre Spuren deutlicher hervorhebt. Der Fels, in dem man die Dinosaurierspuren heute besichtigen kann, war zu ihren Lebzeiten ein schlammiger urzeitlicher Uferweg.

**PARK-TIPP:** *Achten Sie entlang der schönen Felsformationen am Naturlehrpfad auf verborgene Felszeichnungen.*

## Camping

Im Park gibt es insgesamt 42 Zelt- und Wohnmobilplätze; Duschen sind vorhanden. Reservierungen während der Saison unter 877-664-7787. Campinggebühr.

Clayton Lake State Park, 141 Clayton Lake Rd., Clayton, NM 88415; 505-374-8808; www.emnrd.state.nm.us/prd

# Heron Lake und El Vado Lake

*Heron Lake: 5 Meilen (8 km) südwestlich von Los Ojos, über die US 84 und New Mexico 95. El Vado Lake: 21 Meilen (33,8 km) südwestlich von Tierra Amarilla, über die New Mexico 531 und New Mexico 112*

▪ Heron Lake: 40,5 km²; El Vado Lake: 20 km² ▪ Ganzjährig ▪ Zwei malerische Seen ▪ Wandern ▪ Schwimmen, Segeln, Bootfahren, Windsurfen, Angeln (mit Angelschein), Jetbootfahren ▪ Vogelbeobachtung

Eine traumhafte Tageswanderung verbindet die aneinandergrenzenden Heron Lake und El Vado Lake im waldreichen Bergland des nördlichen New Mexico. Beide Seen liegen jeweils innerhalb eines eigenen State Park. Da auf dem Heron Lake zur Vermeidung von Wirbelströmungen eine Geschwindigkeitsbegrenzung gilt, ist der 2388 Hektar große Stausee besonders beliebt bei Anglern, Seglern, Surfern, Schwimmern und Campern, die Ruhe suchen. Auf dem 1295 Hektar großen El Vado Lake hingegen gibt es keine Geschwindigkeitsbeschränkung, weshalb hier vom Frühling bis zum Herbst ständig Motorboote, Wasserski- und Jetbootfahrer das Wasser aufwühlen.

Beide Seen sind wichtige Winterquartiere für Weißkopfseeadler, die man entweder auf Aststümpfen entlang der Wasserlinie hocken oder hoch oben kreisen sieht. Diese majestätischen Greifvögel mit einer Flügelspannweite von bis zu 2,5 Metern sind ständig auf der Jagd nach Beute – anderen Vögeln, Schlangen, Kleintieren und Fischen.

### Attraktionen und Aktivitäten

Schlecht ausgebaute Straßen im Hinterland und der Rio Chama Canyon erschweren es, von einem State Park in den anderen zu gelangen. Deshalb kehrt man besser zurück auf die US 84 und umrundet auf ihr die Parks.

Wenn Sie Ruhe und Einsamkeit bevorzugen und andere Formen des Campens suchen, sind Sie am **Heron Lake** gut aufgehoben. Auf dem Weg nach Süden ab Los Ojos auf der New Mexico 95 müssen Sie nur nach Wegweisern zur **Willow Creek Recreation Area** Ausschau halten, dem wichtigsten Campingplatz im Park. Dort gibt es einen asphaltierten Bootssteg und einen zweiten in der Nähe des Dammes nahe dem Campingplatz Ridge Rock. Falls Sie ein Boot mitgebracht haben, werden Sie erfreut feststellen, dass beide Seen serpentinenähnlich geschwungene Küstenlinien mit kleinen Buchten haben, an denen man angeln kann. Auf dem Heron Lake versuchen die Surfer ihr Glück zunächst vor Island View, Brushy Point und Salmon Run, den Campingplätzen östlich des Dammes.

**WAS, SIE HASSEN CAMPING?** Sie hatten also vor Jahren schlechte Campingerfahrungen? Versuchen Sie es trotzdem noch einmal. Denn mittlerweile haben sich die Bedingungen auf den Campingplätzen verbessert und machen Campen wesentlich leichter. Vergessen Sie die unbequemen Zelte und schweren Schlafsäcke, in denen Sie früher gefroren haben. Heutzutage können Sie Ihr Zelt einfach aufblasen wie einen Klapptisch, und moderne Schlafsäcke sind fast so warm wie ein Toaster. Vergessen Sie auch löchrige Luftmatratzen, in denen morgens keine Luft mehr ist. Heute können Sie auf neumodischen, selbstaufblasbaren Schlafmatten schlafen.

Das Südufer des Heron Lake

Sie können auch in Rutheron an der rustikalen Stone House Lodge am Nordufer des **El Vado Lake** ein Boot oder Kanu mieten. Die Lodge wurde 1935 erbaut und ist heute in Familienbesitz. Man kann hier gut essen, und im Winter treffen sich hier scharenweise Skilangläufer.

Wasserski kann man auf dem El Vado Lake von Mai bis September fahren, wobei die Fans den nordöstlichen Teil des Sees bevorzugen. Ein offenes Geheimnis ist, dass das Anglerglück vor allem am Damm und unterhalb des Dammes lacht, wo der Rio Chama wieder frei fließen kann. (Rekordhalter ist seit 1946 eine neun Kilogramm schwere Seeforelle.)

Wenn Sie bei guter Gesundheit sind und einen guten Tag haben (der Heron Lake liegt in 2190 Meter Höhe!), sollten Sie den 5,5 Meilen (8,8 km) langen **Rio Chama Trail** entlangwandern, der vom südwestlichen Ende des Heron Lake zum El Vado Lake führt. Er wird von Naturfreunden hoch geschätzt und führt durch den Flusscanyon. Dabei überqueren Sie eine Hängebrücke, ehe Sie zu luftigen Aussichtspunkten und Wiesen kommen.

### Camping

Im Heron Lake State Park stehen 200 Zelt- und Wohnmobilplätze (54 mit Wasser und Strom) zur Verfügung; Duschen vorhanden. Weitere hundert einfache Plätze liegen westlich des Abflusskanals. Am El Vado Lake gibt es 70 Zelt- und 20 Wohnmobilplätze (davon 19 mit Wasser und Strom); Duschen vorhanden. Reservierung für beide Parks unter 877-664-7787. Campinggebühr.

El Vado Lake State Park, P.O. Box 367, Tierra Amarilla, NM 87575; Heron Lake State Park, P.O. Box 159, Los Ojos, NM 87551; 505-588-7470 (Heron Lake) and 505-588-7247 (El Vado Lake); www.emnrd.state.nm.us/prd

# Oliver Lee Memorial

*8 Meilen (12,8 km) südlich von Alamogordo, über die US 54, dann 4 Meilen (6,4 km) östlich auf der Dog Canyon Road (County Road A16)*

■ 2,6 km² ■ Ganzjährig ■ Wüstencanyon-Oase ■ Wandern ■ Vogelbeobachtung ■ Naturlehrpfad

In westlicher Richtung durch das 35 Meilen (56 km) lange Bergmassiv des Sacramento Mountain Escarpment verläuft der Dog Canyon – spanisch Cañon del Perro –, der den Besucher sofort in Aufregung versetzt. Sobald man den Eingang zum Canyon passiert hat, findet man zwischen steilen Felshängen eine von Yuccas, Mesquitebäumen und Feigenkakteen bestandene Oase, die von Sickerquellen und Quellen gespeist wird, sowie eine felsige Treppe zum waldbestandenen Sacramento und Guadalupe Mountain in 915 Meter Höhe hinauf. Schon immer hat der dortige Wasserreichtum und die entsprechend üppige Vegetation die amerikanischen Ureinwohner und frühen weißen Siedler angezogen. Aus dieser Zeit stammt ein aus Felsbrocken erbautes Bewässerungssystem, das ein französischer Einwanderer um 1890 errichtet hat.

**PARK TIP:** *Wenn Ihnen an Einsamkeit und Tierbeobachtung liegt, gehen Sie zu der Bank unter dem Zürgelbaum. Sie finden sie in einer kleinen Sackgasse, die vom Riparian Nature Trail abzweigt.*

287

Beginnen Sie Ihren Besuch am **Visitor Center** neben dem Canyoneingang, wo Sie auf dem 800 Meter langen **Nature Trail** (Naturlehrpfad) die hiesige Pflanzenwelt erkunden können. Folgen Sie dabei dem Bach, an Weiden, Pappeln, Wildorchideen und Farnen vorüber; an diesem Weg finden Sie mehrere schöne Plätze zum Picknicken.

Festes Schuhwerk, Wasservorräte und einen Tag Zeit benötigen Sie für den anstrengenden, 5,5 Meilen (8,8 km) langen **Dog Canyon National Recreational Trail**, der über 945 Höhenmeter hinauf zu Joplin Ridge führt und dabei einen 4000 Jahre alten Indianerpfad folgt. Während des 19. Jahrhunderts war der gesamte Canyon nur den Apachen zugänglich. Lassen Sie sich durch den Schwierigkeitsgrad des Wanderweges nicht einschüchtern, denn schon nach 700 Metern werden Sie für Ihre Mühe reichlich entschädigt: durch den Ausblick auf die White Sands und das Tularosa Basin.

Sie können sich auch nach einer Wochenendtour zum **Oliver Lee Ranch House** erkundigen, dem Wohnort eines umstrittenen Viehbarons und Lokalpolitikers, der sich 1893 im Dog Canyon breitmachte und bis zu seinem Tod im Jahr 1941 eine bedeutende Rolle in den politischen Angelegenheiten New Mexicos spielte.

## Camping

Im Park gibt es 44 Zelt- und Wohnmobilplätze; Duschen sind vorhanden. Reservierung – während der Saison empfohlen – unter 877-664-7787. Campinggebühr.

Oliver Lee Memorial State Park, 409 Dog Canyon Rd., Alamogordo, NM 88310; 505-437-8284; www.emnrd.state.nm.us/prd

# Slide Rock

*7 Meilen (11,3 km) nördlich von Sedona, abseits der US 89A*

▪ 17,2 ha ▪ Ganzjährig ▪ Parkgebühr ▪ Haustiere verboten ▪ Camping verboten ▪ Rote Felsformationen ▪ Natürliche Wasserrutsche ▪ Apfelplantage ▪ Naturwanderwege ▪ Forellenangeln (mit Angelschein), Wandern, Vogelbeobachtung

Alle, die dazu raten, Sedona zu besuchen, begründen dies meist mit dem Hinweis auf die atemberaubende Anfahrt dorthin durch den zwölf Meilen (19,3 km) langen **Oak Creek Canyon**: Auf dieser Route folgt die US 89A dem Lauf des Colorado River mit seinem 610 Meter tiefen Einschnitt in das Felsmassiv des Colorado Plateau. Etwa auf halbem Weg durch den Canyon führt der Highway am **Slide Rock** vorbei, einem der beliebtesten Naturparks Arizonas, bekannt für eine 24,5 Meter lange natürliche Wasserrutsche, die das Wasser über Millionen von Jahren hinweg in den Sandstein grub.

Da der Verkehr durch den Oak Creek Canyon von Frühling bis Herbst meist sehr dicht ist, kann man oft die Schönheit der Wälder links

Rutschen am Slide Rock

und rechts und die dramatisch abfallenden Felsklippen gar nicht richtig genießen. Aber sobald Sie Ihr Auto am Slide Rock geparkt haben, sollten Sie sofort Ihre Kamera auspacken, in möglichst alte Jeans steigen, festes Schuhwerk schnüren und den eine Dreiviertelmeile (1,2 km) langen Trail zum **Hospital Canyon** hinter dem Park entlangwandern.

Ein Erbstück des Siedlers Frank Pendley aus den ersten Jahren des 20. Jahrhunderts ist eine **Apfelplantage**, die noch heute mehr als ein Dutzend verschiedener Apfelsorten produziert, die im Herbst in der Snackbar des Parks angeboten werden. Am ersten Wochenende im Oktober findet alljährlich auch ein Apfel-Festival statt. Der Park kann nur für jeweils einen Tag besucht werden, aber es gibt einige Campingplätze im umliegenden **Coconino National Forest** *(982-282-4119)*.

Slide Rock State Park, P.O. Box 10358, Sedona, AZ 86339; 928-282-3034; www.azstateparks.com

# Red Rock

*4 Meilen (6,4 km) westlich von Sedona, abseits der US 89A, über die Lower Red Rock Loop Road*

- 116 ha ▪ Eintrittsgebühr ▪ Haustiere verboten ▪ Camping verboten
- Naturschutzgebiet ▪ Wandern ▪ Wildtier- und Vogelbeobachtung

Nach einem Aufenthalt in Red Rock – einem Erholungspark am Oak Creek, nur 16 Meilen (25,7 km) von Slide Rock entfernt – werden Sie glauben, in einem lebendigen, begehbaren Naturmuseum gewesen zu sein. Die Biologen stufen den Park als Flussauen-Habitat ein, so artenreich wie einst der Garten Eden. Früher lagen hier die Jagdgründe der Sinagua-, Hohokam- und Yavapai-Indianer. Offiziell gilt Red Rock als ein Zentrum für Umwelterziehung. In der Tat ist der Park all das zugleich, weshalb man ihn nicht versäumen sollte.

Wie der Name schon sagt, erstreckt sich der Park inmitten rostroter Sandsteinfelsklippen, die die gesamte Region Sedona kennzeichnen und auf die vor 270 Millionen Jahren entstandenen Eisenoxidablagerungen auf dem Grund eines urzeitlichen Meeres zurückgehen.

Im Park gibt es zehn Naturlehrpfade, auf denen man charakteristische Lebensräume erkunden kann. Vom Visitor Center aus starten jeden

**FRÜHE SIEDLER:** Indem sie Pflanzensamen in Löcher aussäten, die mit Holzstäben gegraben wurden, bauten die Indianerstämme des Südwestens verschiedene Arten von Getreide, Bohnen, Kürbisse, Sonnenblumen, Amarant und Teufelskralle an. Zum Kochen verwendeten sie Sonnenblumenöl, als Gefäße und »Geschirr« benutzten sie ausgehöhlte Kürbisse. Amarantsamen, vermischt mit anderen Samen, dienten zur Eindickung der Soßen und Eintöpfe. Alljährlich im März – während des »Archäologischen Monats« in Arizona – finden im Park Vorführungen der Fertigkeiten der Ureinwohner statt, wie Wurfstockwerfen, Pfeilspitzenherstellung und die Kunst, auf einfache Weise Feuer zu machen.

Die Kingfisher Bridge über den Oak Creek

Tag von Rangern geführte Wandertouren. Sie sollten sich vorher erkundigen, wann sie beginnen und vor allem nach den Spaziergängen bei Sonnenuntergang und den Mondlichtwanderungen fragen.

Der nur 800 Meter lange **Smoke Trail** führt – ohne Ranger – durch die typische Landschaft des Parks. Man kommt dabei durch unterschiedliche Vegetationszonen, die aufsteigend ineinander übergehen. In den höher gelegenen Zonen wachsen Zürgelbäume, aus deren Blättern und Zweigen die Indianer ihre Färbemittel brauten. Dann folgt die Zone der roten Erde, der dunkelgrünen Lärchen und Krüppeleichen.

Das ganze Jahr über schafft der **Oak Creek** ein Refugium für zahlreiche und recht laute Vogelarten, die man mit einem Fernglas und mit Hilfe eines Führers gut beobachten kann. Von Rangern geführte Touren beginnen jeweils am Mittwoch- und Samstagmorgen am Visitor Center, im Sommer um sieben Uhr, im Winter um acht Uhr.

Red Rock ist zwar nur für Tagesausflüge eingerichtet, dafür bietet aber der nahe gelegene **Coconino National Forest** *(928-282-4119)* Campingmöglichkeiten.

Red Rock State Park, 4050 Lower Red Rock Loop Rd., Sedona, AZ 86336; 928-282-6907; www.azstateparks.com

# Tonto Natural Bridge

*13 Meilen (20,9 km) nordwestlich von Payson, abseits der Arizona 87*

■ 65 ha ■ Ganzjährig ■ Parkgebühr ■ Camping verboten ■ Natürliche Felsbrücke ■ Naturlehrpfade ■ Schwimmen, Wassertreten ■ Historisches Gebäude

Niemand weiß es genau – aber wahrscheinlich ist die Tonto Natural Bridge die weltgrößte natürliche Brücke aus Travertingestein. Diese natürliche Felsbrücke überspannt in 56 Meter Höhe mehr als eindrucksvoll einen 122 Meter langen Felseinschnitt, den der Pine Creek im Frühling immer tiefer eingräbt. Der umliegende Park erstreckt sich durch ein schmales, steiles, bewaldetes Tal, das sich in den engen Canyon einkerbt. Hier fühlt man sich wie auf einem anderen Planeten.

Vier Jahrhunderte lang nutzten die Tonto-Apachen dieses Gebiet für die Jagd und den Ackerbau – bis 1877 ein schottischer Goldsucher namens David Gowan auftauchte, der mit knapper Not den wütenden Kriegern entkam und sich hier in einem Felsstollen versteckte.

BRÜCKENBAU: Der Tonto Natural Bridge State Park ist Teil des umliegenden Talgrundes. Vor langer Zeit entstand durch die Wassermassen im Frühling mit ihrem hohen Kalziumkarbonatgehalt der Boden aus flachem Travertin, über den der damalige Pine Creek floss. Ein Teil des Flusswassers sickerte in das Felsgestein ein und schuf schließlich einen kleinen, unterirdischen Spalt. Den Rest erledigte die Erosion unterirdisch, während oberhalb noch mehr Travertin abgelagert wurde. Schließlich verlief der Strom des Flusses unterhalb der sich allmählich verdickenden Felsbrücke.

291

Nach drei Tagen wagte er sich wieder aus seinem Versteck und entdeckte dabei das nahezu unzugängliche Tal mit seiner Grotte, den Wiesen und kühlen Wäldern. Er war so begeistert, dass er 1882 hierher zurückkehrte, um sich einen Claim abzustecken.

Später verbreitete sich schnell der Ruf der Naturbrücke und lockte viele Besucher an. Deshalb baute der sogenannte Goodfellow-Clan 1908 auf der Wiese darunter ein Gästehaus, das allerdings 1927 von den neuen Eigentümern durch eine luftige Herberge ersetzt wurde. Heute ist darin ein Museum mit Exponaten aus der Geschichte der Gowans und Goodfellows eingerichtet; die Stätte wurde ins National Register of Historic Places (Nationales Verzeichnis historischer Stätten) aufgenommen.

## Attraktionen und Aktivitäten

Der Park – in 1371 Meter Höhe gelegen – ist zwar nur für einen Tagesausflug konzipiert, aber wahrscheinlich einer der beliebtesten Ausflugsorte im bewaldeten Hochland Arizonas. Lassen sie Ihr Auto auf dem Parkplatz stehen und machen Sie es sich erst einmal im renovierten Inn bequem *(auch telefonisch im Voraus zu buchen)*, in dem Sie ein historisches Ambiente erwartet.

Die Parkwanderwege sind kurz, aber steil und teilweise schwierig. Festes Schuhwerk brauchen Sie auf dem 800 Meter langen **Gowan Trail**, der sich von der Felsbrücke in den **Pine Creek Canyon** hinunterzieht. Von einer Aussichtsplattform hat man einen faszinierenden Blick auf den Canyon mit dem sich hindurchschlängelnden Creek, der bis zu 46 Meter tief unten gähnt. Vom Flussufer unten blickt man fast 61 Meter hinauf zur Felsbrücke.

Den Felsentunnel kann man zwar begehen, aber die Ranger raten davon ab, weil es darin ziemlich dunkel und schlüpfrig ist.

Der rund 90 Meter lange **Waterfall Trail** beginnt am Picknickplatz nahe der Lodge und endet kurz vor dem Fluss an einer kleinen Kaskade und einer zugehörigen Höhle, ähnlich jener, in der sich einst Gowan versteckte. Wenn Sie ein schattiges Uferidyll genießen wollen, sollten Sie sich auf den 800 Meter langen **Pine Creek Trail** wagen, der nordöstlich des Parkplatzes an der Lodge beginnt. Er führt in ein kühles, dunkles, friedliches Märchenland mit überhängenden Farnen und leise rieselnden Quellen hinunter. Der neu angelegte **Anna Mae Trail** führt 152 Meter tief hinab und eröffnet weitere Ausblicke auf den Canyon.

Der Park ist nur für Tagesausflüge eingerichtet, aber der nahe gelegene Campingplatz Houston Mesa im **Tonto National Forest** *(nahe der Kreuzung Arizona 87 und Arizona 260)* verfügt über 75 Zelt- und Wohnmobilplätze sowie eine Pferderanch mit 30 Plätzen *(Informationen und Reservierung unter 877-444-6777; Campinggebühr).*

Tonto Natural Bridge State Park, P.O. Box 1245, Payson, AZ 85547; 928-476-4202; www.azstateparks.com

# Homolovi Ruins

*5 Meilen (8 km) nordwestlich von Winslow, über die I-40 und Arizona 87*

■ 18,2 km² ■ Ganzjährig ■ Ruinen einer Indianersiedlung ■ Geführte archäologische Touren ■ Wandern, Wildtierbeobachtung

**DER URSPRUNG DER STATE PARKS:** In der Regel stammt die Idee von ganz normalen Bürgern, die befürchten, dass eine geliebte Naturwelt zerstört werden könnte. Im Fall von Homolovi waren es Hopi-Indianer und weiße Anwohner, die überzeugt waren, dass die Verwüstungen durch private Trophäenjäger diese archäologischen Stätten bedrohen könnten. Ein Großteil des umliegenden Landes befand sich ohnehin bereits in Staatsbesitz, um die archäologischen Fundstätten erhalten zu können. Der damalige Gouverneur interessierte sich selbst für die Hopi-Kultur und teilte die Befürchtungen.

Es handelt sich um vier bedeutende Ruinen im nahezu baumlosen und fast menschenleeren Grasland, die einst bei Homolovi eine Siedlung bildeten. Zwischen 1200 und 1400 lebten hier die Hisatsinom (Anasazi), die Vorfahren der Hopi-Indianer.

Der Name der Siedlung bedeutete »Ort der kleinen Hügel« oder »wo sich die Hügel zum Fluss neigen« – womit der Little Colorado River gemeint war. Seit Beginn der Ausgrabungsarbeiten im Jahr 1896 haben die Archäologen insgesamt 340 Fundstätten freigelegt.

Der Park liegt auf einer Höhe von 1478 Metern und ist ganzjährig zugänglich. Wenn möglich, sollten Sie am besten im Juni/Juli hierherkommen. Dann können Sie sogar den Archäologen über die staubigen Schultern schauen und ihrer mühsamen Arbeit zusehen. Am *Suroyuki Day* (*Suroyuki* ist das Hopi-Wort für »vereinte Anstrengung«) werden Funde der alljährlichen archäologischen Ausbeute gezeigt.

Machen Sie sich schon am **Visitor Center** mit Homolovi vertraut. Denn hier wird anhand einiger Funde und anderer Exponate über die Geschichte dieser Region informiert.

Beginnen Sie anschließend Ihre Tour durch den Park bei den beiden wichtigsten Ruinenstätten **Homolovi I** und **II**, wo Sie den gemeinsam mit Hopi-Indianern entwickelten Informationstafeln folgen können. **Homolovi II** ist auch für Rollstuhlfahrer zugänglich; der verfallene Pueblo – der einst vermutlich bis zu 1200 Räume umfasste, einschließlich einer rechteckigen Kiva (Zeremoniensaal) – wurde mittlerweile weitgehend restauriert. Hier kann man sich ein annähernd genaues Bild vom Leben dieser frühen Indianerkultur zwischen 1340 und 1380 machen. Vermutlich hat eine Flutkatastrophe zur Aufgabe der Siedlung und Flucht in die nördlich gelegenen Hopi-Mesas geführt.

Es werden ganzjährig Halb- und Ganztags-Workshops angeboten (Gebühr), teilweise mit Studentenermäßigung. Die Themen reichen vom Geschichtenerzählen über Pflanzenaussaat bis zur Ernte, jeweils unter Leitung älterer Hopi-Indianer. Ranger führen zur Vogelbeobachtung und in die Tierwelt vor Ort.

### Camping

Im Park gibt es 53 Zelt- und Wohnmobilplätze; Duschen vorhanden. *First come, first served.* Campinggebühr.

293

Präkolumbische Ruinen

Homolovi Ruins State Park, HCR 63, Box 5, Winslow, AZ 86047; 928-289-4106; www.azstateparks.com

# Antelope Island

*35 Meilen (56,3 km) nördlich von Salt Lake City, abseits der Utah 127*

▪ 113,4 km² ▪ Ganzjährig ▪ Eintrittsgebühr ▪ Büffelranch ▪ Malerische Rundfahrt ▪ Salzwasserbaden ▪ Bootfahren, Vogelbeobachtung, Wandern, Reiten ▪ Wildtierbeobachtung

Utahs größter State Park erstreckt sich auf der größten der zehn Inseln im Great Salt Lake. Er ragt bis zu 731,5 Meter über den Salzwasserspiegel empor, mit baumlosen Felshängen, hügeligem Grasland und flacher *Sagebrush*-Prärie. Für die gestressten Städter aus dem Ballungsraum Ogden–Salt Lake City ist die Fahrt auf dem 7,2 Meilen (11,6 km) langen Causeway durch den Park ein beliebter Tagesausflug. Der extrem hohe Salzgehalt des Sees (bis zu achtmal höher als Meerwasser!) ermöglicht schwereloses Schwimmen.

Der Stamm der frühgeschichtlichen Fremont-Indianer, der im Wasatch-Vorgebirge nahe dem Great Salt Lake lebte, jagte dort wahrscheinlich Maultierhirsche, Wasser- und Greifvögel. Obwohl die Gegend schon 1820 vom Trapper Jim Bridger und dem französischen Forscher Étienne Provot beschrieben wurde, hatte sie bis in die 1840er Jahre hinein keinen »weißen« Namen. Erst als der niedrige Wasserstand des Sees dem Grenzer John C. Frémont und seinem Begleiter Kit Carson ermöglichte, Pferde dort überzusetzen, wo sich normalerweise salzwasserhaltige Untiefen befanden, tauften sie die Gegend nach den *pronghorn antelopes*, den damals dort noch lebenden Gabelböcken.

Sie hätten sich auch für Namen wie *Bobcat Island* oder *Coyote Island* entscheiden können, denn auch Rotluchse und Kojoten durch-

Strandmuster, durch zurückfließendes Seewasser entstanden

streifen die nordsüdlich verlaufenden Bergkämme und -hänge, von unzähligen weiteren Tierarten ganz zu schweigen. Bisons hingegen wurden hier erst ab 1893 angesiedelt; heute grasen hier immerhin 600 Exemplare. 1997 kam eine kleine Herde von Dickhornschafen hinzu.

Die erste Ranch in dieser Gegend geht zurück auf das Jahr 1848, als mormonische Siedler ihr Vieh bis auf die Insel trieben: Der Siedler Fielding Garr sicherte sich Land am südöstlichen Ufer und errichtete dort ein Adobe-Ranchhaus. Im Jahr darauf führte er seine Frau und seine sechs Kinder über die Schwelle – womit er gewissermaßen die vor allem in Utah so starke Familientradition begründete. Bis vor einem Jahrzehnt war das stattliche Gebäude noch bewohnt und gilt heute als ältestes ständig bewohntes von Pionieren erbautes Haus des Staates Utah.

## Attraktionen und Aktivitäten

Von der Interstate 15 kommend, biegen Sie an der Ausfahrt Syracuse West auf den 7,2 Meilen (11,6 km) langen Davis County Causeway ab, an dem auch extrabreite Radwege, auch für Rollerblader, entlangführen. Falls Sie kein Fahrrad dabeihaben, aber gern radeln möchten, können Sie sich telefonisch im Raum Clearfield/Syracuse – östlich des Causeway – ein Fahrrad leihen.

Der Causeway verläuft am **Yachthafen** vorbei und folgt dann der nördlichen Uferlinie. Achten Sie auf Hinweisschilder zum **Visitor Center**, wo es ein hervorragendes kleines naturgeschichtliches und

295

Egg Island Overlook

Marina

Visitor Center

Bridger Bay

Buffalo Bay

Ladyfinger Springs

Buffalo Point
4,785 ft

Buffalo Corral

Intermittent Shallow Water

Great Salt Lake

2 mi
2 km

White Rock Bay

Camera Flats

Elephant Head
5,126 ft

Dairy Springs

Intermittent Shallow Water

ANTELOPE

Stringham Peak
6,374 ft

ISLAND

Cambria Point

Red Rocks
6,198 ft

Bamberger Hill

Garr Ranch House

Sea Gull Point

Cedar Spring

Great Salt Lake

Mushroom Springs

Blackburn Spring

Porcupine Spring

Westside Spring

Dooly Spring

Freds Spring

Mollys Nipple
5,387 ft

McIntyre Spring

Salt Flat

Tremonton

Logan

Brigham City

Great Salt Lake

Promontory Point

Ogden

Clearfield

CAUSEWAY

ANTELOPE ISLAND STATE PARK

Salt Lake City

20 mi
30 km

**NOCH IMMER UNGEZÄHMT:** Obwohl die Durchschnittstiefe des Great Salt Lake nur 4,27 Meter beträgt (an den tiefsten Stellen zwölf Meter), spielen unterschiedliche Wasserstände beim Zutritt in den Park eine große Rolle. Normalerweise liegt der Wasserspiegel auf 1280 Meter Höhe und bedeckt eine Fläche von rund 3900 Quadratkilometern. 1983 jedoch überspülte ein Flussnebenarm aus der Wasatch Range den Durchlass und sorgte dafür, dass Antelope Island für ein Jahrzehnt geschlossen wurde. 1987 lag der Wasserstand mehr als drei Meter über dem Normalwert, was weitere 2590 Quadratkilometer Küste schuf.

historisches Museum gibt. Das **Garr Ranch House** liegt elf Meilen (17,7 km) südlich des Visitor Center und ist täglich geöffnet. Hier werden Reitpferde und Buggys (Einspänner) angeboten *(801-782-4946, Gebühr)*.

Von hier aus ist es nicht mehr weit zum **Egg Island Overlook**, wo ein 400 Meter langer Wanderweg zu einem Landvorsprung mit Blick auf **Egg Island** führt, ein Brutgebiet für Seemöwen und Zugvögel in der Bridger Bay. Hier kann man gemütlich an Picknicktischen sitzen und zum langen, weißen Strand gegenüber der Bridger Bay hinüberblicken. Was Sie dort sehen, ist allerdings nicht Sand, sondern sind winzige Felskügelchen, Oolithen genannt, deren ovale Form auf die Kalkablagerungen von Meereskrabben zurückgeht.

Vom Hügel herabsteigend, kommen Sie an einer Reihe von Picknickplätzen am Strand der Bridger Bay vorbei, wo sich zahlreiche Sonnen- und Badehungrige tummeln. Ein Pfad führt zum Campingplatz Bridger Bay. Von hier aus schlängelt sich ein drei Meilen (4,8 km) langer Wanderweg Richtung Süden am Seeufer entlang bis zu einem weiteren Campingplatz an der **White Rock Bay**.

Nicht versäumen sollten Sie die Auffahrt zum **Buffalo Point Overlook** mit seinem Café, dessen Spezialität Büffel-Burger vom Grill sind. Die Kalorien können Sie anschließend gleich wieder verbrennen: beim kurzen Aufstieg (800 m) zum 1458 Meter hohen **Buffalo Point**, von dem aus man ein 360-Grad-Panorama genießt.

**PARK-TIPP:** *Wagen Sie sich auf den neuen, sechs Meilen (9,6 km) langen Sentry Trail, der bei der Garr-Ranch beginnt: Er eröffnet spektakuläre Ausblicke auf die Insel und den Great Salt Lake.*

Die meisten Bisons des Parks können sich frei im südlichen Abschnitt der Insel bewegen, in sicherem Abstand zu den Parkbesuchern. Ab und zu werden mehrere Tiere ausgesucht und in den **Buffalo Corral** gebracht, wo sie in nahezu majestätischer Ruhe grasen. Wenn Sie sich einen eigenen Bison zulegen wollen, besuchen Sie den herbstlichen Zusammentrieb der Bisons, bei dem einige Tiere verkauft werden, um die Herde auszudünnen.

### Camping

Im Park gibt es zwei Campingplätze: einen an der Bridger Bay mit 26 einfachen Zelt- und Wohnmobilplätzen, den anderen an der White Rock Bay mit zwölf großen Gruppenplätzen (801-773-2941). Reservierung unter 801-322-3770. Campinggebühr.

Antelope Island State Park, 4528 West 1700 South, Syracuse, UT 84075; 801-773-2941; www.stateparks.utah.gov

# Coral Pink Sand Dunes

*11 Meilen (17,7 km) abseits der US 89, nordwestlich von Kanab*

■ 15,1 km² ■ Ganzjährig ■ Eintrittsgebühr ■ Wandern, Reiten, Fotografieren ■ Geländewagenfahrten

Wenn Sie sich dem Coral Pink Sand Dunes State Park nähern, wird Ihnen sofort klar, weshalb er so heißt: Die Farbe der Dünen changiert tatsächlich zwischen Rosa, Orange und Rot. Das Dünenfeld, 35 Meilen (56,3 km) vom Zion National Park entfernt, ist eine Welt für sich. Die Dünen bestehen aus 10 000 bis 15 000 Jahre alten Eisenoxidkristallen und sind durch Windströmungen entstanden, die durch einen Riss im Navajo-Sandsteinfels zwischen dem Moccasin Mountain und dem Moquith Mountain wehten – ein Vorgang, der als Venturi-Effekt bezeichnet wird.

Der beste Ausgangspunkt, wenn man schon mal im Park ist, ist der 800 Meter lange Naturlehrpfad sowie ein geteerter Weg; beide Wege führen zu den Dünen. Und dann ist es so weit – man kann auf den Dünen rennen, springen, rollen oder einfach ruhig dort entlanggehen. Sie müssen als Wanderer die Dünen – darunter auch die beiden höchsten (33,5 und 27,5 Meter hoch) – mit Geländefahrzeugen teilen, aber Fahrzeuge und Fußgänger kommen sich dabei nicht in die Quere. *(Die Geländefahrzeuge müssen einen Abstand von 30 Metern zu den Fußgängern halten, ein 107 Hektar großer Bereich ist für sie ganz gesperrt, und sie dürfen nur von 9 bis 22 Uhr durch die Dünen fahren.)*

An einem besonders heißen Tag scheint es, als ob es hier kein Leben gibt. Doch das täuscht. Sie müssen nur all die Spuren im Sand verfolgen, um zu erkennen, wie viele Lebewesen in dieser Wüste überleben können, wie der *Coral Sand Dunes Tiger Beetle (Cicindela limbata albissima)*, eine endemische, bedrohte Art der Sandlaufkäfer. Er wird halb so groß wie ein Daumennagel. Aber auch andere Käferarten, Eidechsen, ja sogar Rotwild und Füchse leben hier. *Bedenken Sie, dass man sich zwischen all den Dünen leicht verlaufen kann. Nehmen Sie deshalb unbedingt Wasser und eine Karte mit!*

**297**

### Camping

Im Park gibt es 22 Zelt- und Wohnmobilplätze; Duschen sind vorhanden. Reservierung unter 800-322-3770 ist zu empfehlen. Campinggebühr.

Coral Pink Sand Dunes State Park, P.O. Box 95, Kanab, UT 84741; 435-648-2800; www.stateparks.utah.gov

Frühling in den Coral Pink Sand Dunes

# Dead Horse Point

*31 Meilen (50 km) von Moab über die Utah 191 und Utah 313*

▪ 21,7 km² ▪ Ganzjährig ▪ Eintrittsgebühr ▪ Museum ▪ Wandern
▪ Wasservorräte nur begrenzt vorhanden

Dead Horse Point

Die gewaltige, labyrinthische Wildnis der Canyonlandschaft des südöstlichen Utah wurde von zwei Flüssen geschaffen: dem Colorado River und dem Green River. Sie ist derart eindrucksvoll, herausfordernd und verlockend, dass man völlig zu Recht sagt, der Ausblick vom 1800 Meter hohen Dead Horse Point sei der spektakulärste in allen Beehive State Parks. Nimmt man noch die malerische Fahrt von Moab hinzu, so kann kein Zweifel bestehen, dass man auf einem der bemerkenswertesten Tagesausflüge, die Utah zu bieten hat, unterwegs ist. Gekrönt wird das Erlebnis von bis zu 80 Kilometer weit reichenden Ausblicken in südlicher Richtung über den Canyonlands National Park bis zur Horizontlinie, die der Henry Mountain, La Sal Mountain und Abajo Mountain bilden. Leichte Wanderwege führen durch die Mesa, am Rand einer 610 Meter tiefen Schlucht entlang, mit einem halben Dutzend Aussichtspunkten über kaum zugängliches Land.

Der Legende zufolge zähmten **Wranglers** (Cowboys) einst wilde Mustangs auf dem langen, schmalen und felsigen Landvorsprung, dem der Park seinen Namen verdankt.

Wenn Sie nur wenig Zeit haben, sollten Sie zum Dead Horse Point fahren, dort Ihr Auto abstellen und dann zu Fuß weitergehen bis zum **Dead Horse Point Overlook**, dem Markenzeichen des Parks. Am besten können Sie diesen herrlichen Ausblick vom **Visitor Center** aus genießen. Betrachten Sie dort zunächst die geologischen und historischen Exponate, ehe Sie sich auf den 1,5 Meilen (2,4 km) langen **Main Trail** begeben. Der Weg umrundet den südöstlichen Abgrund der Mesa bis zum rund 28 Meter breiten »Flaschenhals« des Landvorsprungs, wo die *Wrangler* einst ihren Zaun zogen. Von hier aus sind es nur noch 800 Meter bis zum Dead Horse Point Overlook und zur Observation Shelter (Aussichtshütte) mit den gemütlichsten Picknicktischen der Canyonlands.

Von hier aus führt der Main Trail – am westlichen Rand der Mesa entlang – zum **Meander Overlook** zurück. Dieser Fußweg ist schlechter ausgeschildert und schwerer begehbar, bietet aber viele Ausblicke auf eine ausgesprochen komplexe Landschaft – Felstürme und -spitzen, Spitzkuppen, kurvenreiches Uferland –, die unter verirrten Wanderern berüchtigt ist. Wenn man in Richtung Norden weitergeht, gelangt man zum **Rim Overlook** und von dort zum **Big Horn Overlook**, die beide herrliche Panoramablicke auf die Canyonlands bieten. Auf der Wanderung trifft man ständig auf seichte und glitschige Höhlungen, *potholes* genannt, in denen manchmal kleine Krabben und Kaulquappen leben.

Fragen Sie am Visitor Center nach von Rangern geführten Touren, vor allem nach den Abendvorträgen, die vom Spätfrühling bis Spätherbst angeboten werden.

**AUF DEM FLUSS DURCH DIE CANYONLANDS::** In der Schlucht des Green River faszinieren die sich ständig verändernden Felsformationen. Ausrüster in Moab vermieten komplett ausgestattete Kanus, setzen Sie am nördlichen Rand des Canyonlands National Parks ab und holen Sie nach drei bis sechs Tagen und 95 Kilometern gemächlicher Flussfahrt Richtung Süden wieder bei The Confluence ab, wo der olivfarbene Fluss in den Colorado River mündet. Die Stille ist hier so tief und ergreifend, dass Sie nie zuvor gehörte Geräusche wahrnehmen können, wie das leise Rauschen der Vogelflügel über Ihnen oder sogar Ihren eigenen Herzschlag.

**299**

## Camping

Im Park gibt es 21 Zelt- und Wohnmobilplätze (nur Stromanschlüsse). Reservierung – in der Saison zu empfehlen – unter 800-322-3770. Campinggebühr.

Dead Horse Point State Park, P.O. Box 609, Moab, UT 84532; 435-259-2614; www.stateparks.utah.gov

# Goblin Valley

*47 Meilen (75,6 km) südwestlich des Green River, abseits der Utah 24*

■ 12,2 km² ■ Ganzjährig ■ Fahrzeuggebühr ■ Wandern

Manche bringen die wind- und wassergeformten Formationen im Park zum Lachen. Andere stehen kopfschüttelnd vor den Felsspitzen, den nahezu schwebenden Findlingen und Felssockeln. Denn an nur wenigen Orten der Welt findet man eine derart bizarre Topografie wie im Goblin Valley, einem Taleinschnitt am entlegenen südlichen Ende des San Rafael Reef. Gewaltige vulkanische Eruptionen schufen und prägten das Reef, einen großen Bergrücken, der nördlich des Parks bis zur Interstate 70 und darüber hinaus verläuft. Das Goblin Valley lag in grauer Vorzeit noch im Meer. Aus seinen Schlamm-, Lehm- und Sandablagerungen sind die rostbraunen, graugrünen und dunkelbraunen felsigen Sedimentablagerungen entstanden, die sich durch Erosion ständig und unterschiedlich verändern – nach einem der seltenen Regenfälle geradezu vor Ihren Augen. Wenn Sie im Sommer hierherkommen, müssen Sie allerdings mit glühender Hitze rechnen. Der Park ist nahezu baumlos, und die Felsformationen reflektieren zusätzlich die Hitze.

### Attraktionen und Aktivitäten

Vom Parkeingang aus fahren Sie am besten gleich zur **Observation Shelter** oberhalb des Goblin Valley. Dort bekommen Sie interessante Informationen über die ungewöhnlichen Landschaftsformationen vor Ihren Augen sowie eine nützliche Broschüre über die verschiedenen Wanderwege. Kurze und leichte Wanderungen führen zu den verschiedenen Goblins, die eine Höhe zwischen 3 und 60 Meter erreichen.

WAS AUCH IMMER IHNEN DAZU EINFÄLLT: Zu Beginn des 20. Jahrhunderts, als Cowboys noch verirrte Rinder aus dem Goblin Valley zurückholten, hatte das sandige Gebiet noch keinen Namen. Der Betreiber einer Fähre auf dem Colorado River, der Wege durch die Region erkundete, schlug in den 1920er Jahren den Namen *Mushroom Valley* vor. Die bizarren Felsformationen in dieser geologischen Märchenlandschaft beflügelten die Phantasie der hier ansässigen Siedler und Besucher, die der Region Namen wie »Utahs Elefantenparade« oder »Tanz der Puppen« gaben.

Zwei Trails bieten besonders lohnende Wanderungen. Der 1,5 Meilen (2,4 km) lange **Carmel Canyon Loop** beginnt am Parkplatz, führt dann in den Canyon hinab und dort – an Felsklippen und Ödland aus rotem Lehm- und Sandstein entlang – in Richtung **Molly's Castle**, einer hoch aufragenden Spitzkuppe mit Furchungen aus grünlich grauen Sedimentablagerungen der Curtis-Formation am oberen Ende. Der **Curtis Bench Trail** ist etwa zwei Meilen (3,2 km) lang und beginnt am Campingplatz. Er ähnelt dem Carmel Canyon Loop, aber seine holprige Auf-und-ab-Strecke halten manche für noch aufregender. An einer Weggabelung führt ein Weg ins Goblin Valley, der andere hinauf zu den nordsüdlich verlaufenden, bis auf eine Höhe von 3353 Meter reichenden **Henry Mountains** 15 Meilen (24 km) südlich, mit herrlichen Ausblicken bis zur **San Rafael Plain**.

In dieser Region wachsen nur widerstandsfähige Wüstenpflanzen, die sich gegen Hitze und Sandstürme zu behaupten wissen. Auf Ihrer Wanderung werden Sie sicherlich auf Meerträubel, Salzkräuter und Rabbitbrush (Hasenpinsel, ein Korbblütler) sowie verschiedene Kakteenarten treffen.

### Camping

Der Park bietet 24 Zelt- und Wohnmobilplätze – Duschen vorhanden – sowie einen Gruppen-Stellplatz. Reservierung – in der Saison zu empfehlen – unter 800-322-3770. Campinggebühr.

Goblin Valley State Park, P.O. Box 637, Green River, UT 84525; 435-564-3633; www.stateparks.utah.gov

Mondlandschaft des Goblin Valley

# Kodachrome Basin

*8 Meilen (12,8 km) südöstlich von Cannonville, über die Utah 12 und Cottonwood Canyon Road*

■ 16,2 km² ■ Ganzjährig ■ Eintrittsgebühr ■ Ungewöhnliche geologische Formationen, Wandern ■ Kutschfahrten und geführte Reitausflüge ■ Warenhaus ■ Fotografieren

Es ist die Abgeschiedenheit und Wüsteneinsamkeit, die alljährlich Besucher in den 1768 Meter hoch gelegenen Park mit seiner eigentümlichen Geologie zieht, ein »Schaumgebäck« von roten Felstürmen, die ihre Färbung im Lauf des Tages verändern, während sich die Sonne über Utahs *color country* hinwegbewegt. Geologen vermuten, dass die Felstürme durch Intrusion entstanden: Durch Erdbeben trat flüssiger Sand an die Oberfläche, drang dort in die Gesteinsschichten ein und verfestigte sich wieder. Der höchste so entstandene Felsturm misst fast 48 Meter.

301

Gewitter über dem Kodachrome Basin

Beeindruckt vom fotogenen Charakter der Gegend, schlugen Reporter der National Geographic Society 1948 vor, den Park nach der berühmten Firma Kodak zu benennen, was akzeptiert wurde.

Falls Ihr Zeitplan keine Übernachtung zulässt, sollten Sie zumindest eine Wanderung unternehmen. Kaufen Sie sich vorher einen Lageplan und nehmen Sie Ihre Kamera mit. Der 800 Meter lange **Nature Trail** (Naturlehrpfad) beginnt am Campingplatz und führt zu verschiedensten Wüstenpflanzen und anderen »Markenzeichen« des Parks. Der **Panorama Trail** ist eine drei Meilen (4,8 km) lange Wegschleife mit mehreren Seitenwegen zu ungewöhnlichen Formationen.

> **PARK-TIPP:** *Am Angel's Palace Trail, einem 1,5 Meilen (2,4 km) langen Wanderweg 46 Meter oberhalb des Talgrundes, kann man einen faszinierenden Sonnenuntergang erleben.*

## Camping

Der Park verfügt über 27 Zelt- und Wohnmobilplätze; Duschen sind vorhanden. Reservierung unter 800-322-3770 ist zu empfehlen. Campinggebühr.

Kodachrome Basin State Park, P.O. Box 238, Cannonville, UT 84718; 435-679-8562; www.stateparks.utah.gov

# DIE ROCKIES

## IDAHO

Ponderosa
Harriman
Bruneau Dunes
Old Mission
Heyburn

## MONTANA

Flathead Lake
Bannack
Chief Plenty Coups
Makoshika

## WYOMING

Sinks Canyon
Guernsey
Trail End

In der spektakulären Einsamkeit des Sinks Canyon State Park, Wyoming

# Flathead Lake

*Zwischen Kalispell und Polson, über die US 93 und Montana 35*

■ 10,6 km² ■ Ganzjährig ■ Tagesnutzungsgebühr ■ Größter Süßwassersee des amerikanischen Westens ■ Wandern ■ Faszinierende, reiche
Tierwelt ■ Bootfahren, Schwimmen, Angeln (mit Angelschein)

Von Bergen umrahmt: der Flathead Lake

Flathead Lake – der größte natürliche Süßwassersee westlich des Mississippi – erstreckt sich über 28 Meilen (45 km) entlang den steilen, dicht
bewaldeten Ausläufern der mächtigen Mission Range im Nordwesten
Montanas. Zwischen den Buchten, Landspitzen und Halbinseln des ab-
wechslungsreichen Ufers gelegen, besteht der
Flathead Lake State Park aus sechs separaten
Parkteilen, die Einblick in die vielfältige Landschaft der Region und ihre Tierwelt geben.

**PARK-TIPP:** *Schnorcheln Sie
zwischen den großen Felsen
in den kristallklaren Ge-
wässern des Parkteils West
Shore oder östlich des Ufers
von Wild Horse Island.*

Mit seinem sauberen, tiefen Wasser ist der
See an heißen Augusttagen unwiderstehlich –
ein Beispiel für etwa eine Handvoll großer Seen
der Rocky Mountains, die im Sommer meist
warm genug zum Schwimmen sind. Schwimmt man ein Stück weit hinaus und lässt sich dann auf dem Rücken treiben, kann man vielleicht
einen Weißkopfseeadler oder einen Fischadler beobachten.

Der See entstand während der letzten Eiszeit, als riesige Gletscher-
zungen tiefe Kerben in das Land gruben. Nach ihrem Abschmelzen blieb
am Fuße der Mission Range ein gewaltiger Eisblock liegen. Schlamm,
Sand, Kiesel und größere Steine, die vom Hochland herabgeschwemmt
wurden, lagerten sich rund um diesen Eisblock ab.

Den größten Teil des State Park bildet Wild Horse Island, ein zauberhaftes, weitgehend naturbelassenes Fleckchen Erde, wo zwischen Hochlandprärien und alten Waldbeständen aus Douglasien und Gelbkiefern Dickhornschafe, Hirsche, Kojoten und einige Wildpferde leben. Die Insel, die man nur auf dem Wasserweg erreicht (privater Bootsservice), überragt den Seespiegel um mehr als 250 stolze Meter und bietet grandiose Ausblicke über den See auf die Mission Range und zwei weitere Gebirgszüge.

Am Westufer liegt unter einem Dach von Gelbkiefern Big Arm, ein schmaler Kiesstrand, der häufig von Kanadagänsen aufgesucht wird. Von hier aus erreicht man auch die rund drei Meilen (4,8 km) entfernte Insel Wild Horse Island. Weiter nördlich endet der Lärchen-Tannen-Wald abrupt an von Gletschern geformten Klippen, die auf die Mission Range und die Swan Range blicken.

Drei weitere Parkteile befinden sich am Ostufer. Der südlichste, Finley Point, erstreckt sich über eine schmale Halbinsel. Zwar lockt der Campingplatz viele Wohnmobilisten mit großen Booten an, doch man genießt von hier aus einen schönen Blick über

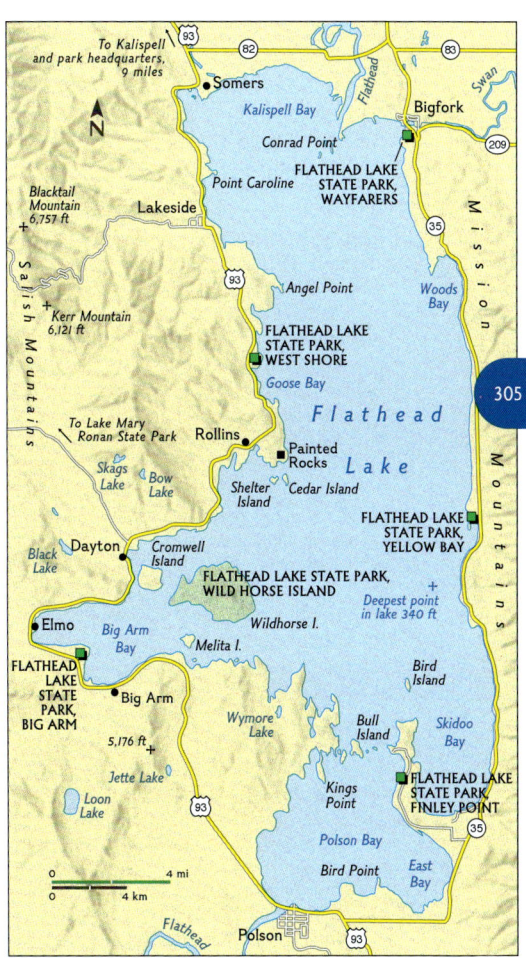

305

den See und die Inselkette. Bei Yellow Bay, einem winzigen Parkstückchen, das sich neben einem schmalen Creek und einem breiten Kiesstrand in die Uferlinie schmiegt, gibt es zahlreiche Kirschplantagen. Wayfarers schließlich liegt inmitten eines immergrünen Waldes unweit

LASST DIE NATUR IN RUHE: In den 1980er Jahren führte der Versuch, die Durchschnittsgröße der Rotlachse zu erhöhen, zu einem drastischen Einbruch der Population im gesamten Flathead-Einzugsgebiet. Auf Rat kanadischer Biologen, die in den Kootenay-Seen Rotlachse gemästet hatten, führte das Department of Fish, Wildlife and Parks als Futterquelle den etwa einen Zentimeter großen Glaskrebs ein. Leider erwiesen sich diese Tierchen als direkte Konkurrenten für die Hauptnahrungsquelle der Lachse, das Zooplankton. Schlimmer noch: Sie selbst kamen als Beute nicht in Betracht, da sie nachts, wenn die Fische zum Fressen nach oben schwimmen, am Grund des Sees bleiben. In Kanada hatte das System funktioniert, weil Quellen am Seegrund die Krebschen zwangen, sich auch bei Nacht in der Nähe der Oberfläche aufzuhalten.

der Ortschaft Big Fork und wartet mit zauberhaften Panoramen über die sanfte Landschaft der Salish Mountains am gegenüberliegenden Ufer auf. Dazu gehört ein attraktiver Strand, aber gute Schwimmer werden die niedrigen Klippen und Felsen vorziehen, die ebenfalls das Ufer säumen.

## Attraktionen und Aktivitäten

Etwas Planung ist nötig, aber ein Ausflug zur **Wild Horse Island** bietet die Möglichkeit, all die schönen Seiten von Flathead zugleich zu genießen: eine Bootsfahrt, eine erfrischende Wanderung, Gelegenheit zur Tierbeobachtung, grandiose Ausblicke auf Gebirge und See, einsames Schwimmen, Ruhe und Frieden (Camping verboten).

Der Park veröffentlicht eine Broschüre (auf den Campingplätzen erhältlich) mit topografischer Karte und Tipps zur Logistik. Auf der Insel gibt es weder Toiletten noch Trinkwasser, bedenken Sie dies vor der Überfahrt. Boote können Sie in privaten Yachthäfen an der Big Arm Bay mieten. Legen Sie das Ruder in Richtung **Little Skeeko Bay** auf der Nordwestseite der Insel, wo ein langer, gewundener Wanderweg bis ins Hochland hinaufführt. Es gibt noch vier weitere Anlegeplätze und Sie können sich frei auf der Insel bewegen, solange Sie sich von den mehreren Dutzend in Privatbesitz befindlichen Cottages fernhalten.

Alle übrigen Parkteile sind zum Picknicken, Schwimmen, Angeln und zur Vogelbeobachtung geeignet. (Ein Warnhinweis zum Schwimmen im Flathead Lake: Im seichten Wasser ist der Parasit *Swimmer's Itch* verbreitet, also nach dem Bad sofort abtrocknen oder duschen.) Auf der Fahrt bietet es sich an, bei einer der Obstplantagen ein Körbchen Kirschen oder in der **Mission Mountain Winery** *(406-849-5524, Mai–Okt.)* in Dayton eine Flasche Sekt zu kaufen. Nutzen Sie die Gelegenheit, von den Wanderwegen in West Shore und Big Arm den Sonnenaufgang zu bestaunen. Ein weiteres Highlight ist eine Kajakfahrt vom Finley Point State Park zu den Bird Islands. Ausflugsboote verkehren ab Polson, Somers und Big Fork. Die meisten sind recht groß und motorgetrieben, doch Big Forks Questa Sailing Charters *(406-837-5569)* macht es möglich, in einem Segelboot der Q-Klasse von 1929 über die Wellen zu gleiten.

### Camping

Der Parkteil Big Arm (406-849-5255) verfügt über 30 Wohnmobil- und sechs Zeltplätze, es gibt Duschen, Gruppenplätze und Jurten. West Shore (406-844-3066) bietet 26 Zelt- und Wohnmobilplätze; keine Duschen. Finley Point (406-887-2715) verfügt über 16 Wohnmobilplätze, dazu

Bootsliegeplätze; keine Duschen. Yellow Bay (406-752-5501) hat fünf
Stellplätze, darunter vier Plätze für Walk-in-Zelte; Duschen vorhanden.
Wayfarers (406-837-4196) verfügt über 30 Zelt- und Wohnmobilplätze,
es gibt Duschen. Reservierungen für Gruppen- und Jurtenplätze unter
406-751-4577. Auf allen Plätzen Campinggebühr. Auf Wild Horse
Island ist Camping verboten.

### Sehenswürdigkeiten in der Nähe

Im Spätsommer kann man in den höher gelegenen Bereichen der Salish
Mountains rund um den **Lake Mary Ronan State Park** *(7 Meilen – 11 km
– nordwestlich von Dayton, 406-849-5082)* Huckleberries pflücken, eine
Art winzige Blaubeeren. Es ist ein hübsches Fleckchen, mit Schatten
spendenden Douglasien und Lärchen, und der See bietet Forellen und
Barsche.

Die südliche Hälfte des Flathead Lake sowie ein Großteil des
Landes, das sich fast bis Missoula erstreckt, gehört zur Flathead Indian
Reservation. Wenn Sie mehr über die Ureinwohner dieser Gegend
erfahren wollen, besuchen Sie **The People's Center** *(53253 Mont. 93 W,
nördlich von Pablo, 406-675-0160, Eintrittsgebühr)*, das sich der Geschichte und dem Leben der Völker der Kootenai und Salish widmet.

Weiter südlich, an der **National Bison Range** *(35 Meilen – 56 km –
südlich von Polson, bei Moiese, 406-644-2211)*, durchstreift eine 300- bis
400-köpfige Büffelherde die sanft gewellten Graslandschaften. Eine 19
Meilen (30,5 km) lange Straße (keine Wohnwagen!) schlängelt sich
durch das Wildschutzgebiet und steigt bis auf über 650 Meter an, wo
eine herrliche Aussicht lockt. Während der Fahrt bekommt man neben
Büffeln auch Wapitis und Rotwild, Gabelantilopen, Dickhornschafe sowie viele verschiedene Vogelarten zu Gesicht.

307

Flathead Lake State Park, 490 N. Meridian Rd., Kalispell, MT 59901;
406-752-5501; www.fwp.mt.us/parks

Blick über Flathead

# Bannack

*25 Meilen (40 km) südwestlich von Dillon, über die I-15 und Montana 278*

- 6,5 km$^2$ ■ Ganzjährig, Visitor Center von Oktober–April geschlossen
- Eintrittsgebühr ■ Geisterstadt aus der Zeit des Goldrausches

Das Hotel Meade

Gold begleitet die Geschichte von Bannack – Gold im Boden, vor allem aber Gold in den Träumen der Menschen, die deshalb in diesen abgelegenen Teil Montanas kamen. 1862 entdeckte eine Gruppe von Goldgräbern die ersten bedeutenden Vorkommen in Montana, als sie ihre Spaten in das Flussbett des Grasshopper Creek stießen. Binnen eines Jahres war eine neue Stadt mit über 3000 Einwohnern aus dem Boden gestampft. 1864 wurde Bannack zur Hauptstadt des Gebiets erklärt und schien eine große Zukunft zu haben. Doch das Glück von Goldrauschstädten ist von Natur aus flüchtig. Bald zogen andere Orte mit größeren Funden die Aufmerksamkeit auf sich. Der berühmte Goldfund in der Alder Gulch führte zur Gründung von Virginia City. Weiter nördlich ließ eine reiche Kupferader die Backsteinhäuser von Butte entstehen, während Gold aus der Last Chance Gulch den Ort Helena und dessen Anspruch als künftige Hauptstadt des Bundesstaates unterstützte.

Dennoch bestand Bannack rund ein Jahrhundert lang und konnte mit Millionen in Gold aufwarten, das auf unterschiedliche Art gefördert wurde: Die klassischen Waschpfannen der frühen Goldsucher wichen immer größeren (hydraulischen) Gerätschaften wie Schürf- und Rüttelmaschinen. Andere Bemühungen konzentrierten sich auf Quarzadern, und vielerorts wurden Stollen in die umliegenden Hügel gesprengt. Die 1919 errichtete Apex Mill steht noch heute, stellte jedoch 1976 den Betrieb ein. Mit mehr als 50 original erhaltenen Gebäuden vermittelt Bannack heute ein lebendiges Bild vom Leben in einer Bergbaustadt der Pioniere.

## Attraktionen und Aktivitäten

Die Exponate des **Visitor Center** illustrieren Bannacks Rolle in der Gold-
rauschära Montanas. Nehmen Sie an einer
Führung teil oder erkunden Sie den Ort
mithilfe einer Broschüre auf eigene Faust.
Highlights sind neben anderen das aus
rotem Backstein errichtete **Hotel Meade**,
ursprünglich das Gerichtsgebäude, und
**Skinner's Saloon** gleich nebenan, in dem
Henry Plummers Straßenräuberbande (siehe Kasten) zusammenkam.
Die erste elektrische Schürfmaschine Nordamerikas, **Fielding L. Graves**,
befand sich in einem selbst ausgebaggerten Teich. Einige Gebäude
stehen leer, aber andere – namentlich der **Masonic Temple** und das
Schulhaus – wurden restauriert und enthalten einen Teil des ursprünglichen Mobiliars.

> **PARK-TIPP:** *Folgen Sie dem Pfad zu
> der alten Scheune mit Anbau, wo
> viele malerische alte Gerätschaften
> aufbewahrt werden – von Pflügen bis
> hin zu Pferdekutschen jedweder Art.*

   Was aber wäre eine Geisterstadt ohne Geister? Es heißt, dass man in
**Amede Bessette's House**, in dem mehrere Kleinkinder an Diphtherie
starben, das Schreien von Babys hören kann und im Hotel Meade soll
die Erscheinung eines Mädchens umgehen, das im Grasshopper Creek
den Tod fand.

## Camping

Bannack verfügt über zwei Campingplätze mit 24 einfachen Zelt- und
Wohnmobilplätzen; *first come, first
served*. Campinggebühr.

## Sehenswürdigkeiten in der Nähe

Ein Fleckchen am Beaverhead River erinnert an die Entdecker Meriwether
Lewis und William Clark, die hier auf
ihrem Weg zum Pazifik Station machten.
Südlich von Twin Bridges an der Montana 41 gelegen, war der **Beaverhead
Rock** eine wichtige Landmarke für ihre
indianische Kundschafterin Sacagawea.

   Ein kleines Stück flussaufwärts
kletterte Clark auf einen Kalksteinfelsen
über dem Fluss, um mittels Kompass
seine Position festzustellen und die
Region zu kartieren. Der Ort, heute als
**Clark's Lookout State Park** bekannt, liegt
eine Meile südlich von Dillon an der
alten US 191. Suchen Sie ihn auf und
malen Sie sich aus, wie die Landschaft
hier im Jahr 1805 wohl ausgesehen
haben mag.

Bannack State Park, 4200 Bannack Rd.,
Dillon, MT 59725;
406-834-3413; www.bannack.org

**CASANOVA UND WEGELAGERER:**
Als Henry Plummer im Winter
1862/63 nach Bannack kam, hatte er
die Verbrecherlaufbahn bereits einge-
schlagen. Er hatte in den Goldgräber-
lagern zwischen Kalifornien und Idaho viele gebrochene Frauenherzen
und tote Männer zurückgelassen. Er
wollte Gold, ohne mühsam dafür zu
schuften, und gründete deshalb eine
Räuberbande. Bannacks Sheriff
Crawford stellte Plummer einen
Hinterhalt, konnte ihn aber nicht tö-
ten, und musste aus Furcht vor Plummers Bande mitten in der Nacht flie-
hen. Der verwundete Plummer ließ
sich daraufhin zum Sheriff wählen.
Während er vorgab, die Goldtrans-
porte zu beschützen, organisierte er
in Wahrheit Überfälle und erfreute
sich hohen Ansehens – bis zum 10.
Januar 1864, als Mitglieder des Montana Vigilante Committee ihn samt
zwei seiner Deputies hängten.

309

## Chief Plenty Coups

*35 Meilen (56 km) südlich von Billings, 1 Meile (1,6 km) westlich von Pryor*

▪ 78 Hektar ▪ Mai bis September ▪ Fahrzeuggebühr ▪ Camping verboten ▪ Historische Gebäude

Der 1848 geborene Alech-chea-hoos (englisch »Plenty Coups«, deutsch »Viele Heldentaten«) war der letzte Oberhäuptling der Crow-Indianer. Als engagierter Friedensstifter trug er wesentlich dazu bei, seinem Volk den schwierigen Übergang vom freien Nomadentum zum von der Regierung auferlegten, eingeschränkten Leben in einer Reservation zu erleichtern. Um Sesshaftigkeit zu demonstrieren und mit gutem Beispiel voranzugehen, errichtete er in den 1880er Jahren neben einer heiligen Medizinquelle ein Blockhaus mit Laden.

**PARK-TIPP:** *Beginnen Sie den Tag bei Eyeful Vista mit seiner spektakulären Sicht über die Badlands. Die aufgehende Sonne unterstreicht die Kontraste der Landschaft auf faszinierende Weise.*

Besuchen Sie als Erstes das **Chief Plenty Coups Museum**, das die Geschichte des Häuptlings erzählt. Sein Leben überbrückte zwei Jahrhunderte, zwei Kulturen und ein großes Stück politische Geschichte. Es begann mit einer typischen Kindheit als Crow und umfasste später Freundschaften mit Männern wie dem amerikanischen Präsidenten Theodore Roosevelt. Primär befasst sich das Museum jedoch mit der Kultur und Geschichte seines Volkes, der Absaroka oder Crow.

Zurück im Freien, können Sie die **Medicine Spring** (Heilquelle) besuchen, einen spirituellen Ort, wo die Menschen Opfergaben ablegen, das Wasser kosten und Gebete flüstern. Gehen Sie weiter zum Grab von Plenty Coups und widmen Sie einige Gedanken den stürmischen Zeiten und kulturellen Gegensätzen, die er zu verstehen versuchte.

Wenn Sie zur richtigen Zeit kommen, sollten Sie keinesfalls den **Crow Fair** *(406-638-3793; www.crowfair.com)* versäumen, der alljährlich bei der Crow Agency stattfindet. Dieses kulturelle Ereignis ist ein wichtiges Powwow der amerikanischen Ureinwohner, ein lebendiges, farbenfrohes Fest mit Tanz und Trommeln. Einen Blick in vorgeschichtliche Zeiten bietet der **Pictograph Cave State Park** *(7 Meilen – 11 km – südöstlich von Billings über die I-90, 406-247-2970).*

Chief Plenty Coups State Park, Box 100A, Pryor, MT 59066; 406-252-1289; www.fwp.mt.us/parks

## Makoshika

*Unmittelbar östlich von Glendive, an der Snyder Avenue*

▪ 46,7 km$^2$ ▪ Ganzjährig ▪ Eintrittsgebühr ▪ Malerische Landschaft der Badlands ▪ Fossilien ▪ Wandern

Die Makoshika-Badlands zeugen von einer bedeutenden Phase der Erdgeschichte. Die beigefarbenen Sedimente wurden vor 65 Millionen Jahren hier abgelagert, als Ostmontana, flach und sumpfig, am Rande eines seichten Meeres lag. Tyrannosaurus, Triceratops und andere Dinosaurier streiften durch die Ebenen, doch das Ende ihrer Ära nahte bereits. In Makoshika bergen die unteren Schichten zahlreiche Dinosaurierknochen, während man in den oberen die zarten Skelette früher Säugetiere findet.

Der Scenic Drive steigt zum Rand eines kiefernbewaldeten Tafelbergs empor, wo Aussichtspunkte zum Blick über die Canyons einladen. Das **Visitor Center** liegt unweit des Parkeingangs, am Fuße der **Cains Coulee**. Bestaunen Sie hier Fossilien, prähistorische Steinwerkzeuge und den riesigen Schädel eines Triceratops – und kaufen Sie einen Führer oder eine Straßenkarte.

Nicht versäumen dürfen Sie den **Cap Rock Nature Trail**, einen rund eine Meile (1,6 km) langen Wanderweg durch einen von der Natur geschaffenen Skulpturengarten. Wind und Wetter schufen die grandiosen exzentrischen Formen.

Die weitere Route führt an Radio Hill Junction vorbei, wo eine schlechte Straße in Richtung **Artists Vista** und **Sand Creek Overlook** abzweigt. Bei Nässe ist diese Straße schwierig zu befahren; falls Sie sich nicht sicher sind, bleiben Sie besser auf der Hauptstraße.

Wer festes Schuhzeug oder Wanderstiefel dabeihat, sollte den **Kinney Coulee Trail** erkunden. Vom Ausgangspunkt bei der Straße führt er

311

Felsformationen in den Badlands

rund hundert Meter zum Fuß der Badlands hinab. Halten Sie nach Fossilien Ausschau. Der Triceratopsschädel im Visitor Center wurde entdeckt, als ein Arbeiter sich fast auf einen Knochen gesetzt hätte, der aus dem Boden ragte. Sollten Sie etwas Ungewöhnliches finden, lassen Sie es liegen und benachrichtigen Sie einen Mitarbeiter des Parks. Der eine Meile (1,6 km) lange **Diane Gabriel Trail** führt Wanderer in die natürlichen Schönheiten der Badlands ein: grasbewachsene »Tische«, die den Erosionskräften trotzten, und Höhlen mit widerstandsfähigem Sediment – und den freiliegenden Rückenwirbeln eines Hadrosaurus.

## Camping

Der Park verfügt über 16 Zelt- und Wohnmobilplätze, dazu weitere einfache Zeltplätze; nur Gruppenreservierungen. Campinggebühr.

Makoshika State Park, P.O. Box 1242, Glendive, MT 59330; 406-377-6256; www.fwp.state.mt.us/parks

# Sinks Canyon

*6 Meilen (9,6 km) südwestlich von Lander, an der Wyoming 131*

▪ 2,43 km² ▪ Ganzjährig ▪ Eindrucksvoller Canyon mit verschwindendem Fluss ▪ Wandern, Tierbeobachtung, Angeln (mit Angelschein)

The Sinks wird von Gletscherschmelzwasser gespeist

Hoch oben in der Wind River Range entspringt zwischen Gletschern, Felsen und Gebirgswiesen der Middle Fork Popo Agie River – ein wunderschöner Fluss, aber nur einer von vielen, die in diesen wasserreichen Bergen hervorsprudeln. Was diesen Fluss so besonders macht, ist ein unerwarteter Trick: Nach seinem Eintritt in eine schmale Schlucht an der Ostseite der Bergkette biegt er abrupt nach rechts und verschwindet in einer tiefen Höhle mit dem passenden Namen *The Sinks*. Rund 800 Meter entfernt tritt er dann relativ unspektakulär in einem tiefgrünen Tümpel namens *The Rise* wieder an die Oberfläche.

Bis heute ist der genaue unterirdische Weg des Flusses von Geheimnissen begleitet. Oberhalb von The Sinks zugegebene Farbstoffe tauchen zwar wie erwartet im The Rise auf, aber das Wasser benötigt für die kurze Strecke zwei Stunden und ist beim Austritt wesentlich wärmer als vorher.

Doch selbst ohne sein geologisches Kunststückchen wäre Sinks Canyon ein durchaus besuchenswerter State Park. Sich mehr als zwei Meilen (3,2 km) den Fluss entlang erstreckend, liegt er geschützt am Fuße hoher, heller Sand- und Kalksteinfelsen. Die sonnige Südseite weist Elemente einer Wüste auf – mit Wacholder, Nevada-Kiefern und *Sagebrush* (Beifuß). Die schattige Nordseite ist kühler und feuchter und wartet mit Douglasien, Pappeln, Espen und Weiden auf. In Verbindung mit der Uferzone bilden diese den Lebensraum einer reichen Fauna: Wapitis, Elche, Rotwild und Dickhornschafe streifen durch die Schlucht,

**HÖHER UND TIEFER:** Die Straße, die den Sinks Canyon hinaufführt, bietet einen Überblick über die Geologie der Wind River Range. Zwischen Lander und Switchback Overlook finden sich über rund 1200 Meter hinweg unterschiedliche Gesteinsschichten. Die Berge entstanden, als alte Granitlagen durch jüngere Sedimente angehoben wurden, die heute zum Kessel hin an den Bergflanken abfallen – je höher man steigt, umso älter sind die Gesteine. Die Reise beginnt mit leuchtend rotem Schiefer und Sandstein aus der Trias und geht am Canyoneingang in Tensleep-Sandstein über. The Sinks bestehen aus Madison-Kalkstein, und weiter schluchtaufwärts führt die Straße durch Sedimente aus dem Devon und Kambrium, bevor sie Sie zu einem Aussichtspunkt mit präkambrischem Granit und tollem Blick über die Wind River Range bringt.

daneben gibt es Nerze und Bisamratten, Regenbogen- und Purpurforellen, Prärieklapperschlangen und 94 Vogelarten.

**Attraktionen und Aktivitäten**

Ausgangspunkt ist das **Visitor Center** (*letzter Mo im Mai [Memorial Day] bis erster Mo im Sept. [Labor Day]*), doch zuerst sollten Sie den kurzen Weg zu **The Sinks** zurücklegen. Im Sommer führt der Fluss gewöhnlich wenig Wasser und ist deutlich kleiner als die Höhle, weshalb es irgendwie schaurig aussieht, wie das Wasser in der tiefen Dunkelheit verschwindet. Im Visitor Center wird der Verlauf des Flusses hervorragend erläutert, dazu erfährt man Interessantes über die Naturgeschichte der Landschaft.

Das nächste Ziel ist **The Rise**, rund 800 Meter den Canyon hinunter. Von einer Plattform aus hat man eine wunderbare Sicht auf den Tümpel. Riesige Regenbogen- und Steinforellen durchpflügen wie Miniaturwalfische das Wasser. In diesem Teil des Flusses ist Angeln verboten.

Im Frühjahr füllen die Wassermassen des Flusses The Sinks und einen Überlaufkanal. Sie können dies entlang dem 400 Meter langen **Sinks to Rise Trail** verfolgen und gleichzeitig einiges über die hier heimische Vegetation lernen. Etwas länger – rund 1,5 Kilometer – ist der **Popo Agie Nature Trail**, unweit des oberen Campingplatzes. Eine Broschüre beschreibt zahlreiche Aspekte der Naturgeschichte des Canyon.

Deutlich längere Wanderungen beginnen mit dem **Middle Fork Trail**, der am Parkplatz bei Bruces Camp außerhalb des Parks beginnt und in die Popo Agie Wilderness sowie darüber hinaus führt. Nur 1,5 Meilen (2,4 km) vom Ausgangspunkt entfernt, markiert **Popo Agie Falls** den Kopf des Canyon. Der vier Meilen (6,4 km) lange, geschlossene **Canyon Trail** bildet die Verbindung zwischen dem Popo Agie Trail und dem Middle Fork Trail.

Überall im Park können Sie nach Dickhornschafen Ausschau halten. Der Canyon ist für sie ein idealer Überwinterungsort, da seine Südseite relativ mild und schneefrei bleibt, während Felsen und unbewaldete Hänge genau das Terrain bieten, in dem sich die Tiere wohlfühlen. Leider haben die Schafe hier dennoch kein leichtes Leben. Die ursprüngliche Population starb vor vielen Jahren aus; in den 1980er Jahren wurde eine neue 54-köpfige Herde vom nördlichen Ende der Wind River Range hier ausgewildert. Aller-

**PARK-TIPP:** *Üben Sie sich an dem wenig besuchten Überlaufkanal zwischen The Sinks und The Rise im Hüpfen – von Felsbrocken zu Felsbrocken.*

dings haben sie sich nicht vermehrt, bei der jüngsten Zählung waren es nur noch ein Dutzend Tiere. Ein Problem ist sicherlich, dass sie keinen Weg zu den Sommerweiden im Hochgebirge finden und deshalb ganzjährig in einem Gebiet leben, das nicht genügend Nahrung bietet. Zu ihrem Rückgang dürfte zudem der wachsende Kontakt zu Menschen beigetragen haben sowie eine Lungenentzündung, der 1992 ein Drittel der Population zum Opfer fiel.

### Camping

Sinks Canyon bietet auf zwei Campingplätzen 30 Zelt- und Wohnmobilplätze. Mai bis Oktober; eine begrenzte Zahl an Stellplätzen ist auch im Winter geöffnet. *First come, first served.* Campinggebühr.

Blick auf The Rise

### Sehenswürdigkeiten in der Nähe

Oberhalb von The Sinks geht die Wyoming 131 in eine nicht ganzjährig befahrbare Waldstraße über, die zum Kopf des Canyon hinaufführt. Sie führt auch zur Wyoming 28, unweit von **South Pass**, einem bedeutenden Markstein in der Geschichte des amerikanischen Westens. Hier überquerten die Siedler, die auf dem Oregon, dem California und dem Mormon Trail unterwegs waren, die Kontinentale Wasserscheide.

1867 stieß man in der Nähe von South Pass auf Gold. Die Entdeckung löste einen Goldrausch aus, auf dessen Höhepunkt es hier mehrere Tausend Goldgräber, ein Dutzend Stampfmühlen, zwei Post-kutschendienste sowie die üblichen Saloons, Hotels, Anwälte und (Lebensmittel-)Händler gab. Das Einzige, was fehlte, war genügend Gold, um den Aufwand zu rechtfertigen, und 1875 waren nicht einmal mehr hundert Leute übrig, die sich an vage Hoffnungen klammerten. Trotz mehrfacher Wiederbelebungsversuche wurde South Pass nie ein bekannter Ort. Heute umfasst die **South Pass City State Historic Site** *(42 Meilen – 67 km – südlich über die Wyoming 131 und US 28, 307-332-3684, Mitte Mai–Sept., Eintrittsgebühr)* 27 original erhaltene, restaurierte und rekonstruierte Gebäude samt zahlreichen Artefakten. Besuchen Sie zuerst das Visitor Center, ehe Sie die Bauten und die Geschichte der South Pass Avenue erkunden.

Fragen Sie die Parkangestellten nach weiteren historischen Sehens-würdigkeiten in der Umgebung, wie die **Pony-Express-Stationen**, erhal-tene **Spuren des Oregon Trail**, weitere Goldgräber-Relikte sowie **Willie's Handcart Site**, wo mormonische Siedler, die mit Handkarren auf dem Weg nach Salt Lake City waren, im Oktober 1856 von einem frühen Wintereinbruch überrascht wurden – viele kamen dabei ums Leben.

Sinks Canyon State Park, 3079 Sinks Canyon Rd., Rte. 63, Lander, WY 82520; 307-332-6333; http://wyoparks.state.wy.us

315

# Guernsey

*1,5 Meilen (2,4 km) nördlich von Guernsey, abseits der Wyoming 26*

■ 34,8 km² ■ Ganzjährig ■ Eintrittsgebühr (Frühjahr bis Herbst)
■ Historische Gebäude ■ Oregon Trail ■ Wandern, Schwimmen, Bootfahren

Unweit der Hauptroute des Oregon Trail gelegen, umfasst der Guernsey State Park einen sehenswerten gewundenen Canyon mit steilen Sandsteinwänden und Schatten spendenden Wacholder- und Gelbkieferbeständen. Der North Platte River, der hier zu einem Stausee verbreitert wird, liegt am Fuß der Felsen und bildet eine willkommene Abwechs-lung zur Hitze der Wyoming Plains.

In den 1930er Jahren baute der CCC (Civilian Conservation Corps) in diesem Park Wanderwege, Straßen, Brücken und rustikale Gebäude. Ein Großteil dieser Anlagen ist erhalten, dar-unter das wunderschöne, aus Stein und Holz errichtete Visitor Center, das Blick über den See genießt.

Ab den 1840er Jahren folgten Wellen von Siedlern auf dem Oregon

**BALLAST ABWERFEN:** Auf dem Hö-hepunkt des Oregon Trail in den 1840er und 1850er Jahren hinterließen die Siedler zwischen Fort Laramie und dem heutigen Glenrock große Abfall-mengen. Die Strecke war gesäumt von Eisen- und Stahlstücken, Ambos-sen, Blasebalgen, Brecheisen, Boh-rern, Meißeln, Goldwäschergerät, Äx-ten, Truhen und Kisten, Mahlsteinen, Pflügen, Öfen, Fässern, Kleidungsstü-cken, Büchern und Lebensmitteln. Da viele ihre Planwagen überladen hat-ten, warteten sie bis zu diesem Punkt, um sich entbehrlicher Lasten zu entle-digen, da der Weg zunehmend steiler und beschwerlicher wurde.

Trail dem Lauf des Flusses durch den Südosten Wyomings. Nur wenige Meilen südlich des Parks findet man eindrucksvolle Erinnerungen an ihre Trecks – tief in den steinigen Untergrund gekerbte Wagenspuren und Hunderte Namen, die in die Felswand des Register Cliff geritzt wurden.

### Attraktionen und Aktivitäten

Das **Visitor Center** des Parks verdient einen kurzen Besuch schon allein, um die Arbeit des CCC zu bestaunen und über den felsengesäumten Canyon zu blicken. Die Ausstellungsstücke erzählen von der Geschichte

Das restaurierte Arbeitszimmer des Kommandanten von Fort Laramie

der amerikanischen Ureinwohner, konzentrieren sich aber vorwiegend auf die Viehzüchter der 1880er Jahre und die Aktivitäten des CCC.

Der 1,5 Meilen (2,4 km) lange **Evergreen Glade Nature Trail**, der am Visitor Center beginnt, führt durch wiesengesäumtes Hügelland mit Gelbkiefern, Wacholder und Zedern.

Um zu den **Spuren des Oregon Trail** zu kommen, fahren Sie die Wyoming 26 südwärts durch den Ort Guernsey hindurch und folgen der Ausschilderung über den North Platte River. Vom Parkplatz steigt ein kurzer Weg zu einer Sandsteinkuppe, wo die Räder der Planwagen unverkennbare Rillen hinterlassen haben. Durch einen topografischen Flaschenhals gezwungen, diesen Weg zu nehmen, lenkten Hunderttausende von Siedlern ihre schwer beladenen Wagen über dieses wunderschöne Hochland. Bis zu anderthalb Meter tief gruben sich die Räder dabei in das weiche Erdreich und hinterließen auch Spuren im Gestein.

Viele der Siedler, die sich hier durchkämpften, verbrachten den vorhergehenden Abend nur wenige Meilen flussabwärts beim sogenannten **Register Cliff**, einer rund 20 Meter hohen Sandsteinwand, in die viele ihre Namen einritzten. Einige noch lesbare reichen bis in die Zeit um 1840 und 1850 zurück.

## Camping

Der Park bietet auf sieben Campingplätzen 225 Zelt- und Wohnmobil-plätze (keine Anschlüsse). Ganzjährig geöffnet, aber von Oktober bis April gibt es kein Wasser; *first come, first served.* Campinggebühr.

## Sehenswürdigkeiten in der Nähe

Wenn man schon einmal hier ist, wäre es ein Jammer, nicht auch einen Abstecher zur **Fort Laramie National Historic Site** zu machen *(13 Meilen – 21 km – östlich von Guernsey an der US 26, 307-837-2221)*, einem der schönsten »lebenden Museen« des amerikanischen Westens mit mehr als einem Dutzend liebevoll restaurierter Gebäude und vielen kundigen, freundlichen Führern in Originalkostümen. 1834 von Pelztierjägern ge-gründet, entwickelte es sich zu einer bedeutenden Station am Oregon Trail und zum wichtigen militärischen Vorposten.

Guernsey State Park, P.O. Box 429, Guernsey, WY 82214; 307-836-2334; http://wyoparks.state.wy.us

# Trail End

*400 Clarendon Avenue, Sheridan*

▪ 1,5 Hektar ▪ März bis Mitte Dezember ▪ Camping verboten ▪ Restauriertes Herrenhaus von 1913 ▪ Kutschen-Haus ▪ Landschafts-garten

Das vornehme, 1913 im Stil des Flemish Revival errichtete Haus namens **Trail End** überblickt den Ort Sheridan von einem wunderschön gestalte-ten Parkgrundstück aus, mit Aussicht auf die Bighorn Mountains. Er-baut für John B. Kendrick – Rinderbaron, Gouverneur und dreimaliger US-Senator –, spiegelt das 21-Zimmer-Haus den gehobenen Lebensstil im Wyoming des frühen 20. Jahrhunderts. Auf Hochglanz poliertes Mahagoniholz, Kamine aus italienischem Marmor, Buntglasfenster und kunstvolle Deckengemälde zeigen ein Leben fernab von jenem Schweiß und Staub, die Kendricks Wohlstand begründeten.

Wenn Sie auf das Gebäude mit seinem rot gedeckten Dach, den Balkonen und neoklassizistischen Portiken zugehen, können Sie daran denken, dass Kendrick ein Waisenkind aus Texas war, der als ganz ge-wöhnlicher Cowboy nach Norden kam, eine 84 000 Hektar große Ranch aufbaute, die von Nordwyoming bis Südmontana reichte, und 1891 in eine einflussreiche Rancherfamilie einheiratete.

Im 1910 fertiggestellten **Carriage House** (»Kutschen-Haus«) wohnte die Familie, bis das Haupthaus bezugsfertig war. 1979 wurde es in ein 88-sitziges Gemeindetheater verwandelt.

Beenden Sie Ihren Besuch mit einem Spaziergang durch den schat-tigen Park, zu dem ein Rosengarten, Tennisplätze und auch ein Obstgar-ten mit Apfelbäumen gehören.

Trail End State Historic Site, 400 Clarendon Ave., Sheridan, WY 82801; 307-674-4589; www.trailend.org

# Ponderosa

*1 Meile (1,6 km) nordöstlich von McCall, der Ausschilderung folgen*

■ 5,9 km² ■ Ganzjährig ■ Fahrzeuggebühr ■ Alte Waldbestände ■ Hohe Felsen ■ See ■ Bootfahren, Angeln (mit Angelschein) ■ Radfahren, Wandern, Skilanglauf

Langläufer am Ufer des Payette Lake

Hoch in den sanften Höhenzügen im mittleren Westen Idahos umfasst der Ponderosa State Park eine schmale, bewaldete Halbinsel, die sich entlang dem kristallklaren Gewässer des Payette Lake erstreckt. Die relativ kleine Landzunge steigt über teils dichte Bestände hoher Tannen, Lärchen, Gelb- und Drehkiefern zu einem luftigen Kliff aus Basaltlava an, das den See überblickt. Hier und dort drängen Wiesen, Marschland und westentaschengroße *Sagebrush*-Bestände die Bäume zurück und bieten einer reichen Fauna Lebensraum.

Fuß- und Radwege säumen das Ufer, führen die Klippen hinauf und schlängeln sich durch Wald, Sumpf und über Wiesen – ein Paradies für Spaziergänger und im Winter für die Langläufer. Ein befestigtes, 400 Meter langes Stück am Ufer entlang ist für Rollstuhlfahrer geeignet.

Auf der Halbinsel gibt es drei kleine Strände, doch das einladendste Stückchen warmen Sandes liegt auf der anderen Seite, in der North Beach Area von Ponderosa. Hier mündet der North Fork Payette River nach sanftem Mäandrieren durch hohe Nadelwälder und an einem Marschland voller Enten und Singvögel vorbei gemächlich in den See.

## Attraktionen und Aktivitäten

Ihre erste Anlaufstelle sollte das **Visitor Center** sein, in dem Sie eine Karte des Parks erhalten und die Angebote der Parkranger lesen *(Mitte Juni bis erster Mo im Sept. [Labor Day])*. Hierzu gehören geführte Wanderungen, Lagerfeuer sowie spezielle Programme für Kinder zur Geologie, Tier- und Pflanzenwelt, örtlichen Geschichte und Archäologie. Manchmal kommt ein Biologe oder Tierarzt vom nahe gelegenen Snowdon Wildlife Sanctuary mit einem Fuchs, einem Greifvogel oder einem anderen verletzten Tier vorbei, das dort gesund gepflegt wird.

Einen schnellen Überblick über den Park gewinnt man bei einer Fahrt über die Länge der Halbinsel (etwa 3 Meilen – 4,8 km) und einem kurzen Spaziergang zum **Osprey Cliff Overlook** und dem **Narrows Overlook**, wo sich von den Lavaklippen aus ein grandioser Blick über den See eröffnet. Das Gestein hier wurde als Teil des Columbia-Plateaus abgelagert, einer riesigen Lavamenge, die vor etwa 16 Millionen Jahren einen großen Teil des Nordwestens bedeckte.

Auf der Rückfahrt sollten Sie sich etwas Zeit nehmen, um die Enten und anderen Wasservögel im **Lily Marsh** zu beobachten, oder Sie parken an einem der Picknickplätze und schwimmen kurz im **Payette Lake**. Das herrlich klare Wasser ist sehr frisch, aber im Sommer meist durchaus zum Schwimmen geeignet.

Um das beeindruckendste Beispiel der Baumart zu bewundern, die dem Park den Namen gegeben hat, gehen Sie über den Campingplatz. Einige der hier stehenden Gelbkiefern (engl. *Ponderosa Pines*) sind an die 50 Meter hoch und waren Sämlinge, als die Spanische Armada gegen England in See stach.

PONDEROSA PINES: So lautet der englische Name der Gelbkiefer *(Pinus ponderosa)*. Die Vegetation dieser Region entwickelte sich unter häufigen Bränden, wodurch vereinzelt alte, lichte Gelbkieferbestände entstanden, mit wenigen Gebirgsgräsern, Strauchwerk und Wildblumen als Unterwuchs. Im Ponderosa State Park hingegen wird Feuer bekämpft. Deshalb konnten hier ein üppiger Unterbestand und schattentolerante Immergrüne wie Tannen gedeihen.

Als Nächstes schmieren Sie sich gut mit einem Insektenschutzmittel ein und folgen dem 1,4 Meilen (2,2 km) langen **Meadow Marsh Trail** durch den Wald rund um Meadow Marsh, ein Feuchtgebiet, das allmählich in eine Wiese übergeht. Der Pfad beginnt bei einem Parkplatz direkt nördlich des Visitor Center. Eine Broschüre (im Visitor Center erhältlich) hilft bei der Bestimmung von Sträuchern und Bäumen und weist auf Stellen hin, an denen man seltene Wildpflanzen findet oder mit etwas Glück schöne Tierbeobachtungen machen kann.

Ausgeschilderte Mountainbikewege führen durch die wichtigsten Regionen des Parks, von Meadow Marsh bis zum Osprey Cliff Overlook. Radfahrer, die mehrere Routen aneinanderhängen und zwischendurch auch die Straße benutzen, können so die gesamte Halbinsel erkunden. Leihräder bekommen Sie in McCall.

Sofern Sie Zeit haben, fahren Sie mit dem Auto um den See herum zur **North Beach Area**, um dort auf dem Sandstrand Ihr Badetuch auszubreiten. Der Strand blickt direkt nach Süden und bietet auch eine

Fischotter

schöne Aussicht über den ganzen See. Vom Parkplatz aus führt ein mit Informationstafeln bestückter Weg über das Marschland zum Strand.

Einer der schönsten Wege, zur North Beach Area zu gelangen, ist der **North Fork Payette River**, ein langsam dahinfließender Fluss, der auch für Paddelbootanfänger geeignet ist. Auf diesem gewundenen Weg durch Wald und Sumpfland hat man gute Chancen, Hirsche, Elche, Enten, Reiher, Biber, Otter und andere Tiere zu beobachten. Für einen gemütlichen Halbtagesausflug starten Sie wenige Kilometer nördlich des Sees an der Fisher Creek Bridge.

Im Winter verfügt der Park über 13 Meilen (21 km) gespurte Loipen durch sanftes, bewaldetes Hügelland, die auch zu höher gelegenen Stellen führen, von denen man einen schönen Blick über den See genießt.

## Camping

Ponderosa bietet 198 Zelt- und Wohnmobilplätze (Mitte Mai bis Mitte Okt.), Duschen sind vorhanden; unter 866-634-3246 oder über die Website des Parks Reservierung zwischen dem letzten Montag im Mai (Memorial Day) und dem ersten Montag im September (Labor Day) empfohlen. Weitere 22 einfache Zeltplätze findet man im Parkteil Northwest Passage. Campinggebühr.

### Sehenswürdigkeiten in der Nähe

In McCall, einem alten Holzfäller- und Erholungsort, können Sie die **McCall Smokejumper Base** *(Mission St., 208-634-0390)* besichtigen, wo die Feuerspringer für ihre gefährlichen Einsätze gegen Waldbrände trainieren. Oder Sie besuchen die **McCall Summer Chinook Fish Hatchery** *(300 Mather Rd., 208-634-2690)*, wo viele Tausend kleiner Königslachse und größere Regenbogenforellen zu beobachten sind.

Ponderosa State Park, P.O. Box 89, McCall, ID 83638; 208-634-2164; www.idahoparks.org

# Harriman

*18 Meilen (29 km) nördlich von Ashton, an der US 20*

- 44,5 km$^2$ ▪ Ganzjährig ▪ Eintrittsgebühr ▪ Haustiere verboten
- Camping verboten ▪ Historische Gebäude ▪ Wildtierbeobachtung
- Angeln (mit Angelschein) ▪ Wandern, Mountainbiking, Reiten, Skilanglauf, Schneeschuhwandern

An den Rand des zerklüfteten Yellowstone-Plateaus gedrängt und von Gebirgslandschaft umgeben, ist der Harriman State Park ein friedvoller Ort mit höchst gewaltsamer Vergangenheit. Vor etwa 1,3 Millionen Jahren jagte hier ein gewaltiger Vulkanausbruch alles in die Luft – selbst das Tiefengestein – und hinterließ einen Krater mit einem Durchmesser von rund 32 Kilometern. Diese einstmals unwirtliche Caldera ist heute ein wahres Paradies für Tiere und Pflanzen und beherbergt Wiesen, Sumpfgebiete, Seen und Wasserläufe.

In der Mitte des Parks stehen 27 originale Gebäude der Railroad Ranch, die 1902 zur Viehzucht und als Feriendomizil für wohlhabende Besucher aus dem Osten – namentlich die Harrimans (von der Union Pacific Railroad) und die Guggenheims – gegründet wurde. 1977 übereigneten die Besitzer das Land dem Bundesstaat Idaho. Gemeinsam mit dem angrenzenden National Forest bildet der Park das Herzstück des 6400 Hektar großen **Harriman Wildlife Refuge**.

321

### Attraktionen und Aktivitäten

Ausgangspunkt ist das **Visitor Center**, wo Sie eine Übersichtskarte und weitere Informationen erhalten. Als Nächstes sollten Sie das Jones House besuchen und an einer Führung durch die historischen Ranchgebäude teilnehmen oder diese auf eigene Faust erkunden. Cottages für Eigentümer und deren Gäste verteilen sich auf einer Anhöhe, die **Henrys Fork** überblickt, in der Ferne sieht man die charakteristische Silhouette der Teton Range. Das **Harriman Cottage** befindet sich in

Island Park, Harriman State Park

genau dem Zustand, in dem es die Familie in den 1970er Jahren dem Bundesstaat übereignete. Andere Gebäude gehörten zur damals voll in Betrieb stehenden Ranch.

Die Harrimans kamen der Tierwelt und der naturbelassenen Umgebung wegen, und beide Aspekte bilden nach wie vor die Highlights des Parks. Wer mag, setzt sich einfach nur in die Nähe der Ranchgebäude und schaut auf die Wiesen am Fluss, wo Schwäne, Reiher, Elche und Wapitis ihrer Wege ziehen. Andererseits locken 20 Meilen (32 km) gut ausgebauter Wege zum Wandern, Mountainbiking oder Reiten. Häufigste Wahl ist der rund eine Meile (1,6 km) lange **Ranch Loop**, der zum **Silver Lake** und Henrys Fork sowie zu den historischen Bauten führt. Fliegenfischer werden direkt zu den Wiesen aufbrechen, die zu den besten Fliegenfischereigewässern des gesamten amerikanischen Westens zählen (nur Fliegen; gefangene Fische müssen zurückgesetzt werden). Eine lohnende längere Wanderung ist der 4,5 Meilen (7,2 km) lange **Golden Lake Loop**, der zusammen mit dem **Ridge Loop** (weitere 5,5 Meilen – 8,8 km – und an die 150 Meter zum Klettern) das gesamte Spektrum der Biotope dieses Parks abdeckt.

An Winterwochenenden sind das Visitor Center und Jones House für Langläufer und Schneeschuhwanderer geöffnet.

### Lodge-Unterkunft

**GROSSE KATASTROPHE:** Der Vulkanausbruch, der diese Landschaft schuf, war nur einer in einer regelrechten Serie, die vor rund 17 Millionen Jahren den Süden des heutigen Idaho erschütterte. Es sieht so aus, als seien die Eruptionen von Oregon in Richtung Yellowstone gewandert, doch in Wahrheit war es der Kontinent, der über einen feststehenden Hotspot driftete, der regelmäßig ausbricht. Vor rund zwei Millionen Jahren war es die Huckleberry Ridge Caldera in der südwestlichen Ecke von Yellowstone. Der jüngste Vorfall, der die Yellowstone-Caldera schuf, ereignete sich vor rund 600 000 Jahren. Binnen weniger Stunden spie der Vulkan viele Hundert Kubikkilometer flüssiges Gestein aus. Im Vergleich dazu sind die berühmten Eruptionen von Krakatau und Pompeji völlig unbedeutend. Der Hotspot existiert nach wie vor und Geologen sagen einen weiteren Ausbruch voraus – hoffentlich in sehr ferner Zukunft.

Es gibt keinen Campingplatz, aber Gruppen können zwei historische *Cabins*, zwei Jurten oder einen Holzhütten-Schlafsaal mieten; Reservierung unter 866-634-3246 oder über die Website des Parks. In der Nähe befinden sich mehrere Hotels, National-Forest-Campingplätze und der Henry's Lake State Park.

### Sehenswürdigkeiten in der Nähe

Folgen Sie Henrys Fork flussabwärts zur **Mesa Falls Scenic Area** *(14 Meilen – 22,5 km – südlich von Harriman an der Idaho 47/Mesa Falls Scenic Byways)*, wo man zu zwei imposanten Wasserfällen gelangt. Henrys Fork beginnt als schmaler Bach aus dem Henrys Lake und gewinnt den größten Teil seines Wassers von **Big Springs** *(4,5 Meilen – 7,2 km – östlich von Mack's Inn)*, dessen kristallklare Wasser einen kleinen Teich bilden, in dem sich Purpur- und Regenbogenforellen, Silber- und Rotlachse tummeln.

Harriman State Park 3489 Green Canyon Rd., Island Park, ID 83429; 208-558-7368; www.idahoparks.org

# Bruneau Dunes

*20 Meilen (32 km) südlich von Mountain Home, über die Idaho 51 und Idaho 78*

■ 19,4 km² ■ Ganzjährig ■ Eintrittsgebühr ■ Dünenfeld ■ Schwimmen, Wandern, Angeln (mit Angelschein) ■ Observatorium ■ Museum

Die Bruneau-Dünen

Bruneau Dunes ist ein Ort, wie Kinder ihn erschaffen würden, wenn sie ihre eigene Landschaft entwerfen könnten. Berge aus feinem Sand erheben sich über einer Reihe von Seen und Sümpfen; man kann Blaue Sonnenbarsche fangen, Echsen verfolgen und im klaren Wasser schwimmen. Die Dünen selbst bilden ein fast gespenstisches Terrain, wo das mühsame, bleifüßige Hinaufstapfen durch den tiefen Sand mit dem aufregenden Hinabrutschen oder -kugeln konkurriert.

Die Dünen sind seit rund 15 000 Jahren hier und verdanken ihre Existenz der Eagle Cove, einer toten Flussbiegung des Bonneville Flood, in der sich der vom Wind herangetragene Sand auftürmt. Weil wechselnde Winde nahezu gleicher Stärke von Nordwesten und von Südosten heranwehen, wandern die Dünen nicht, sondern bleiben an Ort und Stelle. Trotz seiner geringen Größe ist dieses Dünenfeld doch die höchste einzelne Dünenauftürmung ganz Nordamerikas – rund 145 Meter hoch.

### Attraktionen und Aktivitäten

Ausgangspunkt ist das **Visitor Center**, zu dessen naturgeschichtlichen Exponaten Fossilien aus den Sedimenten prähistorischer Seen gehören, die nur wenige Meilen vom Park entfernt liegen. Sie erinnern an eine

Zeit, als Kamele und Riesenfaultiere diese Gegend durchstreiften. Der Oberschenkelknochen eines Mammuts, Schildkrötenpanzer sowie Schädel und Kiefer einer fast zwei Meter großen Elritze gehören zu den Highlights.

Der kleine See von Bruneau ist indes friedlich und lockt Schwimmer, Bootsfahrer (nur Elektroboote) sowie Vogelbeobachter an. Für Dünenwanderungen gibt es zahlreiche Möglichkeiten. Beginnen Sie beim Bootsanleger und steigen Sie die westliche Seite hinauf; oder folgen Sie dem Pfad, der am Picknickplatz beginnt, und erklimmen Sie die Ostflanke.

Ein anspruchsvoller Wanderweg, der in die vielfältigen Landschaften des Parks einführt, ist der **Sand Dunes Hiking Trail**, ein fünf Meilen (8 km) langer Rundweg, der beim Visitor Center beginnt und endet. Vor allem im Sommer kann er sehr anstrengend sein. Ein Großteil der Strecke führt durch Wüstenlandschaft.

Sternguckern bringt das **Bruneau Dunes Observatory** *(März–Nov. Fr und Sa, Eintrittsgebühr)* den Himmel näher. Der absolute Hit der Abendpräsentation ist das Obsession-Teleskop, ein speziell angefertigtes 600-mm-Spiegelteleskop.

### Camping

Es gibt 98 Zelt- und Wohnmobilplätze, Duschen sind vorhanden; zur Hochsaison Reservierung unter 866-343-3246 oder über die Website des Parks empfohlen. Campinggebühr.

### Sehenswürdigkeiten in der Nähe

Nicht weit entfernt, ist das **C. J. Strike Reservoir** *(Idaho 78, 208-845-2324)* ein bei Fischern und Anglern beliebter See und Überwinterungsplatz zahlreicher Wasservögel. Wenn Sie die Hochwüste lockt, folgen Sie von Bruneau aus südostwärts 20 Meilen (32 km) weit der Hot Springs Road (zwölf Meilen – 19,3 km – der Straße sind unbefestigt) zu einem spektakulären Aussichtspunkt über den Bruneau River Canyon. Eine Landkarte ist im Park erhältlich.

Geschichtliche Ereignisse bereichern die Landschaft im **Three Island Crossing State Park** *(1 Meile – 1,6 km – westlich von Glenns Ferry, 208-366-2394)*. Hier standen die Siedler auf ihrem langen Weg nach Oregon vor einer schwierigen Entscheidung: Sollten sie die harte, dafür trockenere Südroute wählen – oder aber die Überquerung des Flusses wagen, die vor der leichteren Nordroute anstand? Das Visitor Center erzählt manche dramatische Geschichte.

> **VOM WIND GEFORMT:** Die Gestalt von Sanddünen spiegelt den Wind, der sie geschaffen hat. Die einzelnen Körner wandern die dem Wind zugewandte, flachere Seite der Düne hinauf und stürzen in den windstillen Raum auf der steileren Windschattenseite. Wenn die vorherrschenden Winde stets aus derselben Richtung kommen, entstehen die sichelförmigen Barchane, deren Spitzen in Windrichtung weisen. In exponierten Wüstenlandschaften wandern Barchane ständig weiter. Wechselt der Wind häufig die Richtung, werden die Dünenformen komplexer. Die geschwungene Gestalt der Hauptdüne von Bruneau ist durch Winde bedingt, die erst in die eine Richtung wehen – dann wieder in die entgegengesetzte.

Bruneau Dunes State Park, 27608 Sand Dunes Rd., Mountain Home, ID 83647; 208-366-7919; www.idahoparks.org

# Old Mission

*24 Meilen (38,6 km) östlich von Coeur d'Alene, an der I-90*

- 40 Hektar • Ganzjährig • Fahrzeuggebühr • Camping verboten
- Kirche von 1850

Im Herzen dieses kleinen Parks steht die elfen-
beinweiße Old Mission, die 1850 von Coeur-
d'Alene-Indianern und katholischen Missiona-
ren errichtet wurde. Die Indianer beteten in diesem Gotteshaus bis 1877, als man sie zwangs-
weise in eine Reservation überstellte. Die Kirche
ist das älteste Gebäude in Idaho.

Beginnen Sie im **Visitor Center** *(März bis
Mitte Nov.)*, das erläutert, wie die Jesuiten
gemeinsam mit den Ureinwohnern das kleine
Gotteshaus bauten. Wenn Sie anschließend die
Kirche besichtigen, achten Sie auf den handge-
schnitzten Altar, die aus Blechdosen gefertigten
Leuchter und die himmelblaue Decke, die mit
Beerensaft gestrichen wurde.

Old Mission, Cataldo

**325**

Old Mission State Park, P.O. Box 30, Cataldo, ID 83810; 208-682-3814;
www.idahoparks.org

# Heyburn

*34 Meilen (54,7 km) südlich von Coeur d'Alene auf der US 95, dann
5 Meilen (8 km) ostwärts auf der Idaho 5*

- 31,7 km$^2$ • Ganzjährig • Kanufahren, Wandern, Mountainbiking

Am sumpfigen Südende des **Coeur d'Alene Lake** gelegen, verbindet Heyburn die düstere Strenge eines alten, dunklen Waldes mit dem lebhaft-
lauten Durcheinander eines weitläufiges Feuchtgebiets. Besuchen Sie das
neue **Welcome Center** *(Eröffnung 2008)*, um einen ersten Überblick zu
erhalten. Anschließend fahren Sie zum **Plummer Creek Marsh**, wo man
Vögel beobachten oder durch das Schilfrohr paddeln kann. Oder aber
Sie machen eine Fahrt auf der *Idaho (Fahrtkosten)* über den St. Joe River
und den Lower Lake. Wer gerne durch den Wald wandert, dem sei der
**Indian Cliffs Trail** empfohlen, ein drei Meilen (4,8 km) langer Rundweg,
der wunderschöne Panoramablicke auf den St. Joe River ermöglicht.

### Camping

Der Park verfügt über 66 Zelt- und 67 Wohnmobilplätze (April–Nov.),
Duschen sind vorhanden; Reservierung begrenzt möglich (neun Monate
im Voraus). Campinggebühr.

Heyburn State Park, 1291 Chatcholet Rd., Plummer, ID 83851;
208-686-1308; www.idahoparks.org

# DER NORDWESTEN

ALASKA

Fairbanks

DENALI

Anchorage

WOOD-TIKCHIK

CHUGACH

Juneau

TOTEM BIGHT

CANADA
U.S.

0    400 mi
0    600 km

MORAN

DECEPTION PASS

Columbia

Seattle

WASH.

Spokane

RIVERSIDE

Olympia

CAPE DISAPPOINTMENT

FORT STEVENS

Columbia

Snake

Portland

SILVER FALLS

Salem

FAREWELL
BEND

OREGON

Eugene

SUNSET BAY

0    150 mi
0    300 km

## ALASKA

Chugach
Denali
Wood-Tikchik
Totem Bight

## WASHINGTON

Deception Pass
Moran
Cape Disappointment
Riverside

## OREGON

Fort Stevens
Silver Falls
Sunset Bay
Farewell Bend

Der Denali, auch Mount McKinley genannt, Denali State Park, Alaska

# Fort Stevens

*10 Meilen (16 km) westlich von Astoria, über die US 101 und den Fort Stevens Highway*

▪ 15,2 km² ▪ Ganzjährig ▪ Fahrzeuggebühr ▪ Militärmuseum ▪ Historische Artilleriestellungen ▪ Wrack der *Peter Iredale* ▪ Wandern, Radfahren ▪ Strand

Seit den Anfangsjahren der USA war das Militär des Landes auf feindliche Angriffe vorbereitet. Vom Amerikanischen Bürgerkrieg (Sezessionskrieg) bis kurz nach dem Zweiten Weltkrieg leistete Fort Stevens einen Beitrag dazu, das Staatsgebiet der Vereinigten Staaten zu verteidigen, indem es gemeinsam mit Fort Canby und Fort Columbia in Washington (siehe S. 337ff.) mit seiner Artillerie die Mündung des Columbia River bewachte.

Tatsächlich geriet genau hier, in Fort Stevens, das US-amerikanische Festland im Zweiten Weltkrieg unter Beschuss: 1942 feuerte ein japanisches U-Boot auf das Fort und machte es somit zum einzigen Militärstützpunkt der »unteren« 48 US-amerikanischen Bundesstaaten, der seit dem Krieg von 1812 von einer feindlichen Macht angegriffen wurde (siehe Kasten auf dieser Seite).

> **ATTACKE!** An einem Samstag in Juni 1942 näherte sich von Norden her ein Feind: ein japanisches U-Boot. Nachdem es eine Fischereiflotte entdeckt hatte, blieb es in Deckung, um am Abend des 21. Juni (Sonntag) aufzutauchen und das Feuer auf Fort Stevens zu eröffnen. Die meisten der 17 Schüsse trafen den Strand oder ein Sumpfgebiet. Den größten Schaden richtete eine Granate an. Die Männer von Fort Stevens erhielten Anweisung, nicht zurückzuschießen, da man annahm, das U-Boot befinde sich außer Reichweite. Jüngsten Erkenntnissen zufolge entsprach dies jedoch nicht den Tatsachen.

Die großen Geschütze gibt es nicht mehr, wohl aber die massiven Betonbunker oben auf den Klippen. Wie nicht anders zu erwarten, bietet sich von den Stellungen aus ein weiter Blick über die Flussmündung, den heutige Besucher genießen können, ohne Ausschau nach feindlichen Kriegsschiffen halten zu müssen.

Zu dem Parkgelände gehören auch Naturgebiete, darunter ein langer Strand, der sich bis zum nordwestlichsten Zipfel Oregons erstreckt.

## Attraktionen und Aktivitäten

Ein guter Ausgangspunkt für eine Besichtigungstour ist das **Militärmuseum** *(503-861-2000, Parkgebühr)*, das zugleich als Visitor Center dient. In dem Museum sind Waffen, Uniformen, Fotografien und weitere informative Exponate zu der mehr als hundertjährigen Geschichte des Forts zu sehen.

Wer im Sommer kommt, sollte es sich nicht entgehen lassen, in einem Zwei-Tonnen-Armeetruck durch die Anlage zu fahren.

Außerhalb des Museumsgebäudes können Sie das weitläufige Netzwerk der Geschützstellungen erkunden. Sehenswert ist eine restaurierte Feldschanze aus der Zeit des Bürgerkriegs, bei den meisten handelt es sich jedoch um mächtige Betonbunker, die um die Wende zum 20. Jahrhundert entstanden. Im Sommer können Sie auch eine unterirdische

329

**PARK-TIPP:** *Sie angeln gern? Regenbogenforellen, Barsche und Welse tummeln sich im Coffenbury Lake. Petri Heil!*

Batterie besichtigen, die im Zweiten Weltkrieg als Kommandozentrale diente. Von den hoch gelegenen Geschützstellungen aus ist die Sicht über die Mündung des Columbia River und die Küsten von Oregon und Washington in der Tat spektakulär.

Abgesehen von den eigentlichen Stellungen sind nur wenige Bauwerke erhalten. Wenn Sie sich jedoch mit der Karte auf eigene Faust auf den Weg machen und Ihre Phantasie spielen lassen oder an einer Führung teilnehmen, entsteht aus diesen wenigen Gebäuden zusammen mit den Fundamenten weiterer Bauwerke ein recht genaues Bild davon, wie Fort Stevens in seinen aktiven Zeiten aussah. Das 1908 errichtete **Guardhouse** kann im Sommer zu bestimmten Zeiten besichtigt werden. Seine Hauptaufgabe war die Verwahrung von Soldaten.

Vom Museum führt ein 800 Meter langer Weg zu einer Tierbeobachtungsplattform über dem **Swash Lake**. Dort kann man Wasservögel, Watvögel und mit etwas Glück sogar Wapitis sehen. Eine weitere Meile (1,6 km) durch Bäume und Unterholz westwärts liegt der Strand. Oder Sie wandern eine halbe Meile (800 m) in Richtung Süden zum Campingplatz, wo verschiedene weitere Wanderwege beginnen.

Außerdem können Sie sich zu Fuß, mit dem Fahrrad oder Auto zur *Peter Iredale*, einer einst schmucken, schlanken britischen Barke, aufmachen. Ein Teil des Wracks des 1906 havarierten Schiffs ragt an der südwestlichen Ecke des Parks aus dem Sand. Bei **Clatsop Spit**, dem nordwestlichsten Zipfel Oregons, gibt es bei der **Trestle Bay** einen Tierbeobach-tungsbunker so-wie eine Plattform auf der Meerseite, von der aus Sie den Schiffen zuse-hen können, die die gefährliche Barre des Colum-bia River passieren.

Das Wrack der *Peter Iredale*

## Camping

Fort Stevens bietet 19 Zeltplätze mit Wasserversorgung in der Nähe, 174 Plätze mit allen Anschlüssen, 302 Plätze mit Stromanschluss und Wasser sowie 15 Jurten (Rundzelte mit Holzboden); Duschen sind nie weit entfernt. Zur Hochsaison ist Reservierung unter 800-452-5687 zu empfehlen. Campinggebühr.

Fort Stevens State Park, 100 Peter Iredale Rd., Hammond, OR 97121; 503-861-1671; www.oregonstateparks.org/park_179.php

# Silver Falls

*26 Meilen (41,8 km) östlich von Salem, an der Oregon 214*

■ 36,7 km² ■ Ganzjährig ■ Tagesgebühr ■ Wasserfälle ■ Historische Lodge ■ Wildpflanzen ■ Wandern, Radfahren, Reiten ■ Wildtierbeobachtung

Silver Falls

Wasserfälle gehören zu den schönsten Naturschauspielen überhaupt: die Erdanziehungskraft und der Vorwärtsstrom des Wasserlaufs, die gemeinsam das Wasser in elegantem Bogen abwärts fallen lassen; der feine Sprühnebel, der einem das Gesicht benetzt, im Licht der Sonne funkelt und Regenbogen entstehen lässt; die erfrischend klare, wassergekühlte Luft; der Klang von Wasser, das auf Wasser trifft. Auf faszinierende Weise wirken Wasserfälle auf das menschliche Gemüt beruhigend und anregend zugleich. Gleich zehn Wasserfälle – von denen man vier auch von hinten bestaunen kann – liegen im Herzen des Silver Falls State Park.

Die zehn Fälle variieren in der Fallhöhe zwischen acht und über 50 Meter, doch blanke Zahlen werden ihrem Zauber und ihrer Schönheit nicht gerecht. Von Farnen und Weinahorn, Douglasien und Westlichen Hemlocktannen umrahmt, stürzen sie über alte Lavabrüche – Relikte der vulkanischen Aktivitäten, die vor rund 16 Millionen Jahren das Land erschütterten. Im Frühjahr bringen Veilchen und Waldlilien die ohnehin leuchtenden Plätze noch mehr zum Strahlen, im Herbst scheinen die Weinahornbäume in Flammen zu stehen, während der winterliche Frost die Fälle in silberglänzende Eisskulpturen verwandelt.

**WARUM DIE FÄLLE FALLEN:** Die Wasserfälle des Parks verdanken ihre Entstehung dem harten Yakimabasalt. Dieses Gestein, das man in weiten Teilen des Parks findet, ist extrem witterungsresistent. Unter dem Basalt liegen Schichten weicheren Materials, das zunehmend erodiert, während der Basalt bestehen bleibt. Außerdem wandern die Fälle flussaufwärts, wenn Winterwinde das herabströmende Wasser in Felsrisse der dahinterliegenden Klippen drücken.

Natürlich bildet der Trail of Ten Falls das Herz des Ganzen, doch der Park hat noch weitere Attraktionen. Pferdefreunde können die bewaldeten Hügel im südlichen Teil über rund 20 Meilen (32 km) auf angelegten Wege erkunden, und in der Nähe des größten Parkplatzes wurde als Erweiterung des South Fork Silver Creek ein großer künstlicher Schwimmteich angelegt.

### Attraktionen und Aktivitäten

Am besten folgen Sie dem verlockenden Ruf der Wasserfälle und begeben sich direkt zum Hauptparkplatz bei der South Falls Day Use Area. Dort können Sie die historische **South Falls Lodge** *(503-873-3495)* besuchen, die der CCC (Civilian Conservation Corps) in den 1930er Jahren errichtete – es lohnt sich, sich die Zeit für die höchst informativen Tafeln zur Geschichte des Parks, seiner Fauna und Geologie zu nehmen. Oder besuchen Sie den Nature Store mit angeschlossenem Café. Ein kurzer Spaziergang führt zu einem Aussichtspunkt über die gut 50 Meter hohen South Falls.

331

Von hier aus kann man den **Trail of Ten Falls** (Silver Creek Canyon Trail) erwandern, der dem South Fork Silver Creek zunächst nordwärts folgt, dann entlang dem North Fork Silver Creek nach Osten führt und Sie schließlich durch den Wald zurück zur South Falls Area bringt. Der gesamte Rundweg, der alle zehn Fälle einschließt, ist sieben Meilen (11,3 km) lang. Wer weniger Zeit oder Kondition mitbringt, kann eine zwei oder eine fünf Meilen (3,2 km oder 8 km) lange Alternative wählen.

Eng am Flusslauf entlang schlängelt sich der Pfad rund eine Meile (1,6 km) weit zu den **Lower South Falls**, wo man hinter den Vorhang fallenden Wassers tritt. Weiter geht es zu den **Lower North Falls** und dem North Fork Silver Creek. Sieben weitere Fälle warten entlang diesem Flussabschnitt. Achten Sie unterwegs auch auf die Attraktionen rund um die Kaskaden: prächtige Hemlocktannen, Hainveilchen und eine Fülle von Farnen.

**PARK-TIPP:** *Halten Sie Ausschau nach der Plakette in der North Falls Group Area, die an jene Männer erinnert, die mit dem CCC hier stationiert waren.*

### Camping und Lodge-Unterkunft

Der Park verfügt über 45 Zelt- und 49 Wohnmobilplätze, 14 rustikale *Cabins*, drei Zeltplätze und zwei Wohnmobilplätze jeweils für Gruppen sowie zwei Ranch-Schlafbaracken, die je 75 Personen Platz bieten. Zur Hauptsaison ist die Reservierung unter 800-452-5687 zu empfehlen. Campinggebühr. Das Silver Falls Conference Center hat vier Lodges; Reservierung unter 503-873-8875.

Silver Falls State Park, 20024 Silver Falls Highway SE, Sublimity, OR 97385; 503-873-8681 ext. 26; www.oregonstateparks.org/park_211.php

# Sunset Bay

*12 Meilen (19,3 km) südwestlich der Coos Bay, am Cape Arago Highway*

■ 5,2 km² ■ Ganzjährig ■ Berechtigungsschein für die Zufahrt zum Shore Acres State Park, Tagesbenutzungsgebühr für alle anderen ■ Felsküste ■ Sandstrand ■ Seehunde- und Seelöwenpopulationen ■ Historischer Garten ■ Wandern, Erforschen der Gezeitentümpel, Walbeobachtung

Sunset Bay, ein Stück wilde Küste in Oregon

Von Sandsteinklippen umrahmt, ist die halbmondförmige **Sunset Bay** ein Prunkstück der Küste Oregons. Hier können Sie auf 30 Meter hohen Klippen wandern und zusehen, wie die mächtigen Wogen des Pazifik gegen die Felsen branden, an einem von grünem Nadelwald gesäumten Sandstrand entspannen oder durch die Gezeitenbecken waten, in denen winzige Krebschen, Seeanemonen und Purpurseeigel leben.

Sunset Bay ist einer von drei aneinander angrenzenden State Parks an der Pazifikküste. Sie können von einem zum anderen fahren, aber auch ein vier Meilen (6,4 km) langes Stück des **Oregon Coast Trail** erwandern.

Der benachbarte **Shore Acres Park** *(541-888-3732)* lädt zu einem Spaziergang an den Meeresklippen ein. Von einem geschützten Aussichtspunkt aus kann man die krachenden Wogen beobachten, die während der Winterstürme anbranden. Doch das Herz von Shore Acres liegt einige Hundert Meter landeinwärts: in eine vornehme Gartenanlage eingebettet, in deren Beeten je nach Jahreszeit Tulpen, Rosen, Azaleen oder andere Blumen leuchten.

Von den drei State Parks bietet **Cape Arago** *(541-888-3778)*, unmittelbar südlich von Shore Acres gelegen, die dramatischste Klippenlandschaft, darunter Simpson Reef und Shell Island. Von dieser hoch gelegenen Stelle aus können Sie Seelöwen und Seeelefanten beobachten – und Grauwale, die zwischen März und Juni auf ihrer Wanderung Richtung Süden hier vorbeiziehen.

**PARK-TIPP:** *Spazieren Sie den oft menschenleeren Simpson Beach entlang, dessen »Sand« aus kleinen Muschelstückchen besteht, die die Brandung klein geschliffen hat.*

332

## Camping

Sunset Bay bietet 66 Zeltplätze, 29 Wohnmobilplätze mit allen Anschlüssen und 36 Plätze mit Stromanschluss, außerdem acht Jurten, elf
Bereiche für Gruppen-Zeltcamps sowie ein Camp für Radwanderer;
Duschen sind vorhanden. Zur Hauptsaison ist Reservierung unter 800-
452-5687 zu empfehlen. Campinggebühr.

Sunset Bay State Park, 89814 Cape Arago Hwy., Coos Bay, OR 97420;
541-888-4902 ext. 25; www.oregonstateparks.org/park_100.php

# Farewell Bend

*25 Meilen (40 km) nordwestlich von Ontario, abseits der I-84*

■ 28 Hektar ■ Ganzjährig ■ Geschichte des Oregon Trail ■ Angeln im
Snake River (mit Angelschein) ■ Camping

Vor über 150 Jahren diente Farewell Bend den Pionieren und frühen
Siedlern als Raststation auf dem letzten Stück des Oregon Trail. Nachdem
sie über 500 Kilometer weit dem Lauf des Snake River gefolgt waren,
kehrten sie hier dem Fluss den Rücken, um den Hells Canyon zu umgehen – daher der Name *Farewell Bend* (»Adieu, Flussbiegung«).

333

Besucher starten ihre Tour am besten beim **Kiosk**, in dem zumindest
Grundwissen über den Oregon Trail vermittelt wird. Die Erkenntnis,
dass die frühen Siedler ihren Weg in Missouri begannen, viele Hundert
anstrengende Kilometer von hier entfernt, lässt vielleicht die Erschöp-
fung nachvollziehen, die viele von ihnen an diesem Punkt verspürten.

Fährt man vom Park aus auf der US 30 nordwärts Richtung
Huntington, kann man nach einer oder zwei Meilen (1,6 bis 3,2 km) die
**Wagenradrillen** besichtigen, die sich hier rechts und links der Straße ent-
langziehen – Spuren jener schwer beladenen Planwagen, auf denen die
Siedler ihr gesamtes Hab und Gut transportierten.

Etwa zwei Meilen (3,2 km) vom Park entfernt markiert ein kleines,
eisernes Kreuz die Stelle, an der 1860 die Siedler eine blutige Auseinan-
dersetzung mit den hier heimischen Shoshone-Indianern hatten. Acht
Weiße fanden dabei den Tod, zwei Kleinkinder wurden verschleppt.

Zurück im Park, genießt man einfach die Annehmlichkeiten des
modernen Lebens: sorgenlos angeln, picknicken oder, nach Wildtieren
Ausschau haltend, die Hügel durchstreifen. Wer ein wenig »Frontier-
Erfahrung« schnuppern möchte, übernachtet am besten in einer der
rustikalen *Cabins*.

### Camping und Lodge-Unterkunft

Der Park verfügt über 132 Zelt- und Wohnmobilplätze mit Duschge-
legenheiten, außerdem ein Radwanderer-Camp, einen Gruppen-
Stellplatz sowie zwei rustikale *Cabins*. Während der Hochsaison ist
Reservierung unter 800-452-5687 zu empfehlen. Campinggebühr.

Farewell Bend Recreation Area, 23751 Old Hwy. 30, Huntington, OR
97907; 541-869-2365; www.oregonstateparks.org/park_7.php

# Deception Pass

*Am nördlichen Ende von Whidbey Island und am südlichen Ende von Fidalgo Island, an der Washington 20*

▪ 17 km² ▪ Ganzjährig ▪ Strände ▪ Wald- und Feuchtgebiete ▪ Informationszentrum ▪ Wildtierbeobachtung, Wandern, Schwimmen ▪ Bootfahren, Angeln (mit Angelschein) ▪ Erforschen der Gezeitentümpel

Lighthouse Point und Deception Pass

Die meisten Menschen, die vom Urlaub auf einer einsamen Insel träumen, haben dabei ein tropisches Eiland vor Augen, doch ein Besuch in Deception Pass kann die Inseln vor der Küste des US-Bundesstaates Washington durchaus zu echten Alternativen werden lassen. Immergrüne Gehölze statt Palmen und Felsküsten statt Puderzucker-Sandstrand. Jährlich kommen fast drei Millionen Besucher hierher.

Das Parkareal umfasst Fidalgo Island und Whidbey Island. Die gewaltige Brücke, die die beiden Inseln verbindet, ist für sich schon eine Attraktion und bietet grandiose Ausblicke über die Inseln, die Rosario Strait und den schmalen Kanal, den sie überspannt und in dem viermal täglich die Wasser tosen – jedes Mal, wenn die Flut kommt oder geht.

Der berühmte britische Forscher Captain George Vancouver gab diesem Ort seinen Namen. Genau genommen taufte er ihn sogar zweimal: 1792, als er erstmals durch diese Gewässer segelte, nannte er den Meeresarm bei der heutigen Brücke *Port Gardner*. Später fand er heraus, dass es sich dabei gar nicht um einen Meeresarm handelte, sondern um einen Kanal zwischen den beiden Inseln. Er fühlte sich getäuscht und wählte darum die Bezeichnung *Deception Pass* (»Pass der Täuschung«)

**PARK-TIPP:** *Gönnen Sie sich ihr ganz privates Inselerlebnis. Nur ein kleines Stück jenseits der Cornet Bay liegt Ben Ure Island, wo eine idyllische Unterkunft und wunderbare Blicke auf den Mount Baker einladen.*

## Attraktionen und Aktivitäten

Als Ausgangspunkt bietet sich die **Deception Pass Bridge** an. Am besten lassen Sie Ihren Wagen auf dem Parkplatz am Südende – auf Whidbey Island – stehen und gehen zu Fuß zur Mitte der etwa 300 Meter langen und rund 60 Meter hohen Brücke. Beim Blick über das Geländer stockt einem unwillkürlich der Atem, Mütter halten ihre Kinder fest, und am aufregendsten ist es, wenn gerade die Flut kommt – nur etwas für Schwindelfreie! Der Deception Pass ist sowohl nord- als auch südwärts über viele Kilometer hinweg der einzige Kanal, weshalb eine gewaltige Wassermenge durch diese schmale Öffnung zwischen Rosario Strait und Skagit Bay drängt.

Danach folgen Sie der Washington 20 rund eine Meile (1,6 km) weit Richtung Süden zum **Verwaltungsbüro des Parks**, das Landkarten und weiteres Informationsmaterial bereithält. Von dort aus geht die Tour am Nordufer des **Cranberry Lake** entlang zum **West Beach**. Dieser längste Sandstrand des Parks ist gewöhnlich mit Muscheln und Treibgut

335

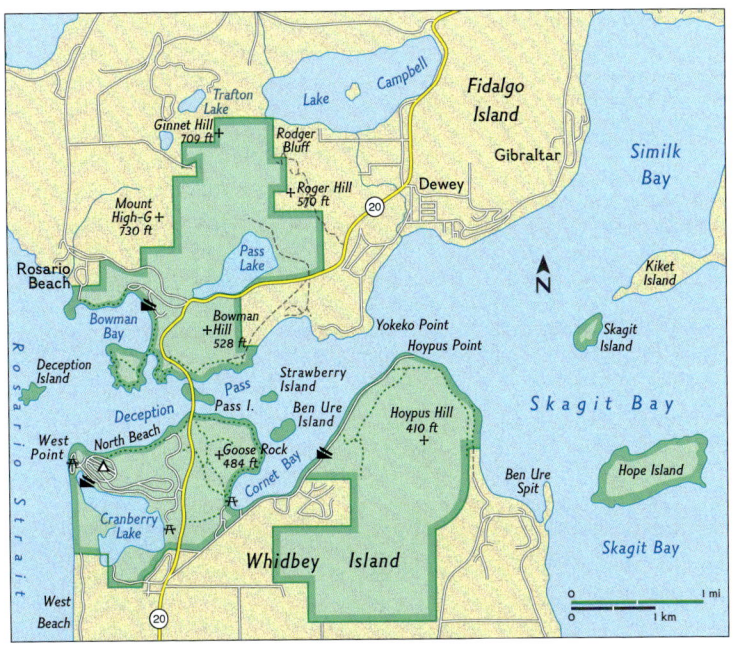

übersät und damit ein ideales Feld für Sammlernaturen. Außerdem gibt es Picknickplätze und auf der anderen Seite des Parkplatzes findet sich eine abgegrenzte Schwimmzone. Hier beginnt auch die 0,8 Meilen (1,2 km) lange **Sand Dune Trail**, ein befestigter Rundweg durch niedere Sanddünen, entlang dem Westufer des Cranberry Lake. Nehmen Sie sich am **Marshland Environmental Overlook** einige Minuten Zeit und suchen Sie das Schilf- und Grasland mit den Augen nach Seetauchern, Drosseln, Zaunkönigen, Bibern, Bisamratten und Nerzen ab.

Um die Fidalgo-Seite des Parks zu erkunden, fahren Sie über die Brücke und folgen der Abzweigung zur **Bowman Bay**. Die ansprechenden Picknickplätze und Waschgelegenheiten liegen bald hinter Ihnen, ebenso verschiedene Wanderwege durch den Park, die der CCC (Civilian Conservation Corps) 1934/35 hier anlegte. Im Sommer kann man in einem **Interpretive Center** (Informationszentrum) Ausstellungsstücke besichtigen, die Einblick in das Leben im CCC-Camp geben.

Der nicht weit entfernte **Bowman Bay/Rosario Beach Trail** führt nordwestwärts eine halbe Meile (800 m) zur Rosario Bay. Lassen Sie sich nicht von dem steilen Stück zu Beginn des Weges abschrecken: Der größte Teil der Strecke ist völlig anspruchslos. Er verläuft durch einen Wald, hin und wieder kann man einen Blick auf die Felsküste erhaschen. Am Ende des Weges nehmen Sie den 400 Meter langen Rosario Head Vista Point Trail, der zum **Rosario Head Vista Point** und wieder zurück führt. Von dem über 30 Meter hohen Kliff genießt man eine grandiose Aussicht.

### Weitere Erlebnisse

Wer mehr Zeit und »längeren Atem« hat, kann einen (oder mehrere) der acht weiteren Wanderwege erkunden. Der längste ist der 1,5 Meilen (2,4 km) lange **Lighthouse Point Trail**, der am unteren Parkplatz bei der Bowman Bay beginnt und eine weit ins Meer vorragende Halbinsel säumt. Hier warten Douglasien und Riesenlebensbäume von beeindruckender Höhe, ein reich belebtes Marschgebiet, weite Blicke über das Meer und, bei Ebbe, die Möglichkeit, am Strand entlangzulaufen. *(Beachten Sie bitte, dass es gefährlich und verboten ist, zum Leuchtturm hinaufzusteigen!)* Unweit des Ausgangspunktes zweigt der 800 Meter lange **Canoe Pass Vista Trail** ab, der wunderschöne Aussicht über den Canoe Pass sowie Einblick in mehrere abgeschiedene Buchten gewährt.

Der steilste Weg, der zum höchsten Punkt des Parks hinaufführt, ist der **Goose Rock Summit Trail**, ein rund 500 Meter langer Aufstieg, der die Mühe allerdings mit spektakulären Panoramen belohnt.

### Camping

Der Park bietet 320 Zelt- und Wohnmobilplätze (Anschlüsse) sowie eine *Cabin*; Duschen sind vorhanden. Außerdem gibt es fünf Stellplätze für Walk-in-Zelte, drei Gruppen-Camps und ein Bildungszentrum für maximal 186 Personen. Zur Hauptsaison ist Reservierung unter 888-226-7688 zu empfehlen. Campinggebühr.

Deception Pass State Park, 41229 State Rte. 20, Oak Harbor, WA 98277; 360-675-2417; www.parks.wa.gov

# Moran

*6 Meilen (9,6 km) südöstlich von Eastsound auf Orcas Island, San Juan Islands*

■ 21,3 km² ■ Ganzjährig ■ Mount Constitution ■ Wandern, Wildtier-beobachtung ■ Bootfahren, Schwimmen, Angeln (mit Angelschein)

Fahren (oder wandern) Sie zum Gipfel des Mount Constitution, der mit rund 750 Meter höchsten Erhebung der San Juan Islands. Wer dort auch noch den historischen Steinturm erklimmt, dem bietet sich ein nahezu 360-Grad-Panoramablick über Orcas Island, die übrigen San Juan Islands, Vancouver Island, die Gulf Islands sowie auf das Festland – teils US-Bundesstaat Washington, teils bereits kanadisches Staatsgebiet.

337

Die vom Aussichtsturm aus sichtbare Wald- und Seenlandschaft wird von fast 40 Meilen (64,3 km) Wanderwegen durchzogen. Ein vier Meilen (6,4 km) langer Pfad umrundet den **Mountain Lake** und lohnt mit Blicken auf den Mount Constitution sowie – mit etwas Glück – auf einen Weißkopf-seeadler, Fischadler, Eisvögel oder andere gefiederte Raritäten. Ein weiterer wildtierreicher Weg, der 2,7 Meilen (4,3 km) lange **Cascade Loop**, führt durch einen Nadelwald.

Mount Constitution, Orcas Island

### Camping

Der Park bietet 129 Stellplätze – Duschen sind vorhanden –, außerdem ein Gruppen-Camp mit sieben Stellplätzen sowie 15 einfache Stell-plätze. Zwischen Mitte Mai und Mitte September ist Reservierung unter 888-226-7688 zu empfehlen. Campinggebühr.

Moran State Park, 3572 Olga Rd., Olga, WA 98279; 360-376-2326; www.parks.wa.gov

# Cape Disappointment

*2 Meilen (3,2 km) südwestlich von Ilwaco, abseits der US 101, an der Washington 100*

■ 7,6 km² ■ Ganzjährig ■ Lewis and Clark Interpretive Center ■ Histo-rische Leuchttürme ■ Blick über die Mündung des Columbia River ■ Benson Beach ■ Wandern, Brandungsangeln (mit Angelschein), Muscheln sammeln

Es war der britische Pelzhändler John Meares, der diese Landspitze im Jahr 1788 Cape Disappointment (»Kap Enttäuschung«) taufte. Nach der mühsamen Suche nach einem Weg durch die brandenden Wellen und um die Sandbänke, die die Durchfahrt zur Küste vor ihm versperrten, nannte er die Durchfahrt Deception Bay.

Cape Disappointment Lighthouse

Jahrtausendelang war diese Mündung des Columbia River in den Pazifik ein wichtiger Ort für die amerikanischen Ureinwohner. In jüngerer Zeit lockte diese »Kreuzung« die Schiffe der Seefahrer des 18. Jahrhunderts, darunter auch Robert Gray: Jener amerikanische Kapitän gab, nachdem er als Erster die Barre überwunden hatte, 1792 dem Fluss seinen Namen.

1805 traf an dieser Stelle die Lewis-und-Clark-Expedition erstmals auf den Pazifik, was Captain William Clark zu dem Tagebucheintrag veranlasste: »Die Männer scheinen recht zufrieden mit ihrem Marsch, bestaunen die hohen Wellen, die gegen die Felsen branden, und diesen ›emmensen Ozian‹.«

Heute ist der Cape Disappointment State Park, früher als Fort Canby bekannt, Teil des Lewis and Clark National Park bzw. des State Historical Park (*www.nps.gov/lewi*).

**Attraktionen und Aktivitäten**

Fahren Sie direkt zum frisch renovierten **Lewis and Clark Interpretive Center** (Lewis-und-Clark-Informationszentrum), und lassen Sie dort die Ausstellungsstücke auf sich wirken. Nehmen Sie sich die Zeit, und lesen Sie einige der aus heutiger Sicht amüsant anmutenden Tagebucheinträge.

Am Ende des Lewis and Clark Path gelangt man in einen Aussichtsraum. Genießen Sie den Blick aus den riesigen Panoramafenstern über die breite Mündung des Columbia River – eine Aussicht, wie sie auch Lewis und Clark vor mehr als 200 Jahren erlebten.

FORT COLUMBIA: Östlich des Forts Canby liegt eine weitere historische Militärbasis, Fort Columbia State Park (*360-642-3078, Informationszentrum: Mai–Sept. Mi–So, Gelände: April–Sept.*). Wie sein Nachbar wurde Fort Columbia errichtet, um die Mündung zum Columbia River zu schützen. Hier sind Gebäude aus den aktiven Zeiten erhalten. Ein Informationszentrum zeigt Briefe von Soldaten, die hier stationiert waren. Einer schrieb 1917: »Meine liebste Rose … nie bevor Uncle Sam [das Militär] mich rief, hätte ich mir vorstellen können, wie ein Leben ohne Dich aussehen würde …« Daran schließt sich ein Heiratsantrag des liebeskranken Soldaten an.

Wer zum **North Jetty** hinausfährt, kann möglicherweise die Küstenwache in ihrer National Motor Lifeboat Training School bei Übungen beobachten. Von der Mole aus kann man auch am **Benson Beach** entlangspazieren oder die neun Meilen (14,5 km) langen Wanderwege durch die umliegenden Wälder auskosten. Nahe am anderen Ende des Parks steht das 1898 erbaute **North Head Lighthouse** zeitweise zur Besichtigung offen *(360-642-3078, Juni–Aug. täglich, April–Mai und Sept.–Okt. nur am Wochenende, Eintrittsgebühr).*

**PARK-TIPP:** *Besuchen Sie das Confluence Project, wo Künstler eine Serie von Installationen entlang dem Columbia River Basin geschaffen haben.*

### Camping und Lodge-Unterkunft

Fort Canby bietet 234 Zelt- und Wohnmobilplätze; Duschen sind vorhanden. Campinggebühr. Außerdem gibt es 14 Jurten und drei *Cabins*. Man kann sich auch im historischen North Head Lighthouse Keeper's Complex einmieten. Reservierung unter 888-226-7688.

Cape Disappointment State Park, P.O. Box 488, Ilwaco, WA 98624; 360-642-3078; www.parks.wa.gov

# Riverside

339

*Am nordwestlichen Rand von Spokane, an der Washington 291*

- 40,5 km$^2$ ▪ Ganzjährig ▪ Informationszentrum Spokane House ▪ Wanderwege am Fluss ▪ Feuchtgebiete

Der Riverside State Park besteht aus mehreren einzelnen Arealen. Sein Hauptteil schlängelt sich am Spokane River entlang. Der Aubrey L. White Parkway bietet Auto- und Motorradfahrern diverse schöne Aussichtspunkte, darunter eindrucksvolle Felsformationen, die direkt aus dem Wasser aufragen. Das Angebot an Wanderwegen reicht vom eine Meile (1,6 km) langen ADA Trail bis zum 37 Meilen (59,5 km) langen **Centennial Trail**, der bis zur Grenze nach Idaho führt.

Etwas weiter nördlich, bei der Einmündung des Little Spokane River, liegt das **Spokane House Interpretive Center** *(Informationszentrum, 509-466-4747, letzter Mo im Mai [Memorial Day] bis erster Mo im Sept. [Labor Day])*, das die Geschichte einer Pelzhändlerstation erzählt, die 1810 an dieser Stelle erbaut wurde. Unmittelbar östlich des Informationszentrums beginnt die **Little Spokane Natural Area**, die rund 520 Hektar Wald- und Feuchtgebiet umfasst. Ein Großteil dieses Gebiets besteht aus einem Süßwassersumpf.

### Camping

Der Park verfügt über 63 Zelt- und Wohnmobilplätze (mit drei Anschlüssen) sowie zwei Gruppenplätze. Reservierungen – nur für die Gruppenplätze möglich – unter 888-226-7688. Campinggebühr.

Riverside State Park, 9711 W. Charles Rd., Nine Mile Falls, WA 99205; 509-465-5064; www.parks.wa.gov

# Chugach

*Eagle River Nature Center: 26 Meilen (41,8 km) östlich von Anchorage, über den Glenn Highway (Alaska 1) und die Eagle River Road; Parkverwaltung: 12 Meilen (19,3 km) südlich von Anchorage, über den Seward Highway (Alaska 1)*

▪ 2005,6 km² ▪ Ganzjährig ▪ Wandern, Bergtouren, Mountainbiking, Klettern, Eisklettern, Reiten ▪ Ski- und Schneemobilfahren ▪ Wildwasserrafting, Bootfahren ▪ Angeln, Jagen (mit Angel- bzw. Jagdschein) ▪ Historisches Railroad Section House

Was der Central Park für Manhattan ist, ist Chugach für Anchorage: Hierher fahren die Einwohner der Hauptstadt Alaskas, wenn sie entspannen wollen, mit ihren Kindern spielen, unter einem Baum liegen, Ruderboot fahren, picknicken oder im Winter Skilanglauf betreiben möchten. Allerdings ist der »Stadtpark« von Anchorage 37-mal so groß wie ganz Manhattan und die Tiere befinden sich nicht in einem Zoo, sondern in freier Wildbahn. Darüber hinaus kann Chugach mit mehreren Dutzend spektakulären Gletschern und 70 mächtigen Berggipfeln aufwarten. Sie gehören zum nördlichen Ende der fast 500 Kilometer langen, mächtigen Chugach Range.

> **PARK-TIPP:** *Rucksackwanderer können auf dem Crow Pass Trail (Hinweg 23 Meilen – 37 km) einen Teilabschnitt des Iditarod National Historic Trail erkunden.*

340

## Attraktionen und Aktivitäten

Gleichsam vor der Haustür einer ständig wachsenden Großstadt gelegen, die rund die Hälfte der Einwohner Alaskas beherbergt, bietet dieser State Park eine Fülle von Möglichkeiten, bei denen jedoch immer der Wildnis-Charakter Alaskas im Mittelpunkt steht. Die vorrückende Zivilisation hat der Naturbelassenheit (bislang) nichts anhaben können, denn hier ist es nicht weniger ursprünglich als in sehr viel weiter entfernten, mit dem Auto nicht erreichbaren Regionen.

Eisstücke treiben im Turnagain Arm

Wenn Sie nur einen halben Tag erübrigen können, fahren Sie von Anchorage aus ostwärts auf dem Glenn Highway (Alaska 1) und biegen am Milepost (Meilenstein, auch *Milemarker* oder kurz MM genannt) 19 in die Eagle River Road. Sie führt zum **Eagle River Nature Center**, in dem spannende Exponate die Tier- und Pflanzenwelt sowie die Geologie des Parks erläutern. Mit einem Exemplar des Parkführers Ridgelines ausgerüstet, der eine Übersichtskarte und Beschreibungen der Fahr- und Wanderwege enthält, können Sie dann auf eigene Faust losziehen. Spazieren Sie beispielsweise zum gletschergespeisten **Eagle River**, der ein tundraähnliches Becken zwischen den bewaldeten Ausläufern der ge-

waltigen Chugach Mountains durch-
fließt. Wer einen Vorgeschmack auf
Alaskas Wildnis haben möchte, folgt
dem **Albert Loop Trail**, einem drei
Meilen (4,8 km) langen Rundweg
durch Mischwald zum Fluss, in dem
das Schmelzwasser über Steine und
Felsen tost. An den Picknicktischen
des **Campingplatzes Eagle River** kann
man auf dem Rückweg wunderbar
rasten.

Für einen anderen Halbtagesausflug nehmen Sie den Seward Highway
(Alaska 1) südlich von Anchorage.
Unweit des MM 116 findet man im
Feuchtgebiet **Potter Marsh**, das zum
**Anchorage Coastal Wildlife Refuge**
*(907-267-2556)* gehört, klare Bäche
mit Forellen und Lachsen sowie einer
Vielzahl von Wasservögeln, die all-
jährlich zum Nisten hierherkommen. Ein befestigter Weg durch die
feuchte Wildnis bietet gut aufbereitete Informationen über die Fische
und anderen Tiere, die hier zu Hause sind. Eine Meile (1,6 km) weiter
südlich liegt in der **Potter Section House State Historic Site** die Parkverwaltung. Einst befand sich hier ein großes Camp jener Männer, die die
Alaska Railroad bauten. Entlang dem landschaftlich herrlichen Seward
Highway erwarten Sie zahlreiche Möglichkeiten. Genießen Sie den Blick
über den **Turnagain Arm**, eine Verlängerung der Cook Inlet, die
Gletscher und heftige Gezeiten geschaffen haben. (Der **Turnagain Arm
Trail** verläuft südwärts auf 9,4 Meilen – 15,1 km – parallel zu Ufer, Highway und Eisenbahn. Und der beliebte, 13 Meilen – 20,9 km – lange Radweg **National Recreation Trail** zwischen Indian und Girdwood bietet
ebenfalls spektakuläre Panoramablicke.)

Der **Glen Alps Trailhead** führt zu einer bequemen Aussichtsplattform und ist selbst für Rollstuhlfahrer gut zu bewältigen.

Sollte Ihr Terminkalender einen vollen Tag in dem Park zulassen
und Sie gern Mountainbike fahren, können Sie den 12,7 Meilen (20,4 km)
langen **Lakeside Trail** vom **Eklutna Lake** zum **Eklutna Glacier** abstrampeln
(Zufahrt zum See vom Glenn Highway, Ausfahrt Eklutna Lake Road).
Dieser Weg führt zunächst am See entlang und dann über weite Geröll-
felder zum Fuß des Mammoth Blue Ice River. Der wenig anspruchsvolle
Weg überwindet nur rund hundert Höhenmeter, aber an seinem Ende
stehen Sie Auge in Auge mit einem Stück Alaska-Wildnis pur.

## Camping

In dem Park gibt es drei Campingplätze mit 147 Zelt- und Wohnmobilplätzen (Mai–Sept.), aber keine Duschen. Campinggebühr.

Chugach State Park, Headquarters, HC 52 Box 8999, Indian,
AK 99540; 907-345-5014; www.dnr.state.ak.us/parks

> **BÄRIGE BEGEGNUNGEN:** Sehen
> Sie einen Bären, ziehen Sie sich un-
> auffällig zurück. Sieht er Sie, gehen
> Sie langsam schräg rückwärts. Nähert
> er sich Ihnen, bleiben Sie stehen.
> Greift er an (in aller Regel ein Schau-
> angriff), laufen Sie nicht weg (er ist
> ohnehin schneller!). Stellen Sie sich
> aufrecht hin, schwenken Sie die Arme
> und sprechen Sie mit lauter, mög-
> lichst tiefer Stimme. Angreifende Bä-
> ren drehen gewöhnlich im letzten Mo-
> ment ab. Werden Sie tatsächlich ange-
> griffen, stellen Sie sich tot – rollen Sie
> sich zu einer Kugel zusammen, die
> Hände im Nacken. Möglicherweise
> stupst der Bär Sie an, lässt aber nor-
> malerweise von weiteren Angriffen ab.

# Denali

*132 Meilen (212,4 km) nördlich von Anchorage, am George Parks Highway (Alaska 3)*

▪ 1313,2 km² ▪ Ganzjährig, aber Einrichtungen von Mitte Oktober bis Mitte Mai geschlossen ▪ Aussicht auf den Mount McKinley ▪ Wandern, Wildwasser-Kajakfahren, Angeln (mit Angelschein)

Im Abendschatten des Mount McKinley und seiner gewaltigen, gletscherbedeckten Genossen in der Alaska Range gelegen, ist dieser Nachbar des Nationalparks Denali verhältnismäßig unbekannt und wird auch sehr viel seltener besucht – obwohl er im Gegensatz zum Nationalpark über ein ausgedehntes Netz von Wanderwegen verfügt.

Leichtfüßig und trittsicher: Dallschafe

Um diese Region zu erkunden braucht man keine Sondergenehmigung, sollte aber fit sein und vor allem die Einsamkeit lieben. Ernsthafte Wander- und Campingfreunde finden hier weitestgehend unberührte Natur: die echte Wildnis einer Landschaft, die von Flusstälern über Gletscherschluchten und alpine Tundra bis hin zu nackten Felsgipfeln reicht.

Der Park wird durch den Chulitna River und ein angrenzendes, 37 Meilen (59,5 km) langes Stück des George Parks Highway gleichsam zweigeteilt. Fast parallel zu Fluss und Straße verlaufen im Osten die mächtigen Höhen der Curry Ridge und Kesugi Ridge, über deren Hänge sechs Wanderwege unterschiedlichster Schwierigkeitsgrade ziehen: von einem gepflegten und einfachen, 1,2 Meilen (1,9 km) langen bis zu einem schwierigen, 36,2 Meilen (58,2 km) langen, anspruchsvollen Treck, der zudem erstklassige Fähigkeiten im Kartenlesen erfordert.

**PARK-TIPP:** *Schlagen Sie Ihr Lager am Campingplatz Beyer's Lakeshore auf, wo man von allen Plätzen aus Blick auf den Denali hat und schon zum Frühstück frisch gefangenen Fisch verzehren kann.*

## Attraktionen und Aktivitäten

Wenn Sie nur auf der Durchfahrt sind, halten Sie am MM 135,2 am George Parks Highway: Hier erwartet Sie die schönste Aussicht auf die **Alaska Range**, die man von einer Straße aus genießen kann. Eine Schautafel erläutert die Geologie des Panoramas und benennt die Gipfel, doch

343

HOCH HINAUS: Lange bevor William McKinley 1897 amerikanischer Präsident wurde, kannten die Athapaskan sprechenden Ureinwohner Alaskas den Denali – »den Hohen« –, diesen gewaltigen Berg, der später nach jenem Präsidenten benannt werden sollte. Auf der Fahrt von Anchorage sieht man den höchsten Berg Nordamerikas etwa ab MM 69,1, obwohl man noch über 150 Kilometer von ihm entfernt ist. Dass er so ungeheuer gewaltig wirkt, hängt auch damit zusammen, dass er gute 5000 Meter fast senkrecht aufragt – deutlich mehr, als der Mount Everest seine Umgebung überragt.

auch ohne jede Theorie ist der Eindruck schier überwältigend. (Weitere Aussichtspunkte liegen am MM 147,1, 158,1 und 162,3.)

Informationsmaterial erhalten Sie in der **Visitor Contact Station** beim Alaska Veterans Memorial bei MM 147,1. Bei dem nahe gelegenen **Byers Lake Campground**, einem wunderschönen Ort bei MM 147, befinden sich Picknickplätze. Wenn Sie zwei Stunden Zeit und festes, bequemes Schuhwerk dabeihaben, sei der einfache, gut gepflegte, 4,8 Meilen (7,7 km) lange **Byers Lake Loop Trail** empfohlen, der von hier aus rund um den gleichnamigen See führt.

Wer auch etwas schwierigeres Terrain nicht scheut und einen vollen Tag Zeit hat, kann einen Teil des **Kesugi Ridge Trail** in Angriff nehmen, den man vom Campingplatz Byers Lake, vom Ermine Hill Trailhead bei MM 156,9 oder vom Trailhead bei Little Coal Creek bei MM 163,9 aus erreicht.

Während der Fahrt durch den Park kommen Sie mehrfach an den grau-weißen Wassern des **Chulitna River** vorbei. Die milchig trübe Farbe beruht darauf, dass der Fluss jede Menge »Gletschermehl« führt.

### Camping und Lodge-Unterkunft

Der Park bietet vier Campingplätze mit 114 Zelt- und Wohnmobilplätzen. *First come, first served*, Campinggebühr. Die *Cabins* am Byers Lake können telefonisch bei der Parkverwaltung oder unter 907-269-8400 ganzjährig reserviert werden.

Denali State Park, Division of Parks & Outdoor Recreation, HC 32 Box 6706, Wasilla, AK 99654; 907-745-3975; www.dnr.state.ak.us/parks

# Wood-Tikchik

*350 Meilen (563 km) westlich von Anchorage, mit dem Flugzeug zu erreichen*

▪ 6480 km² ▪ Ganzjährig ▪ Wildnis-Camping ▪ Wandern, Fluss-/Floßfahrten ▪ Angeln, Jagen (mit Angel- bzw. Jagdschein)

Dieses riesige Areal ist nicht nur der flächenmäßig größte State Park der USA, sondern auch der entlegenste. Der Name Wood-Tikchik leitete sich von zwei separaten Fluss- bzw. Seensystemen ab, die in dem Gebiet liegen. Es sind zwölf kristallklare, mit Forellen und anderen Fischen reich gesegnete Seen, zwischen rund 11 und 70 Kilometer lang, die im Osten in feuchte Tieflandtundra übergehen und im Westen in fjordartigen Flussarmen die dunklen Gipfel der Wood River Mountains spiegeln.

Heidetundra und Fichten-Birken-Wälder begrünen die tiefer gelegenen Hänge. Teils kletternd, steigt der Wanderer durch Nadelwald in von Erlen bestimmte Gebirgsausläufer auf, darauf folgen Bergwiesen und schließlich baumlose Landschaften aus Fels, der von Gletschern glatt geschliffen wurde. Die Chance, in diesem Reich völlig ursprünglicher Natur so manchem Biber, Elch, Bär, Murmeltier, Otter, Karibu, Vielfraß, Nerz oder Fuchs zu begegnen oder einen Weißkopfseeadler beobachten zu können, ist durchaus gegeben.

Ein täglicher Flugdienst verbindet Anchorage mit Dillingham, doch die isolierte Lage des Parks macht ihn wirklich nur für erfahrene, angemessen ausgerüstete Camper empfehlenswert, die nicht zum ersten Mal auf eigene Faust eine Wildnis erkunden.

**Camping**
Umweltbewusste Naturfreunde, die keine »Spuren« hinterlassen, können überall im Park ihr Lager aufschlagen.

Wood-Tikchik State Park, P.O. Box 1822, Dillingham, AK 99576; 907-842-2641 or 907-842-2375; www.dnr.state.ak.us/parks

# Totem Bight

*10 Meilen (16 km) nördlich von Ketchikan, am North Tongass Highway*

■ 4,4 Hektar ■ Mai bis September täglich, übriges Jahr Montag bis Freitag ■ Camping verboten ■ Beschilderter Rundweg ■ Totem-Kunst und Architektur der Ureinwohner Alaskas

Die in Südostalaska heimischen Tlingit und Haida waren auch bedeutende Künstler, die eindrucksvoll geschnitzte und bemalte Totems schufen. Anfang des 20. Jahrhunderts verließen die Stämme viele ihrer Dörfer, Häuser und Totems blieben zurück und verfielen. In den 1930er Jahren wurde ein Programm ins Leben gerufen, das diese Kulturschätze erhält und rekonstruiert. Bislang größte Errungenschaft ist Totem Bight,

Detail des rekonstruierten Clanhauses

wo ein Clanhaus aus dem 19. Jahrhundert sowie 14 Totempfähle rekonstruiert wurden.

Besorgen Sie sich unbedingt die Broschüre, bevor Sie dem Weg folgen. Darin finden Sie die Symbolik der Totems erklärt und auch die Bedeutung, die das Clanhaus für die hier lebenden Familien hatte.

Totem Bight State Historical Park, 9883 N. Tongass Hwy. Ketchikan, AK 99901; 907-247-8574; www.dnr.state.ak.us/parks

# DER ÄUSSERSTE WESTEN

## NEVADA

Lake Tahoe Nevada
Valley of Fire
Cathedral Gorge
Berlin-Ichthyosaur

## KALIFORNIEN

Anza-Borrego Desert
Humboldt Redwoods
Plumas-Eureka
Mount Tamalpais
Pfeiffer Big Sur
Año Nuevo

## HAWAII

Na Pali Coast
Waimea Canyon and Kokee
Kealakekua
Iao Valley
Iolani Palace

Anza-Borrego Desert State Park, Kalifornien

# Lake Tahoe Nevada

*15 Meilen (24 km) westlich von Carson City, an der Nevada 28*

▪ 57,7 km² ▪ Ganzjährig ▪ Tagesgebühr ▪ Einige Trails im Winter schnee-
bedingt geschlossen ▪ Uferstrände ▪ Unberührte Berglandschaft
▪ Angeln (mit Angelschein), Wandern, Mountainbiking, Skilanglauf

Lake Tahoe

Der beliebteste State Park Nevadas reicht mit seinen Granitfels-gipfeln und den Kiefern der Carson Range scheinbar in den Himmel, umfasst aber auch das einsame, nordöst-liche Ufer des Lake Tahoe, des nach dem Crater Lake zweitgröß-ten Bergsees Nordame-rikas. Von 1897 Metern am Seeufer steigt das Gelände auf bis zu 2808 Meter am Snow Valley Peak an.

Tahoe bedeutet in der Sprache der Was-hoe-Indianer wahr-scheinlich »Rand des Sees«. Dieser See füllt eine Tiefebene in der Sierra Nevada und der Carson Range aus und ist 35 Kilometer lang, 19 Kilometer breit und 500 Meter tief. Der See fasst 151 Billionen Liter Wasser und ist an man-chen Stellen so klar, dass man 65 Meter weit sehen kann. Das präch-tige Farbenspiel des Wassers zeigt den See in allen Blau- und Grünschattierungen des Farbspektrums.

In der Mitte des 19. Jahrhunderts kamen vor allem Holzfäller nach Tahoe, später folgten die ersten Siedler. Der Tourismus – und mit ihm die ersten Sommerhäuser – entstand kurz vor der Jahrhundertwende und erlebte nach dem Zweiten Weltkrieg einen ersten Boom. Heute reihen sich an der Nevada 28 und der US 50 fünf Besuchergebiete im Park auf, die mit weißen Sandstränden, Badestellen, Wanderwegen und kleinen Seen inmitten von rund 5200 Hektar einsamer Waldgebiete locken.

**Attraktionen und Aktivitäten**

Viele Besucher machen von den Kasinos am südlichen Lake Tahoe einen Abstecher in den Park und lassen auf der Fahrt nach Norden auf der US 50 zum ersten Parkbereich am **Cave Rock** das Glücksspiel und andere Verlockungen hinter sich zurück. Hier sollten Sie einen Stopp einlegen und die herrliche Aussicht auf den See vor der gewaltigen Kulisse der Sierra Nevada genießen.

Der Eingang zum nächsten Parkbereich, dem **Spooner Lake**, liegt an der Nevada 28, nördlich der Kreuzung mit der US 50. Hier beißen die Forellen besonders gut; Picknicken, Mountainbiking und Wandern sind andere beliebte Freizeitangebote. Auf dem Uferwanderweg können Sie oft Reiher und mit etwas Glück auch einen Weißkopfseeadler erspähen.

Am Spooner Lake startet ein einsamer Wanderweg: Der **North Canyon Trail** führt fünf Meilen (8 km) weit bis zum **Marlette Lake**. Ein weiterer Panoramaweg folgt dem Westufer und vereint sich mit dem historischen **Flume Trail**, der bei Mountainbikern als einer der besten

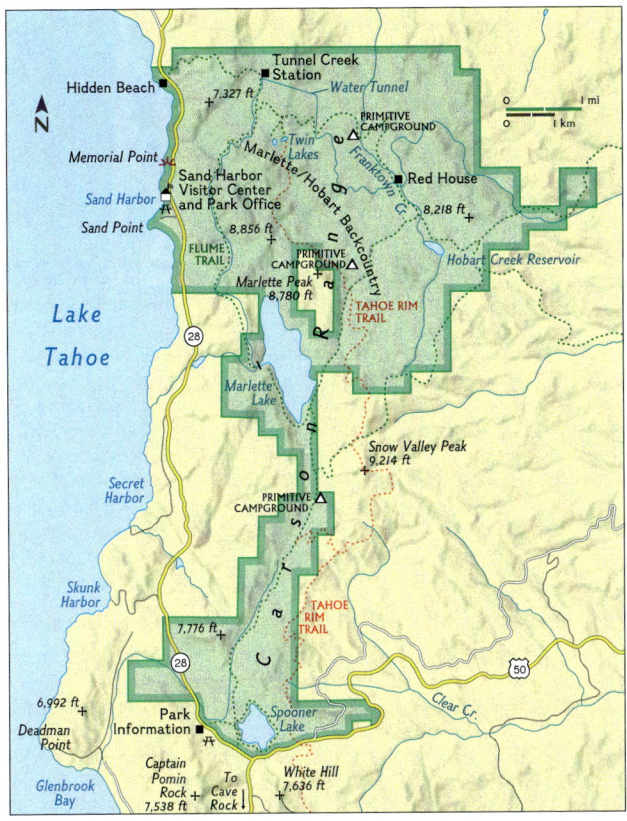

Trails Amerikas gilt. Das Terrain ist hier zwar recht schwierig, aber die Aussichten auf den Lake Tahoe sind dafür unvergesslich. Östlich des Marlette Lake, über dem **Little Valley**, hat ein alter Wald den Holzeinschlag des 19. Jahrhunderts überlebt, weil es damals den Holzfällern zu schwierig erschien, das Gelände zu roden. Eine Alternative finden Sie mit dem vier Meilen (6,4 km) langen **Marlette Lake Trail** *(nur für Wanderer und Reiter)*, der den North Canyon hinaufführt.

Vom Spooner Lake aus können Sie außerdem den **Tahoe Rim Trail** entlang auf dem Bergrücken der Carson Range wandern. Von hier oben sehen Sie den Lake Tahoe in seiner ganzen Pracht und am anderen Ufer, in weiter Ferne, auch die **Emerald Bay** mit ihren von Gletschermassen geformten Einschnitten.

Im Winter laden rund um den Spooner Lake ganze 60 Meilen (96,5 km) gut unterhaltener Langlaufloipen ein *(775-749-5349, Skipass erforderlich, Skiverleih und -unterricht)*.

Zurück auf der Nevada 28, fahren Sie acht Meilen (12,8 km) nördlich nach **Sand Harbor**, dessen Strände sich an einer kleinen Landspitze inmitten von Felsbrocken und Kiefern verstecken. Die Landspitze selbst lädt mit dem **Sand Point Nature Trail** zum Wandern ein; eine Rast bietet sich auf einem Picknickplatz im Schatten von Jeffreys Kiefern an – hier können Sie sogar grillen! Ende des 19. Jahrhunderts veranstaltete ein Minenbesitzer namens Walter Hobart aus Comstock in einem Sommerhaus in Sand Harbor rauschende Feste; heute findet im Amphitheater am See ein sommerliches Musik- und Shakespeare-Festival statt *(800-747-4697, Eintrittsgebühr)*.

Rund eine Meile (1,6 km) nördlich von Sand Harbor erreichen Sie den letzten Parkabschnitt an der Nevada 28. Halten Sie zunächst am Aussichtspunkt des **Memorial Point** mit seinem weiten Ausblick über den Lake Tahoe (für Fotografen ein Muss); von hier aus führt ein Weg zum felsigen Ufer hinab. Noch einmal eine Meile (1,6 km) weiter stoßen Sie auf Incline Village und den eher bei Einheimischen bekannten **Hidden Beach** *(hier können Sie nicht parken, lassen Sie daher den Wagen am Highway stehen und gehen Sie zum Ufer hinunter)*. Der Strand lädt zum Sonnen ein und ist vor allem bei FKK-Anhängern beliebt.

In dieser Gegend startet auch der **Tunnel Creek Trail**, ein weiterer Wanderweg durch das einsame Gebiet der Carson Range. Der Weg führt steil zum Flume Trail, zum Tahoe Rim Trail und schließlich zum **Hobart Creek Reservoir** hinauf.

## Camping

Im Park gibt es 15 einfache Zeltplätze; *first come, first served*. Campinggebühr.

**BÄUME AM TAHOE:** Ende des 19. Jahrhunderts bescherten die boomenden Siedlungen von Comstock Lode und Virginia City in Nevada eine ungeheure Nachfrage nach Holz für die Minen, den Hausbau und als Feuerholz. Die meisten Kiefern rund um den Lake Tahoe fielen der Axt zum Opfer. Stattdessen pflanzte man Tannen an, die allerdings die Trockenzeiten der Region nur schwer überstanden. Heute sieht man daher viele abgestorbene Tannenbestände der zweiten Generation, die Dürre und Borkenkäfern nicht standhalten konnten.

Lake Tahoe Nevada State Park, P.O. Box 8867, Incline, NV 89452; 775-831-0494; www.parks.nv.gov/lt.htm

# Valley of Fire

*55 Meilen (88,5 km) nordöstlich von Las Vegas, an der Nevada 169*

▪ 143,8 km² ▪ Ganzjährig ▪ Eintrittsgebühr ▪ Sommertemperaturen erreichen deutlich über 38 Grad Celsius ▪ Farbenprächtige Felsformationen ▪ Prähistorische Felskunst ▪ Versteinerte Bäume ▪ Wandern

Das Valley of Fire, das »Tal des Feuers«, erscheint nahezu außerirdisch, wie eine unwirkliche Welt bizarrer Steinformationen, deren Namen wie Cobra Rock, Indian Marbles oder Grand Piano die Phantasie anregen.

Die Gegend verdankt ihren Namen tatsächlich einem atmosphärischen Farbspektakel: Am Morgen und am Abend scheint die untergehende Sonne den alten, roten Sandstein wie eine Fackel lichterloh in Brand zu setzen.

Eine Reise durch das Tal gleicht einer Zeitreise, denn die Tiefebene besteht aus sogenanntem *Aztec Sandstone* (»Aztekensandstein«), der vor rund 200 Millionen Jahren, also zur Zeit der Dinosaurier, aus riesigen Sanddünen entstand. Wasser und Erosion formten die Steine im Laufe der Jahrmillionen zu Canyons, Spitzen, Kuppeln und schmalen Bergrücken. Der Wind schliff die ungeschützten Felswände der Kuppen und Schluchten ab und verwandelte sie zu merkwürdig konturierten Farben und Formen, wie Felsbrücken oder Felsbrocken, die auf

Wanderer auf glatten Sandsteinfelsen

Bergspitzen balancieren. Auf diesen Steinskulpturen entstanden infolge chemischer Reaktionen Färbungen des gesamten Rotspektrums – Rubinrot, Hellrot, Terrakotta, Apricot, Kupfer und Gold.

Der 1935 zum Schutz der wunderschönen, aber ökologisch empfindlichen Wüste eingerichtete Valley of Fire State Park ist der älteste Nevadas.

**PARK-TIPP:** *Finden Sie selbst heraus, ob der Rainbow Vista seiner Legende gerecht wird. Angeblich fiel hier einst ein lange vergessener Regenbogen auf die Erde und legt seine leuchtenden Farben für alle Ewigkeit auf den Felsen ab.*

## Attraktionen und Aktivitäten

Wenn Sie von Las Vegas aus auf der I-15 und der Nevada 169 Richtung Osten fahren, erreichen Sie den Park durch den Westeingang – und werden von einer klassischen Wildwestszenerie begrüßt: Rote Felsgebirge türmen sich unter einem Himmel auf, dessen Blau an den berühmten Türkisschmuck der Navajos erinnert. Davor erstrecken sich durcheinandergewirbelte Gesteinsformationen, in denen man Sphinxfiguren, Wale oder andere Phantasiegebilde erkennen mag. Direkt voraus liegen beispielsweise die **Beehives** (»Bienenkörbe«) – Sandsteinfelsen, die unter dem unablässigen Ansturm der Wüste durch Hitze, Kälte, Regen und Wind geformt wurden.

Jenseits der Beehives führt rechts ein **Rundweg** zu versteinerten Baumresten – ein Beweis, dass hier vor 225 Millionen Jahren Wälder standen. Sie werden einige erhaltene Baumstämme, vor allem aber Holzfragmente erkennen können.

Felsritzungen am Atlatl Rock

Eine Stichstraße führt Sie an der gegenüberliegenden Seite der Nevada 169 zum **Atlatl Rock**: Hier sollten Sie die Eisentreppe an der steilen Felswand hinaufklettern, um dort oben indianische Felsritzungen zu bestaunen. Diese Bilder sind Spuren der ersten Menschen in diesem Tal. Jene Vorfahren der Pueblo-Indianer lebten von etwa 300 v. Chr. bis 1150 n. Chr. im Gebiet der *Lost City*, östlich des heutigen Parks an den Flussauen des Muddy River (siehe Kasten S. 353). Das vorgeschichtliche Volk jagte im Valley of Fire Wild und sammelte dort Pflanzensamen. Die Bedeutung vieler Bilder ist unbekannt, aber einige dürften bei Zeremonien eine Rolle gespielt oder Sippen repräsentiert haben.

Zurück auf der Nevada 169 lohnt ein kurzer Halt am **Visitor Center**, um sich die Ausstellung zur menschlichen und Naturgeschichte des Tals anzusehen. Die vorherrschenden Pflanzen sind hier Kreosotbüsche, Feigen- und Cholla-Kakteen, die sich an die karge Landschaft und den seltenen Niederschlag angepasst haben. Zu den Wildblumen im Frühling zählen Tagetes (»Studentenblume«) und Wüstenmalven, die auch entlang der Parkstraßen gedeihen.

Vom Visitor Center führt Sie eine Stichstraße zum **Petroglyph Canyon Trail**, einem 800 Meter langen Rundweg auf dem sandigen Grund des Canyons. An den steilen Felswänden können Sie weitere prähistorische Indianerzeichnungen entdecken – und die unglaubliche Stille des Parks wirklich genießen: Die einzigen Geräusche hier unten sind Ihre eigenen Schritte auf dem knirschenden Sand und Ihr Atem.

Der Weg führt schließlich zu **Mouse's Tank**: Er verdankt seinen Namen einem abtrünnigen Paiute-Indianer der 1890er Jahre, der angeblich zwei Goldsucher ermordete und ins Valley of Fire flüchtete. Die wilde Gegend war das ideale Versteck – doch wie konnte er hier ohne Wasser überleben? Mouse stieß zufällig auf ein natürliches Regenwasserbassin, eine Felsmulde, in der Wasser monatelang zurückblieb – heute als Mouse's Tank bekannt.

Über die Stichstraße *(nach Sonnenuntergang geschl.)* gelangen Sie zum **Rainbow Vista**, einem Aussichtspunkt mit Blick auf die Felsen, die hier in spektakulären Rottönen aufblitzen. Auf der anderen Seite können Sie auf einer Schotterstraße, die eher an eine Achterbahnfahrt erinnert, zu einem Aussichtspunkt über dem **Fire Canyon** fahren, einer 200 Meter tiefen Schlucht. Hier erhebt sich auch der **Silica Dome**, ein Felsbrocken, dessen weiße Farbe mit dem darunterliegenden, von ihm schnurgerade getrennten roten Felsen kontrastiert. Zurück auf der Stichstraße fahren Sie knapp drei Meilen (5 km) weiter nach Norden zu einer gesperrten Schotterpiste, die als Wander- und Mountainbiking-Weg zum **Duck Rock** (dessen Form entfernt an eine Ente oder einen Baseballhelm erinnert) führt. Am Ende dieser Straße erheben sich die **White Domes**. Die beiden Steinformationen aus weißem Silikatgestein sind mit rotem Sandstein verschmolzen und zeigen rosa- und lavendelfarbene Farbschattierungen. Auf der Rückfahrt zur Nevada 169 Richtung Osten passieren Sie die **Seven Sisters**, eine bizarre Formation hoch aufragender Felsspitzen an der Südseite der Straße. Weiter voraus stoßen Sie auf einige Steinhütten, die der CCC (Cilivian Conservation Corps) als Nachtunterkunft für Besucher errichtete.

## Camping

Im Park gibt es 51 Zelt- und Wohnmobilplätze; Duschen sind vorhanden. *First come, first served.* Campinggebühr.

Valley of Fire State Park,
P.O. Box 515, Overton, NV 89040;
702-397-2088; www.parks.nv.gov/vf.htm

**LOST CITY:** Eine Ausstellung im nahe gelegenen Overton erinnert an die untergegangene Kultur der Pueblo-Indianer: Die Anasazi (»die Alten«) jagten im Valley of Fire und versammelten sich hier. Das Volk lebte im Pueblo Grande in Nevada, einem Gebiet, in dem Grubenhäuser und Pueblos sich teilweise bis zu rund 50 Kilometer weit erstreckten. Das Lost City Museum *(721 Moapa Valley Blvd., 702-397-2193, Eintrittsgebühr)* erhebt sich über einem Teil dieser historischen Pueblos, die heute als *Lost City* (»Verlorene Stadt«) bekannt sind. Die Ausstellung umfasst Flecht- und Lehmhütten, Werkzeuge, Schmuck und Keramik der Anasazi, die um 1150 n. Chr. plötzlich verschwanden.

# Cathedral Gorge

*2 Meilen (3,2 km) nordwestlich von Panaca, an der US 93*

■ 6,6 km² ■ Ganzjährig ■ Eintrittsgebühr ■ Extreme Sommer- und Wintertemperaturen ■ Kleine Schlucht ■ Lehmformationen ■ Wandern

Bentonit-Felsklippen und Canyon

354

Die Hauptattraktion dieses Parks, die sehr weichen Formationen aus Bentonit-Tonmineralien, klingt zunächst nach exotischen Sehenswürdigkeiten für Geologen. Doch wer die rauen, gezackten Überreste eines Seegrundes aus dem Pliozän erst einmal bestaunt, wird sie rasch mit den leuchtenden Augen eines Geologen betrachten. Hätte man hier vor drei Millionen Jahren gestanden, wäre man 300 Meter tief unter Wasser, im Schlamm am Grund eines Sees, ertrunken. Im Laufe der Zeit trocknete der See aus, die Sedimente verhärteten an der Luft und versteinerten. Das heute sichtbare Silikatgestein wurde durch Wind und Wetter erodiert und zu den gelbbraunen Schluchten und Felsen geformt.

Der State Park entstand im Jahre 1935.

Die Ausstellungen im **Visitor Center** widmen sich der Geologie und dem Tierleben der Region, darunter Kojoten, Rotluchse, Echsen und Schlangen. Ein 800 Meter langer Rundweg verbindet den Campingplatz mit den »Höhlen«, eigentlich sehr engen Canyonabschnitten, die Sie auch mit dem Auto erreichen können. Ein vier Meilen (6,4 km) langer Pfad führt vom Campingplatz durch die einsame **obere Schlucht** zu den scharfkantigen Steilhängen. Der eine Meile (1,6 km) lange **Miller Point Trail** schlängelt sich an 30 Meter hohen Felswänden vorbei. Von der US 93, zwei Meilen (3,2 km) nördlich des Eingangs, eröffnet Ihnen der **Miller Point Overlook** eine herrliche Aussicht auf zwei Nebencanyons. Auf einem Naturlehrpfad entlang der Zugangsstraße können Sie auch die obere Schlucht erkunden.

### Camping

Der Park bietet 22 Zelt- und Wohnmobilplätze – Duschen vorhanden – sowie zwei behindertengerecht ausgestattete Stellplätze. *First come, first served.* Campinggebühr.

Cathedral Gorge State Park, P.O. Box 176, Panaca, NV 89042; 775-728-4460; www.parks.nv.gov/cg.htm

# Berlin-Ichthyosaur

*22 Meilen (35,4 km) östlich von Gabbs, an der Nevada 844*

▪ 4,6 km² ▪ Ganzjährig ▪ Meeresfossilien ▪ Geisterstadt ▪ Alte Mine
▪ Saisonal unterschiedliche Touren

Seit über einem Jahrhundert graben Forscher an den Hängen der Shoshone Range nach zwei wertvollen Schätzen: Edelmetallen und Fossilien. Kein Wunder, dass diese Schätze heute die Hauptattraktionen des Parks bilden. In dem Örtchen **Berlin** – einer von Steinkiefern und Wacholderbüschen umgebenen Minenstadt des frühen 20. Jahrhunderts – wurden einst Silber, Gold und Quecksilber im Wert von 850 000 US-Dollar abgebaut. Die Mine unterhielt eine 250-köpfige Gemeinde, selbst in dieser Einöde komplett mit einem Arzt und einer Prostituierten gesegnet. Die zweite Sehenswürdigkeit sind fossile Ichthyosaurier, urzeitliche Meeresreptilien, die einst in dem warmen See lebten, der vor etwa 225 Millionen Jahren Zentralnevada bedeckte.

Eine Informationsbroschüre erhalten Sie im **Büro der Parkverwaltung** am Stadteingang; von hier aus führt ein Pfad zu einem Dutzend Holzhäusern mit Exponaten des frühen 20. Jahrhunderts. Auch eine Tour durch die **Diana-Mine** *(Fr–So)* lohnt sich; achten Sie dabei besonders auf die Wände und ihre Quarzadern mit einigen echten Goldspuren.

Von Berlin aus fahren Sie weiter zur gegenüberliegenden Siedlung **Union** – oder dem, was von diesem Ort übrig geblieben ist: eine Geisterstadt mit einem Adobebau und den Überresten einer Mühle. Ein Lehrpfad erklärt Ihnen mehr zur Geschichte dieser einstigen Stadt.

Sie können nun bis zum **Fossil Shelter** *(Führungen: letzter Mo im Mai [Memorial Day] bis erster Mo im Sept. [Labor Day] tägl., Mitte März bis Memorial Day sowie Labor Day bis Mitte Nov. Sa–So; Reservierung empfehlenswert)* weiterfahren oder vom Campingplatz die 800 Meter auf einem Naturpfad erwandern. Ein Holzrahmenbau schützt den Fundort eines riesigen fossilen Ichthyosaurus oder einer »Fischechse«, die bis zu 50 Meter lang wurde und tellergroße Augen hatte. Ihre Jungen – selten bei Reptilien – kamen lebend zur Welt.

## Camping

Der Park hat 14 Zelt- und Wohnmobilplätze; *first come, first served*. Campinggebühr.

Berlin-Ichthyosaur State Park, HC 61 Box 61200, Austin, NV 89310; 775-964-2440; www.parks.nv.gov/bi.htm

Bergbaucamp bei Berlin

# Anza-Borrego Desert

*85 Meilen (136,8 km) nordöstlich von San Diego, an der California 78*

■ 2430 km² ■ Ganzjährig ■ Eintrittsgebühr nur für ausgebaute Campingplätze ■ Sommertemperaturen über 38 Grad Celsius ■ Wüstenflora und
-fauna ■ Historische Trails ■ Indianische Felsritzungen ■ Wandern

Wer zum ersten Mal in der Wüste ist, wird angesichts der endlosen Leere
der Anza-Borrego-Wüste enttäuscht sein. Der Park erstreckt sich über
mehr als 2300 Quadratkilometer voller Felsen und Kies, dazwischen
Hunderte von Unterspülungen in Felsen und Schluchten. Doch die Weite,
das klare Licht und die Stille überzeugen irgendwann jeden – denn die
Wüste nimmt Besitz von ihren Besuchern
und schenkt ihnen eine reinigende, hei-
lende Kraft, die den Lärm der Zivilisation
vergessen macht.

**PARK-TIPP:** *Erkunden Sie auch den beeindruckenden Split Mountain und seine roten, 122 Meter hohen Wände – einige Millionen Jahre Erdgeschichte türmen sich hier auf*

In dem »leeren« Park verstecken sich
so manche Schätze – Palmenoasen, Dickhornschafe und erodierte Badlands (»Öd-
land«). Paradoxerweise entstanden die meisten dieser Landstriche durch
ein Element der Natur, das in jeder Wüste durch sein Fehlen auffällt:
Wasser. Ein Wolkenbruch in der Wüste kann einen Canyon in wenigen
Stunden um mehrere Meter tiefer schürfen.

Mammutfossilien wurden hier ausgegraben, Menschen leben seit
über 5000 Jahren in der Region. Die hier ansässigen Ureinwohner hinterließen geheimnisvolle Felsritzungen und Bildzeichen; die ersten Weißen
kamen auch mit einer spanischen Expedition unter Juan Bautista de
Anza 1774 in diese Region.

Yaqui-Ebene

356

## Attraktionen und Aktivitäten

Das **Visitor Center** *(2 Meilen – 3,2 km – westlich von Borrego Springs, am Palm Canyon Dr.)* erreichen Sie über jede der Panoramastraßen wie die Montezuma Valley Road (Cty. Rd. S22) von Westen, über den Borrego-Salton Seaway (Cty. Rd. S22) von Osten oder auch über die County Road S2 aus Richtung Südosten.

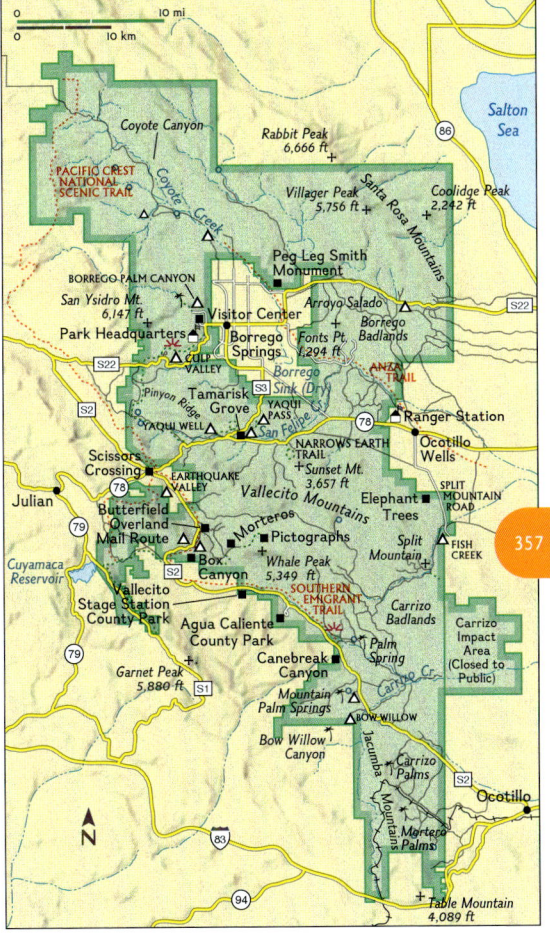

Das unterirdisch gelegene Visitor Center bietet Informationen über die 60 Säugetier-, 225 Vogel- sowie 60 Reptilien- und Amphibienarten. Draußen in den Gärten wachsen heimische Büsche und Bäume (die gut erklärt werden), und in einem Teich leben die vom Aussterben bedrohten Wüstenfische (aus der Ordnung der Zahnkärpflinge) – eine überlebende Art der Eiszeit.

Am Teich beginnt auch der **Borrego Palm Canyon Trail** *(am westlichen Ende des Campingplatzes Borrego Palm Canyon).* Auf der ersten Meile (1,6 km) erklärt der Trail wie ein Lehrpfad die wichtigsten Attraktionen des Parks.

Die County Road S22 führt in Richtung Osten tiefer in den Park hinein. Nach einigen Kilometern biegen Sie nördlich auf die Di Giorgio Road zum **Coyote Canyon** ab. *(Die Route eignet sich für Wanderer, Reiter und Fahrzeuge mit Vierradantrieb.)* Hier stoßen Sie überraschenderweise auf einen Fluss mit einer erstaunlich üppigen Vegetation und Teilen des historischen Anza Trail.

Weiter voraus auf der County Road S22, erhebt sich ein Steinhaufen namens **Peg Leg Smith Monument**. Er erinnert an einen abenteuerlichen Goldsucher des 19. Jahrhunderts, der mit der Entdeckung einer Goldmine prahlte und sie später in dem unwirtlichen Gelände angeblich nicht mehr wiederfand. An dem Lügner von einst erfreut man sich heute beim alljährlichen Peg Leg Liar's Contest *(an dem Samstag, der dem 1. April am nächsten liegt).* Bei diesem skurrilen Wettbewerb erzählt

358

Kalifornische Fächerpalmen

jeder irgendeine Geschichte – sie darf nur nicht der Wahrheit entsprechen. Hinter dem Denkmal türmen sich die Coyote Mountains auf, deren Felsen sich ständig verändern und von tiefroten Granatadern durchzogen sind.

Ein vier Meilen (6,4 km) langer Abstecher auf der Font Point Road bringt Sie zu den engen Schluchten und zerklüfteten Felsspitzen der **Borrego Badlands**, die durch unzählige Gewitterstürme entstanden sind. **Font's Point** selbst ist durch Regen und geologische Bruchlinien stark erodiert.

Nördlich der County Road S22 erstreckt sich der **Clark Dry Lake**, der ausgetrocknete Grund eines Sees, der sich hier vor 20 000 Jahren ausdehnte. Im Lehmboden verstecken sich die Eier von Kieferfüßern (Kiemenfußkrebsen), deren Larven erst schlüpfen, wenn der Boden durch Springfluten überschwemmt wird. Weiter voraus erheben sich die **Santa Rosa Mountains**. An ihren Abhängen hat der Regen Felsbrocken und Sand hinabgespült und dabei die klassischen Schwemmfächer ausgebildet. Die rauen Berge sind so jung, dass sie nach wie vor in die Höhe wachsen; außerdem liegen die Santa Rosas an der aktiven San-Jacinto-Verwerfung.

Das Zentrum des Parks, als **Yaqui Pass Triangle** bekannt, erreichen Sie von Borrego Springs aus über die County Road S3 nach Süden in Richtung California 78. Vom Gipfel des Yaqui-Passes und des **Mescal Bajada Overlook** folgen Sie dem Kenyon Overlook Trail mit Blick auf die *bajada* (sprich: ba-ha-da). Diese abschüssige Ebene entstand, als Schwemmfächer am Fuße der Wüstenberge miteinander verschmolzen. Weiter voraus führt der **Cactus Loop Trail** zwischen Hunderten von Cholla-, Feigen- und Stachelkakteen entlang.

An der California 78 zweigen Sie östlich auf den **Narrows Earth Trail** ab, wo Sie auf einer kurzen Wanderung staunend beobachten können, wie selbst massive Berge zu Sandkörnern zerbröseln: In dem kleinen Canyon sieht man eine hundert Millionen Jahre alte geologische Bruchlinie und Felsgestein. Halten Sie auch Ausschau nach der Chuparosa-Pflanze *(Justicia californica)*, deren rote Blüten Kolibris anlocken.

Eine weitere wichtige Route durch den Park ist der alte **Southern Emigrant Trail**, den Sie an der Kreuzung der County Road S2 mit der California 78 bei Scissors Crossing erreichen. Nach der Fahrt durch das Earthquake Valley können Sie östlich auf einer ausgeschilderten Schotterstraße einen Abstecher zum **Butterfield Overland Mail Route Historical Monument** machen. Dabei erreichen Sie auch den **Foot and Walker Pass** – ein so steiles Terrain, dass die Reisenden früher die Kutsche verlassen und sie über die Anhöhe schieben mussten.

Zurück auf der County Road S2 können Sie zum **Box Canyon** weiterfahren. Während des Mexikanisch-Amerikanischen Krieges eroberte 1847 das Bataillon der Mormonen diesen Canyon (der nur einen Eingang hat), indem sie – nur mit Äxten und einem Montiereisen – einen Pfad für ihre Kutschen in den Fels trieben. Nach dieser Pioniertat strömten Tausende von Soldaten, Siedlern und goldhungrigen Einwanderern auf den beiden rauen Trails in der Tiefe des Canyons nach Kalifornien.

Weiter geht es zur **Vallecito Stage Station**, die ursprünglich 1857 errichtet und mittlerweile originalgetreu wiederaufgebaut wurde. Über eine hügelige Straße können Sie einen Abstecher nach **Palm Spring** machen, wo Pfade zu kleinen Oasen mit Kalifornischen Fächerpalmen führen – heute wie vor 130 Jahren, als die Passagiere der Postkutschen hier Rast machten, eine Einladung zum Ausruhen.

Eine weitere Tour folgt der Montezuma Valley Road *(County Rd. S22, südwestl. des Visitor Center)*. Hier fahren Sie auf der Schotterstraße nördlich zum einfachen Campingplatz im Culp Valley. Westlich des Campingplatzes schlängelt sich ein Wanderweg etwa 500 Meter bis zur **Peña Spring**, deren Quellwasser Hirsche, Kojoten und viele Vögel, darunter auch Wachteln, anlockt. Ein weiterer kurzer, markierter Pfad führt zum Aussichtspunkt am **Borrego Valley** und den Santa Rosa Mountains. In einer Höhe von 1036 Metern belohnt der Aussichtspunkt mit einer frischen Abkühlung vom heißen Wüstenboden.

## Camping

Im Park gibt es 142 Zelt- bzw. Wohnmobilplätze und 52 Wohnmobilplätze – einige mit Duschen – sowie neun einfach ausgestattete Campingbereiche. Von Februar bis April ist Reservierung unter 800-444-7275 zu empfehlen. Campinggebühr.

**359**

**DIE WÜSTE BLÜHT:** Nach feuchten Wintern wirkt die Anza-Borrego-Wüste, als hätte eine Göttin über Nacht ihren Blütenzauber über die Einöde verstreut. Tipp: Schreiben Sie eine an sich selbst adressierte, frankierte Postkarte mit dem Hinweis *The flowers are blooming* (»Die Blumen blühen«) und senden Sie diese in einem Briefumschlag an den Anza-Borrego Desert State Park, 200 Palm Canyon Dr., Borrego Springs, CA 92004. Die Parkranger schicken die Karte zwei Wochen vor dem erwarteten Höhepunkt der Blütezeit ab *(Informationen zu den Wildblumen auf Band abzuhören unter 760-767-4684).*

Anza-Borrego Desert State Park, 200 Palm Canyon Dr., Borrego Springs, CA 92004; 760-767-5311; www.parks.ca.gov

# Humboldt Redwoods

*445 Meilen (72,4 km) südlich von Eureka, an der US 101*

■ 214,7 km² ■ Ganzjährig ■ Tagesgebühr für Women's Federation und Williams Groves ■ Haine alter Mammutbäume ■ Wandern, Radfahren, Reiten, Schwimmen, Kanufahren ■ Im Sommer auch Führungen

Wenn der Morgennebel die riesigen Küstenmammutbäume umhüllt, wirkt die Szenerie fast wie ein Blick zurück in die Urzeit, als die Vorläufer dieser beeindruckenden Bäume überall auf der Nordhalbkugel standen. Im Laufe der Jahrtausende verlagerten sich jedoch durch Klimaveränderungen die feuchten Lebensräume, so dass die Küstenmammutbäume heute nur noch in einem schmalen Landstrifen zu finden sind – auf rund 720 Kilometer Länge vom südlichen Oregon bis zur Mitte Kaliforniens. Im Herzen dieser einzigartigen Baumwelt liegt der 215 Quadratkilometer große Humboldt Redwoods State Park mit seinen Mammut-

bäumen *(Redwoods)*, kühlen Bergflüssen, blühenden Frühlingswildblumen, von Chaparral (einer für Kalifornien typischen Gebüschformation) überwucherten Hügeln, steilen Schluchten und Prärien.

Die Dimensionen dieser Riesenbäume sind wirklich atemberaubend, viele erreichen eine Höhe von über hundert Metern und bieten drei Klimazonen: am Boden den Halbschatten, ein kühles und feuchtes Klima in der Mitte und trockene, windige Bedingungen an der Spitze.

Doch selbst diese Riesen sind gegen einen Feind machtlos: Holzfäller. Gegen Ende des 19. und Anfang des 20. Jahrhunderts fielen die Bäume den Äxten der Holzfirmen zum Opfer. Eine Bürgergruppe gründete daher 1918 zum Schutz der Bäume die *Save-the-Redwoods League*. 1921 kaufte die Vereinigung das erste Landstück mit Mammutbäumen – die Grundlage des heutigen State Park. Seitdem wurden dank der Arbeit des Vereins über hundert Redwood-Haine unter Schutz gestellt. Der Humboldt State Park ist der drittgrößte Park Kaliforniens – und wächst bis heute weiter.

Küstenmammutbäume

361

## Attraktionen und Aktivitäten

Den größten Teil des Parks kann man auf der 32 Meilen (51,5 km) langen **Avenue of the Giants** erkunden *(Routen- und Fahrinfos erhält man an den Eingängen Phillipsville und Jordan Rd.)*, einer nur langsam befahrbaren Straße, die sich parallel zur US 101 durch das Gelände windet. Sie folgt eine Zeit lang dem **Eel River**, an abzweigenden Wanderwegen, Picknick- und Campingplätzen vorbei. Der sonnige Süd- und der eher düstere Nordabschnitt haben jeweils ihren ganz eigenen Reiz, doch die Hauptattraktion findet man im Mittelabschnitt inmitten der typischen *Redwoods*. Am besten starten Sie am **Visitor Center**. Die Ausstellungen zeigen das Leben im Wald und informieren über Waldbewohner wie Pumas und Schwarzbären.

Der populärste Wanderweg beginnt rund vier Meilen (6,4 km) nördlich, an der **Founders Grove**, und führt auf einem kurzen Lehrpfad in das Reich dieser königlichen Bäume. Gleich zu Beginn werden Sie vom 105 Meter hohen **Founders Tree** begrüßt, der schätzungsweise 1600 Jahre alt ist. Tiefer im Wald türmen sich die mächtigen, rotborkigen Baumstämme über den knallgrünen Farn- und Kleegewächsen in den Himmel auf. Auf halber Strecke werden Sie auf umgestürzte *Redwoods* stoßen, der größte unter ihnen der **Dyerville Giant**: Dieser Riese war vor seinem Sturz während eines Regensturms vor einigen Jahren mindestens 110 Meter hoch – ganze 17,5 Meter höher als die Freiheitsstatue in New York.

Ebenso spektakulär ist die Szenerie im nahe gelegenen **Rockefeller Forest** *(am Bull Creek, über die Mattole Rd. zu erreichen)*, dem größten erhaltenen zusammenhängenden Gebiet alter Küstenmammutbäume. Der 800 Meter lange **Rockefeller Forest Loop Trail** vermittelt einen Eindruck davon, wie die Nordküste vor einigen Jahrhunderten ausgesehen haben muss.

Für längere Wanderungen eignet sich der 8,8 Meilen (14,2 km) lange **Bull Creek Flats Trail** durch den Wald zur **Big Tree Area**. Hier wachsen drei weltberühmte Bäume, darunter der Giant Tree, der den umgestürzten Dyerville Giant als mächtigster aller *Redwoods* beerbt hat.

### Weitere Erlebnisse

Die abgelegenen Parkteile locken mit verschlungenen Flusspfaden und Waldbrandschneisen – ideal für abenteuerlustige Rucksacktouristen, Mountainbiker und Reiter. Die *Redwoods* stehen meist in Fluss- oder Bachtälern; das Hinterland des Parks erstreckt sich dagegen über prärieähnliche, sonnige und höher gelegene Gebiete sowie tiefe Schluchten mit Erdbeerbäumen, Chaparral und Douglasien. Die Trails schlängeln sich vorbei an alten Friedhöfen der ersten Siedler, Farmruinen und Verstecken aus der Zeit der ersten Pioniere, in denen Alkohol schwarzgebrannt wurde.

Wenn Sie über Nacht bleiben möchten, haben Sie die Wahl zwischen fünf Trailcamps. Alle Wanderwege beginnen an der Bull Creek Flats Road. Die Entfernungen sind überschaubar, allerdings sind die Wege mitunter sehr steil. Die beiden nächstgelegenen Camps sind zugleich die einladendsten: Im **Johnson Trail Camp** können Sie in einer rustikalen Hütte schlafen, die Schwarzbrennerbanden in den 1920er bis 1950er Jahren nutzten, und im **Whiskey Flat Trail Camp** können Sie unter uralten *Redwoods* ruhen.

**KÜSTENMAMMUTBÄUME:** Diese Giganten findet man trotz ihres Namens nicht in Meeresnähe, denn die salzhaltige Luft würde die Bäume austrocknen, und der Küstenwind ist für das flache Wurzelgeflecht der Bäume zu stark. Die wunderschönen Riesen wachsen stattdessen in den nebelumhüllten Flussläufen, die sich landeinwärts durch die Canyons winden. Ein Hauptgrund dafür ist das lebensnotwendige Wasser in diesen Regionen: Ein ausgewachsener *Redwood* kann zwar am Tag rund 1900 Liter Feuchtigkeit verlieren, doch der dichte Nebel lässt das Wasser zu regenähnlichen Tropfen kondensieren, die von der natürlichen Umgebung des Baums wieder aufgenommen werden. Außerdem tragen die Flüsse Lehm und Kies in die Täler, so dass Bodenaufschwemmungen entstehen – ein idealer Nährboden für große Bäume.

### Camping

Der Park bietet 250 Zelt- und Wohnmobilplätze (einige ganzjährig geöffnet); Duschen vorhanden. Daneben gibt es zwei in der Natur gelegene, einfache Campingplätze, fünf Trailcamps (nur mit Genehmigung) und zwei Gruppencamps. Ein Camp für Reitergruppen kann bis zu 75 Personen aufnehmen. In der Saison ist Reservierung unter 800-444-7275 zu empfehlen. Campinggebühr.

Humboldt Redwoods State Park, P.O. Box 100, Weott, CA 95571; 707-946-2409; www.humboldtredwoods.org

# Plumas-Eureka

*6 Meilen (9,6 km) westlich von Graeagle, an der County Road A14, abseits der US 89*

▪ 27,3 km² ▪ Ganzjährig ▪ Eureka Peak ▪ Bergseen ▪ Restaurierte Bergwerksgebäude ▪ Wandern, Angeln (mit Angelschein)

Der Plumas-Eureka State Park liegt etwas versteckt in einem wenig besuchten Zipfel der Sierra Nevada und bietet eine eindrucksvolle Kulisse aus Kiefernwäldern, Gletscherseen und zerklüfteten, schneebedeckten Bergen.

Vor über hundert Jahren ging es hier freilich sehr lebhaft zu, als man Gold fand und 1851 Abenteurer auf der Suche nach einem vermeintlichen »See aus Gold« durch die Berge kraxelten; dabei stießen sie auf Quarzadern mit Gold-, Silber- und Bleispuren. Bald übernahm die Sierra Buttes Mining Company den Abbau der Edelmetalle und grub insgesamt rund hundert Kilometer lange Tunnel in die Berge. Als der Bergbau hier in den 1940er Jahren aufgegeben wurde, hatte man Gold im Wert von rund acht Millionen US-Dollar ausgegraben.

> **PARK-TIPP:** *Ein (nicht unterhaltener) Trail an der Laporte Road führt zu den Solari Falls, einem Wasserfall mit drei Ebenen – eines der im Park versteckt liegenden Naturwunder.*

Der Bergbau in dem harten Gestein war eine große Herausforderung – gleichwohl fanden die Bergleute eine Möglichkeit, sich die langen Winter angenehm zu gestalten: Sie taten es einem der ersten Pioniere, »Snowshoe« Thompson, gleich, der die Post auf Skiern in der Sierra Nevada ausfuhr, und sausten auf Skiern die Abhänge des Eureka Peak hinunter. Zurück auf den Gipfel ging es mit der Bergbaubahn, mit der man eigentlich das Erz beförderte – so wurde Plumas-Eureka zu einer der ersten (wenn auch inoffiziellen) Skipisten Amerikas.

363

Pochwerk in Mohawk

### Attraktionen und Aktivitäten

Zunächst sollten Sie sich im **Visitor Center** im Herzen des Parks informieren. Sein **Museum** *(Eintrittsgebühr)* mit zahlreichen Erinnerungsstücken wie Werkzeugen, einem Miniaturmodell eines Fallwerks und den ersten Skiern (darunter auch ein Paar von »Snowshoe« Thompson) ist durchaus sehenswert. Auf der anderen Straßenseite stehen noch Gebäude der Plumas-Eureka-Mine, die gegenwärtig restauriert werden, darunter ein fünfstöckiges Pochwerk mit 60 Hämmern, in dem vor allem Gold verarbeitet wurde. Die Einrichtung des **Moriarty House** *(Öffnungszeiten im Visitor Center erfragen)* veranschaulicht das Leben in einem Bergbaucamp der 1890er Jahre.

**SEENLAND:** Plumas-Eureka liegt im nördlichen Bereich des Lakes Basin, einer majestätischen, durch Eiszeiten geformten Landschaft mit drei Dutzend Seen, Forellenströmen, historischen, ruhigen Urlaubsorten und einer reichen Bergbaugeschichte. Das vielleicht bestgehütete Geheimnis ist der Sardine Lake, ein blaugrün glitzernder See im Schatten der zerklüfteten Sierra Buttes. Der Fußmarsch auf die Spitzkuppe wird mit einem Rundumblick über die weite, unberührte Sierra belohnt. Als Unterkunft empfiehlt sich die schlichte, aber für ihre Küche berühmte Sardine Lake Lodge *(Mitte Mai bis Mitte Okt., 916-862-1196, Reservierung empfehlenswert)*. Der nahe gelegene Gold Lake verdankt seinen Namen einem See in der Sierra, in dem man angeblich so große Goldstücke fand, dass Kinder mit ihnen wie mit Murmeln spielten. Gold wurde dennoch nie gefunden.

Einen Abstecher wert ist auch das nahe gelegenen Dörfchen **Johnsville** mit gerade einmal hundert Einwohnern im Sommer. Am Stadtrand führt eine steile Straße zu einer der provisorischen Skipisten der Bergleute, der heutigen **Gold Mountain Ski Area** *(Mitte Dez. bis Mitte März Sa–So und Mi, 530-836-2317)* – beliebt bei alpinen Skifahrern.

Der wunderschöne, drei Meilen (4,8 km) lange und nicht sehr schwierige **Eureka Peak Loop** rund um den 2269 Meter hohen Eureka Peak zeigt den Zauber der hiesigen Natur besonders eindrucksvoll. Vom malerischen **Eureka Lake** aus wandern Sie durch Kiefernwälder, in denen Kojoten, Rotluchse, Stachelschweine, Langschwanzwiesel, Pumas und Schwarzbären leben – inmitten einer weiten, spektakulären Berglandschaft, darunter die Sierra Buttes.

Wenn Sie auf diesen Marsch verzichten möchten, können Sie den 3,5 Meilen (5,6 km) langen Rundweg des **Grass Lake Trail** zu einem tiefblauen Bergsee inmitten von Jeffreys Kiefern und Prachttannen genießen. Der Weg führt durch bergiges Gelände, vorbei an den zwölf Meter hohen **Jamison Falls** zum Bilderbuchsee. Ein weiterer beliebter Trail ist der 1,5 Meilen (2,4 km) lange Pfad zum **Madora Lake**.

### Camping

Im Park gibt es 67 Zelt- und Wohnmobilplätze (Mai bis Mitte Okt.); Duschen sind vorhanden. Reservierung ist vom Memorial Day (letzter Mo im Mai) bis Labor Day (erster Mo im Sept.) unter 800-444-7275 möglich; in der übrigen Zeit gilt *first come, first served*. Campinggebühr.

Plumas-Eureka State Park, 310 Johnsville Rd., Blairsden, CA 96103; 530-836-2380; www.parks.ca.gov

# Mount Tamalpais

*10 Meilen (16 km) nördlich von San Francisco, an der California 1*

■ 22,3 km² ■ Ganzjährig ■ Parkgebühr ■ Unberührte Bergwelt ■ Panoramaaussichten ■ Frühlingswildblumen ■ Wandern, Mountainbiking, Reiten ■ Mountain Theatre

Bolinas Ridge

Gemessen an anderen Bergen ist der *Mount Tam*, wie ihn Einheimische kurz nennen, mit »nur« 784 Metern nicht sonderlich hoch. Aber die Abhänge fallen zur einen Seite steil in Richtung San Francisco Bay, auf der anderen zum Pazifik ab – dadurch wirkt er massiver, als er tatsächlich ist.

In den 1890er Jahren fuhr die bessere Gesellschaft der Region gern in einer ächzenden Bahn zum Gipfel, wo man sich in der Tamalpais Tavern (von der nur die Aussichtsterrasse übrig blieb) bei Tanz und Essen vergnügte. Damals lebten in der Wildnis noch Elche, Grizzlybären und Pumas, später wurde der Berg als Wildreservat geschützt, die Zahl der Wildtiere reduziert. Der Mount Tam verdankt sehr viel dem Tamalpais Conservation Club: Dieser Verein setzt sich seit 1912 dafür ein, die Natur für Wanderer zu schützen. 1928 wurden 277 Hektar für den damals jungen State Park bereitgestellt. Heute wird die Natur dieser Bergregion in diesem Park sowie dem Muir Woods National Monument, der Golden Gate National Recreation Area und dem Marin Municipal Water District erhalten.

### Attraktionen und Aktivitäten

Fahren Sie den Ridgecrest Boulevard *(am Panoramic Highway)* in Richtung East Peak hinauf und wandern Sie dann auf dem 800 Meter langen **Plank Trail** zum Feuer-Wachtturm. Von hier aus eröffnet sich ein Rundblick über die Bucht, San Francisco und kilometerweite, mit Chaparral überwucherte Berghänge bis hinüber zum Pazifik. Die Wanderung auf dem leichten, eine Dreiviertelmeile (1,2 km) langen **Verna Dunshee Trail** rund um den Gipfel lohnt durchaus.

Anschließend können Sie den Berg selbst erkunden – auf insgesamt 50 Meilen (80 km) langen, markierten Wegen (über die man wiederum über 320 Kilometer lange Wanderwege der benachbarten Muir Woods und Golden Gate NRA erreichen kann). Einen Stopp sollten Sie an der **Hauptverwaltung des Pantoll Park** einlegen und dort eine Wanderkarte mitnehmen. Bei Familien ist der vier Meilen (6,4 km) lange **Matt Davis Trail** sehr beliebt: Er führt von der Hauptverwaltung zum **Mountain Home Inn** *(415-381-9000, Reservierung zu empfehlen)* hinab – seit 1912 eine feste Größe unter hiesigen Bergwanderern, die hier Cocktails, Essen und einen tollen Sonnenuntergang genießen.

Die mit Abstand beliebteste Route ist jedoch der 2,5 Meilen (4 km) lange **Redwood Creek Trail**, der als Rundweg durch beeindruckende Haine von Mammutbäumen führt. Am besten starten Sie an der **Hauptverwaltung des Muir Woods Park**

**FAHRRADSPASS:** In den 1970er Jahren schleppten Radelfans ihre mit viel Luft in den Reifen aufgepumpten Stranderäder den Mount Tam hinauf, um von der Bergspitze die Abhänge hinunterzusausen. Damit der Aufstieg zurück einfacher war, entwickelten die Fahrradbastler Joe Breeze, Gary Fisher und Tom Ritchey verschiedene Zusatzbauteile, um das schwierige Terrain mit dem Rad besser meistern zu können. Damit begründeten sie einen Trend: 1981 wurde das erste Mountainbike, *Stump Jumper* genannt, gebaut. Neun Jahre später gab es bereits rund 15 Millionen Mountainbikes. Heute zieht es die Radabenteurer auf den Old Railroad Grade, einen glatten und einfachen, doppelten Pfad, der gegenüber der Hauptverwaltung des Pantoll Park auf einem alten Gleisbett verläuft. Wer den Adrenalinkick sucht, startet oben auf dem East Peak.

(vorzugsweise am frühen Morgen oder späten Nachmittag, um den Weg allein genießen zu können). Die Wanderung inmitten der Riesen mit ihrer roten Baumrinde, die hundert Meter über den grünen, farnbedeckten Erdboden aufragen, ist ein echtes Erlebnis. Wer körperlich fit und abenteuerlustig ist, kann sich auch an den eindrucksvollen, 7,2 Meilen (11,6 km; *Hinweg*) langen **Dipsea Trail** wagen, auf dem alljährlich im Juni ein aufreibender Wettlauf ausgetragen wird. Der Wanderweg beginnt gleich östlich des Parks in Mill Valley und steigt recht steil über 671 Stufen an, überquert den Berg, den Suicide Hill und Cardiac Hill

**PARK-TIPP:** *Wenn Sie Ruhe und Einsamkeit bevorzugen, parken Sie an einer der Haltebuchten am West Ridgecrest Boulevard, und folgen Sie einem der vor allem von Einheimischen genutzten Wanderwege in die Wildnis.*

und fällt schließlich wieder durch *Redwood*-Bestände hinab zum **Stinson Beach**, der bei Surfern und Sonnenanbetern gleichermaßen beliebt ist.

### Camping und Lodge-Unterkunft

Der Park bietet 16 Walk-in-Zeltplätze; *first come, first served.* Daneben gibt es zehn *Cabins* und ein Camp für bis zu zwölf Reiter. In der Saison ist Reservierung unter 800-444-7275 empfehlenswert. Campinggebühr.

Mount Tamalpais State Park, 801 Panoramic Hwy., Mill Valley, CA 94941; 415-388-2070; www.parks.ca.gov

# Pfeiffer Big Sur

*30 Meilen (48,3 km) südlich von Monterey, an der California 1*

■ 3,2 km² ■ Ganzjährig ■ Tagesgebühr ■ Haine von Mammutbäumen ■
Big Sur River ■ Wandern, Schwimmen ■ Im Sommer Naturführungen

Der kristallklare Big Sur River strömt durch die wildromantischen Santa
Lucia Mountains, wo der Fluss ein kleines, flaches Tal geschaffen hat:
den heutigen Pfeiffer Big Sur State Park. Das wirklich winzige Parkgebiet
bietet dennoch großartige Natur: Chaparral und Eichenbäume an Berghängen über dem Tal, dazwischen Bergwiesen voller Wildblumen und
Küstenmammutbäumen, den »längsten« lebenden Organismen der Welt
– kein Wunder, dass dieser schattige Park direkt an der Küste bei Big Sur
jährlich Tausende von Wanderern und Campern anlockt.

### Attraktionen und Aktivitäten

Im Zentrum des Parks liegt die **Big Sur Lodge** mit einem gemütlichen
Restaurant und schöner Aussicht auf den Big Sur River. Das nahe **Nature
Center** (*Juni–Aug.*) führt in die Natur der Region ein.

   Der einfache und kurze Pfeiffer Falls Trail lädt zu einem reizvollen
Spaziergang an einem Bach inmitten von Mammutbäumen zu den
**Pfeiffer Falls** ein, die sich über farnbedeckte Felsen in einen hübschen,
grünlich schimmernden Teich ergießen. Die Aussichtsterrasse am Wasserfall ist ideal für ein Picknick. Sie können auf demselben Weg zurückkehren oder den gut 0,7 Meilen (1,1 km) langen **Valley View Trail** erwandern. Auf dem Weg erspähen Sie mit etwas Glück Maultierhirsche,
Grauhörnchen, Waschbären, wilde Truthähne, Füchse oder Opossums –
Bären, Pumas, Kojoten oder angriffslustige Wildschweine müssen Sie
nicht fürchten, denn diese bevorzugen die Wildnis weiter draußen.

367

Küste von Big Sur und Wildnis von Ventana

McWay Cove, Julia Pfeiffer Burns State Park

Anschließend kehren Sie zur Lodge zurück oder wandern auf der Parkstraße nach Süden zum 500 Meter langen **Naturlehrpfad**, der das vielfältige Pflanzenleben der Region erklärt. Die Wälder werden vom Kalifornischen Lorbeer geprägt, dessen alte Blätter die Aromen italienischer Küche wachrufen, außerdem von Kalifornischen Platanen, Lebenseichen, *Lithocarpus densiflorus* (Buchengewächsen) und natürlich den majestätischen Mammutbäumen.

Um einen der größten Mammutbäume in Big Sur zu bestaunen, fahren Sie zum Gruppen-Picknickbereich, wo der **Colonial Tree** (8,2 Meter Stammumfang) in den Himmel ragt. An heißen Sommertagen können Sie auf dem nahen **Gorge Trail** – kein offizieller, doch beliebter Pfad – zum kühlenden Wasser des Big Sur River hinabgehen: Über einige Felsbrocken geht es zu einer der besten Badestellen der Region.

### Camping und Lodge-Unterkunft

Der Park bietet 218 Zelt- und Wohnmobilplätze – Duschen vorhanden –, zwei Wandercamps für Gruppen (Memorial Day [letzter Mo im Mai] bis Mitte Sept.), ein Camp für Radfahrer und 61 Ferienhütten. Reservierung unter 800-444-7275; Reservierung für die Big Sur Lodge unter 800-442-4787. Campinggebühr.

### Sehenswürdigkeiten in der Nähe

Über die California 1 gelangen Sie nach einer Meile (1,6 km) Richtung Süden zum **Pfeiffer Beach** *(über die nicht ausgeschilderte Sycamore Canyon Rd., Zutrittsgebühr)*, einen wunderschönen, sichelförmigen Strand mit violett-weißem Sand unter Felsklippen. Hier können Sie picknicken, Sonne tanken und in den Sonnenuntergang schauen – auf das Baden sollten Sie allerdings verzichten: Das Wasser ist kalt, die Brandung mitunter stürmisch.

Pfeiffer Big Sur State Park, Big Sur, CA 93920; 831-667-2315; www.parks.ca.gov

AM WEGESRAND: Nur zwölf Meilen (19,3 km) südlich von Pfeiffer Big Sur gelegen, sollten Sie den Julia Pfeiffer Burns State Park *(831-667-2315, Eintrittsgebühr)* keinesfalls links liegen lassen. Im Park lohnt eine Wanderung vor allem auf dem McWay Creek Trail zur McWay Cove: Umgeben von Felsklippen, stürzt sich in dieser schönen Bucht ein 15 Meter hoher Wasserfall direkt ins Meer, in dem Sie vielleicht auch Seeotter und (in der Saison) Grauwale sehen. Das Gebiet umfasst zudem einen 670 Hektar großen Unterwasserpark (nur für erfahrene Taucher geeignet) sowie einen 720 Hektar großen Hochlandwald.

# Año Nuevo

*An der California 1, zwischen Santa Cruz und Half Moon Bay*

▪ 16,2 km² ▪ Ganzjährig ▪ Eintrittsgebühr ▪ Haustiere verboten ▪ Aufzuchtgebiete der Nördlichen See-Elefanten ▪ Felsige Strände ▪ Wildblumen im Frühling ▪ Wandern, Sonnenbaden, Picknicken

Die felsige und stets windumtoste Halbinsel Point Año Nuevo, die in die stürmische Pazifikbrandung hineinragt, wird durch Küstengebirge, Felsklippen, Dünen und Strände geprägt.

Es verwundert kaum, dass in dem so vielfältigen Terrain von Año Nuevo eine ebensolche Tiervielfalt zu finden ist, darunter 300 Vogelarten, Rotluchse, Maultierhirsche, Seelöwen, Seeotter – und vor allem die mächtigen Nördlichen See-Elefanten.

Die See-Elefanten (einige Männchen wiegen so viel wie eine Limousine) strömen zu Hunderten zweimal im Jahr hierher, dösen am Strand, paaren sich, gebären ihre Jungen und wechseln ihren Pelz, werfen also den Sommer- bzw. Winterpelz in den Dünen ab. Dieses Naturschauspiel ist die Hauptattraktion der Insel und lockt jedes Mal Tausende von Schaulustigen an.

Zwischen Dezember und März (Paarungs- und Aufzuchtsaison) führen Ranger eine 2,5 Stunden dauernde Wanderung *(Reservierung unter 800-444-4445 empfehlenswert, Gebühr)* durch das Tierschutzreservat, wo man inmitten der Weibchen-Harems voller brüllender, urzeitlich wirkender Riesentiere umherwandert.

Außerhalb der »Robbensaison« können Sie die vielen Wanderpfade im Park erkunden: Der kurze **Cove Beach Trail** führt zu einem mit Steinen und Fossilien übersäten Strand, während sich der **Atkinson Bluff Trail** durch endlose Felder schlängelt, die im Frühjahr mit gelben und blauen Lupinen und orange-goldenen Mohnblüten übersät sind.

Año Nuevo State Reserve, New Years Creek Rd., Pescadero, CA 93920; 650-879-0227; www.parks.ca.gov

HÄRTETEST IM WASSER: Die Nördlichen See-Elefanten ähneln auf den ersten Blick gestrandeten Walen. Sie dösen gerne träge in den Sanddünen, kaum ein Augenblinzeln ist zu erkennen, und scheinen noch nicht einmal zu fressen. Ganz ehrlich: Auch Menschen würden sich so verhalten, wohl wissend, dass sie bald zurück ins Meer und dort permanent schwimmen (selbst im Schlaf) müssen. In 250 Tagen legen die männlichen Robben so 20000 Kilometer zurück und stoßen nördlich bis zu den Aleuten vor, während die Weibchen alljährlich 307 Tage im Meer verbringen und dabei in Richtung Japan nach Westen etwa 17600 Kilometer weit schwimmen. Diese Marathondistanzen sind die längsten Wanderbewegungen aller Säugetiere.

Nördlicher See-Elefant

# Na Pali Coast

*8 Meilen (12,9 km) westlich von Hanalei, am Ende der Hawaii 560, Kauai*

■ 25 km² ■ Ganzjährig ■ Haustiere verboten ■ Wechselhaftes Meeres-
klima, Schwimmen im Meer nicht empfehlenswert ■ Meeresfelsen,
Flusstäler, Wasserfälle ■ Archäologische Stätten

Kalalau Beach

Der Name dieser Küste sagt eigentlich alles: Na Pali bedeutet schlicht
»die Felsen«. Die Vulkaninsel Kauai scheint hier fast senkrecht ins Meer
zu stürzen, üppig grüne Täler öffnen sich auf versteckte Strände, und
der berühmte Kalalau Trail wird seinem Ruf als »Weg ins Paradies« wirk-

lich gerecht. Das schwierige Terrain und die nackten Felsklippen, die über 300 Meter senkrecht ins Meer abfallen, machen den Bau von Straßen unmöglich, so dass man Na Pali nur zu Fuß oder per Boot erkunden kann.

## Attraktionen und Aktivitäten

Der nur für körperlich gestählte Wanderer geeignete **Kalalau Trail** folgt auf elf Meilen (17,7 km) den Pfaden der alten Hawaiianer; er beginnt im Haena State Park und führt bis zum Kalalau Beach. Dabei windet sich der Weg über hoch aufragende Meeresklippen und durch grüne Täler, fällt ab bis auf Strandniveau und steigt wieder hinauf. Der Weg ist teilweise sehr steil und kann oft matschig und stellenweise ausgetreten sein, an manchen Stellen ist er kaum breiter als 30 Zentimeter. Besonders vorsichtig sollten Sie sein, wenn Sie die durch Regenfälle mitunter reißenden Flüsse durchqueren – und Sie sollten möglichst auf ein Bad in der Meeresbrandung verzichten.

Wenn Sie nur eine Tageswanderung unternehmen möchten, können Sie auf dem zwei Meilen (3,2 km) langen Abschnitt vom **Kee Beach** im Haena State Park bis zum **Hanakapiai Beach** einige der schönsten Abschnitte des Trails entdecken.

Am Hanakapiai Beach führt ein unterhaltener, aber schwieriger Seitenpfad zwei Meilen (3,2 km) weit ins **Hanakapiai Valley** hinauf, wo jährlich 180 Zentimeter Regen fallen – mehr als irgendwo sonst in Na Pali. Dank des Wassers gedeiht hier ein traumhafter Wald mit Guaven und Lichtnussbäumen, das Dickicht besteht aus Farnen und Gräsern. Auf dem Trail im oberen Tal wandern Sie an Bambus, Haselwurz und Mangobäumen sowie an alten, terrassierten Ackerfeldern vorüber, auf denen die Hawaiianer einst Taro anbauten.

Wenn Sie weiter auf dem Kalalau Trail wandern möchten *(ab dem oberen Trailabschnitt ist eine Wandergenehmigung erforderlich)*, rechnen Sie mit einem recht anstrengenden Marsch über vier Meilen (6,4 km) – der Weg geht im steilen Zickzack hin und her, und Sie müssen zwei Hängetäler meistern. Die Route führt weiter landeinwärts in das **Hanakoa Valley**, in dem früher Ackerbau betrieben wurde. Heute wächst hier wilder Kaffee. Abkühlung verspricht ein Sprung in den **Hanakoa Stream** oder Sie wandern in einem östlichen Ableger des Tals 500 Meter weiter zu den **Hanakoa Falls** (teilweise schlechte Wegbedingungen).

Nach etwa sieben Meilen (11,3 km) schlängelt sich der Kalalau Trail zurück zur Küste, führt durch trockenes Gelände, auf dem einst Rinder grasten und heute Sisal und Wandelröschen wachsen. Von hier aus sehen Sie die schroffen Felsen von Na Pali und schließlich das drei Kilometer weite, zwischen furchendurchzogenen Felswänden liegende **Kalalau Valley**. Hier sollten Sie auf die Ruinen alter hawaiianischer Häuser und eines *Heiau* (Tempel) auf dem Plateau oberhalb des Strandes achten. Ein Gewirr kleiner Bäche und Flussläufe speist den Kalalau Stream. Ein zwei Meilen (3,2 km) weiter Abstecher in das Tal hinauf führt zu einer natürlichen Wasserrutsche und Badestellen im **Big Pond**. Auf dem Weg dorthin passieren Sie Ackerfelder mit Guaven, Mombinpflaumen und Mangobäumen, auf den Felsklippen grast vereinzelt eine wilde Ziege.

Der Kalalau Trail führt weiter bis zum **Kalalau Beach**, einem 1200 Meter langen Strand (im Sommer), der bis zum kleinen Kolea-Wasserfall reicht. Die frühen Hawaiianer des Kalalau Valley lebten im Sommer meist an diesem Strand, wohnten in den Felshöhlen an der Küste und gingen mit ihren Kanus auf Fischfang. Heute nutzen Camper die Höhlen im Sommer. Vorsicht vor herabstürzenden Gesteinsbrocken.

**Weitere Erlebnisse**

An der nordwestlichen Küste erstreckt sich die **Nualolo Kai**, eine Tiefebene, die von über 600 Meter hohen Felsklippen abgeschirmt wird und nur mit Charterbooten zu erreichen ist *(Anbieterinfos erhalten Sie von der Parkverwaltung)*. Doch vor über sechs Jahrhunderten lebten hier Hawaiianer – zweifellos wegen der nahen Korallenriffe, an denen sie Schwarzfische, Segelflossendoktorfische, Papageifische und andere Meeresbewohner fingen. Heute ist das Riff bei Schnorchlern beliebt. In den 1820er Jahren legten Missionare, die mit dem Kanu die Küste erkundeten, hier zum Rasten an. Die Felsen über Nualolo Kai waren eine gute Stelle für ein *Oahi*, eine Art frühes Feuerwerk, bei dem brennende Holzstäbe in die Luft geworfen wurden. Angeblich soll im 18. Jahrhundert König Kamehameha III. in Nualolo übernachtet haben, nur um das eindrucksvolle Lichtspektakel zu sehen. Heute führt ein **Lehrpfad** zu den historischen Stätten der Hawaiianer in der Ebene – Erdhügel, auf denen Süßkartoffeln angebaut wurden, Steinmauern und Hausfundamente sowie ein beeindruckender *Heiau*, in dem die Hawaiianer Opfer brachten, um für eine gute Ernte zu bitten.

Noch weiter die Küste hinauf liegt **Milolii**, eine weitere Küstenebene. Boote bringen Besucher hier durch die Riffe zu den weißen Sandstränden. Von hier aus erreichen Sie nach etwa einer Dreiviertelmeile (1,2 km) auf dem **Milolii Valley Trail** einen reißenden Wasserfall, alte Hausstätten und terrassierte Ackerfelder.

> **FLUCHT INS PARADIES:** Während der Flower-Power-Bewegung der 1960er Jahre verirrten sich einige Blumenkinder in das paradiesische Kalalau Valley. Hier suchten sie ihren Frieden und lebten im Einklang mit der Natur, die sie mit Orangen, Papayas und Bananen reichlich versorgte. Sie waren jedoch nicht die ersten Menschen, die hier ihr Paradies suchten: 1893 versteckte sich hier der junge, an Lepra erkrankte Hawaiianer Koolau mit seiner Frau und seinem kleinen Sohn – er wollte nicht ohne sie in der Leprakolonie auf Molokai leben. Kein Sheriff und keine Armee konnten ihn aus dem Tal vertreiben. Die Hippies der 1960er Jahre wurden 1974 verbannt, als man die Gegend in einen Naturpark umwandelte.

**Camping**

Der Park bietet einfache Campingbereiche (ganzjährig) in Hanakoa und Kalalau sowie in Milolii (Mitte Mai bis Labor Day [erster Mo im Sept.]). Die notwendige Campingerlaubnis erteilt die Parkverwaltung in Lihue. Während der Saison ist Reservierung 808-274-3444 empfehlenswert. Im Sommer sind maximal 60 Camper je Nacht gestattet. Alle Plätze liegen an Flüssen, Sie sollten Mittel zur Wasseraufbereitung dabeihaben.

Division of State Parks, 3060 Eiwa St., Rm. 306, Lihue, Kauai, HI 96766; 808-274-3444; www.hawaii.gov/dlnr/dsp

# Waimea Canyon and Kokee

*8 Meilen (12,9 km) nördlich von Waimea, an der Hawaii 550, Kauai*

▪ Waimea Canyon: 7,4 km²; Kokee: 17,6 km² ▪ Ganzjährig ▪ Schotter-
straßen sind bei feuchter Witterung sehr rutschig ▪ Spektakuläre
Schlucht ▪ Regenwald ▪ Beeindruckende Aussichten ▪ Wandern

Es soll Mark Twain gewesen sein, der die 1100 Meter tiefe Schlucht im
Waimea Canyon State Park den »Grand Canyon des Pazifiks« taufte.
Einst thronte hier ein aktiver Vulkan, doch als eine Seite entlang einer
geologischen Spalte kollabierte, konnte sich der Waimea River seinen

Weg durch den Fels
bahnen. Das Wasser
formt den Canyon nun
seit fünf Millionen
Jahren, durch Erosion
wurden farbenprächti-
ge Schichten von Lava-
gestein freigelegt – sie
zeigen, durch wie viele
verschiedene Vulkan-
ausbrüche die Insel
Kauai eigentlich ge-
wachsen ist. Das
Gestein des Canyons
wirkt rotstichig, da das
Wasser das Eisen im
Boden oxidieren lässt.

373

Der angrenzende
Kokee State Park schützt
einen endemischen
Wald mit Koa-Bäumen
sowie den rot blühen-
den Ohia-Lehua-Bäu-
men (Eisenholzbäu-
men) inmitten dichter
Farngewächse. Leider
muss man hier oft mit
Nebel rechnen, der die
Aussicht verdecken
kann und je nach dem
launischen Wetter
kommt und geht.

Der Waimea Canyon

### Attraktionen und Aktivitäten

Nach der Fahrt auf der Hawaii 550 nach Waimea hinauf, sollten Sie am
400 Meter langen **Iliau Nature Loop** (zwischen Meile 8 und 9) halten. Der
Weg zieht sich am Rand des Canyons entlang und bietet spektakuläre
Aussichten. Er führt zu heimischen Pflanzen wie der Pukiawe. Von hier
aus können Sie den 2,5 Meilen (4 km) langen **Kukui Trail** erwandern.

Blütenpracht

Auf der Hawaii 550 geht es weiter zum **Waimea Canyon Lookout** (zwischen Meile 10 und 11). Zwischen all den bizarr geformten Felsspitzen und Schluchten können Sie drei Neben-canyons erkennen.

Weiter voraus er-öffnet sich vom Geländer des Aussichtspunktes **Puu Ka Pele** der Blick in den Canyon bis hinüber zu den **Waipoo Falls**, die 24 Meter in die Tiefe stürzen – sofern es geregnet hat. Am **Puu Hinahina Lookout** (zwischen Meile 13 und 14) bieten sich Ihnen zwei sehr unterschiedliche Aussichten: zum einen den 16 Kilometer langen Waimea Canyon hinunter, zum anderen in Richtung Meer auf die Insel Niihau. An diesem Aussichtspunkt werden Sie auch Weißschwanz-Tro-pikvögel beobachten können, die in den Aufwinden des Canyons segeln und in den Felsnischen nisten.

Weiter voraus beginnt linker Hand ein Abstecher auf der asphal-tierten Makaha Road – eine sehr steile Route, die zu einsamen Picknick-plätzen führt und an einer Radarstation der Marine endet.

Alternativ können Sie auf der Hauptstraße auch weiter bis zum **Kokee Natural History Museum** *(808-335-9975)* fahren und hier inmit-ten von wilden Dschungelhühnern – Moa genannt – diese kleine Ein-richtung besuchen, die seit 1953 über die Region informiert (die freund-lichen Mitarbeiter helfen mit einer Wanderkarte und aktuellen Infos zu den Straßenbedingungen gerne weiter). Ein dreidimensionales Modell des Waimea Canyon und eine Ausstellung über Hurrikans, die Kauai immer wieder heimgesucht haben – zuletzt der Wirbelsturm *Iniki* 1992 – informieren über die Insel. Andere Ausstellungen widmen sich der Tier- und Pflanzenwelt.

Am Museum beginnt ein einfacher, nur 160 Meter langer **Natur-lehrpfad** durch einen Wald. Hinweistafeln erläutern heimische Pflanzen-arten wie die *Hahalua*, deren Stengel bis zu zwölf Meter hoch wachsen können. Ebenso beliebt ist die Wanderroute des 2,2 Meilen (3,5 km) langen **Canyon Trail**, der über den **Kokee Stream** zu einer herrlichen Aussicht auf den Waimea Canyon führt.

Weiter geht es auf der Kokee Road, wobei Sie einen Halt am 3,25 Meilen (5,2 km) langen **Awaawapuhi Trail** einlegen können, um auf dem Pfad die schönen Aussichten auf die grünen Täler der Na Pali Coast zu genießen. Die Hauptstraße windet sich zwischen Ohia-Bäumen, Bego-nien und Baumfarnen zum **Kalalau Lookout** (Meile 18). Hier müssen Sie allerdings mit Wolken rechnen, immerhin liegt der Aussichtspunkt auf

1219 Meter – eine Höhe, in der auf Kauai oft Wolken entstehen. Wenn Sie aber Geduld mitbringen, werden Sie dennoch zwischen den Wolkenlücken das Kalalau Valley sehen können: die größte Schlucht der Na Pali Coast. Früher lebten hier hawaiianische Bauern und bewirtschafteten ihre Tarofelder. Die letzten Bewohner verließen das Tal erst 1919 – zurück blieben nur einige Ziegen sowie die Ruinen der steinernen Bewässerungsgräben und Hausfundamente.

Fahren Sie nun weiter bis zum Ende der Straße am **Puu o Kila Lookout**. Unterhalb des Aussichtspunktes erstreckt sich das Kalalau Valley rund drei Kilometer breit zwischen zerfurchten, grün-braunen Felswänden – eine der schönsten Aussichten Hawaiis. Von hier aus führt der 3,5 Meilen (5,6 km) lange **Pihea Trail** am Rand des Tals durch Haine mit Ohia-Bäumen und Farnen zum 5,6 Kilometer langen **Alakai Swamp Trail**.

> **DIE LEGENDE DER WIESE VON KOKEE:** Warum liegt ausgerechnet vor dem Kokee Natural History Museum eine Wiese, wo doch in der ganzen Region dichte Wälder stehen? Der Legende nach standen einst auch auf dieser Wiese Bäume, in denen jedoch ein böser *akua* (Geist) hauste. Er verhexte gern Wanderer auf ihrem Weg ins Kalalau Valley. Schließlich erhörte der Gott Kanaloa die Wehklagen der Menschen und riss alle Bäume aus – akua hatte nun keine Heimstatt mehr. Heute sind die einzigen Geister auf dieser Wiese – wenn überhaupt – die Hirtenmainas, eine Starenart.

Der **Alakai-Sumpf** umfasst ein 78 Quadratkilometer großes Gebiet von Hochmooren und Bergkämmen. Warum ist es hier so feucht? Das Hochmoor liegt direkt an einem der niederschlagsreichsten Orte der Welt, dem Mount Waialeale (1569 Meter) – hier fallen jährlich im Durchschnitt 11,5 Meter Regen! (In einem Jahr wurden sogar 17 Meter gemessen). Ein Knüppeldamm führt auf weiten Teilen des Pfads durch das Gelände, so dass man den matschig-nassen Untergrund vermeiden kann. Der Weg führt zum **Kilohana Lookout** mit weiter Aussicht über das Wainiha Valley bis zur Hanalei Bay an der weit entfernten Küste.

### Camping

Im Kokee State Park gibt es Zeltplätze für bis zu 15 Camper gleichzeitig pro Nacht. Reservierung unter 808-274-3444 ist in der Hauptsaison empfehlenswert.

Division of State Parks, 3060 Eiwa St., Rm. 306, Lihue, Kauai, HI 96766; 808-274-3446; www.hawaii.gov/dlnr/dsp

# Kealakekua

*12 Meilen (19,3 km) südlich von Kailua, an der Napoopoo Road, Hawaii*

■ Ganzjährig ■ Haustiere verboten ■ Camping verboten ■ Stätte des ersten Zusammentreffens von Europäern und Hawaiianern ■ Tempelruinen ■ Captain Cook's Monument ■ Schnorcheln

In dieser malerischen, kleinen Bucht kam es zum ersten intensiven Kontakt zwischen Europäern und Hawaiianern, als Captain James Cook

1779 hier vor Anker ging. Kealakekua war ein politisch-religiöses Zentrum des alten Hawaii und die Häuptlinge und Priester interpretierten Cook und seine Schiffe wahrscheinlich als Ankunft des Gottes Lono. Immerhin erschien Cook unter vollen Segeln am Horizont und der Legende nach sollte Lono eines Tages auf einer »schwimmenden Insel« unter Bannern aus weißem Tapastoff nach Hawaii kommen.

Während des einmonatigen Besuchs dokumentierten die Wissenschaftler und Künstler an Bord das frühe Leben in hawaiianischen Dörfern, die Zeremonien und das Kunsthandwerk des Südseevolkes. Doch mit der Gastfreundschaft war es plötzlich vorbei, als Cook später in die Bucht zurückkehrte, um einen gebrochenen Schiffsmast zu reparieren: Die Hawaiianer entwendeten ein Beiboot und Cook setzte daraufhin einen Häuptling gefangen, um die Rückgabe des Bootes zu erzwingen. In dem folgenden Handgemenge wurde Cook am Strand getötet.

An der Bucht selbst erhebt sich **Pali Kapu O Keoua**, eine rund 180 Meter hohe Meeresklippe mit Lavaröhren, in denen einst hawaiianische Häuptlinge bestattet wurden. Dahinter erstreckt sich **Kaawaloa**, eine flache, aus Lavagestein bestehende Halbinsel, auf der die bedeutenden Häuptlinge wohnten. Hier wurde Cook getötet – ein weißer Obelisk erinnert inmitten der Kiawebäume (Mesquitebäume) an das Geschehen. Diese Seite der Bucht erreichen Sie am besten mit dem Boot oder Kajak.

Die ruhige **Bucht von Kaawaloa** ist wegen der flachen Korallenriffe mit ihren vielen bunten tropischen Fischen bei Schnorchlern sehr beliebt. Manchmal tummeln sich hier Delphinschulen, die man aber per Gesetz nur aus der Distanz bestaunen darf. Das glasklare Wasser und die spektakuläre Umgebung sind ja schon aufregend genug. Eine weitere Möglichkeit ist eine Wanderung auf dem zwei Meilen (3,2 km) langen **Kaawaloa Trail** zur Bucht hinunter.

Division of State Parks, P.O. Box 936, Hilo, HI 96721; 808-974-6200; www.hawaii.gov/dlnr/dsp

# Iao Valley

*5 Meilen (8 km) westlich von Wailuku, an der Iao Valley Road (Hawaii 32), Maui*

▪ 2,4 Hektar ▪ Ganzjährig ▪ Historische Stätte ▪ Üppig grünes Tal ▪ Felsspitzen

Dieses fruchtbare, grüne Tal in den West Maui Mountains trägt den Namen von Iao (»Höchste Wolke«), der Tochter des Halbgottes Maui. Die Region galt lange als geheiligter Ort und hat eine große historische Bedeutung: 1790, während der Schlacht von Kepaniwai, wurden die Verteidiger der Insel unter Kalanikupule von den angreifenden Truppen König Kamehamehas I., der alle Inseln zu einem Königreich vereinen wollte, eingeschlossen. Die Schlacht war so blutig, dass der Iao Stream mit Blut ganz rot getränkt war und die Leichen den Fluss verstopften.

Auf einem knapp einen Kilometer langen Weg können Sie den Blick in das Tal und auf den samtgrünen **Kukaemoku** – auch **Iao Needle** genannt – genießen: Der erodierte Basaltfelsturm erhebt sich 365 Meter über den Talboden. Der Weg führt auch zum **Iao Stream** hinab, wo man auf einem kleinen Pfad zwischen Haselwurzpflanzen zu einladenden Teichen wandern kann.

Direkt unter der Brücke schlängelt sich ein weiterer Pfad durch einen prächtigen **botanischen Garten** mit heimischen und polynesischen Pflanzen.

Division of State Parks, 54 South High St. # 101, Wailuku, HI 96793; 808-984-8109; www.hawaii.gov/dlnr/dsp

Der Iao Needle (Kukaemoku)

# Iolani Palace

*King Street und Richards Street, im Stadtgebiet von Honolulu, Oahu*

▪ 4,4 Hektar ▪ Ganzjährig ▪ Camping verboten ▪ Königlicher Palast und Garten

377

Der Iolani Palace ist die einzige offizielle königliche Residenz in den USA: Hier lebten einst die letzten Monarchen des Inselstaates. Die hawaiianischen Herrscher residierten hier ab 1882 – als König Kalakaua einzog – bis zum Sturz seiner Schwester und letzten hawaiianischen Monarchin, Liliuokalani, die 1893 von Befürwortern einer amerikanischen Annexion Hawaiis vom Thron gestürzt wurde. Der König war sehr modern, installierte hier eines der ersten Telefone auf der Insel und Elektrizität – noch bevor es diese Errungenschaften im Weißen Haus gab. Nach 1893 diente der Palast als Parlamentssitz der Republik Hawaii, später des US-Territoriums und schließlich des US-Bundesstaates.

Der Iolani Palace – der Name bedeutet »königlicher oder himmlischer Adler« – steht inmitten gepflegter Parkanlagen, die man durch eines der vier großen Tore erreicht. Das Kauikeaouli Gate diente offiziellen Anlässen und ist bei Besuchern bis heute besonders beliebt.

Die Führung *(Gebühr, Reservierung zu empfehlen)* beginnt an der hinteren Lanai (Veranda) des Palastes und führt in die **Grand Hall** mit ihren strahlenden Fußböden aus hawaiianischen Hölzern und mit den Porträts hawaiianischer Monarchen, in den **Throne Room** und den **State Dining Room**. Im ersten Stock liegen die königlichen Schlafzimmer, die Bibliothek des Königs und ein Musikzimmer.

Im Palastgarten stehen auch der von einer kupfernen Kuppel geschützte **Coronation Pavilion**, der für die Krönung von König Kalakaua und Königin Kapiolani erbaut wurde, sowie die **Iolani Barracks**, in denen die königliche Garde untergebracht war. In einem Zipfel des Geländes finden Sie einen **eingezäunten Erdhügel** mit Königsgräbern. Die Royal Hawaiian Band (808-922-5331) gibt freitagmittags Konzerte.

The Friends of Iolani Palace, P.O. Box 2259, Honolulu, HI 96804; 808-522-0832; www.iolanipalace.org

# INFORMATIONSADRESSEN

**Alabama**–Division of Parks, 64 North Union St., Montgomery, AL 36130; (334) 242-3333; (800) ALA-PARK; www.alapark.com

**Alaska**–Division of Parks & Outdoor Rec.,550 West 7th Ave, Suite 1260, Anchorage, AK 99501-3557; (907) 269-8400; www.dnr.state.ak.us/parks

**Arizona**–Arizona State Parks Office, 1300 W. Washington, Suite 104, Phoenix, AZ 85007; (602) 542-4174; www.azstateparks.com

**Arkansas**–Arkansas Dept. of Parks & Tourism, 1 Capitol Mall, Little Rock, AR 72201; (800) 828-8974; www.arkansasstateparks.com

**California**–California State Park System, Department of Parks & Recreation, P.O. Box 942896, Sacramento, CA 94296; (916) 653-6995; www.parks.ca.gov

**Colorado**–Colorado Parks & Outdoor Recreation, 1313 Sherman St., Suite 618, Denver, CO 80203; (303) 866-3437; www.parks.state.co.us

**Connecticut**–Connecticut State Parks Division, 79 Elm Street, Hartford, CT 06106; (860) 424-3200; www.ct.gov/dep

**Delaware**–Delaware Division of Parks & Recreation, 89 Kings Highway, Dover, DE 19901; (302) 739-9220; www.destateparks.com

**Florida**–Division of Recreation & Parks, 3900 Commonwealth Blvd., Tallahassee, FL 32399; (850) 245-2157; www.floridastateparks.org

**Georgia**–Department of Natural Resources; 2 Martin Luther King Jr. Dr., Suite 1352E, Atlanta, GA 30334; (404) 656-2770; www.georgiastateparks.org

**Hawaii**–Division of State Parks, Room 131, 1151 Punchbowl St., Honolulu, HI 96813; (808) 587-0400; www.hawaii.gov/dlnr/dsp

**Idaho**–Idaho Department of Parks & Recreation, P.O. Box 83720, Boise, ID 83720-0039; (208) 334-4199; www.idahoparks.org

**Illinois**–Illinois Department of Natural Resources, 1 Natural Resources Way, Springfield, IL 62702; (217)782-6752; http://dnr.state.il.us

**Indiana**–Indiana Dept. of Natural Resources, 402 W. Washington St., Rm.160, Indianapolis, IN 46204; (317) 232-4124; www.in.gov/dnr

**Iowa**–Department of Natural Resources, Wallace Building, 502 East 9th St. & Grand Ave., Des Moines, IA 50319-0034; (515) 281-5918; www.iowadnr.com

**Kansas**–Kansas Dept. of Wildlife & Parks, 512 S.E. 25th Ave., Pratt, KS 67124; (620) 672-5911; www.kdwp.state.ks.us/news/state_parks

**Kentucky**–Kentucky Department of Parks, 500 Mero St., Suite 1000, Frankfort, KY 40601; (800) 255-7275; www.parks.ky.gov

**Louisiana**–Louisiana Office of State Parks, P.O. Box 44426, Baton Rouge, LA 70804; (888) 677-1400; (225) 342-8111; www.crt.state.la.us/parks

**Maine**–Bureau of Parks & Lands, 22 State House Station, 18 Elkins Lane, Augusta, ME 04333-0022; (207) 287-3821; www.maine.gov/doc/parks

**Maryland**–Maryland Dept. of Natural Resources., 580 Taylor Ave., Annapolis, MD 21401; (410) 260-8367; www.dnr.state.md.us

**Massachusetts**–Department of Conservation and Recreation, 251 Causeway St., Suite 600, Boston, MA 02114-2104; (617) 626-1250; www.state.ma.us/dem/forparks.htm

**Michigan**–Dept. of Parks & Recreation, Mason Bldg., Third Floor, P.O. Box 30031, Lansing, MI 48909; (517) 373-9900; www.michigan.gov/dnr

**Minnesota**–Minnesota Dept. of Natural Resources Information Center, 500 Lafayette Rd., St. Paul, MN 55155-4040; (651) 296-6157; (888) 646-6367; www.dnr.state.mn.us/state_parks

**Mississippi**–Department of Wildlife, Fisheries & Parks, 1505 Eastover Drive, Jackson, MS 39211- 6374; (601) 432-2400; www.mdwfp.com

**Missouri**–Missouri Dept. of Natural Resources Division of State Parks, P.O. Box 176, Jefferson City, MO 65102; (800) 334-6946; www.mostateparks.com

**Montana**–Montana Dept. of Fish, Wildlife & Parks, 1420 E. 6th Ave., P.O. Box 200701, Helena, MT 59620-0701; (406) 444-2535; www.fwp.state.mt .us/parks

**Nebraska**–Nebraska Game & Parks Commission; 2200 N. 33rd St., P.O. Box 30370, Lincoln, NE 68503-0370; (402) 471-0641; www.ngpc.state.ne.us

**Nevada**–Nevada Division of State Parks, 901 S. Stewart St., Suite 5005, Carson City, NV 89701-5248; (775) 684-2770; www.parks.nv.gov

**New Hampshire**–Division of Park and Recreation, P.O. Box 1856, Concord, NH 03302-1856; (603) 271-3556; (800) 258-3608; www.nhstateparks.org

**New Jersey**–Division of Parks & Forestry, State Park Service, 501 E. State St., CN 404, Trenton, NJ 08625; (800) 843-6420; (609) 984-0370; www.njparksandforests.org

**New Mexico**–State Park & Recreation Div., 1220 S. St. Francis St., P.O. Box 1147, Santa Fe, NM 87505; (888) 667-2757; (505) 476-3355; www.emnrd.state.nm.us/prd

**New York**–New York State Office of Parks, Recreation, and Historic Preservation, Empire State Plaza, Agency Building # 1, Albany, NY 12238; (518) 474-0456; www.nysparks.com

**North Carolina**–North Carolina Division of Parks & Rec., 1615 Mail Service Center, Raleigh, NC 27699-1615; (919) 733-7275; (919) 733-4181; www.ils.unc.edu/parkproject/ncparks

**North Dakota**–North Dakota Parks & Recreation, 1600 E. Century Ave., Suite 3, Bismarck, ND 58503-0649; (701) 328-5357; www.ndparks.com

**Ohio**–Division of Parks & Rec. Dept. of Natural Resources, 2045 Morse Rd., Bldg. G, Columbus, OH 43229-6693; (614) 265-6561; www.ohiostateparks.org

**Oklahoma**–Oklahoma State Parks, 120 N. Robinson, Ste. 600, Oklahoma City, OK 73102; (800) 652-6552; www.touroklahoma.com

**Oregon**–Oregon Dept. of Parks & Rec., 725 Summer St. NE, Suite C, Salem, OR 97301-1266; (503) 378-6305; (800) 551-6949; www.oregon.gov/oprd/parks

**Pennsylvania**–Pennsylvania Bureau of State Parks, P.O. Box 8551, Harrisburg, PA 17105-8551; (800) 637-2757 reservations; (717) 787-6640; www.dcnr.state.pa.us/stateparks

**Rhode Island**–Division of Parks & Recreation, 2321 Hartford Ave., Johnston, RI 02919-1719; (401) 222-2632; www.riparks.com

**South Carolina**–Dept. of Parks, Rec. & Tourism, 1205 Pendleton St., Columbia, SC 29201; (803) 734-1700; www.scprt.com

**South Dakota**–South Dakota Game, Fish & Park Dept., 523 E. Capitol Ave., Pierre, SD 57501; (605) 773-3391; www.sdgfp.info/parks

**Tennessee**–Bureau of State Parks, 7th Floor, L & C Tower, 401 Church Street, 7th Floor, Nashville, TN 37243-0435; (888) 867-2757; www.state.tn.us/environment/parks

**Texas**–Parks and Wildlife Department, 4200 Smith School Rd., Austin, TX 78744; (800) 792-1112; (512) 389-4800; www.tpwd.state.tx.us/spdest

**Utah**–Division of Parks & Rec., 1594 W. North Temple, Salt Lake City, UT 84116; (801) 538-7220; (877) 887-2757; www.stateparks.utah.gov

**Vermont**–Dept. of State Parks, 103 S. Main St., Waterbury, VT 05671-0601; (802) 241-3655; www.vtstateparks.com

**Virginia**–Virginia State Parks, Dept. of Conserv. & Rec., 203 Governor St., Suite 306, Richmond, VA 23219-2094; (804) 786-1712 office; (800) 933-7275 reservations; www.dcr.virginia.gov/state_parks

**Washington**–State Parks and Recreation Commission, 7150 Cleanwater Dr. SW, P.O. Box 42650, Olympia, WA 98504-2650; (360) 902-8500; www.parks.wa.gov

**West Virginia**–State Parks and Forests, 1900 State Capitol Complex, Building 3, Room 669, Kanawha Blvd. East, Charleston, WV 25305; (304) 558-2764; (800) 225-5982 bei Reservierung anfragen; www.wvstateparks.com

**Wisconsin**–Dept. of Natural Resources, 1015 Webster St., P.O.Box 7921, Madison, WI 53707; (608) 266-2181; www.dnr.state.wi.us/org/land/parks

**Wyoming**–Division of State Parks, Historical Sites & Trails, 2301 Central Ave., Barrett Bldg., 4th Floor, Cheyenne, WY 82002 (307) 777-6323; http://wyoparks.state.wy.us

## ABBILDUNGS-NACHWEIS

379

In der Reihe NATIONAL
GEOGRAPHIC TRAVELER sind
bisher folgende Titel erschienen:

Copyright © der deutschen Ausgabe: National Geographic Society,
Washington, D.C. 2008. Alle Rechte vorbehalten.
Deutsche Ausgabe veröffentlicht von G+J/RBA GmbH & Co KG,
**Hamburg 2008**
*Übersetzung:* Dr. Eva Dempewolf, Christel Klink, Jürgen G. Scheunemann,
Dr. Heinz Vestner, Renate Weinberger
*Gesamtproducing:* CLP Carlo Lauer & Partner
*Satz:* Typographischer Betrieb Klaus und Hans Numberger
*Druck und Verarbeitung:* Offizin Andersen Nexö Leipzig GmbH
Printed in Germany
ISBN 978-3-86690-064-6

Titel der amerikanischen Originalausgabe:
NATIONAL GEOGRAPHIC GUIDE TO THE STATE PARKS
OF THE UNITED STATES

Veröffentlicht von der National Geographic Society, Washington, D.C.
1997, 2004, 2008. Alle Rechte vorbehalten.